Borland C++ 4.x Tips, Tricks, and Traps

Clayton Walnum

Borland C++ 4.x Tips, Tricks, and Traps

©1994 by Que® Corporation

Library of Congress Catalog Number: 94-67940

ISBN: 1-56529-895-0

96   95   94   6   5   4   3   2   1

Interpretation of the printing code: The rightmost double-digit number is the year of the book's printing; the rightmost single-digit number, the number of the book's printing. For example, a printing code of 94-1 shows that the first printing of the book occurred in 1994.

Publisher: David P. Ewing

Associate Publisher: Joseph B. Wikert

Product Marketing Manager: Greg Wiegand

Dedication

To my wife, Lynn, for over two decades of the Good Life.

Credits

Acquisitions Editor
Fred Slone

Product Development Specialist
C. Kazim Haidri

Production Editor
Lori Cates

Editors
Susan Ross Moore
Patrick Kanouse

Technical Editor
Russell Jacobs

Editorial Assistant
Michelle Williams

Acquisitions Assistant
Patricia J. Brooks

Book Designer
Paula Carroll

Cover Designer
Jay Corpus

Production Team
Michael Dietsch
DiMonique Ford
Dennis Clay Hager
Bob LaRoche
Erika Millen
Nanci Sears Perry
Dennis Sheehan
Kris Simmons
Michael Thomas
Tina Trettin
Donna Winter
Jody York
Mary Beth Wakefield
Karen Walsh

Indexer
Johnna VanHoose

Composed in *Stone Serif* and *MCPdigital* by Que Corporation

About the Author

Clayton Walnum, who has a degree in computer science, has been writing about computers for over a decade and has published hundreds of articles in major computer publications. He is also the author of 16 books, which cover such diverse topics as programming, computer gaming, and application programs. His most recent book is *Object-Oriented Programming with Borland C++ 4.0*, also published by Que. His other titles include *Turbo C++ for Rookies* (Que), *Borland C++ Power Programming* (Que), *PC Picasso: A Child's Computer Drawing Kit* (Sams), *Powermonger: The Official Strategy Guide* (Prima), *DataMania: A Child's Computer Organizer* (Alpha Kids), *Adventures in Artificial Life* (Que), and *C-manship Complete* (Taylor Ridge Books). Mr. Walnum lives in Connecticut with his wife Lynn and their three children, Christopher, Justin, and Stephen.

Acknowledgments

Sincere thanks go out to the following people for their contribution to this book: Joe Wikert for his confidence in my work; Lori Cates, Susan Ross Moore, and Patrick Kanouse for making the words just right; Russell Jacobs for checking the facts; and the folks at Borland for keeping me up to date with the software, as well as giving me free access to the Borland support area on CompuServe, where I conducted much of the research for this book. And, as always, thanks to my family—Lynn, Christopher, Justin, and Stephen.

Trademarks

Contents at a Glance

Table of Contents

6 Menus 279

7 Printing 321

8 Graphics 335

xiv Contents

Introduction

Application frameworks such as ObjectWindows go a long way toward taking Windows programming out of the hands of gurus and wizards and placing it within reach of mere mortals. Creating the beginnings of an application with OWL is a quick and easy process. However, as with any library of routines, the further the programmer is removed from the guts of the program, the harder it is for him or her to know exactly what's going on. This confusion is compounded tenfold when you add Windows' libraries to the mix.

Such complications lead to intense frustration as the programmer tries again and again to accomplish seemingly simple programming tasks, only to be thwarted either by OWL or Windows itself. OWL, especially, has its own way of doing things and doesn't take kindly to the meddling of lowly programmers. Anyone who has tried to figure out why his menu items in an OWL program refuse to enable and disable properly knows exactly what I mean. "You need to use command enablers," someone once told you. "What the heck are command enablers?" you answered. "And if they're so important, why aren't they better documented?"

Over several months, I spent a lot of time listening to programmers grappling with the complexities of Windows, OWL, and Borland C++ 4.x. Along the way, I put together a long list of frequently asked questions, as well as made note of programming techniques that I thought were useful to Borland C++ programmers. This book answers those questions and presents programming advice that will help make your OWL programming experience not only less frustrating, but also more fruitful.

Who This Book Is For

This book is not an introductory text for programmers interested in learning Borland C++ programming. To understand the programming advice that follows, you must have a working knowledge of C++ and be comfortable with Borland's C++ development system. In addition, you should have a good grasp of object-oriented programming concepts. Although previous Windows programming experience will be helpful, you can probably get by without it. Still, you'll want to have a good Windows programming manual at your side as you work through the programs in this book.

Hardware and Software Requirements

To compile and run the programs on this book's disk, and to get the most out of the upcoming lessons, you must have the following:

- An IBM-compatible 80386 with 512K of base memory and at least 4M of extended memory

- MS-DOS 4.01 or greater

- A hard drive

- A Microsoft-compatible mouse

- Microsoft Windows 3.1

- VGA graphics (or better) recommended

- Borland C++ 4.x

As always, the faster your processor, the better. Fast processors mean fast compiles and zippy programs. This is especially true for Windows programs, because Windows pushes your hardware to the limits.

Compiling the Programs in this Book

The programs in this book were written with Borland C++ 4.x. This book assumes your copy of Borland C++ was installed using the default settings and directories. If you've changed any of the default settings or directories and are not sure how to fix errors that may result from these changes, you should reinstall Borland C++.

The programs that follow are organized on your disk by chapter. Each chapter's programs are found in their own directory on the disk. The programs in the Dialog Boxes chapter are in the DIALOGS directory, the programs in the Controls chapter are in the CONTROLS directory, and so on. In addition, each program is contained in its own directory, based on the source code's name. So, the CNTRLWIN program in the Controls chapter is found in the CONTROLS\CNTRLWIN directory. To compile a program, copy its directory (and thus all its files) to your main Borland C++ directory. Then start Borland C++ and create a project for the program you want to compile.

To make it easier to set up projects, most of the sample programs include only three files: a C++ source code file (which has a CPP file extension), a resource file (which has an RC file extension), and a module definition file (which has a DEF file extension). If you create your projects using the same name as the source code file, Borland's IDE automatically (unless you've changed the IDE's configuration) creates a project containing the source code, resource file, and definition file. You can then immediately compile the program.

For further information on creating projects, please refer to your Borland C++ 4.x documentation.

A Word to the Wise

As every developer knows, a good program is virtually crash-proof. Error-checking must be done for every action that may fail, and appropriate error messages must be given to the user. Unfortunately, good error checking requires a lot of extra program code. For the programmer working on his next magnum opus, this is all just part of the game. But for an author writing a programming book, this extra code has different implications.

A programming book should present its topics as clearly as possible. This means featuring programs with source code that is not obscured by a lot of details that don't apply directly to the topic at hand. For this reason, the programs in this book do not always employ proper error checking. User input may sometimes go unverified, dynamic construction of objects is assumed to be successful, and (horror of horrors) pointers are not always checked for validity.

In short, if you use any of the code in this book in your own programs, it's up to you to add whatever error checking may have been left out. Never assume anything in your programs. Any place in your code that you can't be 100 percent sure of your program's state, you must add error-checking to ensure that the program doesn't come crashing down on your user. Just because this book's author may have been lax in his error-checking (for good reasons), you are not off the hook.

Also, in order to keep the source code as clear as possible, the programs that follow often avoid common C++ shortcuts, especially the nesting of function calls. For example, in a typical OWL program, the code to construct your main window might look like this:

```
SetMainWindow(new TWndw(0, "Dialog App 1"));
```

The preceding code line first calls the TWndw class's constructor, returning a pointer to the new window object. SetMainWindow() then sets the application's MainWindow pointer to the TWndw pointer returned by new. In this book's sample programs, such code usually appears as

```
TFrameWindow *wndw = new TWndw(0, "Dialog App 1");
SetMainWindow(wndw);
```

Here, the TWndw window object is constructed on its own code line, rather than in a nested call to its constructor. By avoiding such coding shortcuts, the programs in this book clearly show every step needed to perform a specific task.

Moving Forward

If you've been hitting walls with your OWL programming, the source code and explanations that follow will let you in on some well-kept secrets that will help get you back to work. You may even experience an epiphany or two (I know I did). Not only do the programs that follow include some useful ideas you can add to your programs, they also dispel much of OWL's mystery. And, when it comes to programming, the less mystery, the better.

Clayton Walnum
August 1994

Chapter 1
The IDE

How Do I Choose between Dynamic and Static Linking?

Borland C++ 4 can statically or dynamically link your applications. In a statically linked program, the Borland libraries that the application needs to run, including the run-time library and the OWL library, are linked directly into your application's executable file. This avoids your having to supply the libraries (as DLLs) along with your final application. However, it also means that your executable files will be larger and that no other application can take advantage of the Borland libraries. Instead, each application has to load its own copy of the libraries.

If you dynamically link your application, none of the Borland libraries are added to your program's executable file. Instead, these libraries are loaded by the system when the user runs the application. Because the libraries are loaded as DLLs, other programs that need the libraries can access them without having to load their own copies, thus saving memory. Of course, you must distribute the Borland libraries as DLLs along with your application. These libraries include, but are not limited to, BC40TRL.DLL, BIDS40.DLL, and OWL200.DLL.

The Solution

You can change the way your program is linked at any time, by accessing Borland's Target Expert. To do this, click the right mouse button on the application's EXE line in your project window, displaying the quick menu shown in figure 1.1.

Fig. 1.1

The Project window.

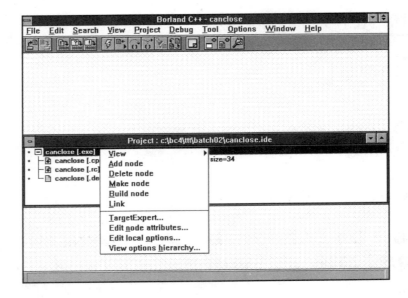

On the menu, select the **T**argetExpert command, which displays the TargetExpert dialog box (see fig. 1.2).

Fig. 1.2

The TargetExpert dialog box.

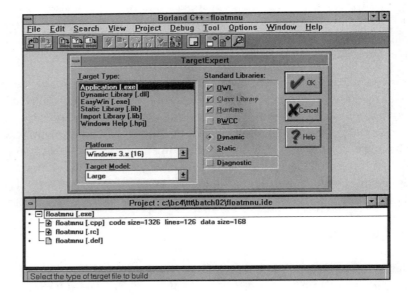

Now, just click the **D**ynamic or **S**tatic radio button, depending on which way you want to link your application.

Caution
Although dynamic linking is probably the best choice in most circumstances, if you choose this option, you must be certain to distribute the needed Borland DLLs with your application. Failure to do so will prevent your application from running. To be sure your distribution disk contains the necessary DLLs, try installing and running the application on a computer that doesn't have Borland C++ 4 installed.

The Sample Program

There is no specific sample program for this section, because you can use any program in the book to demonstrate dynamic and static linking. First, compile the program using dynamic linking, and then close down the Borland IDE, which unloads any libraries it is using. Run the program you just compiled. It should load and run normally. Now, change the name of your Borland C++ directory and run the sample program again. The program will not load because it cannot find the libraries it needs.

Next, rename the Borland directory to its original name, start the Borland C++ IDE, and recompile the sample program, this time selecting static linking. Exit the Borland C++ IDE, and run the program you just compiled. It should run normally. Rename your Borland C++ directory as you did before. Run the program again. It should still run correctly, because it no longer needs to find the Borland libraries, which have been linked directly into its executable file.

How Do I Edit a Resource File from within the IDE?

Although you can run Resource Workshop as a separate application, you will usually want to edit your resource files from within Borland's IDE. This ensures that the IDE can track changes to the resource file, so that you don't end up with a resource file on disk that's different from the one you have loaded into an IDE window. There are two ways you can edit a resource file from within Borland's IDE: as a resource file in Resource Workshop and as a resource script.

The Solution

By double-clicking on a resource file in the application's project window, the IDE automatically starts Resource Workshop and loads the resource file into it. You can then use Resource Workshop normally to edit the resource file as required. (You can also run Resource Workshop from within the IDE by selecting the **T**ool menu's **R**esource Workshop command; in this case, however, the resource file does not get loaded automatically.)

► See "How Do I Use Multiple Resource Files in a Program?," p. 17

You can also edit a resource file as a text script, by loading it into an editing window just like any other piece of source code. To do this, right-click the resource file in the project window. You see the menu shown in figure 1.3. When you select this menu's **V**iew command, you get a submenu that lets you choose **E**dit Resource or **T**ext Edit (see fig. 1.4). If you choose **E**dit Resource, the IDE starts Resource Workshop and loads your resource file into it. If you choose **T**ext Edit, the IDE loads the resource file into a regular program-editing window (see fig. 1.5) in which you can directly edit the resource file's script.

Fig. 1.3
The IDE's speed menu.

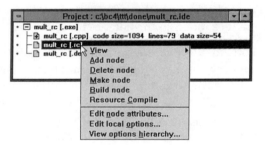

Fig. 1.4
The View submenu.

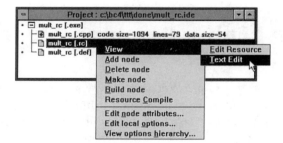

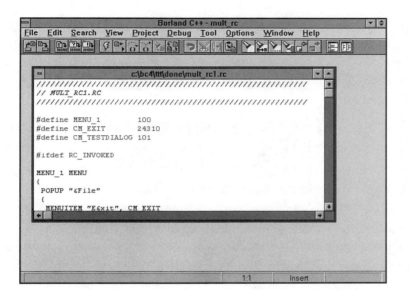

Fig. 1.5
An edit window containing a resource script.

How Do I Change My Project's Order of Compilation?

Borland's IDE organizes, in the Project window, the modules that make up a project, listing the modules in the order in which they will be compiled. Normally, modules are compiled from the top down, as they are listed in the window. However, some modules may depend on others. Such dependent modules are shown with their "child" modules listed below and to the right. The modules on the right must, of course, be compiled before the "parent" module on the left.

For example, in the Project window shown in figure 1.6, the files are compiled starting with TEST.CPP and working down the list to ODRADIO.CPP, METALMDI.CPP, and finally TEST.RC. Except that they are part of the same project and will be linked into a single executable module, none of these files depends on any of the others.

In figure 1.7, however, the project has been rearranged so that the TEST.CPP module is dependent on the ODRADIO.CPP module. In this case, ODRADIO.CPP is the first file compiled, followed by TEST.CPP, METALMDI.CPP, and TEST.RC.

Fig. 1.6
The IDE's Project
window.

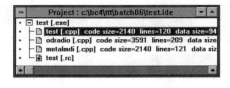

Fig. 1.7
Dependent
modules in the
Project window.

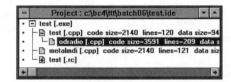

The order in which files are compiled is often critical. Unfortunately, as you're adding files to a project, they don't always appear where you expect them to. In such cases, you must rearrange the modules in the Project window and so modify their order of compilation.

The Solution

You can use either your mouse or your keyboard to arrange the modules in your Project window. Unfortunately, when you use the mouse, you are often unable to get the exact order you need (so much for the power of drag-and-drop), so your best bet is to use the keyboard.

To move a module, first highlight it, either by clicking it with your mouse or by using your keyboard's arrow keys. Once the module is highlighted, hold down your keyboard's Alt key and press the left, right, up, or down arrow to move the module in the direction you wish.

Note

Remember that when you move a module to the right of another module, you're making the left module dependent on the right module.

Chapter 2
The Compiler

How Do I Use Precompiled Headers?

C++ programs rely on a great number of header files, especially when you're using OWL. Every library you access in your program must have its associated header file included in the module that calls that library. For example, to have access to Borland's C string functions, you must include the STRING.H file. Likewise, every OWL class you use in your program requires that a header file be included in the module.

Compiling all these header files increases compile times significantly. The worst part is that many of the header files you include in your programs don't change from one compile to the next. So, in a way, recompiling them every time is like digging holes and filling them in again. You gain nothing, but lose a lot of time.

Luckily, Borland C++ 4 supports something called *precompiled headers*. When you use this option, headers are compiled once and are stored on disk where they can be quickly accessed during successive compiles. As long as you don't change the header files, you never need to compile them again (at least not for that project). The trouble is that, as you develop a program, you are very likely to change the header files that you've created for that project. A change in even just one header means that you must recompile all of the header files. The solution to this problem is the compiler directive #pragma hdrstop.

The Solution
To make sure your project is currently creating and using precompiled headers, in the Borland IDE select the **P**roject command from the **O**ptions menu. The Project Options dialog box appears (see fig. 2.1). In the **T**opics group box, click on the plus sign (+) next to the Compiler selection. The compiler section opens, showing you compiler options that you can change.

Fig. 2.1
The Project
Options dialog
box.

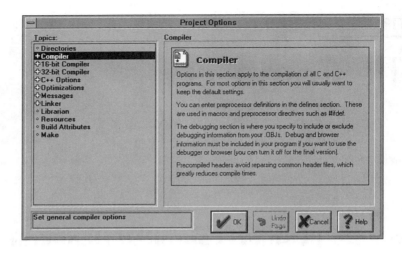

Click on the Precompiled Headers option. The Project Options dialog box
changes to show the options for precompiled headers (see fig. 2.2). Make
sure the **G**enerate and Use radio button is checked. If it is, your project is set
up to create and use precompiled headers. (If it's not, select that option now.)
The precompiled headers, when generated, will be stored in a file named
FILENAME.CSM, in which *FILENAME* is the name of your current project.

Fig. 2.2
The precompiled
headers options.

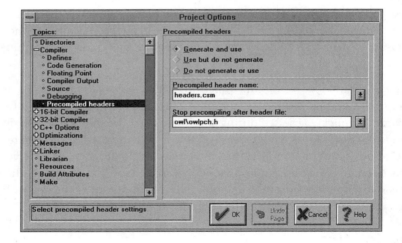

Setting the precompiled headers options, however, is only the first step. Now,
you must write your program in such a way that it uses precompiled headers
efficiently. The following rules help speed your compiles when using
precompiled headers:

- Include the biggest header files first.

- Include header files in the same sequence in every module.

- Use the #pragma hdrstop compiler directive to prevent frequently changed header files from being added to the precompiled headers file.

The last rule requires further explanation. The #pragma hdrstop directive tells the Borland compiler to stop adding symbols to the precompiled header file, which allows you to exclude header files that are changed frequently. Why exclude these files? You do so because every time you change your header files, the compiler needs to regenerate the precompiled headers. The #pragma hdrstop directive stops these files from being included in the generation of precompiled headers. Although this means that such header files are recompiled every time you compile the program, it also means that the header files that you're not likely to change (such as header files for Borland libraries) do not have to be recompiled each time.

In short, when you write your program, first write #includes for header files that are not likely to change:

```
#include <owl\applicat.h>
#include <owl\framewin.h>
#include <owl\dialog.h>
#include <owl\dc.h>
#include <string.h>
```

Then, follow those #includes with the #pragma hdrstop directive:

```
#pragma hdrstop
```

Finally, write the #includes for the header files that are likely to change, usually those you've written yourself:

```
#include "myapp.rc"
#include "myapp.h"
```

Now, whenever you change the header files following the #pragma hdrstop directive, the header files before the directive are not recompiled.

▶ See "How Do I Make Sure that All Constants I Define Are Used Consistently between Modules?," p. 15

The Sample Program

The HEADERS sample program included here doesn't do much of anything. It's only meant to demonstrate the different ways program compiles are affected by precompiled headers. The first time you compile the program, turn off the precompiled headers in the Project Options dialog box by selecting the **D**o Not Generate or Use option. Compile the program twice using the Alt-F9 compile command. (Make sure the HEADERS.CPP window is active for the compile command.) Both times, all header files are compiled along with the program.

Now, go back to the Project Options dialog box and select the **G**enerate and Use precompiled headers option. Compile the program twice again. The first time the program compiles, the compiler reads in the header files and creates the precompiled header file HEADERS.CSM. (Go ahead and look at the disk's directory. You'll see the file there with the rest of the source code.) The second time, the program compiles much faster, because it reads the CSM file instead of recompiling the headers.

Next, delete the HEADERS.CSM file from your disk so that you can start a new experiment. Then, comment out the `#pragma hdrstop` directive in the HEADERS.CPP file. Compile the program again, creating a new HEADERS.CSM file. Now, load the program's resource file (HEADERS.RC) into a text window, make an insignificant change, and save it back to disk. Compile the program again, using the Alt-F9 compile command. (Again, make sure the HEADERS.CPP window is active first.) Although the resource file was the only file changed, all the header files are recompiled, anyway.

Listing 2.1   HEADERS.CPP—A Program that Uses Precompiled Headers

```
///////////////////////////////////////////////////////////
// HEADERS.CPP: Shows how to handle precompiled headers.
///////////////////////////////////////////////////////////

#include <owl\applicat.h>
#include <owl\framewin.h>

// This line stops the precompiling of headers.
#pragma hdrstop

// Because of the previous line, the headers.rc
// file is not included in the precompiled headers.
#include "headers.rc"

/////////////////////////////////////
// The application class.
/////////////////////////////////////
class TApp : public TApplication
{
public:
   TApp(): TApplication() {}
   void InitMainWindow();
};
```

```
/////////////////////////////////////////////////////////
// TApp::InitMainWindow()
/////////////////////////////////////////////////////////
void TApp::InitMainWindow()
{
    TFrameWindow *wndw = new TFrameWindow(0, "Header App");
    wndw->AssignMenu(MENU_1);
    SetMainWindow(wndw);
}


/////////////////////////////////////////////////////////
// OwlMain()
/////////////////////////////////////////////////////////
int OwlMain(int, char*[])
{
    return TApp().Run();
}
```

How Do I Make Sure that All Constants I Define Are Used Consistently between Modules?

Constants are a good way to represent hard-to-remember numerical values in a program. The fact is that in Windows programs, you can't get away from constants—even if you want to. Windows defines hundreds of constants for values it uses regularly. And, to add to the fray, you must also define many constants, especially when you create your resource file.

You don't usually have to worry about Windows' constants, because you don't define them yourself. Your own constants, however, can quickly get out of hand if you're not careful. For example, suppose in your resource file you assign a constant called CM_DRAWLINE the value 100 and use it as a command message for a menu item. Then, in your main program, where you want to refer to this command message, you define the constant local to that module. You type the constant name CM_DRAWLINES and give it the value 100.

See the problem? You now have two constants: CM_DRAWLINE and CM_DRAWLINES, both equal to the value of 100. And although either may work in your application to represent that command message, when you're looking over your code, you're liable to start wondering why the heck you have two different constants for the same thing.

To avoid problems such as these, you should define your constants in one place and then #include that file in any module that must refer to those constants. Many people use header files for this purpose; an even more elegant way—one that doesn't require an extra file—is to keep all your constants in your resource file. After all, that's where a good number of them get defined in the first place, right?

To pull off this trick, you need to use conditional compilation to control which part of a resource file gets pulled into which modules. To help you with this task, Borland C++ 4.x defines a global constant named RC_INVOKED, which is defined whenever the resource compiler is active.

The Solution

At the top of your resource file, define the constants that you want available to all modules:

```
#define MENU_1       100
#define CM_EXIT      24310
#define CM_DRAWLINE 100
#define CM_DRAWRECS 101
#define DIALOG1      100
#define ID_NAMEEDIT 100
#define ID_ADDREDIT 101
#define ID_CITYEDIT 102
```

After the constants, place the following conditional compiler directive:

```
#ifdef RC_INVOKED
```

The statements that make up your actual resources—menus, dialog boxes, string tables, and so on—should follow the preceding directive. Place the #endif compiler directive at the end of the file, after all the resources:

```
#endif
```

Now, all the statements between the #ifdef RC_INVOKED and the #endif are compiled only when the resource compiler is active. At any other time, the resource statements between the two directives are skipped. This means that, although every module in your project can include the resource file in order to define the constants, only the resource compiler can see the resource statements. In other words, all files that include the resource file can see the constants, but only the resource compiler can see the entire file.

The Sample Program

The listing that follows isn't a full program, but rather a resource file that you might find as part of a small Windows application. The resource file takes advantage of conditional compilation to give all modules in the program access to the constants defined in the file.

Listing 2.2 CONSTANT.RC—A Resource File that Takes Advantage of Conditional Compilation

```
////////////////////////////////////////////////////////
// CONSTANT.RC
////////////////////////////////////////////////////////

#define MENU_1    100
#define TESTDLG 100
#define CM_EXIT 24310

#ifdef RC_INVOKED

MENU_1 MENU
{
 POPUP "&File"
 {
   MENUITEM "E&xit", CM_EXIT
 }

}

TESTDLG DIALOG 39, 34, 167, 67
STYLE WS_CHILD ¦ WS_VISIBLE
CLASS "bordlg"
FONT 8, "MS Sans Serif"
{
 CONTROL "", IDOK, "BorBtn", BS_PUSHBUTTON ¦ WS_CHILD ¦
   WS_VISIBLE ¦ WS_TABSTOP, 18, 21, 37, 25
 CONTROL "", IDCANCEL, "BorBtn", BS_PUSHBUTTON ¦ WS_CHILD ¦
   WS_VISIBLE ¦ WS_TABSTOP, 65, 21, 37, 25
 CONTROL "", IDHELP, "BorBtn", BS_PUSHBUTTON ¦ WS_CHILD ¦
   WS_VISIBLE ¦ WS_TABSTOP, 112, 21, 37, 25
}

#endif
```

How Do I Use Multiple Resource Files in a Program?

Resource files are just like any source code file: in large programs, they can become complex and unwieldy. To help organize your program's resources, you can divide them into multiple files. You might, for example, put all menus in one file, all dialog boxes in another file, and all string tables in yet another file. You can break up your resource files into whatever logical pieces best suit your application.

However, once you have more than one resource file, you need a way to tell the compiler that the files should be combined into a single resource file.

There are two simple ways to do this: you can create a project file that lists all resource files, or you can create a separate, main resource file that #includes the other resource files in the project.

The Solution

If you're using Borland's IDE, the most direct way to handle multiple resource files is to simply add them all to your application's project window. The project window in figure 2.3 shows an application that requires two resource files. When Borland C++ sees the files in the project, it compiles them both and binds them to the final program.

Fig. 2.3

Multiple resource files in a project window.

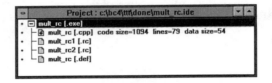

◄ See "How Do I Edit a Resource File from within the IDE?," p. 7

Although this method works fine, you may want to keep a more clean project window, by listing only a single resource file. You can do this easily by creating a main resource file for the program that includes all the other resource files you need for the project:

```
#include "resourc1.rc"
#include "resourc2.rc"
```

The Sample Program

If you look at listings 2.3 through 2.6, you can see how a main resource file can include secondary resource files. Using this method, you break a resource file into any number of files, yet still list only a single resource file in your project.

When you run MULT_RC, select the **D**ialog menu's **T**est Dialog command. When the dialog box appears (see fig. 2.4), you see that, although the resources for the application's menu and dialog box are in different files, the program works just as if everything were in one resource file. Notice that both secondary header files are also included near the top of listing 2.3, the main source-code module, so that the program can use constants defined in either file.

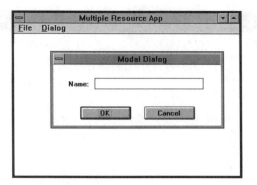

Fig. 2.4
The MULT_RC
application.

Listing 2.3   MULT_RC.CPP—Uses Multiple Resource Files

```cpp
////////////////////////////////////////////////////////
// MULT_RC.CPP: Shows how to use multiple resource files.
////////////////////////////////////////////////////////

#include <owl\applicat.h>
#include <owl\framewin.h>
#include <owl\dialog.h>
#include "mult_rc1.rc"
#include "mult_rc2.rc"

////////////////////////////////
// The application class.
////////////////////////////////
class TApp : public TApplication
{
public:
   TApp(): TApplication() {}
   void InitMainWindow();
};

////////////////////////////////
// The main window class.
////////////////////////////////
class TWndw : public TFrameWindow
{
public:
   TWndw(TWindow *parent, const char far *title);

protected:
   void CmTestDialog();

   DECLARE_RESPONSE_TABLE(TWndw);
};

DEFINE_RESPONSE_TABLE1(TWndw, TFrameWindow)
   EV_COMMAND(CM_TESTDIALOG, CmTestDialog),
END_RESPONSE_TABLE;
```

(continues)

Listing 2.3   Continued

```
///////////////////////////////////////////////////////
// TWndw::TWndw()
///////////////////////////////////////////////////////
TWndw::TWndw(TWindow *parent, const char far *title):
     TFrameWindow(parent, title)
{
   AssignMenu(MENU_1);
   Attr.X = 50;
   Attr.Y = 50;
   Attr.W = 400;
   Attr.H = 300;
}


///////////////////////////////////////////////////////
// TWndw::CmTestDialog()
///////////////////////////////////////////////////////
void TWndw::CmTestDialog()
{
   TDialog *dialog = new TDialog(this, TESTDLG);
   dialog->Execute();
}


///////////////////////////////////////////////////////
// TApp::InitMainWindow()
///////////////////////////////////////////////////////
void TApp::InitMainWindow()
{
   TFrameWindow *wndw =
      new TWndw(0, "Multiple Resource App");
   SetMainWindow(wndw);
}


///////////////////////////////////////////////////////
// OwlMain()
///////////////////////////////////////////////////////
int OwlMain(int, char*[])
{
   return TApp().Run();
}
```

Listing 2.4   MULT_RC.RC—Main Resource File

```
///////////////////////////////////////////////////////
// MULT_RC.RC
///////////////////////////////////////////////////////

#include "mult_rc1.rc"
#include "mult_rc2.rc"
```

Listing 2.5 MULT_RC1.RC—Secondary Resource File

```
//////////////////////////////////////////////////////
// MULT_RC1.RC
//////////////////////////////////////////////////////

#define MENU_1       100
#define CM_EXIT      24310
#define CM_TESTDIALOG 101

#ifdef RC_INVOKED

MENU_1 MENU
{
 POPUP "&File"
 {
  MENUITEM "E&xit", CM_EXIT
 }

 POPUP "&Dialog"
 {
  MENUITEM "&Test Dialog...", CM_TESTDIALOG
 }

}

#endif
```

Listing 2.6 MULT_RC2.RC—Secondary Resource File

```
//////////////////////////////////////////////////////
// MULT_RC2.RC
//////////////////////////////////////////////////////

#define TESTDLG      100
#define IDC_NAME     101

#ifdef RC_INVOKED

TESTDLG DIALOG 39, 34, 167, 67
STYLE DS_MODALFRAME | WS_POPUP |
   WS_VISIBLE | WS_CAPTION | WS_SYSMENU
CAPTION "Modal Dialog"
FONT 8, "MS Sans Serif"
{
 PUSHBUTTON "OK", IDOK, 27, 46, 50, 14
 PUSHBUTTON "Cancel", IDCANCEL, 90, 46, 50, 14
 EDITTEXT IDC_NAME, 41, 15, 108, 12
 LTEXT "Name:", -1, 15, 17, 22, 8
}

#endif
```

How Do I Reduce the Size of My Program's Executable File?

There are several reasons why a program's executable file may be overly large. These reasons include the number of libraries you've linked into the program and how concisely you've written your code. But chances are, if you've noticed overly large executables, it's because you have the compiler and linker set to generate debugging information, which can increase a 20K executable file to more than 180K!

Debugging information allows you to use Turbo Debugger to trace through your program line by line, watching the program's execution and checking the values of variables, among other things. There is no need, however, to include debugging information in your program's final version. When your program is complete, turn off the debugging information and recompile the program for the last time.

The Solution

To turn off debugging information, load your project file, and then select the **O**ptions menu's **P**roject command. The Borland IDE displays the Project Options dialog box (see fig. 2.5).

Fig. 2.5

The Project Options dialog box.

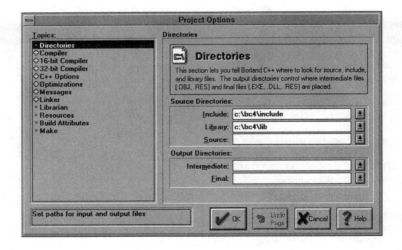

In the **T**opics group on the left side of the dialog box, click on the plus sign next to the Compiler topic. The Compiler topic expands to show a list of subtopics (see fig. 2.6).

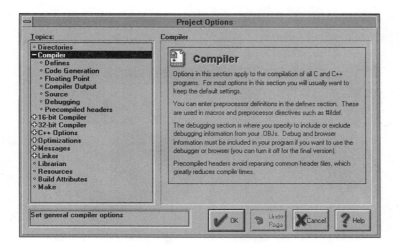

Fig. 2.6
The expanded
Compiler topic
list.

Click on the Debugging subtopic to display the Debugging options group on
the right side of the dialog box. Remove all checkmarks from the items in this
group (see fig. 2.7).

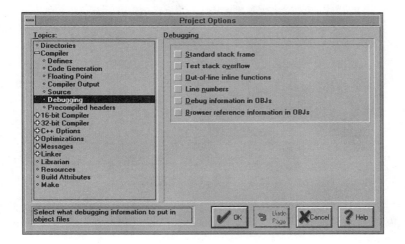

Fig. 2.7
The expanded
Debugging topic
list.

Now, in the Topics group, click on the plus sign next to the Linker topic to
display the list of linker subtopics (see fig. 2.8).

Select the General subtopic, which displays the General options box on the
right side of the dialog box. In this box, turn off the Include Debug Informa-
tion option (see fig. 2.9).

Fig. 2.8
The expanded
Linker topic list.

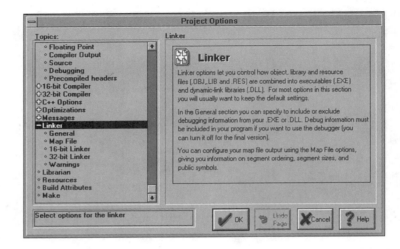

Fig. 2.9
Turning off
linker debug
information.

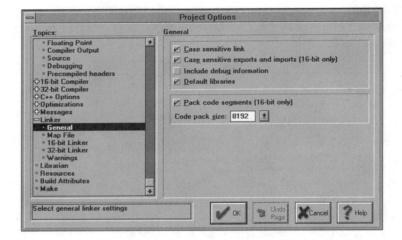

Now, close the Project Options dialog box by clicking its OK button. Finally, rebuild your application, creating a new executable file without debugging information.

> **Note**
>
> After removing debugging information from your application's executable file, you can easily go back to debugging by reselecting the debugging options and rebuilding the program. The bottom line: Don't be afraid to turn off the debugging options if you're not using them. You can restore them easily at any time.

> **Note**
>
> Another possible cause of oversized executable files is static linking, which adds many of Borland's libraries directly to your application. See "How Do I Choose between Static and Dynamic Linking?" in Chapter 1 to find more information on static linking.

The Sample Program

The following OWLAPP program is a basic OWL application. Compile this program with all debugging information on, and you should end up with an executable file of about 150K. Now, turn off the debugging information as described previously and rebuild the program. The executable file should be only about 14K.

Listing 2.7   OWLAPP.CPP—A Simple OWL Application

```cpp
////////////////////////////////////////////////////////////
// OWLAPP.CPP: The basic OWL application.
////////////////////////////////////////////////////////////

#include <owl\applicat.h>
#include <owl\framewin.h>
#include "owlapp.rc"

////////////////////////////////
// The application class.
////////////////////////////////
class TApp : public TApplication
{
public:
    TApp(): TApplication() {}
    void InitMainWindow();
};

////////////////////////////////
// The main window class.
////////////////////////////////
class TWndw : public TFrameWindow
{
public:
    TWndw(TWindow *parent, const char far *title);
    ~TWndw();

protected:
    void SetupWindow();
    void CleanupWindow();
```

(continues)

Listing 2.7 Continued

```
    DECLARE_RESPONSE_TABLE(TWndw);
};

DEFINE_RESPONSE_TABLE1(TWndw, TWindow)
    // Place response table entries here.
END_RESPONSE_TABLE;

//////////////////////////////////////////////////////////
// TWndw::TWndw()
//////////////////////////////////////////////////////////
TWndw::TWndw(TWindow *parent, const char far *title):
     TFrameWindow(parent, title)
{
   AssignMenu(MENU_1);

   // Perform object initialization here.
}

//////////////////////////////////////////////////////////
// TWndw::~TWndw()
//////////////////////////////////////////////////////////
TWndw::~TWndw()
{
   // Perform object cleanup here.
}

//////////////////////////////////////////////////////////
// TWndw::SetupWindow()
//////////////////////////////////////////////////////////
void TWndw::SetupWindow()
{
   // Call base class's SetupWindow.
   TFrameWindow::SetupWindow();

   // Perform initialization that requires a
   // valid window handle here.
}

//////////////////////////////////////////////////////////
// TWndw::CleanupWindow()
//////////////////////////////////////////////////////////
void TWndw::CleanupWindow()
{
   // Perform cleanup that requires a valid
   // window handle here.
}

//////////////////////////////////////////////////////////
// TApp::InitMainWindow()
//////////////////////////////////////////////////////////
void TApp::InitMainWindow()
{
   TFrameWindow *wndw = new TWndw(0, "Basic OWL App");
```

```
    SetMainWindow(wndw);
}

//////////////////////////////////////////////////////////
// OwlMain()
//////////////////////////////////////////////////////////
int OwlMain(int, char*[])
{
    return TApp().Run();
}
```

How Do I Call a Windows API Function Instead of a Borland Wrapper Function?

In OWL 2.0, Borland did its best to encapsulate as much of the Windows API as possible. As a result, OWL classes include many functions that have the same names as functions in the Windows API, but are easier to call because they require fewer arguments. For example, to display a message box with the normal Windows API requires a function call much like this:

```
    MessageBox(HWindow, "Error while loading!" "Error", MB_OK);
```

OWL, on the other hand, lets you display a message box with a much simpler function call:

```
    MessageBox("Error while loading!", "Error");
```

The two examples produce exactly the same message box, but in the second case, OWL provides two of the arguments for you. Sometimes, though, you may want to call the original Windows API function. However, if you tried to call the Windows API version of MessageBox() as it's shown previously, you'd get compiler errors. This is because the compiler matches your function call up with TWindow's version and finds that the required parameters don't match.

The Solution

To override this behavior and call an original Windows API function, simply precede the function name with the scope-resolution operator (::):

```
    ::MessageBox(HWindow, "Error while loading!" "Error", MB_OK);
```

This technique works, of course, with any Windows API function call, not just with MessageBox().

Note

There are some Windows API functions that are not encapsulated in OWL. Those functions may be safely called without the scope-resolution operator. However, it never hurts to use the scope-resolution operator. In fact, it may make your programs easier to interpret by reminding you which function calls belong to OWL and which to the Windows API. In short, it's a good practice to use the scope-resolution operator with all Windows API calls, not just those that have OWL counterparts.

Chapter 3

Applications

How Do I Write a Basic OWL Application?

Borland's ObjectWindows Library (OWL) includes many classes you can use to write your applications more quickly and easily. These OWL classes represent objects from which a Windows application is created—objects such as windows, dialog boxes, menu bars, window controls, and many more, including some special objects such as status bars and control bars.

Although in a full-size application you need to use many of OWL's classes, in a basic OWL application you need only draw on OWL's TApplication and TFrameWindow classes. The TApplication class encapsulates the data and functions that make up an application, whereas the TFrameWindow class encapsulates the data and functions that make up an application's main window.

The Solution

The first step is to create your application class, which should be derived from OWL's TApplication class:

```
class TApp : public TApplication
{
public:
    TApp(): TApplication() {}
    void InitMainWindow();
};
```

In this class, provide a constructor that calls the base class's constructor, as well as overrides the virtual function, InitMainWindow(). As its name suggests, InitMainWindow() creates the application's main window.

In the body of InitMainWindow(), construct a window of your main window class and call the SetMainWindow() function (inherited from TApplication). SetMainWindow() gives OWL a pointer to your main window object:

```
void TApp::InitMainWindow()
{
    TFrameWindow *wndw = new TWndw(0, "Basic OWL App");
    SetMainWindow(wndw);
}
```

Your main window class in an OWL program is usually derived from OWL's TFrameWindow. In this class, you must provide at least a constructor. You'll also almost always want to provide a response table (which enables your window to respond to Windows messages), and you'll often need to override the virtual functions SetupWindow() and CleanupWindow():

```
class TWndw : public TFrameWindow
{
public:
    TWndw(TWindow *parent, const char far *title);
    ~TWndw();

protected:
    void SetupWindow();
    void CleanupWindow();

    DECLARE_RESPONSE_TABLE(TWndw);
};

DEFINE_RESPONSE_TABLE1(TWndw, TWindow)
    // Place response table entries here.
END_RESPONSE_TABLE;
```

SetupWindow() and CleanupWindow() are like a secondary constructor and destructor in that they provide initialization and cleanup services for the window class. However, whereas your window object has no valid window handle when the class's constructor and destructor are being executed, your window object does have a valid window handle in SetupWindow() and CleanupWindow(), which OWL calls after the constructor and destructor, respectively:

```
void TWndw::SetupWindow()
{
    // Call base class's SetupWindow.
    TFrameWindow::SetupWindow();

    // Perform initialization that requires a
    // valid window handle here.
}
```

```
void TWndw::CleanupWindow()
{
    // Perform cleanup that requires a valid
    // window handle here.
}
```

> **Caution**
>
> Because the overridden base class's version of `SetupWindow()` performs critical
> initialization for your window class, you must be sure to call it inside your own ver-
> sion of `SetupWindow()`. If you fail to do this, your program will almost certainly
> exhibit strange side effects.

In your main window's constructor, call the base class's constructor. You
should also assign a menu to your application and perform other types of
initialization that require no valid window handle:

```
TWndw::TWndw(TWindow *parent, const char far *title):
        TFrameWindow(parent, title)
{
    AssignMenu(MENU_1);

    // Perform object initialization here.
}
```

Finally, almost every OWL program begins execution at the `OwlMain()`
function, which you must provide:

```
int OwlMain(int argc, char *argv[])
{
    return TApp().Run();
}
```

In `OwlMain()`, call your application's `Run()` member function (inherited from
`TApplication`) to get the program chugging.

The Sample Program

When you run the sample OWLAPP program, a fully functional main win-
dow appears on-screen (see fig. 3.1). Although this window doesn't do much
that is useful, you can manipulate the window in various ways, including
changing its size, minimizing it to an icon, maximizing it to a full-screen
window, accessing the menu bar, and selecting commands from the control
menu.

► See "How Do I
Customize the
Attributes of
My Main
Window?,"
p. 193

► See "How Do
I Respond to
Windows
Messages?,"
p. 39

Fig. 3.1
The OWLAPP
application.

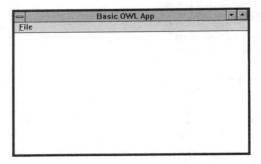

Listing 3.1   OWLAPP.CPP—A Basic OWL Application

```
/////////////////////////////////////////////////////////
// OWLAPP.CPP: The basic OWL application.
/////////////////////////////////////////////////////////

#include <owl\applicat.h>
#include <owl\framewin.h>
#include "owlapp.rc"

////////////////////////////////////
// The application class.
////////////////////////////////////
class TApp : public TApplication
{
public:
   TApp(): TApplication() {}
   void InitMainWindow();
};

////////////////////////////////////
// The main window class.
////////////////////////////////////
class TWndw : public TFrameWindow
{
public:
   TWndw(TWindow *parent, const char far *title);
   ~TWndw();

protected:
   void SetupWindow();
   void CleanupWindow();

   DECLARE_RESPONSE_TABLE(TWndw);
};

DEFINE_RESPONSE_TABLE1(TWndw, TWindow)
   // Place response table entries here.
END_RESPONSE_TABLE;
```

```
///////////////////////////////////////////////////////
// TWndw::TWndw()
///////////////////////////////////////////////////////
TWndw::TWndw(TWindow *parent, const char far *title):
     TFrameWindow(parent, title)
{
   AssignMenu(MENU_1);

   // Perform object initialization here.
}


///////////////////////////////////////////////////////
// TWndw::~TWndw()
///////////////////////////////////////////////////////
TWndw::~TWndw()
{
   // Perform object cleanup here.
}


///////////////////////////////////////////////////////
// TWndw::SetupWindow()
///////////////////////////////////////////////////////
void TWndw::SetupWindow()
{
   // Call base class's SetupWindow.
   TFrameWindow::SetupWindow();

   // Perform initialization that requires a
   // valid window handle here.
}


///////////////////////////////////////////////////////
// TWndw::CleanupWindow()
///////////////////////////////////////////////////////
void TWndw::CleanupWindow()
{
   // Perform cleanup that requires a valid
   // window handle here.
}


///////////////////////////////////////////////////////
// TApp::InitMainWindow()
///////////////////////////////////////////////////////
void TApp::InitMainWindow()
{
   TFrameWindow *wndw = new TWndw(0, "Basic OWL App");
   SetMainWindow(wndw);
}


///////////////////////////////////////////////////////
// OwlMain()
///////////////////////////////////////////////////////
int OwlMain(int, char*[])
{
   return TApp().Run();
}
```

How Do I Create a Basic MDI Application?

Windows' Multiple Document Interface (MDI) offers programmers a powerful way to control the objects—especially the document windows—that make up an application. An MDI application not only creates a sort of mini-desktop on which the user can organize related windows and icons, but also provides the programmer with many easy-to-implement functions that automatically handle those windows. MDI applications require a little more effort to program, but their advantages far outweigh any extra labor involved.

Thanks to OWL, however, creating an MDI application is amazingly easy. You need only use the special OWL classes for MDI applications—including `TMDIFrame`, `TMDIClient`, and `TMDIChild`—and supply an appropriate Window menu. The rest is almost automatic.

What exactly makes up an MDI application? Here's a list of the most important characteristics:

- An MDI application's main window is called a frame window. The frame window doesn't provide a workspace for the display of data as does a conventional window; rather, it provides a desktop-like surface for the organization of child (document) windows.

- When a new file is opened in an MDI application, it is represented by a document window, which appears over the frame window's client area. An MDI application can have any number of document windows open simultaneously.

- An MDI frame window always has a menu bar, which includes, but is not limited to, a Window menu for controlling MDI document windows. From this menu, document windows can usually be selected, tiled, and cascaded, among other things.

- MDI document windows have no menu. They receive commands from the application's frame-window menu.

- MDI document windows cannot be moved outside the frame window.

- When an MDI document window is minimized, it's displayed as an icon at the bottom of the frame window.

- When an MDI document window is maximized, it takes over the entire frame window, and its controls merge with those of the frame window.

■ An MDI application's frame window is covered by an invisible client window, which acts as a parent to windows and controls that appear over the frame window.

The Solution

In your `InitMainWindow()` function, first construct the application's client window:

```
TMDIClient *clientWnd = new TMDIClientWnd;
```

Every OWL MDI application must have a client window derived from the TMDIClient class (which means you must include the header file MDICHILD.H, as well as MDI.H, in your program). This program has its own client window class, which is, of course, derived from OWL's TMDIClient class:

```
class TMDIClientWnd : public TMDIClient
{
public:
    TMDIClientWnd();

protected:
    TMDIChild *InitChild();
};
```

TMDIClient is, in turn, derived from TWindow and provides message-response functions for the MDI commands in the Window menu, including `CmCreateChild()`, `CmCloseChildren()`, `CmCascadeChildren()`, and `CmTileChildren()`. TMDIClient also features command enablers for the Window menu, so you don't need to fuss over enabling and disabling items in the Window menu. Finally, TMDIClient's member functions `GetActiveMDIChild()` and `InitChild()` enable you to get a pointer to the active child window and to create custom MDI child windows.

The preceding TMDIClientWnd class overrides TMDIClient's `InitChild()` function in order to create the type of child windows the program needs. When the user selects the **W**indow menu's C**r**eate command, OWL calls `InitChild()` to create the child window. `InitChild()` must return a pointer to the new child window:

```
TMDIChild* TMDIClientWnd::InitChild()
{
    return new TMDIChild(*this, "An MDI Child");
}
```

After constructing the client window, construct the application's main window, which must be of the TMDIFrame class (or a class derived from TMDIFrame):

```
TMDIFrame *wndw =
    new TMDIFrame("MDI App", MENU_1, *clientWnd);
```

TMDIFrame's constructor takes as parameters a title string, a menu resource ID, and a reference to a client window. The TMDIFrame class is derived from TFrameWindow and handles such tasks as finding and storing the position of the application's Window menu. In addition, this class provides the member functions GetClientWindow(), which returns a pointer to the frame window's client window, and SetMenu(), which you can call to update the position of the Window menu after you install a new menu bar.

Finally, when you create the menu IDs for your Window menu, you must use the values defined by OWL for the Window menu. The resource header file MDI.RH, found with Borland's other include files, defines a set of constants that you can use for this purpose. These constants are CM_CASCADECHILDREN (24361), CM_TILECHILDREN (24362), CM_TILECHILDRENHORIZ (24363), CM_ARRANGEICONS (24364), CM_CLOSECHILDREN (24365), and CM_CREATECHILD (24366). An OWL client window already has message-response functions that respond to these menu item IDs.

> **Note**
>
> If you want an MDI application that uses Borland's control bars, status bars, and message bars, derive your MDI frame window from the TDecoratedMDIFrame class. You manipulate decorations in a TDecoratedMDIFrame window exactly as you do in a regular TDecoratedFrame window.

> **Note**
>
> Because child MDI windows can be reduced to icons, you may want to create special icons for these document windows. To do this, draw the icon using Resource Workshop. Then, when you create the MDI child window, call its SetIcon() member function to attach the icon to the window. SetIcon()'s two arguments are a pointer to the application object and the resource ID of the icon.

◀ See "How Do I Write a Basic OWL Application?," p. 29

▶ See "How Do I Respond to Windows Messages?," p. 39

The Sample Program

When you run MDIAPP, you see the window shown in figure 3.2. The window's **F**ile menu contains only an E**x**it command, but the **W**indow menu contains **C**reate, **C**ascade, **T**ile, Arrange **I**cons, and C**l**ose All commands—all the commands you would expect to find in an MDI application's Window menu.

Select the **C**reate command to create a new MDI child window. After you've created several child windows, you can use the **C**ascade and **T**ile commands to arrange them in the client window (see fig. 3.3). Reduce the windows to icons, drag the icons around the client window, and then use the Arrange **I**cons command to line up the icons at the bottom of the client window. Finally, select **C**lose All to close all child windows simultaneously. (You can use a window's system menu to close only that window.)

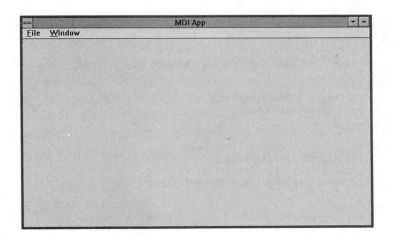

Fig. 3.2
The MDIAPP application.

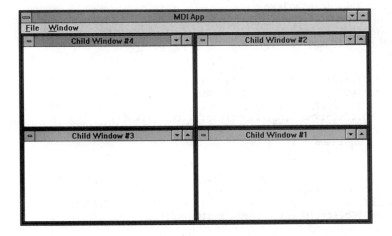

Fig. 3.3
Tiled MDI child windows.

Listing 3.2 MDIAPP.CPP—A Basic MDI Application

```cpp
//////////////////////////////////////////////////////////
// MDIAPP.CPP: Demonstrates the basic MDI application.
//////////////////////////////////////////////////////////

#include <owl\applicat.h>
#include <owl\mdi.h>
#include <owl\mdichild.h>
#include "mdiapp.rc"

///////////////////////////////////
// The application class.
///////////////////////////////////
class TMDIApp : public TApplication
{
public:
   TMDIApp() : TApplication() {}
   void InitMainWindow();
};

///////////////////////////////////
// The client window class.
///////////////////////////////////
class TMDIClientWnd : public TMDIClient
{
protected:
   int childNum;

public:
   TMDIClientWnd();

protected:
   TMDIChild *InitChild();
};

//////////////////////////////////////////////////////////
// TMDIClientWnd::TMDIClientWnd()
//////////////////////////////////////////////////////////
TMDIClientWnd::TMDIClientWnd() : TMDIClient()
{
   childNum = 1;
}

//////////////////////////////////////////////////////////
// TMDIClientWnd::InitChild()
//////////////////////////////////////////////////////////
TMDIChild* TMDIClientWnd::InitChild()
{
   // Create a new child window caption.
   char s[20];
   wsprintf(s, "Child Window #%d", childNum);

   // Increment the MDI child window number.
   ++childNum;
```

```
    // Create and return a pointer to
    // a new MDI child window.
    return new TMDIChild(*this, s);
}

/////////////////////////////////////////////////////////
// TMDIApp::InitMainWindow()
/////////////////////////////////////////////////////////
void TMDIApp::InitMainWindow()
{
    // Create an MDI client window.
    TMDIClient *clientWnd = new TMDIClientWnd;

    // Create the MDI frame window.
    TMDIFrame *wndw =
        new TMDIFrame("MDI App", MENU_1, *clientWnd);

    SetMainWindow(wndw);
}

/////////////////////////////////////////////////////////
// OwlMain()
/////////////////////////////////////////////////////////
int OwlMain(int, char*[])
{
    return TMDIApp().Run();
}
```

How Do I Respond to Windows Messages?

Just about everything that happens in a Windows program happens because of messages. There are all kinds of messages, but the most common are Windows messages, whose constants are usually prefaced with WM; command messages, whose constants are usually prefaced with CM; and control messages, whose constants usually begin with ID or IDC.

Windows messages are sent by the Windows system when something happens. Examples are WM_LBUTTONDOWN, which is sent when the user presses the left mouse button, and WM_TIMER, which is sent when a Windows timer goes off. Command messages are usually associated with the application's menu items. For example, in an OWL program, when the user selects the File menu's Exit command, the application receives a CM_EXIT message. Finally, control messages are associated with things such as buttons. When a user clicks a dialog box's OK button, for example, the dialog box receives an OWL IDOK message.

The Windows messages are all predefined; however, command messages and control messages depend on your application, and may be defined either by you or by OWL. So that your windows can respond to the messages sent to them, your window classes must contain response tables, which associate messages with the functions that are to handle them.

The Solution

To declare a response table in a class, you use the DECLARE_RESPONSE_TABLE macro, which requires as its single argument the name of the class for which the table is being declared:

```
DECLARE_RESPONSE_TABLE(TWndw);
```

This declaration is usually placed right before the ending brace of the class declaration. The table itself is defined outside the class, usually right after the class's declaration:

```
DEFINE_RESPONSE_TABLE1(TWndw, TFrameWindow)
    EV_WM_LBUTTONDOWN,
    EV_COMMAND(CM_MYCOMMAND, CmMyCommand),
END_RESPONSE_TABLE;
```

You start the table with the DEFINE_RESPONSE_TABLE macro. The name of the macro must be followed by the number of immediate base classes from which your class is derived. As is the case with TWndw, this value almost always is 1. The exception is classes derived through multiple inheritance. After the macro name and immediate base class count, you provide the name of the class for which the table is being defined, as well as the names of all immediate base classes. In the example, the only immediate base class for TWndw is TFrameWindow, so it is the only additional class listed in the macro. The class names are enclosed in parentheses and separated by commas.

Borland has predefined response-table macros for all standard Windows messages. To enable your window to respond to a particular Windows message, you need only include its macro in your response table and provide the matching response member function. You can determine a macro's name by adding EV_ to the front of the Windows message name. So, the response table macro for the WM_LBUTTONDOWN message is EV_WM_LBUTTONDOWN, the macro for WM_PAINT is EV_WM_PAINT, the macro for WM_MOUSEMOVE is EV_WM_MOUSEMOVE, and so on.

To create a response-table entry for a command or control message, use the EV_COMMAND macro. The macro's two arguments, enclosed in parentheses, are the message ID and the name of the function that will respond to that message. Note that you do not include the function's parameters, or even its parentheses, in the table. Also, every response-table entry must be followed by a comma.

The predefined macros for Windows messages in the response table are designed to automatically match specific message-response functions to the appropriate Windows messages. EvLButtonDown() is, for example, the response function that matches the WM_LBUTTONDOWN message. You must follow a strict set of naming rules for these functions so that Borland C++ can match the function with the message it is meant to handle.

You determine the necessary function name for a particular Windows message by taking the message's name, replacing the WM_ with Ev, and then spelling the rest of the function name as it appears in the message name, except using uppercase letters for the first letter of each "word" and lowercase letters for the rest. So, WM_LBUTTONDOWN becomes EvLButtonDown, WM_PAINT becomes EvPaint, WM_MOUSEMOVE becomes EvMouseMove, and so on. In the preceding class declaration, you can now see that the member function EvLButtonDown() is meant to respond to WM_LBUTTONDOWN messages.

After you have written response-table entries for each message your window class will handle, you must end the table. You do this with the END_RESPONSE_TABLE macro, followed by a semicolon.

Now that you have your response table defined, define the response functions for the Windows messages:

```
void TWndw::EvLButtonDown(UINT, TPoint&)
{
    MessageBox("Got the click!", "Message");
}
```

How do you know what types of arguments are returned and received by a particular message-response function? The prototypes for each of the many message-response functions for standard Windows messages are listed in your ObjectWindows reference guide that came with your copy of Borland C++ 4.x. As you'll see when you look at this list of prototypes, one of the advantages of using Borland's predefined response-table macros is that the associated Windows message is "cracked" before being passed to your response function. In other words, Borland C++ automatically extracts the relevant values passed in the WPARAM and LPARAM parameters.

For example, in the case of the WM_LBUTTONDOWN message, Windows encodes a virtual key flag in WPARAM and the x and y coordinates of the mouse pointer in LPARAM. But, instead of forcing you to extract this information on your own, Borland C++ automatically extracts the values and sends them to your

EvLButtonDown() function, where the virtual key flag is received as UINT and the mouse's x and y coordinates are in a TPoint object.

When you write a response function for a command message or a control message, the function usually receives no parameters. Moreover, you can name the function anything you like, although the convention is to use the same name as the message constant, except spelling the name in both upper- and lowercase letters:

▶ See "How Do I Send My Own Windows Messages?," p. 47

▶ See "How Do I Use a Single Message-Response Function To Respond to Different Command Messages?," p. 44

```
void TWndw::CmTest()
{
    MessageBox("Got the menu message!", "Message");
}
```

The Sample Program

Run the MSGAPP program (see fig. 3.4), and then click anywhere in the main window's client area. A message box containing the text Got the click! appears. Next, select the **T**est menu's **T**est Command item. Another message box appears, this time with the text Got the menu message!

Fig. 3.4
The MSGAPP application.

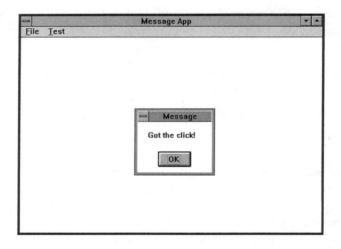

Listing 3.3   MSGAPP.CPP—Demonstrates How to Create a Response Table and Response Functions

```
//////////////////////////////////////////////////////////////
// MSGAPP.CPP: Responds to Windows messages and command
//             messages.
//////////////////////////////////////////////////////////////

#include <owl\applicat.h>
#include <owl\framewin.h>
```

```
#include "msgapp.rc"

////////////////////////////////
// The application class.
////////////////////////////////
class TApp : public TApplication
{
public:
    TApp(): TApplication() {}
    void InitMainWindow();
};

////////////////////////////////
// The main window class.
////////////////////////////////
class TWndw : public TFrameWindow
{
public:
    TWndw(TWindow *parent, const char far *title);

protected:
    void EvLButtonDown(UINT, TPoint &point);
    void CmTest();

    DECLARE_RESPONSE_TABLE(TWndw);
};

DEFINE_RESPONSE_TABLE1(TWndw, TFrameWindow)
    EV_WM_LBUTTONDOWN,
    EV_COMMAND(CM_TEST, CmTest),
END_RESPONSE_TABLE;

////////////////////////////////////////////////////////
// TWndw::TWndw()
////////////////////////////////////////////////////////
TWndw::TWndw(TWindow *parent, const char far *title) :
    TFrameWindow(parent, title)
{
    AssignMenu(MENU_1);
    Attr.X = 50;
    Attr.Y = 50;
    Attr.W = GetSystemMetrics(SM_CXSCREEN) / 1.2;
    Attr.H = GetSystemMetrics(SM_CYSCREEN) / 1.2;
}

////////////////////////////////////////////////////////
// TWndw::EvLButtonDown()
////////////////////////////////////////////////////////
void TWndw::EvLButtonDown(UINT, TPoint&)
{
    MessageBox("Got the click!", "Message");
}

////////////////////////////////////////////////////////
// TWndw::CmTest()
```

(continues)

Listing 3.3 Continued

```
/////////////////////////////////////////////////////////////
void TWndw::CmTest()
{
    MessageBox("Got the menu message!", "Message");
}

/////////////////////////////////////////////////////////////
// TApp::InitMainWindow()
/////////////////////////////////////////////////////////////
void TApp::InitMainWindow()
{
    TFrameWindow *wndw = new TWndw(0, "Message App");
    SetMainWindow(wndw);
}

/////////////////////////////////////////////////////////////
// OwlMain()
/////////////////////////////////////////////////////////////
int OwlMain(int, char*[])
{
    return TApp().Run();
}
```

How Do I Use a Single Message-Response Function To Respond to Different Command Messages?

Sometimes, a series of command messages may be related in such a way that it makes more sense to handle them all with a single message-response function than to create a message-response function for each. For example, a Line menu may enable a user to select one of several line thicknesses. It's logical to handle all Line menu commands in a single function whose job it is to set the line width. To perform this trick, you need to use EV_COMMAND_AND_ID macros in your window class's response table.

The Solution

First, create a response table that contains an EV_COMMAND_AND_ID macro for each message you want handled by the single message-response function, using the same function as the macro's second argument:

```
DEFINE_RESPONSE_TABLE1(TWndw, TFrameWindow)
    EV_COMMAND_AND_ID(CM_COMMAND1, CmCommand),
    EV_COMMAND_AND_ID(CM_COMMAND2, CmCommand),
    EV_COMMAND_AND_ID(CM_COMMAND3, CmCommand),
END_RESPONSE_TABLE;
```

The EV_COMMAND_AND_ID macro takes exactly the same arguments as the EV_COMMAND macro: the message ID and the name of the function that will handle that message. The difference is that, when the program calls the message-response function, it sends along the ID of the message that triggered the call. In the message-response function, use this parameter to determine which message you need to respond to:

◄ See "How Do I Respond to Windows Messages?," p. 39

```
void TWndw::CmCommand(WPARAM messageId)
{
    switch (messageId)
    {
        case CM_COMMAND1 : /* Handle message 1 */ break;
        case CM_COMMAND2 : /* Handle message 2 */ break;
        case CM_COMMAND3 : /* Handle message 3 */ break;
    }
}
```

The Sample Program

The MULTIMSG program (see fig. 3.5) presents a Test menu from which you can select one of three commands. Select any of the three commands, and the program displays a message box indicating which command you chose, even though all three commands are handled by a single message-response function.

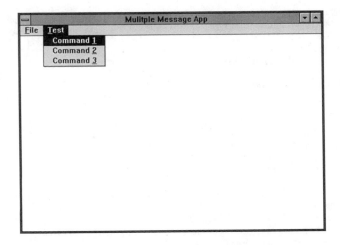

Fig. 3.5
The MULTIMSG application.

**Listing 3.4   MULTIMSG.CPP—A Program that Uses a Single
Function to Respond to Multiple Command Messages**

```cpp
///////////////////////////////////////////////////////////
// MULTIMSG.CPP: Demonstrates using a single message-
//               response function to handle multiple
//               command messages.
///////////////////////////////////////////////////////////

#include <owl\applicat.h>
#include <owl\framewin.h>
#include "multimsg.rc"

//////////////////////////////////
// The application class.
//////////////////////////////////
class TApp : public TApplication
{
public:
   TApp(): TApplication() {}
   void InitMainWindow();
};

//////////////////////////////////
// The main window class.
//////////////////////////////////
class TWndw : public TFrameWindow
{
public:
   TWndw(TWindow *parent, const char far *title);

protected:
   void CmCommand(WPARAM messageId);

   DECLARE_RESPONSE_TABLE(TWndw);
};

DEFINE_RESPONSE_TABLE1(TWndw, TFrameWindow)
   EV_COMMAND_AND_ID(CM_COMMAND1, CmCommand),
   EV_COMMAND_AND_ID(CM_COMMAND2, CmCommand),
   EV_COMMAND_AND_ID(CM_COMMAND3, CmCommand),
END_RESPONSE_TABLE;

///////////////////////////////////////////////////////////
// TWndw::TWndw()
///////////////////////////////////////////////////////////
TWndw::TWndw(TWindow *parent, const char far *title) :
   TFrameWindow(parent, title)
{
   AssignMenu(MENU_1);
   Attr.X = 50;
   Attr.Y = 50;
   Attr.W = GetSystemMetrics(SM_CXSCREEN) / 1.2;
   Attr.H = GetSystemMetrics(SM_CYSCREEN) / 1.2;
}
```

```
//////////////////////////////////////////////////////////
// TWndw::CmCommand()
//////////////////////////////////////////////////////////
void TWndw::CmCommand(WPARAM messageId)
{
    char s[10];

    // Respond to the correct message ID.
    switch (messageId)
    {
        case CM_COMMAND1 : strcpy(s, "Command 1"); break;
        case CM_COMMAND2 : strcpy(s, "Command 2"); break;
        case CM_COMMAND3 : strcpy(s, "Command 3"); break;
    }
    MessageBox(s, "Command Selected");
}


//////////////////////////////////////////////////////////
// TApp::InitMainWindow()
//////////////////////////////////////////////////////////
void TApp::InitMainWindow()
{
    TFrameWindow *wndw =
        new TWndw(0, " Multiple Message App");
    SetMainWindow(wndw);
}


//////////////////////////////////////////////////////////
// OwlMain()
//////////////////////////////////////////////////////////
int OwlMain(int, char*[])
{
    return TApp().Run();
}
```

How Do I Send My Own Windows Messages?

Many command message constants you see are prefaced with a CM, which
stands for *Command Message*. A command message is the type of message
you define for a menu item. Other messages you handle frequently in Win-
dows programs are those whose constants are prefaced with WM, which stands
for *Windows Message*. Although these two types of messages can handle most
of what goes on in your programs, there's a third type of message that simpli-
fies the task of communicating between window objects. These are user-
defined Windows messages.

Windows defines a constant, WM_USER, to represent the value at which you can
start defining your own messages. Windows reserves all messages from 0 to
WM_USER-1 for its own use. However, you can define any messages you like

between the values of WM_USER and WM_USER+0x7FFF. It's not necessary to know the value of WM_USER. In fact, Microsoft may very well redefine the current value assigned to WM_USER. All you need to know is that you should define user-defined Windows messages starting at WM_USER.

The Solution

To use a user-defined message in a program, first add an EV_MESSAGE macro for the message to the window class's response table:

```
DEFINE_RESPONSE_TABLE1(TWndw, TFrameWindow)
    EV_MESSAGE(PM_MYMESSAGE, PmMyMessage),
END_RESPONSE_TABLE;
```

The EV_MESSAGE macro takes as its two parameters the message ID and the name of the function that will handle the message. You add the EV_MESSAGE macro to your response table just as you would many other response-table macros, by typing the name of the macro and the macro's arguments enclosed in parentheses.

The next step is to write the function that will respond to your new Windows message. This function must accept WPARAM and LPARAM parameters and must return an LRESULT value:

```
LRESULT TWndw::PmMyMessage(WPARAM wParam, LPARAM lParam)
{
    MessageBox("Message Received", "Message");
    return 1;
}
```

Of course, your message-response function will probably do much more than the example. You can handle the message in your response function any way you like.

For your new message-response function to get called, however, you must send your user-defined message to the window. You can have a window send the message to itself by calling the SendMessage() or PostMessage() functions (inherited from TWindow):

```
SendMessage(PM_MYMESSAGE, wParam, lParam);
```

or

```
PostMessage(PM_MYMESSAGE, wParam, lParam);
```

If you want to send the message from one window to another, preface the function call with a pointer to the receiving window:

```
wndw->PostMessage(PM_MYMESSAGE, wParam, lParam);
```

In any case, the arguments in the function call are the message's ID and the accompanying WPARAM (word *param*eter) and LPARAM (*long param*eter) values for the message. The latter two arguments can be any word and long word values you like. After all, it's your message!

> **Note**
>
> SendMessage() and PostMessage() tackle the same job, but do it a little differently. SendMessage() sends the message directly to the window and doesn't return until the message has been processed. PostMessage(), on the other hand, places the message in the receiving window's message queue and returns immediately. In other words, it may take longer for a message sent by PostMessage() to be processed. Note that both of these function calls are OWL encapsulated versions of Windows API functions of the same name.

> **Note**
>
> You can also use PostMessage() and SendMessage() to send regular Windows messages. For example, to close a window, you could use the function call PostMessage(WM_CLOSE, 0, 0).

◀ See "How Do I Respond to Windows Messages?," p. 39

The Sample Program

Run the USERMSG program (see fig. 3.6) and select the **D**ialog menu's **T**est Dialog command. When you do, the Message Dialog dialog box appears. Click the OK button to send the user-defined PM_IDOK message to the main window. When the main window receives the message, it displays a message box containing the text Message Received.

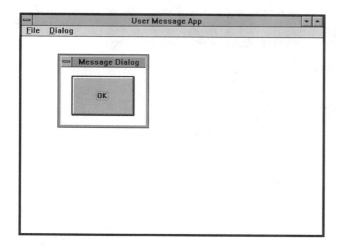

Fig. 3.6
The USERMSG application.

50 Chapter 3—Applications

Listing 3.5 USERMSG.CPP—Sends and Responds to a User-Defined Message

```cpp
////////////////////////////////////////////////////////////
// USERMSG.CPP: Demonstrates user-defined windows messages.
////////////////////////////////////////////////////////////

#include <owl\applicat.h>
#include <owl\framewin.h>
#include <owl\dialog.h>
#include "usermsg.rc"

///////////////////////////////////
// The application class.
///////////////////////////////////
class TApp : public TApplication
{
public:
   TApp(): TApplication() {}
   void InitMainWindow();
};

///////////////////////////////////
// The main window class.
///////////////////////////////////
class TWndw : public TFrameWindow
{
protected:
   TDialog *dialog;

public:
   TWndw(TWindow *parent, const char far *title);

protected:
   void CmTestDialog();
   LRESULT PmIdOk(WPARAM, LPARAM);

   DECLARE_RESPONSE_TABLE(TWndw);
};

DEFINE_RESPONSE_TABLE1(TWndw, TFrameWindow)
   EV_COMMAND(CM_TESTDIALOG, CmTestDialog),
   EV_MESSAGE(PM_IDOK, PmIdOk),
END_RESPONSE_TABLE;

///////////////////////////////////
// The dialog box class.
///////////////////////////////////
class TDlg : public TDialog
{
public:
   TDlg(TWindow *parent, TResId resId) :
      TDialog(parent, resId) {};

protected:
   void CmOk();
```

```
        DECLARE_RESPONSE_TABLE(TDlg);
};

DEFINE_RESPONSE_TABLE1(TDlg, TDialog)
    EV_COMMAND(IDOK, CmOk),
END_RESPONSE_TABLE;

/////////////////////////////////////////////////////////
// TWndw::TWndw()
/////////////////////////////////////////////////////////
TWndw::TWndw(TWindow *parent, const char far *title):
        TFrameWindow(parent, title)
{
    AssignMenu(MENU_1);
    Attr.X = 50;
    Attr.Y = 50;
    Attr.W = GetSystemMetrics(SM_CXSCREEN) / 1.2;
    Attr.H = GetSystemMetrics(SM_CYSCREEN) / 1.2;

    // Create the dialog box.
    dialog = new TDlg(this, TESTDLG);
}

/////////////////////////////////////////////////////////
// TWndw::CmTestDialog()
/////////////////////////////////////////////////////////
void TWndw::CmTestDialog()
{
    // Execute the modeless dialog box.
    dialog->Create();
    dialog->Show(SW_SHOW);
}

/////////////////////////////////////////////////////////
// TWndw::PmIdOk()
/////////////////////////////////////////////////////////
LRESULT TWndw::PmIdOk(WPARAM, LPARAM)
{
    MessageBox("Message Received", "Message");
    return 1;
}

/////////////////////////////////////////////////////////
// TDlg::CmOk()
/////////////////////////////////////////////////////////
void TDlg::CmOk()
{
    // Handle the OK button normally.
    TDialog::CmOk();

    // Notify the main window that the user clicked OK.
    Parent->PostMessage(PM_IDOK, 0, 0);
}

/////////////////////////////////////////////////////////
```

(continues)

Listing 3.5 Continued

```
// TApp::InitMainWindow()
///////////////////////////////////////////////////////
void TApp::InitMainWindow()
{
    TFrameWindow *wndw = new TWndw(0, "User Message App");
    SetMainWindow(wndw);
}


///////////////////////////////////////////////////////
// OwlMain()
///////////////////////////////////////////////////////
int OwlMain(int, char*[])
{
    return TApp().Run();
}
```

How Do I Generate and Use Timer Events?

Windows timers are handy devices when you want your application to receive a message at a regular interval. This "wake-up call" can be used in programs that must be constantly active, working in the background while still allowing other applications to run properly. Or you can use a Windows timer just to time certain events, such as the amount of time a splash window should stay on-screen. Whatever uses you can find for Windows timers—and there are a million of them—you'll discover that they often provide clever solutions for sticky problems.

When you start a Windows timer, it sends WM_TIMER messages to the window that owns it at whatever interval you set. For example, you can set a Windows timer to send messages every five milliseconds, five seconds, and even five minutes. It's all up to you. (Actually, due to the way your computer's system timer works, it's not possible to receive WM_TIMER messages from a single timer more often than about 18 times a second.)

The Solution

First, prepare your window class to receive timer events by adding the EV_WM_TIMER macro to the response table:

```
DEFINE_RESPONSE_TABLE1(TWndw, TFrameWindow)
    EV_WM_TIMER,
END_RESPONSE_TABLE;
```

The matching message-response function for the EV_WM_TIMER macro is EvTimer(). You must declare and define this function in your window class:

```
class TWndw : public TFrameWindow
{
public:
   TWndw(TWindow *parent, const char far *title);

protected:
   void EvTimer(UINT);

   DECLARE_RESPONSE_TABLE(TWndw);
};


void TWndw::EvTimer(UINT)
{
   // Handle timer event here.
}
```

To get a Windows timer going, call the function SetTimer(), which is an encapsulated OWL version of a Windows API function of the same name:

```
SetTimer(timerID, millisecs);
```

SetTimer()'s two arguments are the timer ID (any nonzero number) and the number of milliseconds between WM_TIMER messages. If there is no timer available (Windows has only 32), SetTimer() returns NULL. Normally, you should check the return value and be prepared to handle the rare case when there is no timer left available.

You can call SetTimer() anywhere in your program that the window still has a valid handle (the function uses the window handle to attach the timer to the window). This means the first possible opportunity you have to set a timer in an OWL program is in your window class's SetupWindow() function.

After you call SetTimer(), WM_TIMER messages will start arriving at the interval you selected. OWL routes these messages to the EvTimer() function, where you can handle them any way you like.

When you're through with the timer, you must kill it by calling the OWL function KillTimer() (inherited from TWindow):

```
KillTimer(timerID);
```

This function's single argument is the timer's ID. Because this function also requires that the window's handle be valid, you must call it before the window is destroyed. Your last chance in an OWL program is the window's CleanupWindow() function.

◀ See "How Do
I Respond to
Windows
Messages?,"
p. 39

> **Note**
>
> In any window class derived from TWindow, there are two sets of initialization functions that create and destroy the associated window object. The class's constructor and destructor are good places to initialize or destroy, respectively, any program items that don't require a valid window handle. The SetupWindow() and CleanupWindow() functions, on the other hand, are a good place for any function calls or items that require your window to have a valid handle.

> **Caution**
>
> When overriding SetupWindow(), always remember to call the base class's SetupWindow() first thing in the function. Failure to do this may result in your window class not being correctly set up.

The Sample Program

Upon startup, the TIMERAPP program (see fig. 3.7) immediately creates a Windows timer. Every five seconds, a message box reports that a WM_TIMER event has been received. The messages keep coming until you kill the timer or exit the program. To kill the timer yourself, select the **F**ile menu's **K**ill Timer command. If you don't kill the timer using the **K**ill Timer command, the program's CleanupWindow() function handles the task when you exit the program.

Fig. 3.7
The TIMERAPP
application.

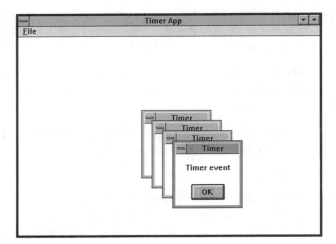

Listing 3.6 TIMERAPP.CPP—Demonstrates How to Set up and Handle a Windows Timer

```cpp
////////////////////////////////////////////////////////
// TIMERAPP.CPP: Demonstrates using a Windows timer.
////////////////////////////////////////////////////////

#include <owl\applicat.h>
#include <owl\framewin.h>
#include "timerapp.rc"

/////////////////////////////////
// The application class.
/////////////////////////////////
class TApp : public TApplication
{
public:
   TApp(): TApplication() {}
   void InitMainWindow();
};

/////////////////////////////////
// The main window class.
/////////////////////////////////
class TWndw : public TFrameWindow
{
public:
   TWndw(TWindow *parent, const char far *title);

protected:
   void SetupWindow();
   void CleanupWindow();
   void CmKillTimer();
   void EvTimer(UINT);

   DECLARE_RESPONSE_TABLE(TWndw);
};

DEFINE_RESPONSE_TABLE1(TWndw, TFrameWindow)
   EV_WM_TIMER,
   EV_COMMAND(CM_KILLTIMER, CmKillTimer),
END_RESPONSE_TABLE;

////////////////////////////////////////////////////////
// TWndw::TWndw()
////////////////////////////////////////////////////////
TWndw::TWndw(TWindow *parent, const char far *title) :
   TFrameWindow(parent, title)
{
   AssignMenu(MENU_1);
   Attr.X = 50;
   Attr.Y = 50;
   Attr.W = GetSystemMetrics(SM_CXSCREEN) / 1.2;
```

(continues)

Listing 3.6 Continued

```
    Attr.H = GetSystemMetrics(SM_CYSCREEN) / 1.2;
}

//////////////////////////////////////////////////////////
// TWndw::SetupWindow()
//////////////////////////////////////////////////////////
void TWndw::SetupWindow()
{
    // Always call the base class's SetupWindow().
    TFrameWindow::SetupWindow();

    // Start a Windows timer.
    SetTimer(1, 5000);
}

//////////////////////////////////////////////////////////
// TWndw::CleanupWindow()
//////////////////////////////////////////////////////////
void TWndw::CleanupWindow()
{
    // Kill the timer.
    KillTimer(1);
}

//////////////////////////////////////////////////////////
// TWndw::EvTimer()
//////////////////////////////////////////////////////////
void TWndw::EvTimer(UINT)
{
    // Handle the timer event.
    MessageBox("Timer event", "Timer");
}

//////////////////////////////////////////////////////////
// TWndw::CmKillTimer()
//////////////////////////////////////////////////////////
void TWndw::CmKillTimer()
{
    KillTimer(1);
    MessageBox("Timer killed", "Timer");
}

//////////////////////////////////////////////////////////
// TApp::InitMainWindow()
//////////////////////////////////////////////////////////
void TApp::InitMainWindow()
{
    TFrameWindow *wndw = new TWndw(0, "Timer App");
    SetMainWindow(wndw);
}

//////////////////////////////////////////////////////////
// OwlMain()
//////////////////////////////////////////////////////////
```

```
int OwlMain(int, char*[])
{
    return TApp().Run();
}
```

How Do I Create a Splash Window?

Immediately upon starting, many applications display a small window that acts as a title screen for the program. The window stays on the screen for a few seconds and then disappears automatically. This type of window is called a *splash window,* and is a particularly handy way to distract the user while your program performs lengthy start-up tasks. Of course, if your program doesn't require much initialization, you don't need to use a splash window as anything more than an interesting way to start your program.

The Solution

The easiest way to create a splash window is to design it as a dialog box in Resource Workshop. So that the dialog box doesn't look like a dialog box, however, you need to change some of its attributes. To do this in Resource Workshop, double-click the dialog box to display the Window Style dialog box (see fig. 3.8). Then, delete the dialog box's caption from the **C**aption edit control and select the Dialog Frame button in the **F**rame Style group box. Now, exit the Window Style dialog box and add whatever text, icons, and controls you'd like in your splash window.

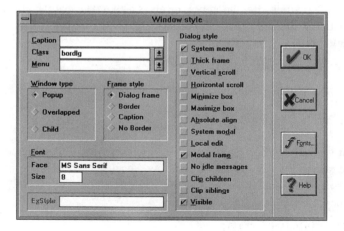

Fig. 3.8
The Window Style dialog box.

After you have created your splash window's resource, you need to write a class for the dialog box in your program. In the class, override the

`SetupWindow()` function and add the `EvTimer()` message-response function, as well as add the `EV_WM_TIMER` macro to the dialog box class's response table:

```
class TDlg : public TDialog
{
public:
    TDlg::TDlg(TWindow *Parent, TResId ResId) :
        TDialog(Parent, ResId) {}

protected:
    void SetupWindow();
    void EvTimer(UINT);

    DECLARE_RESPONSE_TABLE(TDlg);
};

DEFINE_RESPONSE_TABLE1(TDlg, TDialog)
    EV_WM_TIMER,
END_RESPONSE_TABLE;
```

In the dialog box's `SetupWindow()` function, first call the base class's `SetupWindow()` and then start a Windows timer:

```
TDialog::SetupWindow();
SetTimer(1, 4000);
```

Because you want the splash window to appear in a specific location on the screen, you should also modify the dialog box's position in `SetupWindow()`:

```
MoveWindow(xPos, yPos, width, height);
```

Because you need to know when the Windows timer goes off, you must include the `EvTimer()` function in your dialog box's class. In this function (which is called when the dialog box receives a `WM_TIMER` event), kill the Windows timer and then call `PostMessage()` to send a `WM_CLOSE` message to the dialog box:

```
void TDlg::EvTimer(UINT)
{
    // Kill the timer and close the dialog.
    KillTimer(1);
    PostMessage(WM_CLOSE, 0, 0);
}
```

Now that your dialog box class is ready to go, you must find somewhere in your program to display the splash window. Because you want the splash window to appear first, create and display it in your main window's `SetupWindow()` function:

```
splashDialog->Create();
splashDialog->Show(SW_SHOW);
```

The splash window created by the preceding example is a modeless dialog box, which returns immediately and frees you to continue with your main program's initialization. The splash window stays on-screen until its Windows timer sends a WM_TIMER message, at which point the splash window removes itself from the screen. While the splash screen is displayed, you can perform program initialization in the background.

◀ See "How Do
I Generate
and Use Timer
Events?," p. 52

▶ See "How Do I
Create a Modal
Dialog Box?,"
p. 91

▶ See "How Do
I Create a
Modeless Dia-
log Box?," p. 94

▶ See "How Do I
Center a Dialog
Box?," p. 109

> **Note**
>
> If you don't have any program initialization to perform, you may want to display the splash window as a modal dialog box, which doesn't return to your program until it closes. Using a modal dialog box ensures that your main window doesn't appear before the splash window closes.

The Sample Program

When you run the sample SPLSHDLG program, the splash window (see fig. 3.9) appears on-screen. While the splash window is on-screen, the program continues to do its initialization (mimicked by the for loops). When the splash window receives its WM_TIMER event, it closes, leaving the user free to access the application.

Fig. 3.9
The SPLSHDLG application's splash window.

> **Listing 3.7   SPLSHDLG.CPP—A Program that Displays a Splash Window before the Main Window Appears**

```
/////////////////////////////////////////////////////////
// SPLSHDLG.CPP: Displays a splash window.
/////////////////////////////////////////////////////////

#include <owl\applicat.h>
#include <owl\framewin.h>
#include <owl\dialog.h>
#include "splshdlg.rc"
```

(continues)

Listing 3.7 Continued

```
/////////////////////////////////
// The application class.
/////////////////////////////////
class TApp : public TApplication
{
public:
   TApp(): TApplication() {}
   void InitMainWindow();
};

/////////////////////////////////
// The main window class.
/////////////////////////////////
class TWndw : public TFrameWindow
{
private:
   TDialog *splashDialog;

public:
   TWndw(TWindow *parent, const char far *title);

protected:
   void SetupWindow();
};

/////////////////////////////////
// The splash dialog class.
/////////////////////////////////
class TDlg : public TDialog
{
public:
   TDlg::TDlg(TWindow *Parent, TResId ResId) :
      TDialog(Parent, ResId) {}

protected:
   void SetupWindow();
   void EvTimer(UINT);

   DECLARE_RESPONSE_TABLE(TDlg);
};

DEFINE_RESPONSE_TABLE1(TDlg, TDialog)
   EV_WM_TIMER,
END_RESPONSE_TABLE;

//////////////////////////////////////////////////////////
// TWndw::TWndw()
//////////////////////////////////////////////////////////
TWndw::TWndw(TWindow *parent, const char far *title) :
   TFrameWindow(parent, title)
{
   AssignMenu(MENU_1);
   Attr.X = 50;
```

```
   Attr.Y = 50;
   Attr.W = GetSystemMetrics(SM_CXSCREEN) / 1.2;
   Attr.H = GetSystemMetrics(SM_CYSCREEN) / 1.2;

   // Create a splash dialog object.
   splashDialog = new TDlg(this, SPLASHDLG);
}

////////////////////////////////////////////////////////////
// TWndw::SetupWindow()
////////////////////////////////////////////////////////////
void TWndw::SetupWindow()
{
   // Call the base class's SetupWindow().
   TFrameWindow::SetupWindow();

   // Display the splash window.
   splashDialog->Create();
   splashDialog->Show(SW_SHOW);

   // Here's a good place to perform lengthy
   // initialization tasks.
   int x, y;
   for (x=0; x<32000; ++x)
      for (y=0; y<500; ++y) {}
}

////////////////////////////////////////////////////////////
// TDlg::SetupWindow()
////////////////////////////////////////////////////////////
void TDlg::SetupWindow()
{
   TRect scrnRect, dlgRect;

   // Always call the base class's SetupWindow().
   TDialog::SetupWindow();

   // Start a Windows timer.
   SetTimer(1, 4000);

   // Get the size of the screen and the dialog box.
   HWND hWnd = GetDesktopWindow();
   ::GetWindowRect(hWnd, &scrnRect);
   GetWindowRect(dlgRect);

   // Calculate the splash dialog's screen position.
   int xPos = (scrnRect.right - scrnRect.left) / 2 -
      (dlgRect.right - dlgRect.left) / 2;
   int yPos = (scrnRect.bottom - scrnRect.top) / 2 -
      (dlgRect.bottom - dlgRect.top) / 2;

   // Move the dialog box to its centered position.
   MoveWindow(xPos, yPos,
      dlgRect.Width(), dlgRect.Height());
}
```

(continues)

Listing 3.7 Continued

```
//////////////////////////////////////////////////////////
// TDlg::EvTimer()
//////////////////////////////////////////////////////////
void TDlg::EvTimer(UINT)
{
    // Kill the timer and close the dialog box.
    KillTimer(1);
    PostMessage(WM_CLOSE, 0, 0);
}


//////////////////////////////////////////////////////////
// TApp::InitMainWindow()
//////////////////////////////////////////////////////////
void TApp::InitMainWindow()
{
    TFrameWindow *wndw =
        new TWndw(0, "Splash Window App");
    SetMainWindow(wndw);
    EnableBWCC();
}


//////////////////////////////////////////////////////////
// OwlMain()
//////////////////////////////////////////////////////////
int OwlMain(int, char*[])
{
    return TApp().Run();
}
```

How Do I Allow Only One Instance of a Program?

In some cases, it may not make sense to allow more than one instance of a Windows program to run simultaneously. For example, a program that ties up a hardware device such as a modem for long periods of time wouldn't get along well with another instance of itself. In these cases, it would be nice if you could stand over the user's shoulder and slap his hands every time he tried to run more than one instance of your application. Luckily, there's an easier way—one that doesn't offend your users and saves you from standing over strangers' computers.

The Solution

OWL's TApplication class defines a data member named hPrevInstance that holds the handle of a previous instance of an application. You can check the value of this variable in OwlMain() and see whether it contains a valid handle. A value of zero means the application is the first instance. Any other value means the user is trying to start another instance of the application.

In `OwlMain()`, call OWL's `GetApplicationObject()` function to obtain a pointer to the current application object:

```
TApplication *app = GetApplicationObject();
```

Then, check the value of `hPrevInstance`. If it's zero, allow the application to run:

```
if (!app->hPrevInstance)
    status = TApp().Run();
```

If `hPrevInstance` contains an instance handle, tell the user that he cannot run another instance and skip the call to the application object's `Run()` member function:

```
else
{
    MessageBox(0, "Application already running",
        "Error", MB_OK);
    status = 0;
}
```

The Sample Program

When you run the INSTANCE program, its main window appears normally. Leave the first instance of the program running and try to start a second instance. When you do, you see the message box shown in figure 3.10. Close the message box. The second instance of the program terminates before its window ever appears.

▶ See "How Do I Initialize the First Instance of a Program Differently from Subsequent Instances?," p. 64

Fig. 3.10
The INSTANCE application.

Listing 3.8 INSTANCE.CPP—A Program that Allows Only One Instance of Itself

```
//////////////////////////////////////////////////////////
// INSTANCE.CPP: Allows only one instance of itself.
//////////////////////////////////////////////////////////

#include <owl\applicat.h>
#include <owl\framewin.h>
#include "instance.rc"

// Class for the application.
class TApp : public TApplication
```

(continues)

Listing 3.8 Continued

```
    {
    public:
       TApp(): TApplication() {}
       void InitMainWindow();
    };

    /////////////////////////////////////////////////////////////
    // TApp::InitMainWindow()
    /////////////////////////////////////////////////////////////
    void TApp::InitMainWindow()
    {
       TFrameWindow *wndw =
          new TFrameWindow(0, "Instance App");
       wndw->AssignMenu(MENU_1);
       SetMainWindow(wndw);
    }

    /////////////////////////////////////////////////////////////
    // OwlMain()
    /////////////////////////////////////////////////////////////
    int OwlMain(int, char*[])
    {
       int status;

       // Get the address of the application object.
       TApplication *app = GetApplicationObject();

       // If there's no previous instance,
       // allow this one to run.
       if (!app->hPrevInstance)
          status = TApp().Run();

       // Otherwise, warn the user and
       // terminate the program.
       else
       {
          MessageBox(0, "Application already running",
             "Error", MB_OK);
          status = 0;
       }

       return status;
    }
```

How Do I Initialize the First Instance of a Program Differently from Subsequent Instances?

When you allow more than one instance of a program to run concurrently, you may discover that there are some activities that need to be performed only when the first instance runs. For example, if your application explicitly loads a DLL by calling LoadLibrary(), you don't need to call LoadLibrary() again when the user starts subsequent instances of your application. You need only load a DLL once, and it's then available to all applications that need it. For this reason—among many others—you may want to handle the first instance of an application differently from subsequent instances.

OWL application objects, which are derived from TApplication, call three virtual functions that work together to get a program started. These functions are InitApplication(), InitInstance(), and InitMainWindow(). The way OWL calls these functions offers a clue as to how to handle different instances of the application.

Here's the scoop: The application object's Run() function first calls InitApplication() for the first instance of a program. (InitApplication() is *not* called for any subsequent instances.) Run() next calls InitInstance(), which in turn calls InitMainWindow(), as well as creates and shows the main window constructed by InitMainWindow(). OWL calls InitInstance() for *every* instance of a program.

The Solution

To take control of your application's startup, override InitApplication() and InitInstance() in your application class. (Of course, you also must override InitMainWindow() in order to create a main window of your window class.)

```
class TApp : public TApplication
{
public:
   TApp(): TApplication() {}

protected:
   void InitApplication();
   void InitInstance();
   void InitMainWindow();
};
```

Then, place inside your InitApplication() function the tasks that must be performed only once for all instances of the application:

```
void TApp::InitApplication()
{
   // Perform first instance tasks here.
}
```

Startup tasks that must be performed for every instance can go into your application class's InitInstance() function. Place at the beginning of the function all tasks that must be completed before OWL constructs the main window. Then call TApplication::InitInstance() to allow OWL to initialize the instance. Place after the call to TApplication::InitInstance() all tasks that must be completed after OWL constructs the main window.

◀ See "How Do I Write a Basic OWL Application?," p. 29

◀ See "How Do I Allow Only One Instance of a Program?," p. 62

```
void TApp::InitInstance()
{
   // Here, do stuff that must be done
   // before the main window is constructed.

   // Allow OWL to initialize the instance.
   TApplication::InitInstance();

   // Here, perform initialization that must
   // be done after OWL constructs the main window.
}
```

Note

Currently, TApplication::InitApplication() performs no services for your program; it's an empty function. This means that, when you override it in your application class, there's no need to call the overridden function as you must with functions such as SetupWindow(). The function TApplication::InitInstance(), however, does perform vital tasks for your application, so you must be sure to call it in the overriding function.

The Sample Program

The first time you run the INITINST program, you see a window titled "First Instance." If you leave the first instance of the program running, each additional instance will have the title "Another Instance," as shown in figure 3.11. The first instance of the program gets its title in InitApplication(). Subsequent instances get their titles in InitInstance(). Notice that, because the character array title must contain valid text when the application's main window is constructed, the function copies the title string into title before the call to TApplication::InitInstance().

Listing 3.9   INITINST.CPP—Demonstrates How to Handle Different Program Instances

```
////////////////////////////////////////////////////////
// INITINST.CPP: Demonstrates how to treat the first
//               instance of a program differently from
//               subsequent instances.
////////////////////////////////////////////////////////

#include <owl\applicat.h>
#include <owl\framewin.h>
#include "initinst.rc"

////////////////////////////////////
// The application class.
////////////////////////////////////
class TApp : public TApplication
```

```
{
private:
   char title[20];

public:
   TApp(): TApplication() {}

protected:
   void InitApplication();
   void InitInstance();
   void InitMainWindow();
};

/////////////////////////////////////////////////////////
// TApp::InitInstance()
/////////////////////////////////////////////////////////
void TApp::InitInstance()
{
   // Handle subsequent instances.
   if (hPrevInstance)
      strcpy(title, "Another Instance");

   // Allow OWL to initialize the instance.
   TApplication::InitInstance();
}

/////////////////////////////////////////////////////////
// TApp::InitApplication()
/////////////////////////////////////////////////////////
void TApp::InitApplication()
{
   // Allow OWL to initialize the application.
   TApplication::InitApplication();

   // Handle first instance.
   strcpy(title, "First Instance");
}

/////////////////////////////////////////////////////////
// TApp::InitMainWindow()
/////////////////////////////////////////////////////////
void TApp::InitMainWindow()
{
   TFrameWindow *wndw = new TFrameWindow(0, title);
   wndw->AssignMenu(MENU_1);
   SetMainWindow(wndw);
}

/////////////////////////////////////////////////////////
// OwlMain()
/////////////////////////////////////////////////////////
int OwlMain(int, char*[])
{
   return TApp().Run();
}
```

Fig. 3.11
The INITINST
application.

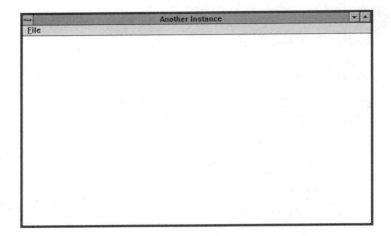

How Do I Enable a User to Terminate an On-Going Process?

In spite of new, speedy computer hardware, some processes take a long time. For example, a desktop publishing program may take several minutes to compose and print a document. Most professional applications allow the user to abort a long process once it has begun. This is usually accomplished by having the program display a dialog box with an Abort button. However, because of Windows' event-driven nature, you have to find a way for your program to know that the user pressed the Abort button, even though your program is busy with its processing.

Windows uses *nonpreemptive multitasking*, which means that it doesn't automatically take the processor away from an application. Instead, every running application must constantly, and voluntarily, yield the processor in order to allow Windows to pass messages on to other applications.

This scenario is also true with a single application. If you're running a long process in one of your functions, Windows doesn't get a chance to pass messages to the application. This means that, even though you may display an Abort dialog box during long processing, the user's clicking the Abort button accomplishes nothing. As long as your program is stuck in that processing loop, it cannot receive its messages from Windows.

The solution is to place within your processing loop a function call that yields the processor long enough for Windows to pass waiting messages to all applications, including yours. In conventional Windows programming, three functions—GetMessage(), PeekMessage(), and WaitMessage()—allow this message-passing to occur. However, handling these functions is a little tricky, which is why OWL provides the function PumpWaitingMessages() (a member function of TApplication). When you call PumpWaitingMessages(), OWL processes all waiting messages before returning control to the calling function.

The Solution

First, in your window class, define an abort flag that you can use as a loop-control variable in your long process. Then, before you start the abortable process, display a modeless dialog box containing an abort button:

```
dialog->Create();
dialog->Show(SW_SHOW);
```

After displaying the modeless dialog, start your processing, making sure you call PumpWaitingMessages() somewhere in the loop or at strategic points in the process:

```
abort = 0;
while(!abort)
{
    // Do processing here.

    // Allow messages to get through.
    GetApplication()->PumpWaitingMessages();
}
```

When the user clicks the dialog box's Abort button, your dialog's class should respond by sending a user-defined abort message to the window performing the on-going process:

```
void TDlg::IdAbort()
{
    Parent->PostMessage(PM_ABORT, 0, 0);
}
```

When the window receives the abort message, it should set the abort flag, telling the processing loop to end:

```
LRESULT TWndw::PmAbort(WPARAM, LPARAM)
{
    abort = 1;
    return 1;
}
```

▶ See "How Do I Create a Modeless Dialog Box?," p. 94

◀ See "How Do I Send My Own Windows Messages?," p. 47

When control returns to the processing, the abort flag ends the loop, at which point you should destroy the Abort dialog box, removing it from the screen:

```
dialog->Destroy();
```

The Sample Program

When the ABORT program's window appears, select the **D**raw menu's **D**raw Recs command. When you do, an Abort dialog box appears on-screen, and the application begins drawing tiny rectangles in its client area (see fig. 3.12). Because of the call to PumpWaitingMessages(), all other Windows activities, including those in other applications, continue normally. To test that this is true, activate and use a different application while the sample program continues to draw rectangles. To abort the rectangle-drawing process, select the dialog box's Abort button.

Fig. 3.12
The ABORT application.

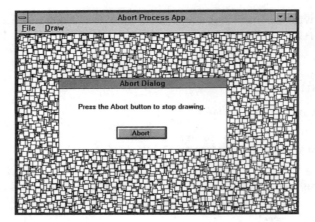

Listing 3.10 ABORT.CPP—A Program that Enables the User to Abort an On-Going Process

```
/////////////////////////////////////////////////////////
// ABORT.CPP: Aborts an on-going process.
/////////////////////////////////////////////////////////

#include <owl\applicat.h>
#include <owl\framewin.h>
#include <owl\dialog.h>
#include <owl\dc.h>
#include "abort.rc"

/////////////////////////////////////
// The application class.
```

```
/////////////////////////////////
class TApp : public TApplication
{
public:
   TApp(): TApplication() {}
   void InitMainWindow();
};

/////////////////////////////////
// The main window class.
/////////////////////////////////
class TWndw : public TFrameWindow
{
protected:
   TDialog *dialog;
   int abort;

public:
   TWndw(TWindow *parent, const char far *title);

protected:
   void CmDrawRecs();
   LRESULT PmAbort(WPARAM, LPARAM);

   DECLARE_RESPONSE_TABLE(TWndw);
};

DEFINE_RESPONSE_TABLE1(TWndw, TFrameWindow)
   EV_COMMAND(CM_DRAWRECS, CmDrawRecs),
   EV_MESSAGE(PM_ABORT, PmAbort),
END_RESPONSE_TABLE;

/////////////////////////////////
// The dialog box class.
/////////////////////////////////
class TDlg : public TDialog
{
public:
   TDlg(TWindow *parent, TResId resId) :
      TDialog(parent, resId) {};

protected:
   void IdAbort();

   DECLARE_RESPONSE_TABLE(TDlg);
};

DEFINE_RESPONSE_TABLE1(TDlg, TDialog)
   EV_COMMAND(ID_ABORT, IdAbort),
END_RESPONSE_TABLE;

/////////////////////////////////////////////////////////
// TWndw::TWndw()
/////////////////////////////////////////////////////////
TWndw::TWndw(TWindow *parent, const char far *title) :
```

(continues)

Listing 3.10   Continued

```
      TFrameWindow(parent, title)
   {
      AssignMenu(MENU_1);
      Attr.X = 50;
      Attr.Y = 50;
      Attr.W = GetSystemMetrics(SM_CXSCREEN) / 1.2;
      Attr.H = GetSystemMetrics(SM_CYSCREEN) / 1.2;

      // Create the dialog box.
      dialog = new TDlg(this, ABORTDIALOG);
   }

//////////////////////////////////////////////////////////
// TWndw::CmDrawRecs()
//////////////////////////////////////////////////////////
void TWndw::CmDrawRecs()
{
   // Execute the modeless dialog box.
   dialog->Create();
   dialog->Show(SW_SHOW);

   // Get a DC and the size of the client window.
   TClientDC clientDC(HWindow);
   TRect rect = GetClientRect();

   // Initialize the abort flag, which is a protected
   // data member of the TWndw class.
   abort = 0;

   // Perform the process until it's time to abort.
   while(!abort)
   {
      // Draw a randomly placed rectangle.
      int xPos = random(rect.right);
      int yPos = random(rect.bottom);
      clientDC.Rectangle(xPos, yPos, xPos+10, yPos+10);

      // Allow messages to get through.
      GetApplication()->PumpWaitingMessages();
   }

   // Remove the dialog box and erase
   // the window's client area.
   dialog->Destroy();
   clientDC.SelectStockObject(NULL_PEN);
   clientDC.Rectangle(rect);
}

//////////////////////////////////////////////////////////
// TWndw::PmAbort()
//////////////////////////////////////////////////////////
LRESULT TWndw::PmAbort(WPARAM, LPARAM)
{
```

```
    // Set the abort flag, which is a data
    // member of the TWndw class.
    abort = 1;
    return 1;
}


///////////////////////////////////////////////////////////
// TDlg::IdAbort()
///////////////////////////////////////////////////////////
void TDlg::IdAbort()
{
    // Notify the main window that the user clicked Abort.
    Parent->PostMessage(PM_ABORT, 0, 0);
}


///////////////////////////////////////////////////////////
// TApp::InitMainWindow()
///////////////////////////////////////////////////////////
void TApp::InitMainWindow()
{
    TFrameWindow *wndw = new TWndw(0, "Abort Process App");
    SetMainWindow(wndw);
}


///////////////////////////////////////////////////////////
// OwlMain()
///////////////////////////////////////////////////////////
int OwlMain(int, char*[])
{
    return TApp().Run();
}
```

How Can I Access an OWL Application's Command Line?

With most Windows applications, you don't need to worry about the command line that was used to start the application. This is because the command line is usually nothing more than the complete path to the program's directory. However, users can start a Windows application with a more complex command line.

For example, suppose the user associates your application with text files with the extension TXT. When the user double-clicks a TXT file, your application receives a command line indicating the file the user clicked. Your application is supposed to load this file for the user automatically.

Users can also run a Windows program with a command line by choosing the Program Manager's **R**un command, found on the **F**ile menu. When a user chooses this command, a dialog box appears, into which the user types the command line (see fig. 3.13). Your application then receives this command line to do with as it deems appropriate. You could, of course, just ignore it. However, you may want to at least be sure that your application is capable of automatically loading its own files when such a file is included as part of the command line. To find out what file to load, or to get other information from the command line, check the application's argc and argv arguments.

Fig. 3.13
The Program
Manager's Run
dialog box.

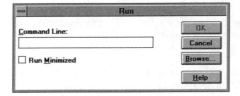

The Solution

There are several ways of obtaining an application's command line. One easy way is to first provide global storage for the application's argc and argv arguments:

```
int argC;
char **argV;
```

Then, in OwlMain(), copy the argc and argv parameters (which are passed to your application) into the global storage you set up:

```
int OwlMain(int argc, char *argv[])
{
    argC = argc;
    argV = argv;

    return TApp().Run();
}
```

The argc argument is an integer indicating the number of arguments on the command line. The argv argument is a string array of pointers to each argument entered on the command line.

Each of the arguments passed to your application is also available in the application's lpCmdLine data member (inherited from TModule via TApplication). You can pass this command line to your main window by including it as a parameter in the call to the window class's constructor, usually called within InitMainWindow():

```
TFrameWindow *wndw =
    new TWndw(0, "Command Line App", lpCmdLine);
```

Note that lpCmdLine does not include the full pathname to the application's directory as does argv. Also, lpCmdLine is a single, unparsed string. That is, it's up to you to separate one argument from another.

When you pass lpCmdLine as described previously, copy it into a data member of the window class, so that it will be there whenever you need it:

```
commandLine = cmdLine;
```

You would, of course, include the preceding line in the window class's constructor, assuming that the window class has defined a character array named commandLine.

◀ See "How Do I Write a Basic OWL Application?," p. 29

The Sample Program

When you run the CMDLINE program, a window appears showing certain information about the command line that Windows passed into the program (see fig. 3.14). The first line (if shown) displays the unparsed arguments as they appear in the TModule data member lpCmdLine. The next line is the value of the argc argument count. Finally, the last lines are the parsed arguments, the pointers to which are found in the argv[] array.

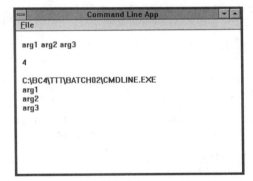

Fig. 3.14
The CMDLINE application.

Listing 3.11   CMDLINE.CPP—Gets and Displays the Program's Command Line

```cpp
/////////////////////////////////////////////////////////
// CMDLINE.CPP: Retrieves the command line.
/////////////////////////////////////////////////////////

#include <owl\applicat.h>
#include <owl\framewin.h>
#include <owl\dc.h>
#include "cmdline.rc"
```

(continues)

Listing 3.11   Continued

```
// Global command-line variables.
int argC;
char **argV;

//////////////////////////////////
// The application class.
//////////////////////////////////
class TApp : public TApplication
{
public:
   TApp() : TApplication() {}
   void InitMainWindow();
};

//////////////////////////////////
// The main window class.
//////////////////////////////////
class TWndw : public TFrameWindow
{
protected:
   char *commandLine;

public:
   TWndw(TWindow *parent,
      const char far *title, char *cmdLine);

protected:
   void Paint(TDC &paintDC, BOOL, TRect&);
};

/////////////////////////////////////////////////////////////
// TWndw::TWndw()
/////////////////////////////////////////////////////////////
TWndw::TWndw(TWindow *parent, const char far *title,
   char *cmdLine) : TFrameWindow(parent, title)
{
   AssignMenu(MENU_1);
   Attr.X = 50;
   Attr.Y = 50;
   Attr.W = 400;
   Attr.H = 300;

   // Store the command line in the window object.
   commandLine = cmdLine;
}

/////////////////////////////////////////////////////////////
// TWndw::Paint()
/////////////////////////////////////////////////////////////
void TWndw::Paint(TDC &paintDC, BOOL, TRect&)
{
   char s[10];
   TEXTMETRIC textMetrics;
```

```
        // Get the character height.
        paintDC.GetTextMetrics(textMetrics);
        int charHeight = textMetrics.tmHeight;

        // Convert the argument count to a string.
        wsprintf(s, "%d", argC);

        // Display the unparsed command line.
        paintDC.TextOut(10, charHeight, commandLine);

        // Display the argument count.
        paintDC.TextOut(10, charHeight * 3, s);

        // Display the parsed argument strings.
        for (int x = 0; x < argC; ++x)
            paintDC.TextOut(10, (x + 5) * charHeight, argV[x]);
    }

    //////////////////////////////////////////////////////////
    // TApp::InitMainWindow()
    //////////////////////////////////////////////////////////
    void TApp::InitMainWindow()
    {
        // Construct the frame window, passing along
        // the command-line pointer.
        TFrameWindow *wndw =
            new TWndw(0, "Command Line App", lpCmdLine);

        SetMainWindow(wndw);
    }

    //////////////////////////////////////////////////////////
    // OwlMain()
    //////////////////////////////////////////////////////////
    int OwlMain(int argc, char *argv[])
    {
        // Copy the command-line variables into global storage.
        argC = argc;
        argV = argv;

        return TApp().Run();
    }
```

How Do I Animate an Application's Icon?

Because Windows allows multitasking, you never know when the user may
decide to reduce your application to an icon and start work with a different
application. However, just because your application has been minimized
doesn't mean that it's inactive. It may still be busy processing data—like
downloading a file—or it may be just sitting idle, waiting for the user to get
back to work.

Although multitasking gives a user a lot of power, it can also lead to some confusion. Suppose, for example, the user minimizes your application while it's busy processing data and then forgets to check back with the application. By animating your application's icon, you can keep the user aware that the program is still busy with important work.

The Solution

An animated icon is actually several icons being displayed one after the other. The animation is achieved by making each icon in the sequence a kind of snapshot of the action. For example, an animation of someone walking would have several icons, each depicting the person in a different phase of the walking action. By displaying these different icons in the right order, you create the illusion of movement.

So, your first task is to create the icons that you'll use in the animation. You can do this with Resource Workshop, as shown in figure 3.15. Figure 3.16 shows four different icons in an animation series depicting a rotating propeller.

Fig. 3.15
Using Resource
Workshop to
create icons.

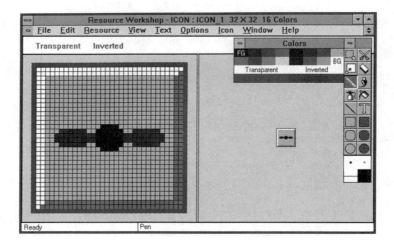

Once you have your icons created, you can start writing your program, by creating your main window class:

```
class TWndw : public TFrameWindow
{
protected:
    TIcon *icon1, *icon2, *icon3, *icon4;
    TIcon *curIcon;

public:
    TWndw(TWindow *parent, const char far *title);
```

```
protected:
    void SetupWindow();
    void CleanupWindow();
    void EvTimer(UINT);
    void EvPaint();

    DECLARE_RESPONSE_TABLE(TWndw);
};

DEFINE_RESPONSE_TABLE1(TWndw, TFrameWindow)
    EV_WM_TIMER,
    EV_WM_PAINT,
END_RESPONSE_TABLE;
```

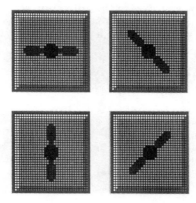

Fig. 3.16
Four icons in an animation series.

This class includes as data members five pointers to icons. The first four pointers—icon1, icon2, icon3, and icon4—will hold pointers to the four icons in the animation series. (Of course, you can have as many icons as you like in an animation sequence, but four works pretty well in most cases.) The fifth pointer, curIcon, will point to whichever of the four icons is next in the sequence to be displayed. As you can see, the class needs to override the SetupWindow() and CleanupWindow() functions, as well as provide the message-response functions EvPaint() and EvTimer().

Because you need to change the application's icon at a regular interval, you need to set up a Windows timer. You can handle this task, as well as load the icons, in your SetupWindow() function:

```
void TWndw::SetupWindow()
{
    TFrameWindow::SetupWindow();

    SetTimer(1, 200);

    HINSTANCE instance = *GetApplication();
    icon1 = new TIcon(instance, ICON_1);
```

```
        icon2 = new TIcon(instance, ICON_2);
        icon3 = new TIcon(instance, ICON_3);
        icon4 = new TIcon(instance, ICON_4);

        curIcon = icon1;
    }
```

The call to SetTimer() tells Windows to send a WM_TIMER event to the window every 200 milliseconds. To load the icons, the program first calls GetApplication() to get a pointer to the application object. Because this pointer is dereferenced in the function call, the pointer is converted to an application handle. This handle is used in the TIcon constructor, along with an icon resource ID, to load the icons into the application. Finally, the program sets curIcon to the first icon in the animation sequence.

When Windows sends the application a WM_TIMER event, OWL calls your EvTimer() message-response function:

```
    void TWndw::EvTimer(UINT)
    {
        if (IsIconic())
        {
            if (curIcon == icon1)
                curIcon = icon4;
            else if (curIcon == icon2)
                curIcon = icon3;
            else if (curIcon == icon3)
                curIcon = icon1;
            else
                curIcon = icon2;

            Invalidate(FALSE);
        }
    }
```

In your EvTimer() function, first check whether the application is minimized. A call to IsIconic() returns TRUE if the application is minimized (or iconic). If the application is minimized, determine the next icon in the series and place its pointer into curIcon. Then, when EvPaint() gets called, you can simply display the icon pointed to by curIcon:

```
    void TWndw::EvPaint()
    {
        if (IsIconic())
        {
            TPaintDC paintDC(HWindow);
            paintDC.DrawIcon(0, 0, *curIcon);
        }
        else
            TFrameWindow::EvPaint();
    }
```

In EvPaint(), again check whether the application is minimized. If it's not, pass the event back to OWL by calling TFrameWindow's EvPaint() function. (If you don't do this, your main window's client area will not get painted.) Otherwise, it's time to display an icon. You do this by constructing a TPaintDC and calling that object's DrawIcon() function, which requires as parameters the x and y coordinates of the icon's top left corner and a reference to the icon, formed by dereferencing the icon's pointer.

Because you constructed your icon objects dynamically, you must delete them in your CleanupWindow() function:

```
void TWndw::CleanupWindow()
{
    delete icon1;
    delete icon2;
    delete icon3;
    delete icon4;

    KillTimer(1);
}
```

In CleanupWindow(), you should also destroy the Windows timer by calling KillTimer() with the timer's ID.

▶ See "How Do I Create Flicker-Free Animated Icons?," p. 85

◀ See "How Do I Generate and Use Timer Events?," p. 52 [Chapter 3]

Note

You may notice that, when you use this technique to perform icon animation, you get some flicker now and then. This is due to icons being erased before they are redrawn. One way to avoid this flicker is to draw your icons off-screen in memory and then transfer the bitmap to the screen. The next section in this book demonstrates this more complicated, but effective, technique.

The Sample Program

When you run the ANIMICON program, the main window appears. To see the animation in action, you must minimize the window. You'll then see that the application's icon contains a spinning propeller (see fig. 3.17).

Listing 3.12   ANIMICON.CPP—Gives an Application an Animated Icon

```
//////////////////////////////////////////////////////////
// ANIMICON.CPP: Shows how to animate an application's
//               icon.
//////////////////////////////////////////////////////////
```

(continues)

Listing 3.12   Continued

```
#include <owl\applicat.h>
#include <owl\framewin.h>
#include <owl\gdiobjec.h>
#include "animicon.rc"

////////////////////////////////
// The application class.
////////////////////////////////
class TApp : public TApplication
{
public:
   TApp(): TApplication() {}
   void InitMainWindow();
};

////////////////////////////////
// The main window class.
////////////////////////////////
class TWndw : public TFrameWindow
{
protected:
   TIcon *icon1, *icon2, *icon3, *icon4;
   TIcon *curIcon;

public:
   TWndw(TWindow *parent, const char far *title);

protected:
   void SetupWindow();
   void CleanupWindow();
   void EvTimer(UINT);
   void EvPaint();

   DECLARE_RESPONSE_TABLE(TWndw);
};

DEFINE_RESPONSE_TABLE1(TWndw, TFrameWindow)
   EV_WM_TIMER,
   EV_WM_PAINT,
END_RESPONSE_TABLE;

//////////////////////////////////////////////////////////
// TWndw::TWndw()
//////////////////////////////////////////////////////////
TWndw::TWndw(TWindow *parent, const char far *title) :
   TFrameWindow(parent, title)
{
   AssignMenu(MENU_1);
   Attr.X = 50;
   Attr.Y = 50;
   Attr.W = GetSystemMetrics(SM_CXSCREEN) / 1.2;
   Attr.H = GetSystemMetrics(SM_CYSCREEN) / 1.2;
   SetIcon(GetApplication(), ICON_1);
}
```

```
//////////////////////////////////////////////////////
// TWndw::SetupWindow()
//////////////////////////////////////////////////////
void TWndw::SetupWindow()
{
   // Always call the base class's SetupWindow().
   TFrameWindow::SetupWindow();

   // Start a Windows timer.
   SetTimer(1, 200);

   // Load icons.
   HINSTANCE instance = *GetApplication();
   icon1 = new TIcon(instance, ICON_1);
   icon2 = new TIcon(instance, ICON_2);
   icon3 = new TIcon(instance, ICON_3);
   icon4 = new TIcon(instance, ICON_4);

   // Set starting-icon pointer.
   curIcon = icon1;
}


//////////////////////////////////////////////////////
// TWndw::CleanupWindow()
//////////////////////////////////////////////////////
void TWndw::CleanupWindow()
{
   // Kill the timer.
   KillTimer(1);

   // Delete the icons.
   delete icon1;
   delete icon2;
   delete icon3;
   delete icon4;
}


//////////////////////////////////////////////////////
// TWndw::EvPaint()
//////////////////////////////////////////////////////
void TWndw::EvPaint()
{
   // If the window is minimized...
   if (IsIconic())
   {
      // Create a device context.
      TPaintDC paintDC(HWindow);

      // Draw the next icon in the series.
      paintDC.DrawIcon(0, 0, *curIcon);
   }
   else
      // ...else perform normal EvPaint() processing.
      TFrameWindow::EvPaint();
}
```

(continues)

Listing 3.12 Continued

```cpp
/////////////////////////////////////////////////////////
// TWndw::EvTimer()
/////////////////////////////////////////////////////////
void TWndw::EvTimer(UINT)
{
   // If the window is minimized...
   if (IsIconic())
   {
      // Get the next icon in the series.
      if (curIcon == icon1)
         curIcon = icon4;
      else if (curIcon == icon2)
         curIcon = icon3;
      else if (curIcon == icon3)
         curIcon = icon1;
      else
         curIcon = icon2;

      // Force a redraw.
      Invalidate(FALSE);
   }
}

/////////////////////////////////////////////////////////
// TApp::InitMainWindow()
/////////////////////////////////////////////////////////
void TApp::InitMainWindow()
{
   TFrameWindow *wndw = new TWndw(0, "Animated Icon App");
   SetMainWindow(wndw);
}

/////////////////////////////////////////////////////////
// OwlMain()
/////////////////////////////////////////////////////////
int OwlMain(int, char*[])
{
   return TApp().Run();
}
```

Fig. 3.17
The ANIMICON
application.

Animated
propeller
icon

How Do I Create Flicker-Free Animated Icons?

In the previous section, you learned the basics of creating icon animation. The technique used in that section was kept as simple as possible so that you can easily understand the process by which icon animation is accomplished. You may have discovered that such a technique works well enough for your purposes. If, however, you get too much flicker, you can extend the icon animation technique to include off-screen drawing of the icon. By drawing the entire icon image off-screen where the user can't see it, and then transferring it all at once onto the screen, all the flicker occurs behind the scenes, out of view.

The Solution

All the changes you need to make to the previous icon-animation program are found in the main window class's EvTimer() function, which responds to WM_TIMER messages. In your EvPaint() function, if the application is minimized, construct a TPaintDC object, which enables you to paint on the window:

```
TPaintDC paintDC(HWindow);
```

(Even when the application is minimized, the area the icon consumes on the screen is considered to be a window, albeit one without controls.) Then, create a memory DC (TMemoryDC) that's compatible with the paint DC, by passing the paint DC as the TMemoryDC's single argument:

```
TMemoryDC memDC(paintDC);
```

To get the size of the client window (which, if the window is minimized, is the size of the icon's area), call GetClientRect(), which returns the rectangle's coordinates in a TRect object:

```
TRect clientRect = GetClientRect();
```

Use the paint DC, as well as the right and bottom elements of the returned TRect structure, to create a new TBitmap object:

```
TBitmap bitmap(paintDC,
    clientRect.right, clientRect.bottom);
```

Select this bitmap into the memory DC:

```
memDC.SelectObject(bitmap);
```

You now have a bitmap in memory on which you can draw behind the user's back. To fill in the bitmap's background, send a WM_ICONERASEBKGND message to the window:

```
SendMessage(WM_ICONERASEBKGND, (WORD)(HDC)memDC, 0L);
```

◄ See "How Do I Animate an Application's Icon?," p. 77

◄ See "How Do I Generate and Use Timer Events?," p. 52

► See "How Do I Display a Bitmap in a Window?," p. 344

Make sure the second argument is a handle to your memory DC. This tricks Windows into updating the icon (actually, the bitmap) you're creating in memory, rather than the one on the screen. After erasing the bitmap's background, draw the icon on the bitmap, by calling the memory DC's DrawIcon() function:

```
memDC.DrawIcon(0, 0, *curIcon);
```

DrawIcon() takes as its three parameters the x and y coordinates of the icon's top left corner and a reference to the icon to draw.

Now, all you must do is transfer the bitmap from memory to the screen, by calling the paint DC's BitBlt() function:

```
paintDC.BitBlt(0, 0, bitmap.Width(), bitmap.Height(),
    memDC, 0, 0, SRCCOPY);
```

BitBlt()'s arguments are the x and y coordinates of the destination rectangle, the width and height of the bitmap, a reference to the source DC, the x and y coordinates of the source rectangle, and a flag indicating how the source and destination rectangle will be combined. The SRCCOPY constant indicates that the source rectangle should completely overwrite the destination rectangle.

Caution

Because you're manipulating two different device contexts in the EvPaint() function, it's important that you use the correct one in each function call. If you understand the process of creating a bitmap in memory and then copying it to the screen, you should have little difficulty keeping the details straight, If, however, you are a little unsure of what's going on here, check your code carefully against the sample code. Mixing up your device contexts can yield hard-to-find bugs in your program.

The Sample Program

When you run the ANIMICN2 program, the main window appears. Minimize the window so that you can see the icon animation. You'll notice that the application's icon contains a spinning propeller—without flicker.

Listing 3.13   ANIMICN2.CPP—Performs Flicker-Free Icon Animation

```cpp
/////////////////////////////////////////////////////////
// ANIMICN2.CPP: Demonstrates flicker-free icon animation.
/////////////////////////////////////////////////////////

#include <owl\applicat.h>
#include <owl\framewin.h>
#include <owl\gdiobjec.h>
#include "animicn2.rc"

///////////////////////////////////
// The application class.
///////////////////////////////////
class TApp : public TApplication
{
public:
    TApp(): TApplication() {}
    void InitMainWindow();
};

///////////////////////////////////
// The main window class.
///////////////////////////////////
class TWndw : public TFrameWindow
{
protected:
    TIcon *icon1, *icon2, *icon3, *icon4;
    TIcon *curIcon;

public:
    TWndw(TWindow *parent, const char far *title);

protected:
```

(continues)

Listing 3.13   Continued

```
    void SetupWindow();
    void CleanupWindow();
    void EvTimer(UINT);
    void EvPaint();

    DECLARE_RESPONSE_TABLE(TWndw);
};

DEFINE_RESPONSE_TABLE1(TWndw, TFrameWindow)
    EV_WM_TIMER,
    EV_WM_PAINT,
END_RESPONSE_TABLE;

//////////////////////////////////////////////////////////
// TWndw::TWndw()
//////////////////////////////////////////////////////////
TWndw::TWndw(TWindow *parent, const char far *title) :
    TFrameWindow(parent, title)
{
    AssignMenu(MENU_1);
    Attr.X = 50;
    Attr.Y = 50;
    Attr.W = 400;
    Attr.H = 300;
    SetIcon(GetApplication(), ICON_1);
}

//////////////////////////////////////////////////////////
// TWndw::SetupWindow()
//////////////////////////////////////////////////////////
void TWndw::SetupWindow()
{
    // Always call the base class's SetupWindow().
    TFrameWindow::SetupWindow();

    // Start a Windows timer.
    SetTimer(1, 200);

    // Load the icons.
    HINSTANCE instance = *GetApplication();
    icon1 = new TIcon(instance, ICON_1);
    icon2 = new TIcon(instance, ICON_2);
    icon3 = new TIcon(instance, ICON_3);
    icon4 = new TIcon(instance, ICON_4);

    // Set the current icon pointer.
    curIcon = icon1;
}

//////////////////////////////////////////////////////////
// TWndw::CleanupWindow()
//////////////////////////////////////////////////////////
void TWndw::CleanupWindow()
{
    // Kill the timer.
```

```
    KillTimer(1);

    // Delete the icons.
    delete icon1;
    delete icon2;
    delete icon3;
    delete icon4;
}

////////////////////////////////////////////////////////////
// TWndw()::EvPaint()
////////////////////////////////////////////////////////////
void TWndw::EvPaint()
{
    // If the window is minimized...
    if (IsIconic())
    {
        // Create a paint DC.
        TPaintDC paintDC(HWindow);

        // Create a memory DC compatible with the paint DC.
        TMemoryDC memDC(paintDC);

        // Get the size of the icon area.
        TRect clientRect = GetClientRect();

        // Create a bitmap for the icon.
        TBitmap bitmap(paintDC,
            clientRect.right, clientRect.bottom);

        // Select the bitmap into the memory DC.
        memDC.SelectObject(bitmap);

        // Erase the icon bitmap background.
        SendMessage(WM_ICONERASEBKGND, (WORD)(HDC)memDC, 0L);

        // Draw the icon onto the bitmap.
        memDC.DrawIcon(0, 0, *curIcon);

        // Draw the bitmap on the screen.
        paintDC.BitBlt(0, 0, bitmap.Width(), bitmap.Height(),
            memDC, 0, 0, SRCCOPY);
    }
    else
        // ...else perform normal EvPaint() stuff.
        TFrameWindow::EvPaint();
}

////////////////////////////////////////////////////////////
// TWndw::EvTimer()
////////////////////////////////////////////////////////////
void TWndw::EvTimer(UINT)
{
    // If the window is minimized...
```

(continues)

Listing 3.13 Continued

```
      if (IsIconic())
        {
          // Get the next icon in the series.
          if (curIcon == icon1)
             curIcon = icon4;
          else if (curIcon == icon2)
             curIcon = icon3;
          else if (curIcon == icon3)
             curIcon = icon1;
          else
             curIcon = icon2;

          // Force a repaint.
          Invalidate(FALSE);
        }
    }

//////////////////////////////////////////////////////////
// TApp::InitMainWindow()
//////////////////////////////////////////////////////////
void TApp::InitMainWindow()
{
   TFrameWindow *wndw =
      new TWndw(0, "Animated Icon App 2");
   SetMainWindow(wndw);
}

//////////////////////////////////////////////////////////
// OwlMain()
//////////////////////////////////////////////////////////
int OwlMain(int, char*[])
{
   return TApp().Run();
}
```

Chapter 4

Dialog Boxes

How Do I Create a Modal Dialog Box?

Windows allows two types of dialog boxes: modal and modeless. A modal dialog box must be closed before the user is allowed to perform some other activity with the application. A modeless dialog box, on the other hand, allows the user to switch back and forth between the dialog box and the application's main window.

Most dialog boxes that you'll use in your applications will be modal. For example, if the user wants to load a file, your program must have a valid file name before the process can be completed. In this case, your program should display a modal dialog box, which forces the user to either enter a valid file name or cancel the load-file command.

The Solution

To create a modal dialog box with Borland C++ and OWL, you first create the dialog box's resource file with Resource Workshop. Then, in your program, you call the dialog box class's constructor to create the dialog box in memory:

```
TDialog *dialog = new TDialog(this, DIALOG_ID);
```

Finally, you call the dialog box class's Execute() member function to display the dialog box as a modal dialog box:

```
int result = dialog->Execute();
```

When Execute() returns, result contains the ID of the button the user pressed to exit the dialog box.

▶ See "How Do I Create a Modeless Dialog Box?," p. 94

▶ See "How Do I Transfer Data to and from a Modal Dialog Box?," p. 98

The Sample Program

When you run the MODALDLG program (see fig. 4.1), select the **T**est Dialog command from the **D**ialog menu. When the dialog box appears, notice that you can do nothing more with the application until you close the dialog box. It's this characteristic that makes this a modal dialog box, because the dialog box locks you into a mode of operation.

Fig. 4.1
The MODALDLG application.

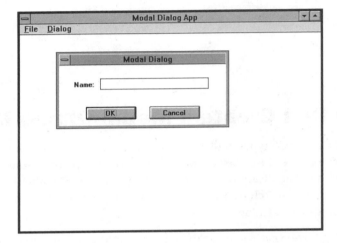

Listing 4.1 MODALDLG.CPP—Creates a Modal Dialog Box

```
//////////////////////////////////////////////////////////
// MODALDLG.CPP: Creates a modal dialog box.
//////////////////////////////////////////////////////////

#include <owl\applicat.h>
#include <owl\framewin.h>
#include <owl\dialog.h>
#include "modaldlg.rc"

/////////////////////////////////
// The application class.
/////////////////////////////////
class TApp : public TApplication
{
public:
   TApp(): TApplication() {}
   void InitMainWindow();
};

/////////////////////////////////
// The main window class.
/////////////////////////////////
class TWndw : public TFrameWindow
```

```
{
public:
   TWndw(TWindow *parent, const char far *title);

protected:
   void CmTestDialog();

   DECLARE_RESPONSE_TABLE(TWndw);
};

DEFINE_RESPONSE_TABLE1(TWndw, TFrameWindow)
   EV_COMMAND(CM_TESTDIALOG, CmTestDialog),
END_RESPONSE_TABLE;

/////////////////////////////////////////////////////////
// TWndw::TWndw()
/////////////////////////////////////////////////////////
TWndw::TWndw(TWindow *parent, const char far *title):
      TFrameWindow(parent, title)
{
   AssignMenu(MENU_1);
   Attr.X = 50;
   Attr.Y = 50;
   Attr.W = GetSystemMetrics(SM_CXSCREEN) / 1.2;
   Attr.H = GetSystemMetrics(SM_CYSCREEN) / 1.2;
}

/////////////////////////////////////////////////////////
// TWndw::CmTestDialog()
/////////////////////////////////////////////////////////
void TWndw::CmTestDialog()
{
   // Create the dialog box.
   TDialog *dialog = new TDialog(this, TESTDLG);

   // Execute the modal dialog box.
   int result = dialog->Execute();

   // Respond to the button press.
   if (result == IDOK)
   {
      // Process OK here.
   }
   else
   {
      // Process Cancel here.
   }
}

/////////////////////////////////////////////////////////
// TApp::InitMainWindow()
/////////////////////////////////////////////////////////
void TApp::InitMainWindow()
{
   TFrameWindow *wndw = new TWndw(0, "Modal Dialog App");
```

(continues)

Listing 4.1   Continued

```
    SetMainWindow(wndw);
}

//////////////////////////////////////////////////////////
// OwlMain()
//////////////////////////////////////////////////////////
int OwlMain(int, char*[])
{
    return TApp().Run();
}
```

How Do I Create a Modeless Dialog Box?

There may be times when you'd like to present your application's user with a modeless dialog box, which allows the user to switch between the dialog box and the application. Suppose, for example, the user wants to search for every occurrence of a word in a document. When he finds the word, he may want to edit the document before finding the next occurrence of the word. Instead of forcing the user to keep reselecting your application's Find command, you want the Find command to stay active even when the user is editing the file in the application's main window.

You can accomplish this with a modeless dialog box. When the user chooses the Find command, you present him with a modeless dialog box in which he can type the word he wants to search for. When the user presses Enter to select the OK button, the program searches for the first occurrence of the word. At this point, the user can switch to the application's main window to do some editing, and then switch back to the dialog box when he's ready to find the next occurrence of the word.

The Solution

To create a modeless dialog box with Borland C++ and OWL, you first create the dialog box's resource with Resource Workshop. Then in your program, you call the dialog box class's constructor to create the dialog box object in memory:

```
    TDialog *dialog = new TDialog(this, DIALOG_ID);
```

Next, you call the dialog box class's Create() member function to create the dialog box interface element:

```
    dialog->Create();
```

Finally, you call the dialog box class's ShowWindow() function to display the dialog box on-screen:

```
dialog->ShowWindow(SW_SHOW);
```

> **Note**
>
> You'll probably want to construct a modeless dialog box in your main window's constructor. You can then display the dialog box anywhere in your main-window class using the Create() and ShowWindow() functions. If you construct the dialog box in your main window's constructor, when your main window closes, it automatically deletes the dialog box object along with any other child windows. The sample program uses this technique.

> **Note**
>
> Because a modeless dialog box is really just a fancy child window, it doesn't automatically return the button that the user clicks when he exits the dialog box. To get this information, you must provide message-response functions in the dialog box class for the buttons to which you want to respond. To pass the button click on to the parent window, you can send a user-defined message, as is done in the sample program.

◀ See "How Do I Create a Modal Dialog Box?," p. 91

▶ See "How Do I Transfer Data to and from a Modeless Dialog Box?," p. 104

◀ See "How Do I Send My Own Windows Messages?," p. 47

The Sample Program

When you run the MODELESS program (see fig. 4.2), select the **T**est Dialog command from the **D**ialog menu. When the dialog box appears, you can still switch back to the application. You can even continue to select commands from the application's menu. It's this characteristic that makes this a modeless dialog box, because the dialog box doesn't lock you into a mode of operation.

Listing 4.2   MODELESS.CPP—Creates a Modeless Dialog Box

```cpp
////////////////////////////////////////////////////////////
// MODELESS.CPP: Creates a modeless dialog box.
////////////////////////////////////////////////////////////

#include <owl\applicat.h>
#include <owl\framewin.h>
#include <owl\dialog.h>
#include "modeless.rc"
```

(continues)

Listing 4.2 Continued

```
/////////////////////////////////
// The application class.
/////////////////////////////////
class TApp : public TApplication
{
public:
   TApp(): TApplication() {}
   void InitMainWindow();
};

/////////////////////////////////
// The main window class.
/////////////////////////////////
class TWndw : public TFrameWindow
{
protected:
   TDialog *dialog;

public:
   TWndw(TWindow *parent, const char far *title);

protected:
   void CmTestDialog();
   LRESULT PmIdOk(WPARAM, LPARAM);

   DECLARE_RESPONSE_TABLE(TWndw);
};

DEFINE_RESPONSE_TABLE1(TWndw, TFrameWindow)
   EV_COMMAND(CM_TESTDIALOG, CmTestDialog),
   EV_MESSAGE(PM_IDOK, PmIdOk),
END_RESPONSE_TABLE;

/////////////////////////////////
// The dialog box class.
/////////////////////////////////
class TDlg : public TDialog
{
public:
   TDlg(TWindow *parent, TResId resId) :
      TDialog(parent, resId) {};

protected:
   void CmOk();

   DECLARE_RESPONSE_TABLE(TDlg);
};

DEFINE_RESPONSE_TABLE1(TDlg, TDialog)
   EV_COMMAND(IDOK, CmOk),
END_RESPONSE_TABLE;

/////////////////////////////////////////////////////////
// TWndw::TWndw()
```

```
//////////////////////////////////////////////////////
TWndw::TWndw(TWindow *parent, const char far *title) :
   TFrameWindow(parent, title)
{
   AssignMenu(MENU_1);
   Attr.X = 50;
   Attr.Y = 50;
   Attr.W = GetSystemMetrics(SM_CXSCREEN) / 1.2;
   Attr.H = GetSystemMetrics(SM_CYSCREEN) / 1.2;

   // Create the dialog box.
   dialog = new TDlg(this, TESTDLG);
}

//////////////////////////////////////////////////////
// TWndw::CmTestDialog()
//////////////////////////////////////////////////////
void TWndw::CmTestDialog()
{
   // If the dialog box is already created,
   // make it the active window.
   if (dialog->IsWindowVisible())
     dialog->BringWindowToTop();
   else
   {
     // Execute the modeless dialog box.
     dialog->Create();
     dialog->Show(SW_SHOW);
   }
}

//////////////////////////////////////////////////////
// TWndw::PmIdOk()
//////////////////////////////////////////////////////
LRESULT TWndw::PmIdOk(WPARAM, LPARAM)
{
   MessageBox("Got OK button", "Message");
   return 1;
}

//////////////////////////////////////////////////////
// TDlg::CmOk()
//////////////////////////////////////////////////////
void TDlg::CmOk()
{
   // Handle the OK button normally.
   TDialog::CmOk();

   // Notify the main window that the user clicked OK.
   Parent->PostMessage(PM_IDOK, 0, 0);
}

//////////////////////////////////////////////////////
// TApp::InitMainWindow()
//////////////////////////////////////////////////////
```

(continues)

Listing 4.2 Continued

```
void TApp::InitMainWindow()
{
    TFrameWindow *wndw = new TWndw(0, "Modeless Dialog App");
    SetMainWindow(wndw);
}

//////////////////////////////////////////////////////////
// OwlMain()
//////////////////////////////////////////////////////////
int OwlMain(int, char*[])
{
    return TApp().Run();
}
```

Fig. 4.2
The MODELESS
application.

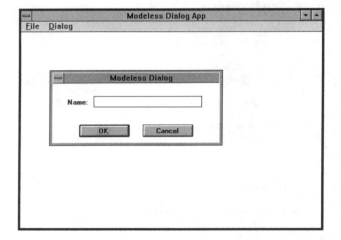

How Do I Transfer Data to and from a Modal Dialog Box?

In a regular Windows C program, the programmer must extract all the information he needs from a dialog box before the program allows the dialog box to close. This is because, when the dialog box is destroyed, the data it contains is destroyed with it. Luckily for Borland C++ programmers, OWL can automatically handle the data transfer for you. You need only set up a transfer buffer according to OWL's rules.

The Solution

To create a transfer buffer, first declare and define a structure that can hold the type of data you expect to transfer. The data types you should use for each type of control are shown in the following example:

```
struct TTransferBuffer
{
    char          edit[81];
    int           radioButton;
    int           checkBox;
    TListBoxData  listBox;
    TComboBoxData comboBox;
    TScrollBarData scrollBar;
};

TTransferBuffer transferBuffer;
```

Next, create a C++ class for your dialog box. This class can contain whatever data members or member functions that you like, but it might contain only a constructor:

```
class TDlg : public TDialog
{
public:
    TDlg(TWindow *parent, TResId resId);
};
```

In the dialog box class's constructor, create OWL objects for each of the dialog box controls that are to participate in the data transfer. Note that you must create the objects in the same order that they appear in your transfer buffer:

```
new TEdit(this, IDC_EDIT, sizeof(transferBuffer.edit));
new TRadioButton(this, IDC_RADIOBUTTON);
new TCheckBox(this, IDC_CHECKBOX);
new TListBox(this, IDC_LISTBOX);
new TComboBox(this, IDC_COMBOBOX, textLen);
new TScrollBar(this, IDC_SCROLLBAR);
```

After you create OWL objects for the controls in the dialog box's constructor, assign the address of the transfer buffer to the dialog box class's `TransferBuffer` data member:

```
TransferBuffer = &transferBuffer;
```

If you want to have default data in the dialog box when it appears, place that data into the transfer buffer before you create the dialog box, possibly in the parent window's constructor:

```
strcpy(transferBuffer.edit, "Default string");
transferBuffer.radioButton = 1;
transferBuffer.checkBox = 1;
```

```
transferBuffer.listBox.AddString("List box string");
transferBuffer.comboBox.AddString("Combo box string");
transferBuffer.scrollBar.HighValue = 100;
transferBuffer.scrollBar.LowValue = 0;
transferBuffer.scrollBar.Position = 50;
```

Now, when you display the dialog box, OWL transfers the data it finds in the transfer buffer to the dialog box. The user can then change the data in any way the dialog box allows, after which, if the user exits the dialog box by selecting the OK button, OWL transfers the data from the dialog box back into the transfer buffer. If the user exits the dialog box by selecting the Cancel button, the data transfer does not occur.

You can force a data transfer to occur at any time by calling the dialog box's `TransferData()` member function (inherited from `TDialog`). Call `TransferData(tdGetData)` to copy data from the dialog box to the transfer buffer, and call `TransferData(tdSetData)` to copy data from the transfer buffer to the dialog box.

Caution

You must always initialize the transfer buffer with something, even if it's only zeroes, because OWL always copies the transfer buffer to the dialog box, even if the transfer buffer contains only useless garbage.

Note

◀ See "How Do I Create a Modal Dialog Box?," p. 91

▶ See "How Do I Transfer Data to and from a Modeless Dialog Box?," p. 104

If you want default information to appear in the dialog box only the first time the dialog box is used in your program, you should initialize the transfer buffer in the parent window's constructor, as is shown in the following sample program. Then, the next time the dialog box appears, it will contain the same data it contained the last time it was closed with the OK button. Conversely, if you want the contents of a dialog box to contain exactly the same data each time the dialog box is displayed, initialize the contents of the transfer buffer right before you create and display the dialog box.

The Sample Program

When you run the TRNSDLG1 program (see fig. 4.3), select the **T**est Dialog command from the **D**ialog menu. When the dialog box appears, click on a radio button to select a title, and change the edit fields to whatever name and occupation you like. Then, when you exit the dialog box with the OK button, the data you entered into the dialog box appears in a message box. If you exit the dialog box via the Cancel button, the program ignores the data you entered and displays the old data in the message box.

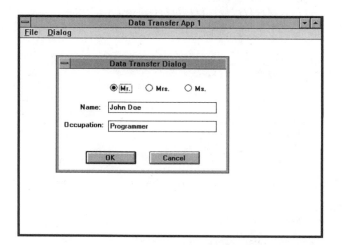

Fig. 4.3
The TRNSDLG1
application.

Listing 4.3   TRNSDLG1.CPP—Transfers Data to and from a Modal Dialog Box

```
//////////////////////////////////////////////////////////
// TRNSDLG1.CPP: Demonstrates the OWL transfer mechanism.
//////////////////////////////////////////////////////////

#include <owl\applicat.h>
#include <owl\framewin.h>
#include <owl\dialog.h>
#include <owl\radiobut.h>
#include <owl\edit.h>
#include "trnsdlg1.rc"

// Transfer buffer declaration.
struct TTransferBuffer
{
    int radio1;
    int radio2;
    int radio3;
    char name[31];
    char occupation[31];
};

// Transfer buffer definition.
TTransferBuffer transferBuffer;

/////////////////////////////////////
```

(continues)

Listing 4.3 Continued

```cpp
// The application class.
///////////////////////////////
class TApp : public TApplication
{
public:
   TApp(): TApplication() {}
   void InitMainWindow();
};


///////////////////////////////
// The main window class.
///////////////////////////////
class TWndw : public TFrameWindow
{
public:
   TWndw(TWindow *parent, const char far *title);

protected:
   void CmTestDialog();

   DECLARE_RESPONSE_TABLE(TWndw);
};

DEFINE_RESPONSE_TABLE1(TWndw, TFrameWindow)
   EV_COMMAND(CM_TESTDIALOG, CmTestDialog),
END_RESPONSE_TABLE;

///////////////////////////////
// The dialog box class.
///////////////////////////////
class TDlg : public TDialog
{
public:
   TDlg(TWindow *parent, TResId resId);
};

//////////////////////////////////////////////////////////
// TWndw::TWndw()
//////////////////////////////////////////////////////////
TWndw::TWndw(TWindow *parent, const char far *title):
      TFrameWindow(parent, title)
{
   AssignMenu(MENU_1);
   Attr.X = 50;
   Attr.Y = 50;
   Attr.W = GetSystemMetrics(SM_CXSCREEN) / 1.2;
   Attr.H = GetSystemMetrics(SM_CYSCREEN) / 1.2;

   // Initialize the transfer buffer.
   transferBuffer.radio1 = 1;
   strcpy(transferBuffer.name, "John Doe");
   strcpy(transferBuffer.occupation, "Programmer");
}
```

```
//////////////////////////////////////////////////////////
// TWndw::CmTestDialog()
//////////////////////////////////////////////////////////
void TWndw::CmTestDialog()
{
   char s[81];

   // Create the dialog box.
   TDialog *dialog = new TDlg(this, TESTDLG);

   // Execute the modal dialog box.
   int result = dialog->Execute();

   // Respond to the button press.
   if (result == IDOK)
   {
      // Build display string.
      if (transferBuffer.radio1)
         strcpy(s, "Mr. ");
      else if (transferBuffer.radio2)
         strcpy(s, "Mrs. ");
      else
         strcpy(s, "Ms. ");
      int len = strlen(s);
      wsprintf(&s[len], "%s, %s",
         transferBuffer.name, transferBuffer.occupation);

      // Show transferred data.
      MessageBox(s, "Transfer Data");
   }
   else
   {
      // Process Cancel here.
   }
}

//////////////////////////////////////////////////////////
// TDlg::TDlg()
//////////////////////////////////////////////////////////
TDlg::TDlg(TWindow *parent, TResId resId):
      TDialog(parent, resId)
{
   // Create control objects in same order as
   // they appear in the transfer buffer.
   new TRadioButton(this, IDC_MR);
   new TRadioButton(this, IDC_MRS);
   new TRadioButton(this,IDC_MS);
   new TEdit(this, IDC_NAME, sizeof(transferBuffer.name));
   new TEdit(this, IDC_OCCUPA,
      sizeof(transferBuffer.occupation));

   // Assign the address of the transfer buffer.
   TransferBuffer = &transferBuffer;
}
```

(continues)

Listing 4.3 Continued

```
/////////////////////////////////////////////////////////
// TApp::InitMainWindow()
/////////////////////////////////////////////////////////
void TApp::InitMainWindow()
{
    TFrameWindow *wndw = new TWndw(0, "Data Transfer App 1");
    SetMainWindow(wndw);
}


/////////////////////////////////////////////////////////
// OwlMain()
/////////////////////////////////////////////////////////
int OwlMain(int, char*[])
{
    return TApp().Run();
}
```

How Do I Transfer Data to and from a Modeless Dialog Box?

OWL has no trouble transferring data to a modeless dialog box when it's created. This action works exactly as it does with a modal dialog box. However, because a modeless dialog box doesn't end the same way a modal dialog box does—that is, it's up to the program to decide how to handle the dialog box when the user decides to exit—OWL won't do an automatic transfer of data from the dialog box and back into the transfer buffer.

Obviously, then, it's up to you to handle the transfer yourself. This requires that your dialog box class notify its parent window when the user has selected an exit button. It also requires that you force a data transfer at the right time by calling the dialog box class's TransferData() member function (inherited from TDialog).

The Solution

First, create a transfer buffer using the same techniques you use for a regular modal dialog box. When you write your dialog box class, however, override the class's CmOk() member function (inherited from TDialog). You also need to provide a response table that enables CmOk() to respond to the IDOK message:

```
class TDlg : public TDialog
{
public:
    TDlg(TWindow *parent, TResId resId);

protected:
```

```
    void CmOk();

    DECLARE_RESPONSE_TABLE(TDlg);
};

DEFINE_RESPONSE_TABLE1(TDlg, TDialog)
    EV_COMMAND(IDOK, CmOk),
END_RESPONSE_TABLE;
```

When the user selects the OK button to exit the dialog box, your dialog box's
CmOk() function should respond by calling TransferData() to copy the data
from the dialog box to the transfer buffer:

```
    TransferData(tdGetData);
```

The function must then call the base class's CmOk() function so that the OK
button can be handled normally:

```
    TDialog::CmOk();
```

Finally, the CmOk() function must send a user-defined message to the parent
window, notifying the window that the user selected the OK button and that
the data has been transferred:

```
    Parent->PostMessage(PM_IDOK, 0, 0);
```

When the parent window responds to the user-defined message, it can
handle the transfer buffer in whatever way is appropriate for the application.

The Sample Program

When you run the TRNSDLG2 program, the main window appears on-screen
(see fig. 4.4). Select the **T**est Dialog command from the **D**ialog menu. The
modeless dialog box appears. Change the text in the edit control to anything
you fancy, and then exit the dialog box by clicking the OK button. A message
box displays the data you entered. If you exit the dialog box by selecting the
Cancel button, the program ignores any new data you entered into the dialog
box.

◀ See "How Do I
Create a
Modeless Dia-
log Box?," p. 94

◀ See "How Do I
Transfer Data
to and from a
Modal Dialog
Box?," p. 98

◀ See "How Do I
Send My Own
Windows Mes-
sages?," p. 47

**Listing 4.4 TRNSDLG2.CPP—Demonstrates Transfering Data to
and from a Modeless Dialog Box**

```
//////////////////////////////////////////////////////////
// TRNSDLG2.CPP: Transfers data between a transfer buffer
//               and a modeless dialog box.
//////////////////////////////////////////////////////////

#include <owl\applicat.h>
#include <owl\framewin.h>
```

(continues)

Listing 4.4 Continued

```cpp
#include <owl\dialog.h>
#include <owl\edit.h>
#include <string.h>
#include "trnsdlg2.rc"

// Declare a transfer buffer.
struct TTransferBuffer
{
    char name[81];
};

// Define the transfer buffer.
TTransferBuffer transferBuffer;

/////////////////////////////////////
// The application class.
/////////////////////////////////////
class TApp : public TApplication
{
public:
    TApp(): TApplication() {}
    void InitMainWindow();
};

/////////////////////////////////////
// The main window class.
/////////////////////////////////////
class TWndw : public TFrameWindow
{
protected:
    TDialog *dialog;

public:
    TWndw(TWindow *parent, const char far *title);

protected:
    void CmTestDialog();
    LRESULT PmIdOk(WPARAM, LPARAM);

    DECLARE_RESPONSE_TABLE(TWndw);
};

DEFINE_RESPONSE_TABLE1(TWndw, TFrameWindow)
    EV_COMMAND(CM_TESTDIALOG, CmTestDialog),
    EV_MESSAGE(PM_IDOK, PmIdOk),
END_RESPONSE_TABLE;

/////////////////////////////////////
// The dialog box class.
/////////////////////////////////////
class TDlg : public TDialog
{
public:
    TDlg(TWindow *parent, TResId resId);
```

```
protected:
   void CmOk();

   DECLARE_RESPONSE_TABLE(TDlg);
};

DEFINE_RESPONSE_TABLE1(TDlg, TDialog)
   EV_COMMAND(IDOK, CmOk),
END_RESPONSE_TABLE;

/////////////////////////////////////////////////////////
// TWndw::TWndw()
/////////////////////////////////////////////////////////
TWndw::TWndw(TWindow *parent, const char far *title):
       TFrameWindow(parent, title)
{
   AssignMenu(MENU_1);
   Attr.X = 50;
   Attr.Y = 50;
   Attr.W = GetSystemMetrics(SM_CXSCREEN) / 1.2;
   Attr.H = GetSystemMetrics(SM_CYSCREEN) / 1.2;

   // Create the dialog box.
   dialog = new TDlg(this, TESTDLG);

   // Initialize the transfer buffer.
   strcpy(transferBuffer.name, "Default string");
}

/////////////////////////////////////////////////////////
// TWndw::CmTestDialog()
/////////////////////////////////////////////////////////
void TWndw::CmTestDialog()
{
   // If the dialog box is already created,
   // make it the active window.
   if (dialog->IsWindowVisible())
     dialog->BringWindowToTop();
   else
   {
     // Execute the modeless dialog box.
     dialog->Create();
     dialog->Show(SW_SHOW);
   }
}

/////////////////////////////////////////////////////////
// TWndw::PmIdOk()
/////////////////////////////////////////////////////////
LRESULT TWndw::PmIdOk(WPARAM, LPARAM)
{
   MessageBox(transferBuffer.name, "Transfer Buffer");
   return 1;
}
```

(continues)

Listing 4.4   Continued

```
/////////////////////////////////////////////////////
// TDlg::TDlg()
/////////////////////////////////////////////////////
TDlg::TDlg(TWindow *parent, TResId resId) :
   TDialog(parent, resId)
{
   // Associate an OWL edit-control object with the
   // dialog box's edit control.
   new TEdit(this, IDC_NAME, sizeof(transferBuffer.name));

   // Set the address of the transfer buffer.
   TransferBuffer = &transferBuffer;
}

/////////////////////////////////////////////////////
// TDlg::CmOk()
/////////////////////////////////////////////////////
void TDlg::CmOk()
{
   // Get the text entry from the dialog box.
   TransferData(tdGetData);

   // Handle the OK button normally.
   TDialog::CmOk();

   // Notify the main window that the user clicked OK.
   Parent->PostMessage(PM_IDOK, 0, 0);
}

/////////////////////////////////////////////////////
// TApp::InitMainWindow()
/////////////////////////////////////////////////////
void TApp::InitMainWindow()
{
   TFrameWindow *wndw = new TWndw(0, "Data Transfer App 2");
   SetMainWindow(wndw);
}

/////////////////////////////////////////////////////
// OwlMain()
/////////////////////////////////////////////////////
int OwlMain(int, char*[])
{
   return TApp().Run();
}
```

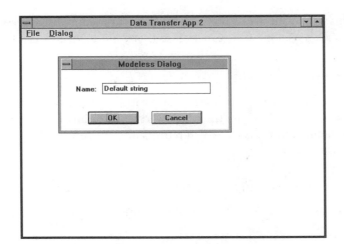

Fig. 4.4
The TRNSDLG2
application.

How Do I Center a Dialog Box?

When you create a dialog box resource with Resource Workshop, the dialog box's screen coordinates are hard-coded into the resource file. This means that, unless you change the dialog box's coordinates somehow, the dialog box always appears in the same place on the screen, regardless of where the application's main window is located. It's often good practice to center the dialog box over its parent window, if for no other reason than that this practice yields an attractive and well-organized display.

You might think that displaying a dialog box in a particular screen position is as easy as doing the same thing for any window. However, a dialog box does not have the same Attr structure that regular windows do. Therefore, you have to use a more indirect method of changing its coordinates, by calling the dialog box's MoveWindow() function.

The Solution

The first step is to create a class for your dialog box. This class should override the base class's (TDialog's) SetupWindow() function:

```
class TDlg : public TDialog
{
public:
    TDlg(TWindow *parent, TResId resId) :
        TDialog(parent, resId) {};
    void SetupWindow();
};
```

When you write your dialog box's SetupWindow() function, be sure you call the base class's version of the function so that your dialog box can be properly set up:

```
TDialog::SetupWindow();
```

Then, to center the dialog box in the main window, you need to know the size of the main window. Get the window's size by calling its GetWindowRect() function (defined in TWindow), which returns into the function's single argument the coordinates of the window:

```
TRect parentRect;
Parent->GetWindowRect(parentRect);
```

As you can see, GetWindowRect()'s single argument is a TRect structure.

Next, get the size of the dialog box in the same way, by calling its GetWindowRect() function:

```
TRect dlgRect;
GetWindowRect(dlgRect);
```

Now that you know the size of the parent window and the size of the dialog box, you can use the following formula to calculate the X and Y position that will center the dialog box in the parent window:

```
int xPos = parentRect.Width() / 2 -
    dlgRect.Width() / 2 + parentRect.left;
int yPos = parentRect.Height() / 2 -
    dlgRect.Height() / 2 + parentRect.top;
```

To set the dialog box to its new coordinates, call its MoveWindow() function (defined in TWindow):

```
MoveWindow(xPos, yPos, dlgRect.Width(), dlgRect.Height());
```

This function's arguments are the X and Y coordinate of the window's top left corner, and the width and height of the window. Because you don't want to change the dialog box's width or height, you must be sure to use the current width and height as the third and fourth arguments in the call to MoveWindow().

Note

In any window class derived from TWindow, there are two sets of initialization functions that create and destroy the associated window object. The class's constructor and destructor are good places to initialize or destroy, respectively, any program items that don't require a valid window handle. The SetupWindow() and CleanupWindow() functions, on the other hand, provide the same services for any function calls or items that require that your window still have a valid handle.

> **Caution**
>
> When overriding `SetupWindow()`, always remember to call the base class's `SetupWindow()` first thing in the function. Failure to do this may result in your window class not being correctly set up.

▶ See "How Do I Customize the Attributes of My Main Window?," p. 193

◀ See "How Do I Create a Modal Dialog Box?," p. 91

The Sample Program

After running the CENTRDLG program, select the **D**ialog menu's **T**est Dialog command. A dialog box appears on-screen, centered inside its parent window (see fig. 4.5). Close the dialog box and resize the window. Again, select the **T**est Dialog command. Although the parent window is now a different size, the dialog box still centers itself inside the window.

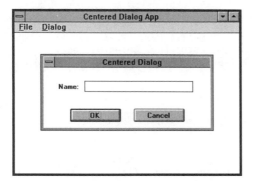

Fig. 4.5
The CENTRDLG application.

Listing 4.5   CENTRDLG.CPP—Centers a Dialog Box over the Application's Main Window

```
/////////////////////////////////////////////////////////
// CENTRDLG.CPP: Shows how to center a dialog box in an
//               application's main window.
/////////////////////////////////////////////////////////

#include <owl\applicat.h>
#include <owl\framewin.h>
#include <owl\dialog.h>
#include "centrdlg.rc"

/////////////////////////////////
// The application class.
/////////////////////////////////
class TApp : public TApplication
{
```

(continues)

Listing 4.5 Continued

```cpp
public:
   TApp(): TApplication() {}
   void InitMainWindow();
};

///////////////////////////////////
// The main window class.
///////////////////////////////////
class TWndw : public TFrameWindow
{
public:
   TWndw(TWindow *parent, const char far *title);

protected:
   void CmTestDialog();

   DECLARE_RESPONSE_TABLE(TWndw);
};

DEFINE_RESPONSE_TABLE1(TWndw, TFrameWindow)
   EV_COMMAND(CM_TESTDIALOG, CmTestDialog),
END_RESPONSE_TABLE;

///////////////////////////////////
// The dialog box class.
///////////////////////////////////
class TDlg : public TDialog
{
public:
   TDlg(TWindow *parent, TResId resId) :
      TDialog(parent, resId) {};
   void SetupWindow();
};

///////////////////////////////////////////////////////////
// TWndw::TWndw()
///////////////////////////////////////////////////////////
TWndw::TWndw(TWindow *parent, const char far *title) :
   TFrameWindow(parent, title)
{
   AssignMenu(MENU_1);
   Attr.X = 50;
   Attr.Y = 50;
   Attr.W = 400;
   Attr.H = 300;
}

///////////////////////////////////////////////////////////
// TWndw::CmTestDialog()
///////////////////////////////////////////////////////////
void TWndw::CmTestDialog()
{
   TDialog *dialog = new TDlg(this, TESTDLG);
   dialog->Execute();
}
```

```
/////////////////////////////////////////////////////////
// TDlg::SetupWindow()
/////////////////////////////////////////////////////////
void TDlg::SetupWindow()
{
   TRect parentRect, dlgRect;

   // Call the base class's SetupWindow().
   TDialog::SetupWindow();

   // Get the parent window's size.
   Parent->GetWindowRect(parentRect);

   // Get the dialog box's size.
   GetWindowRect(dlgRect);

   // Calculate the dialog box's new screen position.
   int xPos = parentRect.Width() / 2 -
      dlgRect.Width() / 2 + parentRect.left;
   int yPos = parentRect.Height() / 2 -
      dlgRect.Height() / 2 + parentRect.top;

   // Move the dialog box to its centered position.
   MoveWindow(xPos, yPos,
      dlgRect.Width(), dlgRect.Height());
}

/////////////////////////////////////////////////////////
// TApp::InitMainWindow()
/////////////////////////////////////////////////////////
void TApp::InitMainWindow()
{
   TFrameWindow *wndw =
      new TWndw(0, "Centered Dialog App");
   SetMainWindow(wndw);
}

/////////////////////////////////////////////////////////
// OwlMain()
/////////////////////////////////////////////////////////
int OwlMain(int, char*[])
{
   return TApp().Run();
}
```

How Can I Use a Dialog Box as an Application's Main Window?

When your main window must contain many controls such as buttons, list
boxes, and check boxes, it's often easier to construct a dialog box that con-
tains these controls than it is to try to create such a window in your source

code. This is because, although Resource Workshop makes creating a dialog box a snap, the Workshop can't help you much when it comes to regular windows.

Unfortunately, a dialog box doesn't work well as a main window. In OWL, main windows are almost always of the `TFrameWindow` class, which is specially designed for handling the chores main windows must handle. Dialog boxes are traditionally meant to appear briefly and then go away. Luckily, every window derived from `TFrameWindow` has a client window. Because the client window fills the main window's entire client area, it's the perfect place to display a dialog box containing the controls you need.

The Solution

Construct your dialog box resource as you normally would, using Resource Workshop. However, after the dialog box is assembled, change its window-style attributes. To do this, double-click the dialog box's border to display the Window Style dialog box. In this dialog box, delete the caption and set the window type to Child and the frame style to No Border. Finally, turn off all dialog style attributes except **V**isible (see fig. 4.6).

Fig. 4.6
Window styles for
a main-window
dialog box.

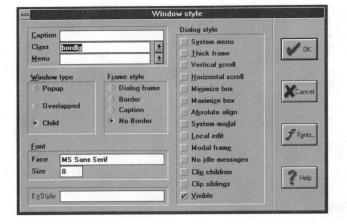

In your application class's `InitMainWindow()` function, construct the dialog box you want displayed in your main window:

```
TDialog *dialog = new TDlg(0, TESTDLG);
```

Note that the dialog box is constructed dynamically by the `new` operator, which returns a pointer to the new dialog box object.

Then, construct a main window derived from TFrameWindow, using your dialog box as the client window:

```
TFrameWindow *wndw =
    new TFrameWindow(0, "Main Window", dialog, TRUE);
```

Now, when your main window appears, your dialog box will also appear, as the main window's client window.

The Sample Program

When you run the MAINDLG program, the main window, which has a dialog box as its client window, appears (see fig. 4.7). Click on the OK button and the application responds with a message box. Click on the Cancel button and the application's window closes, just as a dialog box would. In this application, the Help button performs no function.

 See "How Do I Create a Modal Dialog Box?," p. 91

◄ See "How Do I Respond to Windows Messages?," p. 39

Fig. 4.7
The MAINDLG application.

Listing 4.6   MAINDLG.CPP—Uses a dialog box for a main window

```
////////////////////////////////////////////////////////
// MAINDLG.CPP: Creates a dialog-box main window.
////////////////////////////////////////////////////////

#include <owl\applicat.h>
#include <owl\framewin.h>
#include <owl\dialog.h>
#include "maindlg.rc"

/////////////////////////////////
// The application class.
/////////////////////////////////
class TApp : public TApplication
{
public:
    TApp(): TApplication() {}
    void InitMainWindow();
};

/////////////////////////////////
// The dialog class.
/////////////////////////////////
```

(continues)

Listing 4.6   Continued

```
class TDlg : public TDialog
{
public:
    TDlg(TWindow *parent, TResId resId) :
        TDialog(parent, resId) {};

protected:
    void CmOk();

    DECLARE_RESPONSE_TABLE(TDlg);
};

DEFINE_RESPONSE_TABLE1(TDlg, TDialog)
    EV_COMMAND(IDOK, CmOk),
END_RESPONSE_TABLE;

//////////////////////////////////////////////////////////
// TDlg::CmOk()
//////////////////////////////////////////////////////////
void TDlg::CmOk()
{
    MessageBox("OK received", "Message");
}

//////////////////////////////////////////////////////////
// TApp::InitMainWindow()
//////////////////////////////////////////////////////////
void TApp::InitMainWindow()
{
    // Construct the dialog box.
    TDialog *dialog = new TDlg(0, TESTDLG);

    // Construct the main window with the
    // dialog box as the client window.
    TFrameWindow *wndw =
        new TFrameWindow(0, "Main Window Dialog App",
        dialog, TRUE);

    // Assign a menu to the main window.
    wndw->AssignMenu(MENU_1);

    SetMainWindow(wndw);
    EnableBWCC();
}

//////////////////////////////////////////////////////////
// OwlMain()
//////////////////////////////////////////////////////////
int OwlMain(int, char*[])
{
    return TApp().Run();
}
```

How Do I Display a Bitmap in a Dialog Box Using Borland-Style Controls?

Borland C++ comes with the BWCC library for creating 3-D controls and dialog boxes. Although this library is used mostly to create 3-D dialog boxes, you can take advantage of some other handy abilities built into this library. One of these abilities is an easy way to display a bitmap in a dialog box, a process that can be fairly complex without BWCC.

The Borland 3-D control library expects to find bitmaps with specific IDs for use in creating its 3-D controls. For example, button controls on a Borland-style 3-D dialog box require three bitmaps, one each for the normal button, the pressed button, and the focused button. The BWCC library matches a button with its bitmaps by way of the button's and the bitmap's IDs. To calculate the ID for a button's normal image, for example, you add 1000 to the button's ID. So, if the button has an ID of 100, its normal bitmap must have an ID of 1100. The pressed bitmap and the focused bitmap IDs are calculated the same way, except you add 3000 or 5000, respectively.

So, to use the BWCC library to display a bitmap in a dialog box, you need only create a Borland-style button control with a single bitmap—the bitmap you want to display.

The Solution

The first step is to put together your dialog box using Resource Workshop. Place a Borland-style button control at the position in which you want your bitmap to appear. Double-click the button to bring up the Borland Button Style dialog box (see fig. 4.8). In the dialog box, click off the Tab Stop option in the Attributes group and change the button type to Bitmap.

Close the dialog box's edit window, and use Resource Workshop's bitmap editor to create your bitmap, or load the bitmap into the resource file by selecting the File menu's Add To Project command. When you have the bitmap added to your resource file, change its ID to the value you get when you add 1000 to the button control's ID. For example, if the button control's ID is 101, the bitmap's ID should be 1101.

To change the ID, select the Identifiers command from the Resource menu, which displays the Identifiers dialog box (see fig. 4.9). (You may have to select the Resource menu's Rename command in order to make the change take effect. If so, when the Rename Resource dialog box appears, just click OK without changing anything.)

Fig. 4.8
The Borland
Button Style
dialog box.

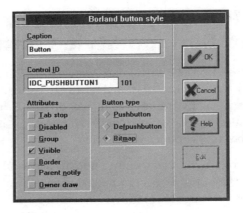

Fig. 4.9
The Identifiers
dialog box.

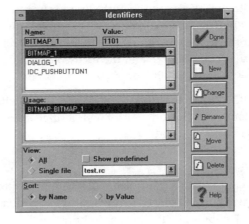

◀ See "How Do I
Create a Modal
Dialog Box?,"
p. 91

◀ See "How Do I
Create a
Modeless Dia-
log Box?," p. 94

▶ See "How Do I
Display a
Bitmap in a
Normal Win-
dows Dialog
Box?," p. 121

Now, reopen the dialog box's editing window. Your bitmap should be displayed in the dialog box. (If it isn't, check that you correctly calculated the bitmap's ID.)

In your program's `InitMainWindow()` function, be sure that you include a call to `EnableBWCC()`, which loads the BWCC.DLL library. Then, when you call `Execute()` to display your dialog box, it will contain the bitmap. You need do nothing else in your program to get this handy trick to work.

The Sample Program

Run the sample program and select the **D**ialog menu's **T**est Dialog command. A dialog box containing a bitmap appears (see fig. 4.10). Notice that there is nothing in the program itself that would cause this bitmap to display. It's all handled by the BWCC 3-D control library.

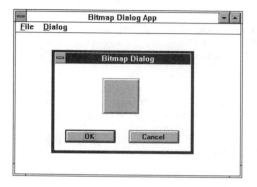

Fig. 4.10
The BITMPDLG application.

Listing 4.7   BITMPDLG.CPP—Uses BWCC to Place a Bitmap in a Dialog Box

```cpp
/////////////////////////////////////////////////////////////
// BITMPDLG.CPP: Shows how to place a bitmap in a dialog
//               box using BWCC.
/////////////////////////////////////////////////////////////

#include <owl\applicat.h>
#include <owl\framewin.h>
#include <owl\dialog.h>
#include "bitmpdlg.rc"

///////////////////////////////////
// The application class.
///////////////////////////////////
class TApp : public TApplication
{
public:
   TApp(): TApplication() {}
   void InitMainWindow();
};

///////////////////////////////////
// The main window class.
///////////////////////////////////
class TWndw : public TFrameWindow
{
public:
   TWndw(TWindow *parent, const char far *title);

protected:
   void CmTestDialog();
```

(continues)

Listing 4.7   Continued

```
    DECLARE_RESPONSE_TABLE(TWndw);
};

DEFINE_RESPONSE_TABLE1(TWndw, TFrameWindow)
    EV_COMMAND(CM_TESTDIALOG, CmTestDialog),
END_RESPONSE_TABLE;

////////////////////////////////////////////////////////
// TWndw::TWndw()
////////////////////////////////////////////////////////
TWndw::TWndw(TWindow *parent, const char far *title):
        TFrameWindow(parent, title)
{
    AssignMenu(MENU_1);
    Attr.X = 50;
    Attr.Y = 50;
    Attr.W = 400;
    Attr.H = 300;
}

////////////////////////////////////////////////////////
// TWndw::CmTestDialog()
////////////////////////////////////////////////////////
void TWndw::CmTestDialog()
{
    TDialog *dialog = new TDialog(this, TESTDLG);
    dialog->Execute();
}

////////////////////////////////////////////////////////
// TApp::InitMainWindow()
////////////////////////////////////////////////////////
void TApp::InitMainWindow()
{
    TFrameWindow *wndw =
        new TWndw(0, "Bitmap Dialog App");
    SetMainWindow(wndw);
    EnableBWCC();
}

////////////////////////////////////////////////////////
// OwlMain()
////////////////////////////////////////////////////////
int OwlMain(int, char*[])
{
    return TApp().Run();
}
```

How Do I Display a Bitmap in a Normal Windows Dialog Box?

Windows contains all the functions it needs to draw controls in a dialog box automatically. This is a terrific convenience, especially when you consider how much you use dialog boxes in Windows applications. Unfortunately, Windows doesn't consider bitmaps to be controls, which means Windows cannot draw bitmaps in a dialog box. This is a strange oversight because you often want to be able to display bitmaps in a dialog box.

Luckily, there is a way to accomplish this task. You need only create a custom OWL bitmap control that knows how to draw itself. Although this task sounds easy in theory, it can lead to slightly messy complications.

The Solution

Creating a custom OWL bitmap control is as easy as writing a new class derived from OWL's existing TStatic class:

```
class TBitmapCtrl : public TStatic
{
protected:
    TBitmap *bitmap;

public:
    TBitmapCtrl(TWindow *parent, int resId) :
        TStatic(parent, resId, 0) {};

protected:
    void Paint(TDC &paintDC, BOOL, TRect&);
    void EvPaint();
    void SetupWindow();

    DECLARE_RESPONSE_TABLE(TBitmapCtrl);
};

DEFINE_RESPONSE_TABLE1(TBitmapCtrl, TStatic)
    EV_WM_PAINT,
END_RESPONSE_TABLE;
```

This class contains a data member, bitmap, that stores a pointer to the control's bitmap object. To draw its bitmap, the class must override three functions inherited from TStatic (via TWindow): Paint(), EvPaint(), and SetupWindow().

In the control's SetupWindow() function, you must first call the base class's SetupWindow(), after which you can load the control's bitmap:

```
TStatic::SetupWindow();

TApplication *app = GetApplication();
HINSTANCE hInstance = app->GetInstance();
bitmap = new TBitmap(hInstance, BITMAP_1);
```

After the bitmap has been loaded, the control needs a way to display the bitmap. As is typical with OWL programs, a good place to do this is in the control's Paint() function, where you create a memory DC compatible with the paint DC, select the bitmap into the memory DC, and then call the paint DC's BitBlt() function to actually draw the bitmap:

```
TMemoryDC mdc(paintDC);
mdc.SelectObject(*bitmap);
paintDC.BitBlt(0, 0, 64, 64, mdc, 0, 0, SRCCOPY);
```

Unfortunately, because Windows handles the drawing of control objects, the control's Paint() function normally never gets called. Luckily, it's easy to force OWL to call Paint(). You do this by overriding the EvPaint() function, which always responds to WM_PAINT messages. In EvPaint(), you explicitly call TWindow::EvPaint(), which, due to the way OWL works, safely forces OWL to call the bitmap control's Paint() function:

```
void TBitmapCtrl::EvPaint()
{
    TWindow::EvPaint();
}
```

That's all there is to creating the custom bitmap class. Now, you need to create a class for your dialog box that overrides SetupWindow():

▶ See "How Do I Display a Bitmap in a Window?," p. 344

◀ See "How Do I Create a Modal Dialog Box?," p. 91

```
class TDlg : public TDialog
{
public:
    TDlg::TDlg(TWindow *parent, TResId resId) :
        TDialog(parent, resId) {};

protected:
    void SetupWindow();
};
```

In the dialog box's SetupWindow() function, you create a control of your new custom bitmap type:

```
new TBitmapCtrl(this, IDC_BITMAP);
```

after which, you must call the base class's SetupWindow() function:

```
TDialog::SetupWindow();
```

When you build your dialog box in Resource Workshop, place a regular static-text control where you want the bitmap control to appear (see fig. 4.11). Give this control the same ID as the one you used in the dialog box's SetupWindow() function when you constructed the custom control object (in the preceding example, IDC_BITMAP). Now, when you display the dialog box, the bitmap draws itself in place.

◀ See "How Do I Create a Modeless Dialog Box?," p. 94

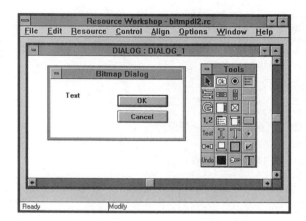

Fig. 4.11
Placing a static-text control where the bitmap will appear.

The Sample Program

When you run the sample program, select the **F**ile menu's **D**ialog command. The dialog box shown in figure 4.12 appears. This dialog box contains the custom bitmap control.

Fig. 4.12
The BITMPDL2 application.

Listing 4.8   BITMPDL2.CPP—Displays a Bitmap in a Dialog Box

```
//////////////////////////////////////////////////////////
// BITMPDL2.CPP: Places a bitmap in a dialog box without
//               using Borland's BWCC custom-control
//               library.
//////////////////////////////////////////////////////////

#include <owl\applicat.h>
#include <owl\framewin.h>
#include <owl\dialog.h>
#include <owl\static.h>
#include <owl\gdiobjec.h>
#include "bitmpdl2.rc"

/////////////////////////////////
// The application class.
/////////////////////////////////
class TApp : public TApplication
{
public:
   TApp() : TApplication() {}
   void InitMainWindow();
};

/////////////////////////////////
// The main window class.
/////////////////////////////////
class TWndw : public TFrameWindow
{
public:
   TWndw(TWindow *parent, const char far *title);

protected:
   void CmDialog();

   DECLARE_RESPONSE_TABLE(TWndw);
};

DEFINE_RESPONSE_TABLE1(TWndw, TFrameWindow)
   EV_COMMAND(CM_DIALOG, CmDialog),
END_RESPONSE_TABLE;

/////////////////////////////////
// The dialog box class.
/////////////////////////////////
class TDlg : public TDialog
{
public:
   TDlg::TDlg(TWindow *parent, TResId resId) :
      TDialog(parent, resId) {};

protected:
   void SetupWindow();
};
```

```cpp
///////////////////////////////////
// The custom control class.
///////////////////////////////////
class TBitmapCtrl : public TStatic
{
protected:
   TBitmap *bitmap;

public:
   TBitmapCtrl(TWindow *parent, int resId) :
      TStatic(parent, resId, 0) {};

protected:
   void Paint(TDC &paintDC, BOOL, TRect&);
   void EvPaint();
   void SetupWindow();

   DECLARE_RESPONSE_TABLE(TBitmapCtrl);
};

DEFINE_RESPONSE_TABLE1(TBitmapCtrl, TStatic)
   EV_WM_PAINT,
END_RESPONSE_TABLE;

/////////////////////////////////////////////////////////////
// TWndw::TWndw()
/////////////////////////////////////////////////////////////
TWndw::TWndw(TWindow *parent, const char far *title) :
      TFrameWindow(parent, title)
{
   AssignMenu(MENU_1);
   Attr.X = 50;
   Attr.Y = 50;
   Attr.W = 400;
   Attr.H = 300;
}


/////////////////////////////////////////////////////////////
// TWndw::CmDialog()
/////////////////////////////////////////////////////////////
void TWndw::CmDialog()
{
   TDialog *dialog = new TDlg(this, DIALOG_1);
   dialog->Execute();
}


/////////////////////////////////////////////////////////////
// TDlg::SetupWindow()
/////////////////////////////////////////////////////////////
void TDlg::SetupWindow()
{
   // Construct the dialog box's custom bitmap control.
   new TBitmapCtrl(this, IDC_BITMAP);
```

(continues)

Listing 4.8 Continued

```
    // Allow OWL to perform regular setup.
    TDialog::SetupWindow();
}

/////////////////////////////////////////////////////////
// TBitmapCtrl::SetupWindow()
/////////////////////////////////////////////////////////
void TBitmapCtrl::SetupWindow()
{
    // Let OWL do the regular setup.
    TStatic::SetupWindow();

    // Load the bitmap.
    TApplication *app = GetApplication();
    HINSTANCE hInstance = app->GetInstance();
    bitmap = new TBitmap(hInstance, BITMAP_1);
}

/////////////////////////////////////////////////////////
// TBitmapCtrl::EvPaint()
/////////////////////////////////////////////////////////
void TBitmapCtrl::EvPaint()
{
    // Force a call to the control's Paint() function.
    TWindow::EvPaint();
}

/////////////////////////////////////////////////////////
// TBitmapCtrl::Paint()
/////////////////////////////////////////////////////////
void TBitmapCtrl::Paint(TDC &paintDC, BOOL, TRect&)
{
    // Display the bitmap.
    TMemoryDC mdc(paintDC);
    mdc.SelectObject(*bitmap);
    paintDC.BitBlt(0, 0, 64, 64, mdc, 0, 0, SRCCOPY);
}

/////////////////////////////////////////////////////////
// TApp::InitMainWindow()
/////////////////////////////////////////////////////////
void TApp::InitMainWindow()
{
    TFrameWindow *wndw = new TWndw(0, "Bitmap Dialog App");
    SetMainWindow(wndw);
}

/////////////////////////////////////////////////////////
// OwlMain()
/////////////////////////////////////////////////////////
int OwlMain(int, char*[])
{
    return TApp().Run();
}
```

How Can I Force a Dialog Box to Call *Canclose()* When the User Doesn't Exit the Dialog Box with the OK Button?

As every Windows user knows, when you want to ignore changes made in a dialog box, you exit the dialog box either by clicking its Cancel button or by selecting the control menu's Close command. Because your application normally shouldn't respond to a canceled dialog box, OWL skips calling the dialog box class's CanClose() member function in this case. After all, why check whether it's okay to close the dialog box when the user has said, "I wish I had never opened this darn thing in the first place!"

Of course, assumptions don't always work out the way one might expect. Specifically, you may have times when you need to perform some task no matter how the user exits a dialog box. This means tricking OWL. Handling the Cancel button is easy, because the dialog box class's CmCancel() member function always gets called when that button is clicked. You can do whatever you need in CanClose().

However, if the user exits by selecting the control menu's Close command (or by double-clicking the close box, which amounts to the same thing), the TDialog class has no direct way of informing you. To catch this command, you must handle WM_SYSCOMMAND messages in your dialog box class. When you receive a WM_SYSCOMMAND message whose message type is equal to SC_CLOSE, you know that the user is exiting the dialog box via the control menu.

The Solution

To create a dialog box that always calls its CanClose() member function before closing, you must first derive a new dialog box class from TDialog:

```
class TDlg : public TDialog
{
public:
   TDlg(TWindow *parent, TResId resId) :
      TDialog(parent, resId) {};

protected:
   void EvSysCommand(UINT Cmd, TPoint&);
   void CmCancel();
   BOOL CanClose();

   DECLARE_RESPONSE_TABLE(TDlg);
};
```

```
DEFINE_RESPONSE_TABLE1(TDlg, TDialog)
    EV_WM_SYSCOMMAND,
    EV_COMMAND(IDCANCEL, CmCancel),
END_RESPONSE_TABLE;
```

In this new dialog box class, override the inherited CmCancel() and CanClose() functions. Also, provide a message-response function for the WM_SYSCOMMAND message. Because of OWL's message-response function naming conventions, you must name this function EvSysCommand(). You must also add the EV_WM_SYSCOMMAND macro to your response table, as well as an EV_COMMAND entry for the IDCANCEL command ID.

To force a call to CanClose() when the user exits the dialog box with the Cancel button, simply call CanClose() from within CmCancel():

```
void TDlg::CmCancel()
{
    int status = CanClose();
    if (status)
        TDialog::CmCancel();
}
```

If CanClose() returns TRUE, indicating that it's okay to close the dialog box, pass the cancel message back to OWL by calling TDialog::CmCancel(). Otherwise, do nothing, and the dialog box will remain open.

When the user exits by selecting the control menu's **C**lose command, you must respond to a WM_SYSCOMMAND message that has a command type of SC_CLOSE if you want to keep the dialog box open. You do this in the dialog box's EvSysCommand() function:

```
void TDlg::EvSysCommand(UINT cmd, TPoint&)
```

The first parameter passed into this function (in the preceding case, cmd) is the command type. Because Windows often uses the lower four bits of a WM_SYSCOMMAND message's cmd parameter for its own use, you must first AND the value with 0xFFF0 to mask out these bits. After masking out these lower bits, if the command type equals SC_CLOSE, the user is trying to close the dialog box from the control menu:

```
if ((cmd & 0xFFF0) == SC_CLOSE)
```

In this case, call the dialog box's CanClose() member function directly:

```
status = CanClose();
```

If CanClose() returns TRUE, indicating that it's okay to close the dialog box, call DefaultProcessing() to pass the WM_SYSCOMMAND message back to Windows. Otherwise, ignore the message:

```
if (status)
    DefaultProcessing();
```

If the WM_SYSCOMMAND message does not have a command type of SC_CLOSE, call DefaultProcessing() to pass the message back to Windows. Failure to do this will bring your application to a screeching halt, because your application will then be ignoring every system message it receives.

> **Caution**
>
> Whenever you capture the WM_SYSCOMMAND message, you must be sure that you pass all the messages in which you're not interested back to Windows. If you don't, your application will surely crash. To pass a message back to the system, call the OWL function DefaultProcessing(), which is defined in the TWindow class and is inherited by all window classes derived from TWindow.

▶ See "How Do I Ensure that it's Okay to Close a Window?," p. 196

◀ See "How Do I Create a Modal Dialog Box?," p. 91

◀ See "How Do I Create a Modeless Dialog Box?," p. 94

The Sample Program

When you run the sample program, select the **D**ialog menu's **T**est Dialog command. When you do, the CanClose Dialog dialog box appears. No matter how you exit the dialog box—by clicking OK, clicking Cancel, selecting the control menu's **C**lose command, or double-clicking the control box—the program calls the dialog box's CanClose() function, as evidenced by the message box shown in figure 4.13.

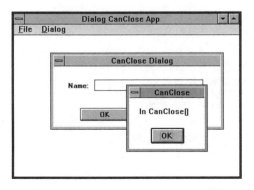

Fig. 4.13
The CLOSEDLG application.

Listing 4.9 CLOSEDLG.CPP—Controls the Exiting of a Dialog Box

```cpp
/////////////////////////////////////////////////////////
// CLOSEDLG.CPP: Shows how to call Canclose() when the
//               user exits a dialog box via the control-box
//               menu or the Cancel button.
/////////////////////////////////////////////////////////

#include <owl\applicat.h>
#include <owl\framewin.h>
#include <owl\dialog.h>
#include "closedlg.rc"

/////////////////////////////////////
// The application class.
/////////////////////////////////////
class TApp : public TApplication
{
public:
    TApp(): TApplication() {}
    void InitMainWindow();
};

/////////////////////////////////////
// The main window class.
/////////////////////////////////////
class TWndw : public TFrameWindow
{
public:
    TWndw(TWindow *parent, const char far *title);

protected:
    void CmTestDialog();

    DECLARE_RESPONSE_TABLE(TWndw);
};

DEFINE_RESPONSE_TABLE1(TWndw, TFrameWindow)
    EV_COMMAND(CM_TESTDIALOG, CmTestDialog),
END_RESPONSE_TABLE;

/////////////////////////////////////
// The dialog box class.
/////////////////////////////////////
class TDlg : public TDialog
{
public:
    TDlg(TWindow *parent, TResId resId) :
        TDialog(parent, resId) {};

protected:
    void EvSysCommand(UINT Cmd, TPoint&);
    void CmCancel();
    BOOL CanClose();
```

```
      DECLARE_RESPONSE_TABLE(TDlg);
};

DEFINE_RESPONSE_TABLE1(TDlg, TDialog)
   EV_WM_SYSCOMMAND,
   EV_COMMAND(IDCANCEL, CmCancel),
END_RESPONSE_TABLE;

///////////////////////////////////////////////////////////
// TWndw::TWndw()
///////////////////////////////////////////////////////////
TWndw::TWndw(TWindow *parent, const char far *title):
      TFrameWindow(parent, title)
{
   AssignMenu(MENU_1);
   Attr.X = 50;
   Attr.Y = 50;
   Attr.W = 400;
   Attr.H = 300;
}


///////////////////////////////////////////////////////////
// TWndw::CmTestDialog()
///////////////////////////////////////////////////////////
void TWndw::CmTestDialog()
{
   TDialog *dialog = new TDlg(this, TESTDLG);
   dialog->Execute();
}


///////////////////////////////////////////////////////////
// TDlg::EvSysCommand()
///////////////////////////////////////////////////////////
void TDlg::EvSysCommand(UINT cmd, TPoint&)
{
   int status, okayToProcess;

   // Set the default-processing flag.
   okayToProcess = TRUE;

   // If the system command is SC_CLOSE, the user
   // is trying to close the dialog box.
   if ((cmd & 0xFFF0) == SC_CLOSE)
   {
      // Find out if it's okay to close the dialog box.
      status = CanClose();

      // If it's not okay to close the dialog box, disallow
      // default processing of the SC_CLOSE message.
      if (!status)
         okayToProcess = FALSE;
   }

   // Perform default processing only when the command
```

(continues)

Listing 4.9 Continued

```
      // was not SC_CLOSE or when it's okay to close the
      // dialog box.
      if (okayToProcess)
         DefaultProcessing();
}


//////////////////////////////////////////////////////////
// TDlg::CmCancel()
//////////////////////////////////////////////////////////
void TDlg::CmCancel()
{
   // Find out if it's okay to close the dialog box.
   int status = CanClose();

   // If it's okay to close the dialog box,
   // perform the normal cancel stuff.
   if (status)
      TDialog::CmCancel();
}


//////////////////////////////////////////////////////////
// TDlg::CanClose()
//////////////////////////////////////////////////////////
BOOL TDlg::CanClose()
{
   MessageBox("In CanClose()", "CanClose");
   return TRUE;
}


//////////////////////////////////////////////////////////
// TApp::InitMainWindow()
//////////////////////////////////////////////////////////
void TApp::InitMainWindow()
{
   TFrameWindow *wndw =
      new TWndw(0, "Dialog CanClose App");
   SetMainWindow(wndw);
}


//////////////////////////////////////////////////////////
// OwlMain()
//////////////////////////////////////////////////////////
int OwlMain(int, char*[])
{
   return TApp().Run();
}
```

How Do I Change the Color of a Dialog Box?

Getting sick of that same old white background in your dialog boxes? Wonder how to create the 3-D backgrounds you see in Borland-style dialog boxes? If so, you'll be glad to know that changing the color of a dialog box is not as tricky as you might think. To perform this seemingly magical feat, you need only know how to deal with Windows' WM_CTLCOLOR message, which is sent to a dialog box and each of its controls when each object is about to be drawn. By intercepting this message and returning your own color, you can create your own custom dialog boxes with only a few program lines.

The Solution

First, create a new dialog box class derived from TDialog. This class should have as a data member a pointer to a TBrush object. Also, the class should override the SetupWindow() and CleanupWindow() functions, as well as supply the message-response functions EvCtlColor() and EvPaint():

```
class TDlg : public TDialog
{
private:
    TBrush *dlgBrush;

public:
    TDlg(TWindow *parent, TResId resId) :
        TDialog(parent, resId) {};

protected:
    void SetupWindow();
    void CleanupWindow();
    HBRUSH EvCtlColor(HDC, HWND hWndChild, UINT ctlType);
    void EvPaint();

    DECLARE_RESPONSE_TABLE(TDlg);
};

DEFINE_RESPONSE_TABLE1(TDlg, TDialog)
    EV_WM_CTLCOLOR,
    EV_WM_PAINT,
END_RESPONSE_TABLE;
```

Remember to add EV_WM_CTLCOLOR and EV_WM_PAINT macros to your dialog box's response table so that your EvCtlColor() and EvPaint() functions can respond to WM_CTLCOLOR and WM_PAINT messages.

In your dialog box class's `SetupWindow()` function, after calling the base class's `SetupWindow()`, create a new brush of the color you want the dialog box to be:

```
dlgBrush = new TBrush(TColor::LtGray);
```

Because you're creating a new GDI object on the heap, you must be sure to delete it before the application ends. Otherwise, it will continue to consume valuable Windows resources. A good place to delete the brush is in the dialog box class's `CleanupWindow()` function:

```
void TDlg::CleanupWindow()
{
    delete dlgBrush;
}
```

Next, write your `EvCtlColor()` message-response function:

```
HBRUSH TDlg::EvCtlColor(HDC hdc,
    HWND hWndChild, UINT ctlType)
{
    if (ctlType == CTLCOLOR_DLG)
        return *dlgBrush;

}
```

This function returns a handle to a brush and has as its parameters a device-context handle, a window handle, and an unsigned integer containing the control type for which the `WM_CTLCOLOR` message was sent. Inside the function, check the control type to see whether it is `CTLCOLOR_DLG`, which indicates that Windows wants the dialog box's color:

```
if (ctlType == CTLCOLOR_DLG)
    return *dlgBrush;
```

If the control type is `CTLCOLOR_DLG`, return your new brush's handle, which you can do by dereferencing the pointer. If the control type for which Windows sent the `WM_CTLCOLOR` message isn't `CTLCOLOR_DLG`, you must pass the message back to OWL by calling `TDialog`'s `EvCtlColor()` member function:

```
return TDialog::EvCtlColor(hdc, hWndChild, ctlType);
```

This is really all you must do in order to change the dialog box's color. However, the dialog box may look a little strange without some extra work, such as drawing a 3-D border. You can take care of this drawing in the dialog box class's `EvPaint()` function, which OWL calls in response to a `WM_PAINT` message. (Although dialog boxes derived from `TDialog` have a `Paint()` function like other windows, OWL never calls the `Paint()` function, assuming that Windows will be drawing the dialog box.)

In EvPaint(), first construct a TPaintDC device-context object:

```
TPaintDC paintDC(HWindow);
```

The constructor's single argument is the handle of the window for which you want the device context. By constructing a TPaintDC, you can skip calling the Windows API functions BeginPaint() and EndPaint(), which you must usually do when you want to paint in a window. OWL calls BeginPaint() when the TPaintDC object is constructed and calls EndPaint() when the object is destructed.

Next, call the dialog box's GetClientRect() member function (an OWL version of a Windows API function of the same name), which returns the size of the dialog box's client area:

```
GetClientRect(dlgRect);
```

The size of the client area is returned into a TRect structure, which is the function's single argument. Once you have the size of the client area, you can perform whatever drawing you need to do. The following code segment, for example, draws a 3-D outline around the edge of the client area:

```
TPen whitePen(TColor::White);
paintDC.SelectObject(whitePen);
paintDC.MoveTo(0, dlgRect.Height()-1);
paintDC.LineTo(0, 0);
paintDC.LineTo(dlgRect.Width()-1, 0);

TPen grayPen(TColor::Gray);
paintDC.SelectObject(grayPen);
paintDC.LineTo(dlgRect.Width()-1, dlgRect.Height()-1);
paintDC.LineTo(0, dlgRect.Height()-1);
```

The Sample Program

Run the sample program, and then select the **D**ialog menu's **T**est Dialog command. When you do, you see the dialog box shown in figure 4.14. The dialog's gray background results from the brush returned by the EvCtlColor() function, and the 3-D outline is drawn in the EvPaint() function.

▶ See "How Can I Change the Color of Controls in a Dialog Box?," p. 392

▶ See "How Do I Use Device Contexts in an OWL Program?," p. 335

▶ See "How Do I Use GDI Objects in an OWL Program?," p. 339

◀ See "How Do I Respond to Windows Messages?," p. 39

◀ See "How Do I Create a Modal Dialog Box?," p. 91

Listing 4.10   COLORDLG.CPP—Changes the Color of a Dialog Box

```
/////////////////////////////////////////////////////////////
// COLORDLG.CPP: Changes the color of a dialog box.
/////////////////////////////////////////////////////////////
```

(continues)

```
#include <owl\applicat.h>
#include <owl\framewin.h>
#include <owl\dialog.h>
#include <owl\gdiobjec.h>
#include "colordlg.rc"

/////////////////////////////////
// The application class.
/////////////////////////////////
class TApp : public TApplication
{
public:
   TApp(): TApplication() {}
   void InitMainWindow();
};

/////////////////////////////////
// The main window class.
/////////////////////////////////
class TWndw : public TFrameWindow
{
public:
   TWndw(TWindow *parent, const char far *title);

protected:
   void CmTestDialog();

   DECLARE_RESPONSE_TABLE(TWndw);
};

DEFINE_RESPONSE_TABLE1(TWndw, TFrameWindow)
   EV_COMMAND(CM_TESTDIALOG, CmTestDialog),
END_RESPONSE_TABLE;

/////////////////////////////////
// The dialog box class.
/////////////////////////////////
class TDlg : public TDialog
{
private:
   TBrush *dlgBrush;

public:
   TDlg(TWindow *parent, TResId resId) :
      TDialog(parent, resId) {};

protected:
   void SetupWindow();
   void CleanupWindow();
   HBRUSH EvCtlColor(HDC, HWND hWndChild, UINT ctlType);
   void EvPaint();

   DECLARE_RESPONSE_TABLE(TDlg);
```

```
};

DEFINE_RESPONSE_TABLE1(TDlg, TDialog)
    EV_WM_CTLCOLOR,
    EV_WM_PAINT,
END_RESPONSE_TABLE;

//////////////////////////////////////////////////////////
// TWndw::TWndw()
//////////////////////////////////////////////////////////
TWndw::TWndw(TWindow *parent, const char far *title):
        TFrameWindow(parent, title)
{
    AssignMenu(MENU_1);
    Attr.X = 50;
    Attr.Y = 50;
    Attr.W = 400;
    Attr.H = 300;
}

//////////////////////////////////////////////////////////
// TWndw::CmTestDialog()
//////////////////////////////////////////////////////////
void TWndw::CmTestDialog()
{
    TDialog *dialog = new TDlg(this, TESTDLG);
    dialog->Execute();
}

//////////////////////////////////////////////////////////
// TDlg::SetupWindow()
//////////////////////////////////////////////////////////
void TDlg::SetupWindow()
{
    // Perform regular window setup.
    TDialog::SetupWindow();

    // Create a brush for the dialog box's color.
    dlgBrush = new TBrush(TColor::LtGray);
}

//////////////////////////////////////////////////////////
// TDlg::CleanupWindow()
//////////////////////////////////////////////////////////
void TDlg::CleanupWindow()
{
    delete dlgBrush;
}

//////////////////////////////////////////////////////////
// TDlg::EvCtlColor()
//////////////////////////////////////////////////////////
HBRUSH TDlg::EvCtlColor(HDC hdc,
    HWND hWndChild, UINT ctlType)
{
    // If the WM_CTLCOLOR message is for the dialog box... (continues)
```

Listing 4.10 Continued

```
            if (ctlType == CTLCOLOR_DLG)
               // ...return the dialog box's color.
               return *dlgBrush;

            // ...else pass the message on to TDialog.
            return TDialog::EvCtlColor(hdc, hWndChild, ctlType);
    }

    ////////////////////////////////////////////////////////////
    // TDlg::EvPaint()
    ////////////////////////////////////////////////////////////
    void TDlg::EvPaint()
    {
        TRect dlgRect;

        // Get a TPaintDC device context.
        TPaintDC paintDC(HWindow);

        // Get the size of the dialog box's client area.
        GetClientRect(dlgRect);

        // Draw the 3-D rectangle around the outside
        // of the client area.
        TPen whitePen(TColor::White);
        paintDC.SelectObject(whitePen);
        paintDC.MoveTo(0, dlgRect.Height()-1);
        paintDC.LineTo(0, 0);
        paintDC.LineTo(dlgRect.Width()-1, 0);

        TPen grayPen(TColor::Gray);
        paintDC.SelectObject(grayPen);
        paintDC.LineTo(dlgRect.Width()-1, dlgRect.Height()-1);
        paintDC.LineTo(0, dlgRect.Height()-1);
    }

    ////////////////////////////////////////////////////////////
    // TApp::InitMainWindow()
    ////////////////////////////////////////////////////////////
    void TApp::InitMainWindow()
    {
        TFrameWindow *wndw =
            new TWndw(0, "Color Dialog App");
        SetMainWindow(wndw);
    }

    ////////////////////////////////////////////////////////////
    // OwlMain()
    ////////////////////////////////////////////////////////////
    int OwlMain(int, char*[])
    {
        return TApp().Run();
    }
```

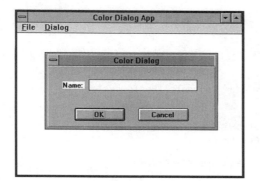

Fig. 4.14
The COLORDLG
application.

How Do I Create an Expandable Dialog Box?

Often, you may want to create a dialog box that contains secondary information that is related to the dialog box's main contents but that is needed only at certain times. You'll want to keep the secondary information hidden until the user requests it. In most Windows applications, this is usually done by including a button that can expand the dialog box when the user wants to see more information. The same button is used to reduce the dialog box to its original size.

Creating such a dialog box is easy with OWL. You need only create the full-size dialog box, including the secondary controls, and then manipulate the size of the dialog box in your program.

The Solution

As always, use Resource Workshop to put together your expandable dialog box. Assemble the dialog box in its full, expanded form. In figure 4.15, the dialog box under construction contains primary controls for getting and displaying a name and phone number. The secondary controls are the Street, City, and Zip edit controls. When this dialog box is first displayed in an application, only the Name and Phone edit controls, along with the three buttons, are visible.

After assembling your dialog box's resource, you can start programming. You'll need a class for your dialog box that overrides SetupWindow():

```
class TDlg : public TDialog
```

```
    {
    protected:
        int expanded;
        TButton *moreButton;

    public:
        TDlg(TWindow *parent, TResId resId);

    protected:
        void SetupWindow();
        void IdcMore();

        DECLARE_RESPONSE_TABLE(TDlg);
    };

    DEFINE_RESPONSE_TABLE1(TDlg, TDialog)
        EV_COMMAND(IDC_MORE, IdcMore),
    END_RESPONSE_TABLE;
```

Fig. 4.15
Creating an expandable dialog box with Resource Workshop.

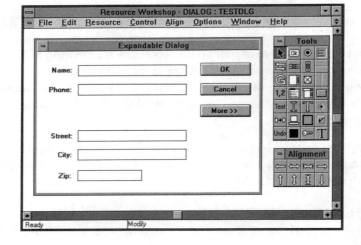

This dialog box class contains a flag named expanded that keeps track of the dialog box's current state. The class also has a pointer to TButton as a data member. This pointer allows you to manipulate the More button in the dialog box. The button's message-response function is IdcMore().

Because you want to be able to change the More button's text, in the dialog box's constructor, associate an OWL TButton object with the button. A pointer to this TButton object is stored in the moreButton data member:

```
    moreButton = new TButton(this, IDC_MORE);
```

In the dialog box's SetupWindow(), call the base class's SetupWindow() and then initialize the expanded flag to FALSE:

```
    TDialog::SetupWindow();
    expanded = FALSE;
```

In `SetupWindow()`, you should also set the dialog box's start-up size. The dialog box's height (or width, depending on how you assembled the dialog box) should be reduced so as to hide the secondary controls. To do this, first call `GetWindowRect()` to get the dialog box's current size:

```
    GetWindowRect(dlgRect);
```

This function call, which is an OWL version of a Windows API function of the same name, returns in a `TRect` structure the full size of the window. You can then use the returned rectangle in a call to `MoveWindow()` to set the dialog box's size:

```
    MoveWindow(dlgRect.left, dlgRect.top,
        dlgRect.Width(), dlgRect.Height() - 120);
```

Reducing the height of the dialog box in the preceding line hides the secondary controls. When the dialog box appears, the user sees only the Name and Phone edit controls, along with the three buttons.

When the user selects the More button, respond by enlarging the dialog box to show the secondary controls. You also should change the text in the More button to *Reduce*, because selecting the button will now reduce the dialog box. Handle these tasks in the button's message-response function. If the dialog box is in its expanded state, set the offset to an appropriate negative value in order to reduce the dialog box to its original size. Also, change the button's text back to *More >>*:

```
    if (expanded)
    {
        offset = -120;
        moreButton->SetWindowText("More >>");
    }
```

If the user is trying to expand the dialog box, offset the dialog box's size by a positive value that, when added to the dialog box's height or width, will cause the secondary controls to appear. Also, change the button's text to *Reduce*:

```
    else
    {
        offset = 120;
        moreButton->SetWindowText("Reduce");
    }
```

After setting the offset, reverse the value of the `expanded` flag:

```
    expanded = !expanded;
```

◄ See "How Do I Create a Modal Dialog Box?," p. 91

► See "How Do I Display a Dialog Box from within Another Dialog Box?," p. 146

◄ See "How Do I Respond to Windows Messages?," p. 39

Then call `GetWindowRect()` to get the dialog box's current size and `MoveWindow()` to set the dialog box to its new size:

```
GetWindowRect(dlgRect);
MoveWindow(dlgRect.left, dlgRect.top,
    dlgRect.Width(), dlgRect.Height() + offset, TRUE);
```

Notice how, in the preceding call to `MoveWindow()`, the offset is added to the dialog box's height. A negative offset, then, has the effect of reducing the box's height, whereas a positive value enlarges it.

The Sample Program

After running EXPNDDLG, select the **D**ialog menu's **T**est Dialog command. You see the dialog box shown in figure 4.16. Click the More button, and the dialog expands to show its secondary controls, as well as changes the More button to the Reduce button (see fig. 4.17). Click the Reduce button, and the dialog box returns to its original state.

Fig. 4.16
The EXPNDDLG application.

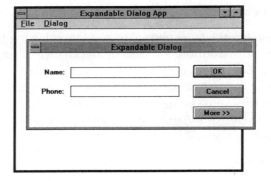

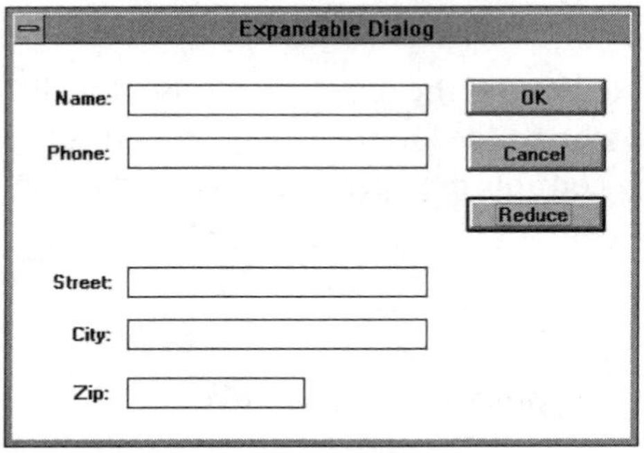

Fig. 4.17
The expanded dialog box.

Listing 4.11   EXPNDDLG.CPP—Demonstrates an Expandable Dialog Box

```cpp
/////////////////////////////////////////////////////////
// EXPNDDLG.CPP: Shows how to create an expandable dialog
//               box.
/////////////////////////////////////////////////////////

#include <owl\applicat.h>
#include <owl\framewin.h>
#include <owl\dialog.h>
#include <owl\button.h>
#include "expnddlg.rc"

//////////////////////////////////
// The application class.
//////////////////////////////////
class TApp : public TApplication
{
public:
   TApp(): TApplication() {}
   void InitMainWindow();
};

//////////////////////////////////
// The main window class.
//////////////////////////////////
class TWndw : public TFrameWindow
{
public:
   TWndw(TWindow *parent, const char far *title);

protected:
   void CmTestDialog();

   DECLARE_RESPONSE_TABLE(TWndw);
};

DEFINE_RESPONSE_TABLE1(TWndw, TFrameWindow)
   EV_COMMAND(CM_TESTDIALOG, CmTestDialog),
END_RESPONSE_TABLE;

//////////////////////////////////
// The dialog box class.
//////////////////////////////////
class TDlg : public TDialog
{
protected:
   int expanded;
   TButton *moreButton;

public:
   TDlg(TWindow *parent, TResId resId);
```

(continues)

Listing 4.11   Continued

```
protected:
   void SetupWindow();
   void IdcMore();

   DECLARE_RESPONSE_TABLE(TDlg);
};

DEFINE_RESPONSE_TABLE1(TDlg, TDialog)
   EV_COMMAND(IDC_MORE, IdcMore),
END_RESPONSE_TABLE;

///////////////////////////////////////////////////////
// TWndw::TWndw()
///////////////////////////////////////////////////////
TWndw::TWndw(TWindow *parent, const char far *title):
      TFrameWindow(parent, title)
{
   AssignMenu(MENU_1);
   Attr.X = 50;
   Attr.Y = 50;
   Attr.W = 400;
   Attr.H = 300;
}

///////////////////////////////////////////////////////
// TWndw::CmTestDialog()
///////////////////////////////////////////////////////
void TWndw::CmTestDialog()
{
   TDialog *dialog = new TDlg(this, TESTDLG);
   dialog->Execute();
}

///////////////////////////////////////////////////////
// TDlg::TDlg()
///////////////////////////////////////////////////////
TDlg::TDlg(TWindow *parent, TResId resId) :
   TDialog(parent, resId)
{
   // Associate OWL object with the More button.
   moreButton = new TButton(this, IDC_MORE);
}

///////////////////////////////////////////////////////
// TDlg::SetupWindow()
///////////////////////////////////////////////////////
void TDlg::SetupWindow()
{
   TRect dlgRect;

   // Call the base class's SetupWindow().
   TDialog::SetupWindow();
```

```
   // Set flag to indicate an unexpanded dialog box.
   expanded = FALSE;

   // Get the dialog box's position and size.
   GetWindowRect(dlgRect);

   // Reduce the dialog box's height to hide
   // the extra controls.
   MoveWindow(dlgRect.left, dlgRect.top,
      dlgRect.Width(), dlgRect.Height() - 120);
}

/////////////////////////////////////////////////////////
// TDlg::IdcMore()
/////////////////////////////////////////////////////////
void TDlg::IdcMore()
{
   TRect dlgRect;
   int offset;

   // Check whether the dialog box must
   // be expanded or unexpanded.
   if (expanded)
   {
      offset = -120;
      moreButton->SetWindowText("More >>");
   }
   else
   {
      offset = 120;
      moreButton->SetWindowText("Reduce");
   }

   // Reverse the value of the flag.
   expanded = !expanded;

   // Get the dialog box's position and size.
   GetWindowRect(dlgRect);

   // Reduce the dialog box's height to hide
   // the extra controls.
   MoveWindow(dlgRect.left, dlgRect.top,
      dlgRect.Width(), dlgRect.Height() + offset, TRUE);
}

/////////////////////////////////////////////////////////
// TApp::InitMainWindow()
/////////////////////////////////////////////////////////
void TApp::InitMainWindow()
{
   TFrameWindow *wndw =
      new TWndw(0, "Expandable Dialog App");
   SetMainWindow(wndw);
}
```

(continues)

Listing 4.11   Continued

```
/////////////////////////////////////////////////////////
// OwlMain()
/////////////////////////////////////////////////////////
int OwlMain(int, char*[])
{
    return TApp().Run();
}
```

How Do I Display a Dialog Box from within Another Dialog Box?

In the previous section, you learned that a good way to hide secondary controls in a dialog box is to reduce the dialog box's size. When the user wants to see the secondary controls, you expand the dialog box to bring them into view. Another way to handle secondary controls is to display a separate dialog box containing those controls when the user requests them. As you will soon see, performing this programming trick is no more difficult than displaying a dialog box from a window's menu.

The Solution

To respond to the user's request to view the secondary dialog box, you must create a dialog box class with a message-response function for the button that creates the secondary dialog box:

```
class TDlg : public TDialog
{
public:
    TDlg::TDlg(TWindow *parent, TResId resId) :
        TDialog(parent, resId) {};

protected:
    void IdcMore();

    DECLARE_RESPONSE_TABLE(TDlg);
};

DEFINE_RESPONSE_TABLE1(TDlg, TDialog)
    EV_COMMAND(IDC_MORE, IdcMore),
END_RESPONSE_TABLE;
```

◀ See "How Do I Create an Expandable Dialog Box?," p. 139

◀ See "How Do I Create a Modal Dialog Box?," p. 91

In the button's message-response function, you need only execute the dialog box as you would any other dialog box in an OWL application:

```
void TDlg::IdcMore()
{
    TDialog *dialog = new TDialog(this, DIALOG_2);
```

```
    dialog->Execute();
}
```

◀ See "How Do I
Respond to
Windows Mes-
sages?," p. 39

The Sample Program

After running the SPAWNDLG program, select the **D**ialog menu's **T**est Dialog
command. You see the dialog box shown in figure 4.18. Click the More but-
ton, and the secondary dialog box appears (see fig. 4.19). Click the OK or
Cancel button, and the secondary dialog box returns control to the original
dialog box.

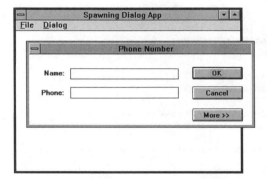

Fig. 4.18
The SPAWNDLG
application.

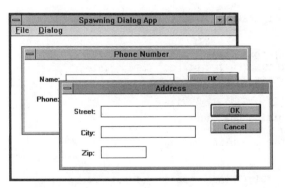

Fig. 4.19
The secondary
dialog box.

**Listing 4.12 SPAWNDLG.CPP—Demonstrates Creating a Dialog
Box from within Another Dialog Box**

```
//////////////////////////////////////////////////////////
// SPAWNDLG.CPP: Displays a dialog box from within another
//               dialog box.
//////////////////////////////////////////////////////////
```

(continues)

Listing 4.12   Continued

```
#include <owl\applicat.h>
#include <owl\framewin.h>
#include <owl\dialog.h>
#include <owl\button.h>
#include "spawndlg.rc"

////////////////////////////////////
// The application class.
////////////////////////////////////
class TApp : public TApplication
{
public:
   TApp(): TApplication() {}
   void InitMainWindow();
};

////////////////////////////////////
// The main window class.
////////////////////////////////////
class TWndw : public TFrameWindow
{
public:
   TWndw(TWindow *parent, const char far *title);

protected:
   void CmTestDialog();

   DECLARE_RESPONSE_TABLE(TWndw);
};

DEFINE_RESPONSE_TABLE1(TWndw, TFrameWindow)
   EV_COMMAND(CM_TESTDIALOG, CmTestDialog),
END_RESPONSE_TABLE;

////////////////////////////////////
// The dialog box class.
////////////////////////////////////
class TDlg : public TDialog
{
public:
   TDlg::TDlg(TWindow *parent, TResId resId) :
      TDialog(parent, resId) {};

protected:
   void IdcMore();

   DECLARE_RESPONSE_TABLE(TDlg);
};

DEFINE_RESPONSE_TABLE1(TDlg, TDialog)
   EV_COMMAND(IDC_MORE, IdcMore),
END_RESPONSE_TABLE;

////////////////////////////////////////////////////////
// TWndw::TWndw()
////////////////////////////////////////////////////////
```

```
TWndw::TWndw(TWindow *parent, const char far *title):
       TFrameWindow(parent, title)
{
   AssignMenu(MENU_1);
   Attr.X = 50;
   Attr.Y = 50;
   Attr.W = 400;
   Attr.H = 300;
}


//////////////////////////////////////////////////////////
// TWndw::CmTestDialog()
//////////////////////////////////////////////////////////
void TWndw::CmTestDialog()
{
   TDialog *dialog = new TDlg(this, TESTDLG);
   dialog->Execute();
}


//////////////////////////////////////////////////////////
// TDlg::IdcMore()
//////////////////////////////////////////////////////////
void TDlg::IdcMore()
{
   TDialog *dialog = new TDialog(this, DIALOG_2);
   dialog->Execute();
}


//////////////////////////////////////////////////////////
// TApp::InitMainWindow()
//////////////////////////////////////////////////////////
void TApp::InitMainWindow()
{
   TFrameWindow *wndw =
      new TWndw(0, "Spawning Dialog App");
   SetMainWindow(wndw);
}


//////////////////////////////////////////////////////////
// OwlMain()
//////////////////////////////////////////////////////////
int OwlMain(int, char*[])
{
   return TApp().Run();
}
```

How Do I Create Resizable Dialog Boxes as MDI Child Windows?

You're not likely to allow the user to resize a regular dialog box. After all, what's the point? The user only has to enter data into the dialog box's controls and then close the dialog box. In fact, a normal dialog box doesn't allow the user to manipulate much except the controls. However, once you decide to use a dialog box as your main window's client window, you have some decisions to make. Should you allow the user to change the size of the window as he can with other Windows applications? Or will you force the window to remain the same size? In the case of a main-window dialog box, the choice you make probably won't affect your application in any way except its appearance.

Consider, however, when you want to use a dialog box as a child window in an MDI application. In this case, you must allow the child window (the dialog box) to be resized. Otherwise, the commands found in a normal MDI application's Window menu—commands such as Tile and Cascade—won't work properly. On the other hand, if you do allow the user to resize the MDI child windows, he may end up with big blank areas in the dialog box, or even hidden controls. The answer to this dilemma is to make your dialog box respond logically to resize commands by resizing and repositioning its controls to retain not only the dialog box's full functionality, but also its spiffy appearance.

The Solution

To pull off this little trick, you need three custom window classes. The first is for the program's MDI client window:

```
class JMDIClient : public TMDIClient
{
public:
    JMDIClient() : TMDIClient() { childCount = 0; }

private:
    int childCount;

protected:
    void CmNew();

    DECLARE_RESPONSE_TABLE(JMDIClient);
};

DEFINE_RESPONSE_TABLE1(JMDIClient, TMDIClient)
    EV_COMMAND(CM_NEW, CmNew),
END_RESPONSE_TABLE;
```

This class is responsible for responding to the command that opens a new child window (CM_NEW in the preceding code).

You also need an MDI child window class, derived from OWL's TMDIChild class:

```
class JMDIChild : public TMDIChild
{
public:
    JMDIChild(JMDIClient &parent, const char far *title,
        TDialog *clientWnd, BOOL shrinkToClient) :
        TMDIChild(parent, title, clientWnd, shrinkToClient)
        { buttonWidth = 0; minHeight = 0; }

private:
    int buttonWidth;
    int minHeight;

protected:
    void SetupWindow();
    void EvSize(UINT sizeType, TSize &size);
    void EvGetMinMaxInfo(MINMAXINFO far &minmaxinfo);

    DECLARE_RESPONSE_TABLE(JMDIChild);
};

DEFINE_RESPONSE_TABLE1(JMDIChild, TMDIChild)
    EV_WM_SIZE,
    EV_WM_GETMINMAXINFO,
END_RESPONSE_TABLE;
```

This class contains two private data members, buttonWidth and minHeight,
that you'll use when recalculating the size and position of the dialog box's
controls when the window is resized. In addition, the class responds to the
WM_SIZE and WM_GETMINMAXINFO messages. Notice that the class' constructor
takes a dialog box as a client window.

Finally, you need a class for the dialog box itself:

```
class JDialog : public TDialog
{
public:
    JDialog(TMDIChild *parent, TResId resId);
    friend class JMDIChild;

private:
    TEdit *edit;
    TButton *ok;
    TButton *cancel;
    TControl *dip;
};
```

This class contains four private pointers—edit, ok, cancel, and dip—to the
dialog box's controls. (Your own class, of course, will probably need different
pointers, depending on what controls you place in your dialog box.) The
child-window class, JMDIChild, is made a friend class so that it has access to
these pointers. You could accomplish the same thing by making the pointers
public rather than private. However, the pointers would then be accessible

in any part of the program, rather than just in the child window class and the dialog box class.

In the dialog box's constructor, construct OWL objects for every control in the dialog box, even controls such as the Borland 3-D "dip," which don't participate in the data-gathering process but must, nevertheless, be resized when the dialog box is resized:

```
JDialog::JDialog(TMDIChild *parent, TResId resId) :
   TDialog(parent, resId)
{
   edit = new TEdit(this, IDC_EDITBOX, 500);
   ok = new TButton(this, IDOK);
   cancel = new TButton(this, IDCANCEL);
   dip = new TControl(this, IDC_DIP);
}
```

In the child window class's SetupWindow() member function, call GetWindowRect() to get the size of the child window and save the window's height in the minHeight data member:

```
TRect rect = GetWindowRect();
minHeight = rect.Height();
```

At this point in the program, the child window has shrunk to fit the dialog box client window. Because you must not allow the user to reduce the height any smaller than its starting height, you capture the window's height for use later in the program.

Next, still in SetupWindow(), get a pointer to the client window (which is the dialog box), call the OK button's GetWindowRect() function, and save the button's width in the buttonWidth data member:

```
JDialog *dlg =
   TYPESAFE_DOWNCAST(GetClientWindow(), JDialog);
rect = dlg->ok->GetWindowRect();
buttonWidth = rect.Width();
```

Now, when the user resizes the child window (either manually or by selecting a command from the **W**indow menu), OWL calls your child window class's EvSize() member function, where you must first save the current size of the dialog box:

```
JDialog *dlg =
   TYPESAFE_DOWNCAST(GetClientWindow(), JDialog);
TRect oldRect = dlg->GetWindowRect();
```

Then, call the base class's EvSize() function so that the window actually gets resized:

```
TMDIChild::EvSize(sizeType, size);
```

After the resizing is complete, check whether the window was minimized:

```
if ((sizeType != SIZE_MINIMIZED) && (buttonWidth > 0))
```

You don't, after all, need to change the size and position of dialog-box controls that are not even on the screen.

If the user did not minimize the window, call the dialog box's `GetWindowRect()` to get the new size of the dialog box:

```
TRect rect = dlg->GetWindowRect();
```

Then, use the returned TRect object to calculate the difference between the old and new window sizes:

```
int xChange = rect.Width() - oldRect.Width();
int yChange = rect.Height() - oldRect.Height();
```

Armed with this information, you can now resize and reposition the various controls as needed. To do this, first call the control's `GetWindowRect()` member function to get the size of the control:

```
rect = dlg->edit->GetWindowRect();
```

Then call the control's `SetWindowPos()` member function to do the actual resizing and moving:

```
dlg->edit->SetWindowPos(0, 0, 0,
    rect.Width() + xChange, rect.Height() + yChange,
    SWP_NOZORDER | SWP_NOMOVE);
```

You can deal with other controls in the dialog box similarly:

```
// Reposition the OK button.
rect = dlg->ok->GetWindowRect();
int delta = (size.cx - 2*buttonWidth) / 3;
dlg->ok->SetWindowPos(0, delta,
    rect.top - oldRect.top + yChange,
    buttonWidth, rect.Height(), SWP_NOZORDER);

// Reposition the cancel button.
rect = dlg->cancel->GetWindowRect();
dlg->cancel->SetWindowPos(0, 2*delta + buttonWidth,
    rect.top - oldRect.top + yChange, buttonWidth,
    rect.Height(), SWP_NOZORDER);

// Resize the "dip" control.
rect = dlg->dip->GetWindowRect();
dlg->dip->SetWindowPos(0, 0,
    rect.top - oldRect.top + yChange, size.cx,
    rect.Height(), SWP_NOZORDER);
```

Whenever Windows is about to resize a window, it sends that window a `WM_GETMINMAXINFO` message, which gives the window a chance to check the new size and restrict it if necessary. Your child window class should respond to this message by providing an EvGetMinMaxInfo() message-response function:

```
void JMDIChild::EvGetMinMaxInfo(MINMAXINFO far &minmaxinfo)
{
    TMDIChild::EvGetMinMaxInfo(minmaxinfo);

    if (buttonWidth > 0)
    {
        minmaxinfo.ptMinTrackSize.x = 2*buttonWidth + 12;
        minmaxinfo.ptMinTrackSize.y = minHeight;
    }
}
```

If the window isn't being minimized, set the ptMinTrackSize.x member of the MINMAXINFO structure to the dialog box's minimum allowable width. Similarly, set the ptMinTrackSize.y member of the MINMAXINFO structure to the dialog box's minimum height. These values are then passed back to Windows, which will not allow the user to reduce the window smaller than the minimum size you provided. The sizes you provide in your own program are, of course, likely to be different from those shown in the preceding code. For example, the code assumes that the dialog box has two button controls positioned horizontally in the dialog box.

◄ See "How Can I Use a Dialog Box as an Application's Main Window?," p. 113

◄ See "How Do I Create an Expandable Dialog Box?," p. 139

► See "How Do I Prevent the User from Changing the Size of a Window?," p. 233

◄ See "How Do I Respond to Windows Messages?," p. 39

MINMAXINFO is a structure defined by Windows that contains information about a window. The structure is defined as follows:

```
typedef struct tagMINMAXINFO
{
    POINT ptReserved;
    POINT ptMaxSize;
    POINT ptMaxPosition;
    POINT ptMinTrackSize;
    POINT ptMaxTrackSize;
} MINMAXINFO;
```

The first point in the structure is reserved. The remaining four points are the window's maximum size, maximized position, minimum track size, and maximum track size, respectively. To force the window to a certain size, you need only set the appropriate points in the structure:

```
minMaxInfo.ptMaxSize.x = 400;
minMaxInfo.ptMaxSize.y = 300;
minMaxInfo.ptMinTrackSize.x = 400;
minMaxInfo.ptMinTrackSize.y = 300;
minMaxInfo.ptMaxTrackSize.x = 400;
minMaxInfo.ptMaxTrackSize.y = 300;
```

The Sample Program

When you run the RESIZE program, you see the window shown in figure
4.20. Use the File menu's New Dialog command to create a new child win-
dow. As shown in figure 4.21, the child windows (create as many as you like)
have the dialog box as their client windows. Use your mouse to resize the
dialog box child window. When you do, the controls automatically resize and
position themselves (see fig. 4.22). Notice that you cannot reduce the dialog
box enough to hide any of its controls. Lastly, after creating four or five child
windows, give the tiling commands on the Window menu a try (see fig.
4.23). (Special thanks to Johanna Draper for this program.)

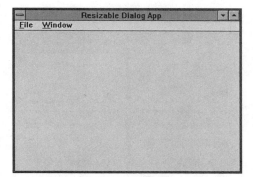

Fig. 4.20
The RESIZE
application.

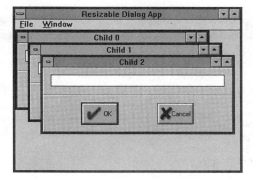

Fig. 4.21
The dialog-box
child windows.

Fig. 4.22
Resizing a child
window.

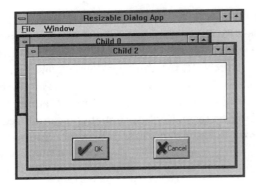

Fig. 4.23
Tiling the child
windows.

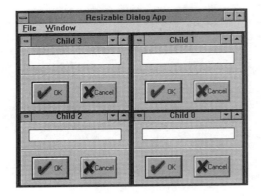

Listing 4.13 RESIZE.CPP—Demonstrates Resizable Dialog Boxes

```
///////////////////////////////////////////////////////
// RESIZE.CPP: Demonstrates MDI children that act as
//             resizable dialogs
///////////////////////////////////////////////////////

#include <owl\applicat.h>
#include <owl\mdi.h>
#include <owl\dialog.h>
#include <owl\edit.h>
#include <owl\button.h>
#include <owl\control.h>
#include "resize.rc"

///////////////////////////////
// The application class.
///////////////////////////////
class TApp : public TApplication
{
public:
    TApp() : TApplication() {}
```

```
      void InitMainWindow();
};

/////////////////////////////////
// The MDI Client class.
/////////////////////////////////
class JMDIClient : public TMDIClient
{
public:
   JMDIClient() : TMDIClient() { childCount = 0; }

private:
   int childCount;

protected:
   void CmNew();

   DECLARE_RESPONSE_TABLE(JMDIClient);
};

DEFINE_RESPONSE_TABLE1(JMDIClient, TMDIClient)
   EV_COMMAND(CM_NEW, CmNew),
END_RESPONSE_TABLE;

/////////////////////////////////
// The MDI Child class.
/////////////////////////////////
class JMDIChild : public TMDIChild
{
public:
   JMDIChild(JMDIClient &parent, const char far *title,
      TDialog *clientWnd, BOOL shrinkToClient) :
      TMDIChild(parent, title, clientWnd, shrinkToClient)
      { buttonWidth = 0; minHeight = 0; }

private:
   int buttonWidth;
   int minHeight;

protected:
   void SetupWindow();
   void EvSize(UINT sizeType, TSize &size);
   void EvGetMinMaxInfo(MINMAXINFO far &minmaxinfo);

   DECLARE_RESPONSE_TABLE(JMDIChild);
};

DEFINE_RESPONSE_TABLE1(JMDIChild, TMDIChild)
   EV_WM_SIZE,
   EV_WM_GETMINMAXINFO,
END_RESPONSE_TABLE;

/////////////////////////////////
// The dialog box class.
```

(continues)

Listing 4.13 Continued

```cpp
/////////////////////////////////
class JDialog : public TDialog
{
public:
    JDialog(TMDIChild *parent, TResId resId);
    friend class JMDIChild;

private:
    TEdit *edit;
    TButton *ok;
    TButton *cancel;
    TControl *dip;
};

/////////////////////////////////////////////////////////////
// JMDIClient::CmNew()
/////////////////////////////////////////////////////////////
void JMDIClient::CmNew()
{
    // Create a title string for the new child window.
    char title[10];
    wsprintf(title, "Child %d", childCount);

    // Construct a dialog box to use as the
    // child window's client window.
    TDialog *dlg = new JDialog(0, IDD_JDIALOG);

    // Construct the client window.
    JMDIChild *child =
        new JMDIChild(*this, title, dlg, TRUE);

    // Increment the child-window count and
    // display the new child window.
    childCount++;
    child->Create();
}

/////////////////////////////////////////////////////////////
// JMDIChild::SetupWindow()
/////////////////////////////////////////////////////////////
void JMDIChild::SetupWindow()
{
    TMDIChild::SetupWindow();

    // Calculate the minimum height for the child window.
    TRect rect = GetWindowRect();
    minHeight = rect.Height();

    // Get a pointer to the dialog box (which is the
    // child window's client window).
    JDialog *dlg =
        TYPESAFE_DOWNCAST(GetClientWindow(), JDialog);
```

```
        // Get the size of the OK button and save its width.
        rect = dlg->ok->GetWindowRect();
        buttonWidth = rect.Width();
}


/////////////////////////////////////////////////////////
// JMDIChild::EvSize()
/////////////////////////////////////////////////////////
void JMDIChild::EvSize(UINT sizeType, TSize &size)
{
        // Get a pointer to the dialog box.
        JDialog *dlg =
            TYPESAFE_DOWNCAST(GetClientWindow(), JDialog);

        // Get the size of the dialog box before changing the size.
        TRect oldRect = dlg->GetWindowRect();

        // Let OWL change the size of the window.
        TMDIChild::EvSize(sizeType, size);

        // If the window hasn't been minimized...
        if ((sizeType != SIZE_MINIMIZED) && (buttonWidth > 0))
        {
            // Calculate the change in size.
            TRect rect = dlg->GetWindowRect();
            int xChange = rect.Width() - oldRect.Width();
            int yChange = rect.Height() - oldRect.Height();

            // Resize the edit control.
            rect = dlg->edit->GetWindowRect();
            dlg->edit->SetWindowPos(0, 0, 0,
                rect.Width() + xChange, rect.Height() + yChange,
                SWP_NOZORDER | SWP_NOMOVE);

            // Reposition the OK button.
            rect = dlg->ok->GetWindowRect();
            int delta = (size.cx - 2*buttonWidth) / 3;
            dlg->ok->SetWindowPos(0, delta,
                rect.top - oldRect.top + yChange,
                buttonWidth, rect.Height(), SWP_NOZORDER);

            // Reposition the cancel button.
            rect = dlg->cancel->GetWindowRect();
            dlg->cancel->SetWindowPos(0, 2*delta + buttonWidth,
                rect.top - oldRect.top + yChange, buttonWidth,
                rect.Height(), SWP_NOZORDER);

            // Resize the "dip" control.
            rect = dlg->dip->GetWindowRect();
            dlg->dip->SetWindowPos(0, 0,
                rect.top - oldRect.top + yChange, size.cx,
                rect.Height(), SWP_NOZORDER);
        }
}
```

(continues)

Listing 4.13   Continued

```
///////////////////////////////////////////////////////////
// JMDIChild::EvGetMinMaxInfo()
///////////////////////////////////////////////////////////
void JMDIChild::EvGetMinMaxInfo(MINMAXINFO far &minmaxinfo)
{
   TMDIChild::EvGetMinMaxInfo(minmaxinfo);

   // Restrict the child window to a minimum width and
   // height in order to accommodate all the controls.
   if (buttonWidth > 0)
   {
      minmaxinfo.ptMinTrackSize.x = 2*buttonWidth + 12;
      minmaxinfo.ptMinTrackSize.y = minHeight;
   }
}


///////////////////////////////////////////////////////////
// JDialog::JDialog()
///////////////////////////////////////////////////////////
JDialog::JDialog(TMDIChild *parent, TResId resId) :
   TDialog(parent, resId)
{
   // Construct control objects for all controls
   // in the dialog box.
   edit = new TEdit(this, IDC_EDITBOX, 500);
   ok = new TButton(this, IDOK);
   cancel = new TButton(this, IDCANCEL);
   dip = new TControl(this, IDC_DIP);
}


///////////////////////////////////////////////////////////
// TApp::InitMainWindow()
///////////////////////////////////////////////////////////
void TApp::InitMainWindow()
{
   TMDIClient *client = new JMDIClient;
   TMDIFrame *wndw =
      new TMDIFrame("Resizable Dialog App",
      MENU_1, *client);

   wndw->Attr.X = 50;
   wndw->Attr.Y = 50;
   wndw->Attr.W = 400;
   wndw->Attr.H = 300;

   SetMainWindow(wndw);
   EnableBWCC();
}


///////////////////////////////////////////////////////////
// OwlMain()
///////////////////////////////////////////////////////////
int OwlMain(int, char*[])
```

```
{
    return TApp().Run();
}
```

How Do I Use Windows' Open Dialog Box?

There are few other functions a Windows application must perform more often than opening a document. Because this function is requested so often, and because Windows' designers wanted the task to be handled similarly from one application to another, the Open common dialog box was added to Windows 3.1. OWL encapsulates this dialog box in the TFileOpenDialog class. TFileOpenDialog is derived from TOpenSaveDialog, a class that provides basic functionality for both the Open and Save common dialog boxes.

All the OWL common dialog box classes, including TOpenSaveDialog, include a nested class called TData. TData is a structure that holds information about how a common dialog box should appear and how it should act. Each common dialog box requires a different type of TData class. For example, a TOpenSaveDialog object's TData holds such information as a default file name, file-name filters, a default file-name extension, and the initially selected directory.

Other than the class's TData object, you do not need to access any of TOpenSaveDialog's data members or member functions. In fact, you don't even need to use TOpenSaveDialog's constructor. Instead, you should call TFileOpenDialog's.

The Solution

First, include the header file OPENSAVE.H in any program that uses the dialog box classes derived from TOpenSaveDialog:

```
#include <owl\opensave.h>
```

You don't, however, need to add a resource file to your project for a Windows common dialog box. This is because the Windows common dialog boxes are found in COMMDLG.DLL, a dialog box library included with Windows 3.1.

When you want to display the Open dialog box, start by constructing a TData object:

```
TOpenSaveDialog::TData fileData(OFN_FILEMUSTEXIST¦
    OFN_HIDEREADONLY¦OFN_PATHMUSTEXIST,
    "All Files (*.*)¦*.*¦Text Files (*.txt)¦*.txt¦",
    0, 0, "*");
```

TOpenSaveDialog's version of TData has a constructor that requires five arguments. The first is a set of flags that determine how the dialog box will look and act. Table 4.1 lists the constants that represent these flag values. To create the type of Open dialog box you want, you OR together the appropriate flags. In the preceding code line, the flags indicate that the user cannot select (create) files and paths that do not exist, and that the dialog box's read-only check box is not shown.

Table 4.1	TOpenSaveDialog::TData Flag Constants
Name	**Description**
OFN_ALLOWMULTISELECT	Allow multiple file selections.
OFN_CREATEPROMPT	Ask whether the user wants to create the file if it doesn't exist.
OFN_EXTENSIONDIFFERENT	Notify the caller that the selected file has a different extension from the default.
OFN_FILEMUSTEXIST	Disallow the selection of nonexistent files.
OFN_HIDEREADONLY	Prevent the read-only check box from being displayed.
OFN_NOVALIDATE	Do not validate a selected file name.
OFN_NOCHANGEDIR	Reset the directory to the current directory at the time the dialog box started.
OFN_NOREADONLYRETURN	Notify the caller when the selected file is not read-only and is not write-protected.
OFN_NOTESTFILECREATE	Force file creation without first checking for such errors as a full or inaccessible disk.
OFN_OVERWRITEPROMPT	Prompt the user for permission to overwrite an existing file.
OFN_SHAREAWARE	Return the selected file name even if a file-sharing conflict exists.
OFN_SHOWHELP	Show the dialog box's Help button.

Obviously, many of the flags shown in table 4.1 do not apply to an Open dialog box, because the file the user selects is to be read and not written. However, because the TOpenSaveDialog class is the base class for both the

TFileOpenDialog and TFileSaveDialog dialog box classes, the TData object must handle both open and save tasks.

The second argument in TOpenSaveDialog::TData's constructor is the list of file filters that should appear in the dialog box's file filters list box. You can include as many filters as you need, but each entry must be in the following form:

```
text¦filter¦
```

in which *text* is the file filter description that appears in the list box and *filter* is the actual DOS filter. In the previous call to the TData constructor, a file filter for selecting any file is represented by the text "All Files (*.*)" and the DOS filter *.*. There is also a filter for text files. This filter has the text "Text Files (*.TXT)" and the DOS filter *.TXT. You can string as many of these filters together as you want. For example, to add PCX picture files to the file filters used in the example, the TData constructor's second argument would be

```
"All Files (*.*)¦*.*¦Text Files (*.txt)¦*.txt¦ PCX Files
(*.PCX)¦*.PCX¦",
```

The third argument in TOpenSaveDialog::TData's constructor enables you to add a pointer to a buffer for storing user-entered custom filters. You almost always set this buffer to 0 (NULL). The fourth argument is the initial directory to which the dialog box will open. For the current directory, set this argument to 0. Finally, the fifth argument is the extension that will be added to any file name that the user enters without an extension. For example, if you expect your user to select a text file, indicated by the TXT extension, you might make TXT the default extension in TData. Then, if the user enters STORY1 as a file name, the function returns STORY1.TXT.

After constructing a TData object, construct the Open dialog box by calling the TFileOpenDialog class's constructor, that requires as arguments a pointer to the dialog box's parent window and a reference to the dialog box's TData object:

```
TFileOpenDialog *dialog =
    new TFileOpenDialog(this, fileData);
```

A call to the dialog box's Execute() member function then brings up the dialog box and enables the user to use its controls to select a file:

```
int result = dialog->Execute();
```

The user can exit the Open dialog box by choosing the OK or Cancel button. If the user exits with the OK button, the user has selected a file to open, the name of which is stored in the `TData.FileName` member, where you can access it easily:

```
if (result == IDOK)
    MessageBox(fileData.FileName,
        "Dialog Result", MB_OK);
```

If the user exits by choosing the Cancel button, you need do nothing in your program. However, a result of `IDCANCEL` from the dialog box doesn't necessarily mean that the user selected the Cancel button. It could also mean that the Open dialog box is returning an error. To know the difference, check the `TData.Error` data member. If `Error` is 0, no error has occurred. Otherwise, `Error` contains the number of the error. You can use a message box to display the error to the user.

```
char errorMsg[81];
wsprintf(errorMsg,"Error #%ld occurred.", fileData.Error);
MessageBox(errorMsg, "ERROR", MB_OK ¦ MB_ICONEXCLAMATION);
```

◀ See "How Do I Create a Modal Dialog Box," p. 91

▶ See "How Do I Use Windows' Save Dialog Box?," p. 167

▶ See "How Do I Use Windows' Font Dialog Box?," p. 179

▶ See "How Do I Use Windows' Find and Replace Dialog Boxes?," p. 188

▶ See "How Do I Use Windows' Color Dialog Box?," p. 172

> **Note**
>
> You may have used Windows' common dialog boxes before in your programs. However, to call up these dialog boxes with previous versions of Borland C++, or with other C++ compilers, you first have to fill in a complex data structure and then call a function in Windows 3.1's COMMDLG.DLL. For example, to call up an Open dialog box, you must provide an `OPENFILENAME` structure, that comprises 20 data fields, and then call the `GetOpenFileName()` function. Other common dialog functions in COMMDLG.DLL are `GetSaveFileName()`, `ChooseColor()`, `ChooseFont()`, `PrintDlg()`, `FindText()`, and `ReplaceText()`. OWL 2.0 makes opening the common dialog boxes much simpler by providing as much default data as possible and handling the Windows calls for you.

The Sample Program

When you run the OPENDLG program, you see the window shown in figure 4.24. This window has a single menu, **F**ile, that contains **O**pen File and E**x**it commands. Choose the **O**pen File command to display Windows' Open dialog box, shown in figure 4.25. As you can see, this dialog box contains all the controls you need to select directories, drives, file filters, and file names. Choose a file, and then select the dialog box's OK button. When you do, a message box appears, showing you the file you picked (see fig. 4.26).

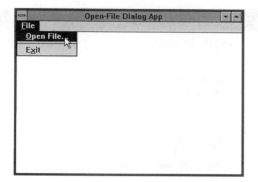

Fig. 4.24
The OPENDLG
application.

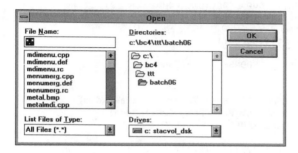

Fig. 4.25
Windows' Open
dialog box.

Fig. 4.26
The results of
choosing a file.

**Listing 4.14   OPENDLG.CPP—Shows How to Use the Open
Dialog Box**

```
///////////////////////////////////////////////////////
// OPENDLG.CPP: Demonstrates using Windows' Open-File
//              dialog box.
///////////////////////////////////////////////////////

#include <owl\applicat.h>
#include <owl\framewin.h>
#include <owl\opensave.h>
#include "opendlg.rc"

///////////////////////////////
// The application class.
///////////////////////////////
```

(continues)

Listing 4.14   Continued

```cpp
class TApp : public TApplication
{
public:
   TApp(): TApplication() {}
   void InitMainWindow();
};

/////////////////////////////////
// The main window class.
/////////////////////////////////
class TWndw : public TFrameWindow
{
public:
   TWndw(TWindow *parent, const char far *title);

protected:
   void CmFileOpen();

   DECLARE_RESPONSE_TABLE(TWndw);
};

DEFINE_RESPONSE_TABLE1(TWndw, TFrameWindow)
   EV_COMMAND(CM_FILEOPEN, CmFileOpen),
END_RESPONSE_TABLE;

/////////////////////////////////////////////////////////////
// TWndw::TWndw()
/////////////////////////////////////////////////////////////
TWndw::TWndw(TWindow* parent, const char far* title):
      TFrameWindow(parent, title)
{
   // Add the menu to the main window.
   AssignMenu(MENU_1);

   // Position and size the main window.
   Attr.X = 50;
   Attr.Y = 50;
   Attr.W = 400;
   Attr.H = 300;
}

/////////////////////////////////////////////////////////////
// TWndw::CmFileOpen()
/////////////////////////////////////////////////////////////
void TWndw::CmFileOpen()
{
   char errorMsg[81];

   // Create the dialog box's TData object.
   TOpenSaveDialog::TData fileData(OFN_FILEMUSTEXIST¦
      OFN_HIDEREADONLY¦OFN_PATHMUSTEXIST,
      "All Files (*.*)¦*.*¦Text Files (*.txt)¦*.txt¦",
      0, 0, "*");
```

```
    // Create the Open dialog box.
    TFileOpenDialog *dialog =
        new TFileOpenDialog(this, fileData);

    // Execute the Open dialog box.
    int result = dialog->Execute();

    // Respond to the dialog box's OK button.
    if (result == IDOK)
        MessageBox(fileData.FileName,
            "Dialog Result", MB_OK);
    else if (fileData.Error != 0)
    {
        wsprintf(errorMsg,
            "Error #%ld occurred.", fileData.Error);
        MessageBox(errorMsg, "ERROR",
            MB_OK | MB_ICONEXCLAMATION);
    }
}

////////////////////////////////////////////////////////
// TApp::InitMainWindow()
////////////////////////////////////////////////////////
void TApp::InitMainWindow()
{
    TFrameWindow *wndw =
        new TWndw(0, "Open-File Dialog App");
    SetMainWindow(wndw);
}

////////////////////////////////////////////////////////
// OwlMain()
////////////////////////////////////////////////////////
int OwlMain(int, char*[])
{
    return TApp().Run();
}
```

How Do I Use Windows' Save Dialog Box?

The only other function a Windows application must perform more often than opening a document is saving a document. A user might open a document only once in a session with your application, but as he works, he's liable to save the document many times in order to be sure his changes are safe from unexpected disaster. So Windows' library of common dialog boxes also includes a Save dialog box. OWL encapsulates this dialog box in the TFileSaveDialog class. Like TFileOpenDialog, TFileSaveDialog is derived from TOpenSaveDialog, a class that provides basic functionality for both the Open and Save common dialog boxes.

As you may already know, all the OWL common dialog box classes, including TOpenSaveDialog, include a nested class called TData. TData is a structure that holds information about how a common dialog box should appear and how it should act. Each common dialog box requires a different type of TData class. For example, a TOpenSaveDialog object's TData holds such information as a default file name, file-name filters, a default file-name extension, and the initially selected directory.

Other than the class's TData object, you do not need to access any of TOpenSaveDialog's data members or member functions. In fact, you don't even need to use TOpenSaveDialog's constructor. Instead, you should call TFileSaveDialog's.

The Solution

First, include the header file OPENSAVE.H in any program that uses the dialog box classes derived from TOpenSaveDialog:

```
#include <owl\opensave.h>
```

You don't need to add a resource file to your project for a Windows common dialog box, the resources for which are included in COMMDLG.DLL, a dialog box library shipped with Windows.

To prepare to display the Save dialog box, construct a TData object:

```
TOpenSaveDialog::TData fileData(
    OFN_HIDEREADONLY | OFN_OVERWRITEPROMPT,
    "Text Files (*.txt)|*.txt|All Files (*.*)|*.*|",
    0, "\\DOS", "TXT");
```

TOpenSaveDialog's version of TData has a constructor that requires five arguments. The first is a set of flags that determine how the dialog box looks and acts. Table 4.1 lists the constants that represent these flag values. To create the type of Save dialog box you want, you OR together the appropriate flags. The constructor sets the TData structure to hide read-only files (after all, if they're read-only, the user shouldn't be saving files over them) and to ask for overwrite confirmation. Also, just for variety's sake, TData is set up to display text files as a default, to open the dialog box to the DOS directory, and to add a TXT extension to any file name the user enters without an extension.

The second argument in TOpenSaveDialog::TData's constructor is the list of file filters that should appear in the dialog box's file filters list box. You can include as many filters as you need, but each entry must be in the following form:

```
text|filter|
```

in which *text* is the file filter description that appears in the list box and *filter* is the actual DOS filter.

The third argument in `TOpenSaveDialog::TData`'s constructor enables you to add a pointer to a buffer for storing user-entered custom filters. You almost always set this buffer to 0 (NULL). The fourth argument is the initial directory to which the dialog box will open. For the current directory, set this argument to 0. Finally, the fifth argument is the extension that will be added to any file name that the user enters without an extension. (For more information on the `TOpenSaveDialog` TData structure, please see "How Do I Use the Windows' Open Dialog Box?")

After constructing a TData object, construct the Save dialog box by calling the `TFileSaveDialog` class's constructor, that requires as arguments a pointer to the dialog box's parent window and a reference to the dialog box's TData object:

```
TFileSaveDialog *dialog =
    new TFileSaveDialog(this, fileData);
```

◀ See "How Do I Create a Modal Dialog Box?," p. 91

A call to the dialog box's `Execute()` member function then brings up the dialog box and enables the user to use its controls to select a file:

```
int result = dialog->Execute();
```

◀ See "How Do I Use Windows' Open Dialog Box?," p. 161

The user can exit the Save dialog box by choosing the OK or Cancel button. If the user exits with the OK button, the user has selected a file to save, the name of which is stored in the `TData.FileName` member, where you can access it easily:

```
if (result == IDOK)
    MessageBox(fileData.FileName,
        "Dialog Result", MB_OK);
```

▶ See "How Do I Use Windows' Font Dialog Box?," p. 179

If the user exits by choosing the Cancel button, you need do nothing in your program. However, a result of IDCANCEL from the dialog box doesn't necessarily mean that the user selected the Cancel button. It could also mean that the Save dialog box is returning an error. To know the difference, check the `TData.Error` data member. If Error is 0, no error has occurred. Otherwise, Error contains the number of the error. You can use a message box to display the error to the user.

▶ See "How Do I Use Windows' Find and Replace Dialog Boxes?," p. 188

▶ See "How Do I Use Windows' Color Dialog Box?," p. 172

```
char errorMsg[81];
wsprintf(errorMsg, "Error #%ld occurred.", fileData.Error);
MessageBox(errorMsg, "ERROR", MB_OK | MB_ICONEXCLAMATION);
```

The Sample Program

When you run the SAVEDLG program and select the **F**ile menu's **S**ave File command, you see the dialog box shown in figure 4.27. Use the dialog box's controls to select a file name and then select the OK button. If the file you selected already exists, Windows displays the message box shown in figure 4.28, requesting confirmation that you want to overwrite the file. In any case, when you exit the dialog box, the program shows the file name you chose.

Fig. 4.27
Windows' Save dialog box.

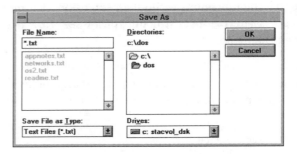

Fig. 4.28
Windows requests confirmation.

Listing 4.15   SAVEDLG.CPP—Shows How to Use the Save Dialog Box

```
////////////////////////////////////////////////////////////
// SAVEDLG.CPP: Uses Windows' Save common dialog box.
////////////////////////////////////////////////////////////

#include <owl\applicat.h>
#include <owl\framewin.h>
#include <owl\opensave.h>
#include "savedlg.rc"

/////////////////////////////////
// The application class.
/////////////////////////////////
class TApp : public TApplication
{
public:
   TApp(): TApplication() {}
   void InitMainWindow();
};
```

```
//////////////////////////////////
// The main window class.
//////////////////////////////////
class TWndw : public TFrameWindow
{
public:
   TWndw(TWindow *parent, const char far *title);

protected:
   void CmFileSave();

   DECLARE_RESPONSE_TABLE(TWndw);
};

DEFINE_RESPONSE_TABLE1(TWndw, TFrameWindow)
   EV_COMMAND(CM_FILESAVE, CmFileSave),
END_RESPONSE_TABLE;

/////////////////////////////////////////////////////////
// TWndw::TWndw()
/////////////////////////////////////////////////////////
TWndw::TWndw(TWindow *parent, const char far *title):
      TFrameWindow(parent, title)
{
   // Add the menu to the main window.
   AssignMenu(MENU_1);

   // Position and size the main window.
   Attr.X = 50;
   Attr.Y = 50;
   Attr.W = 300;
   Attr.H = 300;
}

/////////////////////////////////////////////////////////
// TWndw::CmFileSave()
/////////////////////////////////////////////////////////
void TWndw::CmFileSave()
{
   char errorMsg[81];

   // Create the dialog box's TData object.
   TOpenSaveDialog::TData fileData(
      OFN_HIDEREADONLY | OFN_OVERWRITEPROMPT,
      "Text Files (*.txt)|*.txt|All Files (*.*)|*.*|",
      0, "\\DOS", "TXT");

   // Create the Save dialog box.
   TFileSaveDialog *dialog =
      new TFileSaveDialog(this, fileData);

   // Execute the Save dialog box.
   int result = dialog->Execute();
```

(continues)

Listing 4.15   Continued

```
      // Respond to the dialog box's OK button.
      if (result == IDOK)
         MessageBox(fileData.FileName,
            "Dialog Result", MB_OK);
      else if (fileData.Error != 0)
      {
         wsprintf(errorMsg,
            "Error #%ld occurred.", fileData.Error);
         MessageBox(errorMsg, "ERROR",
            MB_OK ¦ MB_ICONEXCLAMATION);
      }
   }


//////////////////////////////////////////////////////////
// TApp::InitMainWindow()
//////////////////////////////////////////////////////////
void TApp::InitMainWindow()
{
   TFrameWindow *wndw =
      new TWndw(0, "Save-File Dialog App");
   SetMainWindow(wndw);
}


//////////////////////////////////////////////////////////
// OwlMain()
//////////////////////////////////////////////////////////
int OwlMain(int, char*[])
{
   return TApp().Run();
}
```

How Do I Use Windows' Color Dialog Box?

Although a user isn't likely to choose colors as often as he opens or saves files, this is still a Windows task that is needed frequently. Many Windows applications use colors in their displays and even in their output. For this reason, Windows 3.1 added the Color dialog box to its library of common dialog boxes. The Color dialog box not only enables the user to select a color from an existing palette but also to mix a custom color palette.

The first time you see the full Color dialog box, you may find it hard to believe that it's easy to handle. Like all common dialog boxes, regardless of how sophisticated the dialog box is, Windows handles all the details. All you need to do, when programming with OWL, is provide a few instructions via the TData object, and you're in business.

The Solution

Near the top of your program, add the following line to your include files:

```
#include <owl\chooseco.h>
```

CHOOSECO.H is the header file for OWL's `TChooseColorDialog` class, that encapsulates Windows' Color dialog box. This header file must be included in any program that accesses the class. As with other common dialog boxes, however, because the dialog box itself is defined as part of Windows 3.1's COMMDLG.DLL, you don't need to add an extra resource file to your project.

In your main window class, you'll probably want to define a protected data member called `chosenColor`, a `TColor` object that will hold the currently selected color:

```
class TWndw : public TFrameWindow
{
protected:
    TColor chosenColor;

public:
    TWndw(TWindow *parent, const char far *title);

protected:
    void CmChooseColor();
    void Paint(TDC &paintDC, BOOL, TRect&);

    DECLARE_RESPONSE_TABLE(TWndw);
};

DEFINE_RESPONSE_TABLE1(TWndw, TFrameWindow)
    EV_COMMAND(CM_CHOOSECOLOR, CmChooseColor),
END_RESPONSE_TABLE;
```

Depending on how you use it, you'll probably need to initialize `chosenColor` in your main window's constructor:

```
TWndw::TWndw(TWindow *parent, const char far *title):
        TFrameWindow(parent, title)
{
    AssignMenu(MENU_1);
    Attr.X = 50;
    Attr.Y = 50;
    Attr.W = 300;
    Attr.H = 300;

    chosenColor = TColor::Black;
}
```

Although the Color dialog box is easy to use, several data members in the associated `TData` object must be initialized first. Start by declaring an object of the `TChooseColorDialog::TData` type:

```
TChooseColorDialog::TData colorData;
```

Then, define a static array of default custom colors to be used in the Color dialog box's Custom Colors section:

```
static TColor customColors[16] =
{
    0x010101L, 0x101010L, 0x202020L, 0x303030L,
    0x404040L, 0x505050L, 0x606060L, 0x707070L,
    0x808080L, 0x909090L, 0xA0A0A0L, 0xB0B0B0L,
    0xC0C0C0L, 0xD0D0D0L, 0xE0E0E0L, 0xF0F0F0L
};
```

Because the TChooseColorDialog::TData class contains no constructor, you must initialize the necessary TData data members one at a time. Luckily, there are only three with which you usually need to be concerned, Flags, Color, and CustColors. You may want to sets the Flags data member to CC_FULLOPEN | CC_RGBINIT, that forces the Color dialog box to display with the Define Custom Colors section open and also forces it to set the default color to the one stored in the Color data member:

```
colorData.Flags = CC_FULLOPEN | CC_RGBINIT;
```

Table 4.2 lists the four constants you can use for these flags.

Table 4.2   ChooseColorDialog::TData Flag Constants

Name	Description
CC_FULLOPEN	Open the dialog box with the Define Custom Colors section open.
CC_PREVENTFULLOPEN	Disable the Define Custom Colors button that prevents the user from opening the custom colors section.
CC_RGBINIT	Open the dialog box with the color stored in TData.Color as the default color.
CC_SHOWHELP	Display the dialog box's Help button.

After setting Flags, set Color to chosenColor, that enables the Color dialog box to open with the current color as the default:

```
colorData.Color = chosenColor;
```

Finally, set the CustColors member to the customColors array defined previously.

```
colorData.CustColors = customColors;
```

After setting up the TData structure, construct the Color dialog box by calling TChooseColorDialog's constructor, that takes as its two arguments a pointer to the dialog box's parent window and a reference to the dialog box's TData object:

```
TChooseColorDialog *dialog =
  new TChooseColorDialog(this, colorData);
```

Display the dialog box by calling its Execute() member function:

```
int result = dialog->Execute();
```

If the user exits the dialog box by selecting the OK button, you can extract the selected color from the Color member of the TChooseColorDialog::TData structure and do what you need with it. Place the new color in chosenColor for safekeeping:

```
if (result == IDOK)
{
    chosenColor = colorData.Color;
}
```

What can you do with the color once you retrieve it? You might, for example, want to use it to create a brush object:

```
TBrush *brush = new TBrush(chosenColor);
```

The Sample Program

When you run the COLORDLG program, you see the window shown in figure 4.29. This window contains a circle filled with the currently selected color that at the start of the program is the default color, black. When you select the Color menu's Choose Color command, Windows' Color dialog box springs to life, as shown in figure 4.30. You can select a new color simply by clicking one of the colors on the left side of the dialog box. You can mix a custom color by clicking in the rainbow box on the right of the dialog box to choose a general color and then using the color selection bar to choose the exact shade you want. When you close the dialog box with the OK button, the program repaints the circle with the new color.

◀ See "How Do I Create a Modal Dialog Box?," p. 91

◀ See "How Do I Use Windows' Open Dialog Box?," p. 161

▶ See "How Do I Use Windows' Font Dialog Box?," p. 179

▶ See "How Do I Use Windows' Find and Replace Dialog Boxes?," p. 188

◀ See "How Do I Use Windows' Save Dialog Box?," p. 167

Listing 4.16 COLORDLG.CPP—Shows How to Use the Color Dialog Box

```
/////////////////////////////////////////////////////////
// COLORDLG.CPP: Demonstrates Windows' Color common dialog
//               box.
/////////////////////////////////////////////////////////
```

(continues)

Listing 4.16 Continued

```cpp
#include <owl\applicat.h>
#include <owl\framewin.h>
#include <owl\dc.h>
#include <owl\chooseco.h>
#include "colordlg.rc"

/////////////////////////////////
// The application class.
/////////////////////////////////
class TApp : public TApplication
{
public:
   TApp(): TApplication() {}
   void InitMainWindow();
};

/////////////////////////////////
// The main window class.
/////////////////////////////////
class TWndw : public TFrameWindow
{
protected:
   TColor chosenColor;

public:
   TWndw(TWindow *parent, const char far *title);

protected:
   void CmChooseColor();
   void Paint(TDC &paintDC, BOOL, TRect&);

   DECLARE_RESPONSE_TABLE(TWndw);
};

DEFINE_RESPONSE_TABLE1(TWndw, TFrameWindow)
   EV_COMMAND(CM_CHOOSECOLOR, CmChooseColor),
END_RESPONSE_TABLE;

/////////////////////////////////////////////////////////
// TWndw::TWndw()
/////////////////////////////////////////////////////////
TWndw::TWndw(TWindow *parent, const char far *title):
      TFrameWindow(parent, title)
{
   // Add the menu to the main window.
   AssignMenu(MENU_1);

   // Position and size the main window.
   Attr.X = 50;
   Attr.Y = 50;
   Attr.W = 300;
   Attr.H = 300;
```

```
    // Initialize starting color choice.
    chosenColor = TColor::Black;
}


//////////////////////////////////////////////////////////
// TWndw::CmChooseColor()
//////////////////////////////////////////////////////////
void TWndw::CmChooseColor()
{
    // Define storage for an error message.
    char errorMsg[81];

    // Declare the Color dialog's TData object.
    TChooseColorDialog::TData colorData;

    // Define the Color dialog's starting custom colors.
    static TColor customColors[16] =
    {
        0x010101L, 0x101010L, 0x202020L, 0x303030L,
        0x404040L, 0x505050L, 0x606060L, 0x707070L,
        0x808080L, 0x909090L, 0xA0A0A0L, 0xB0B0B0L,
        0xC0C0C0L, 0xD0D0D0L, 0xE0E0E0L, 0xF0F0F0L
    };

    // Set the flags so that the Color dialog box fully
    // opens and so that the color choice displays black.
    colorData.Flags = CC_FULLOPEN | CC_RGBINIT;

    // Set the initial color choice.
    colorData.Color = chosenColor;

    // Set the custom colors display.
    colorData.CustColors = customColors;

    // Create the Color dialog box.
    TChooseColorDialog *dialog =
      new TChooseColorDialog(this, colorData);

    // Execute the Color dialog box.
    int result = dialog->Execute();

    // Respond to the dialog box's OK button.
    if (result == IDOK)
    {
        // Retrieve the user's chosen color.
        chosenColor = colorData.Color;

        // Force the window to be repainted.
        Invalidate();
    }
    // If an error occurred...
    else if (colorData.Error != 0)
    {
        // ...display an error message box.
```

(continues)

Listing 4.16 Continued

```
         wsprintf(errorMsg,
             "Error #%ld occurred.", colorData.Error);
         MessageBox(errorMsg, "ERROR",
            MB_OK | MB_ICONEXCLAMATION);
     }
}

///////////////////////////////////////////////////////////
// TWndw::Paint()
///////////////////////////////////////////////////////////
void TWndw::Paint(TDC &paintDC, BOOL, TRect&)
{
    // Create a new pen and brush.
    TPen *pen = new TPen(TColor::Black, 3, PS_SOLID);
    TBrush *brush = new TBrush(chosenColor);

    // Select the new pen and brush into the DC.
    paintDC.SelectObject(*pen);
    paintDC.SelectObject(*brush);

    // Draw a rectangle in the chosen color.
    paintDC.Ellipse(TRect(50, 50, 200, 200));

    // Delete new pen and brush.
    delete pen;
    delete brush;
}

///////////////////////////////////////////////////////////
// TApp::InitMainWindow()
///////////////////////////////////////////////////////////
void TApp::InitMainWindow()
{
    TFrameWindow *wndw =
        new TWndw(0, "Choose-color Dialog App");
    SetMainWindow(wndw);
}

///////////////////////////////////////////////////////////
// OwlMain()
///////////////////////////////////////////////////////////
int OwlMain(int, char*[])
{
    return TApp().Run();
}
```

Fig. 4.29
The COLORDLG
application.

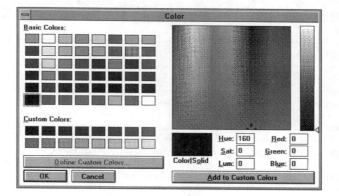

Fig. 4.30
Windows' Color
dialog box.

How Do I Use Windows' Font Dialog Box?

If you use word processors or desktop publishing software, you know how important it is to be able to select different fonts conveniently. In fact, many other types of Windows applications—including paint, spreadsheet, and database programs—enable the user to select fonts in various sizes and colors, and with various attributes, including underline, bold, italic, and strikethrough. This ubiquitous function is handled neatly by Windows' common Font dialog box, that OWL encapsulates in its TChooseFontDialog class.

The Solution

Fonts are among the trickiest objects a Windows programmer must handle. In order to select and use fonts, you must be familiar with the LOGFONT structure that contains a wealth of information about a font, and you must know how to create new fonts when they're needed. Moreover, there are more typefaces and font types than galaxies in the universe (okay, maybe not quite that many); that means you can never be sure exactly how your user's system is set up.

Note

A Windows font is described in a complex LOGFONT structure. To understand how to handle fonts, you should be familiar with this structure, that is outlined in table 4.3. The LOGFONT description in table 4.3, however, gives only an overview of the structure. Before experimenting with custom fonts, you may want to look up this structure in your Borland manual or on-line help, where you'll find a more complete description of each of its fields, including the many constants that are already defined for use with the structure.

Table 4.3 LOGFONT Fields and Their Descriptions

Field	Description
lfHeight	Height of font in logical units.
lfWidth	Width of font in logical units.
lfEscapement	Angle at which to draw the text.
lfOrientation	Character tilt in tenths of a degree.
lfWeight	Used to select normal (400) or boldface (700) text.
lfItalic	A nonzero value indicates italics.
lfUnderline	A nonzero value indicates an underlined font.
lfStrikeOut	A nonzero value indicates a strikethrough font.
lfCharSet	Font character set.
lfOutPrecision	How to match requested font to actual font.
lfClipPrecision	How to clip characters that run over clip area.
lfQuality	Print quality of the font.
lfPitchAndFamily	Pitch and font family.
lfFaceName	Typeface name.

Luckily, to use Windows' Font dialog box through OWL, you don't need to know much about how fonts work. You need to know only enough about fonts to initialize the TChooseFontDialog::TData structure and to create a new font from the information the dialog box returns to you.

Near the top of your program, add the following line to your include files:

```
#include <owl\choosefo.h>
```

CHOOSEFO.H is the header file for OWL's TChooseFontDialog class, that encapsulates Windows' Color dialog box. This header file must be included in any program that accesses the class. As with other common dialog boxes, however, because the dialog box itself is defined as part of Windows 3.1's COMMDLG.DLL, you don't need to add an extra resource file to your project.

Then, in your window class, you'll probably want to define three protected data members—font, fontColor, and fontName—that are the current font object, font color, and font name, respectively. (Of course, you can name these data members anything you like.):

```
class TWndw : public TFrameWindow
{
protected:
    TFont *font;
    TColor fontColor;
    char fontName[81];

public:
    TWndw(TWindow *parent, const char far *title);
    ~TWndw();

protected:
    void CmChooseFont();
    void Paint(TDC &paintDC, BOOL, TRect&);

    DECLARE_RESPONSE_TABLE(TWndw);
};

DEFINE_RESPONSE_TABLE1(TWndw, TFrameWindow)
    EV_COMMAND(CM_CHOOSEFONT, CmChooseFont),
END_RESPONSE_TABLE;
```

Initialize these data members in the window's constructor:

```
TWndw::TWndw(TWindow *parent, const char far *title):
        TFrameWindow(parent, title)
{
    AssignMenu(MENU_1);
    Attr.X = 50;
    Attr.Y = 50;
    Attr.W = 400;
    Attr.H = 100;

    font = NULL;
    fontColor = TColor::Black;
    strcpy(fontName, "System font");
}
```

In the window's destructor, delete the font pointer:

```
TWndw::~TWndw()
{
    if (font) delete font;
}
```

In preparation for displaying the Font dialog box, declare a
`TChooseFontDialog::TData` object:

```
TChooseFontDialog::TData fontData;
```

Then, initialize the appropriate data members of the `fontData` object:

```
fontData.Flags = CF_EFFECTS | CF_TTONLY |
    CF_FORCEFONTEXIST | CF_SCREENFONTS;
fontData.Color = fontColor;
```

In a program that works only with screen fonts, the only members that need
initialization are `Flags` and `Color`. `Flags` is a series of flags that indicate the
way the dialog box should appear and operate. In the preceding example, the
flags indicate that the effects selections are to be turned on, only TrueType
fonts are to be listed, an error should be sent if the selected font or style
doesn't exist, and only screen fonts are to be listed. (Table 4.4 lists the pre-
defined constants you can use for these flags.) `Color` is the default color for
the font and is the color that will be selected when the dialog box appears.

Table 4.4   TChooseFontDialog::TData Flag Constants

Constant	Description
CF_APPLY	Display the Apply button.
CF_ANSIONLY	Allow only fonts of the ANSI character set to be selected.
CF_BOTH	List both screen and printer fonts.
CF_EFFECTS	Allow underline, strikethrough, and color.
CF_FIXEDPITCHONLY	Allow only fixed-pitch fonts to be selected.
CF_FORCEFONTEXIST	Give an error if the user selects a nonexistent font or style.
CF_INITTOLOGFONTSTRUCT	Set dialog controls to values in LogFont.
CF_LIMITSIZE	Force font sizes to be between SizeMin and SizeMax.

Constant	Description
CF_NOSIMULATIONS	Disallow GDI font simulations.
CF_PRINTERFONTS	List only printer fonts.
CF_SCALABLEONLY	Allow only scalable fonts to be selected.
CF_SCREENFONTS	List only screen fonts.
CF_SHOWHELP	Show the dialog box's Help button.
CF_TTONLY	Allow only TrueType fonts to be selected.
CF_USESTYLE	Use Style buffer to initialize the selection of font styles.
CF_WYSIWYG	Allow only fonts available on both the screen and printer.

After creating and initializing the TData object, construct a TChooseFontDialog dialog box by calling the class's constructor with two arguments, a pointer to the parent window and a reference to the TChooseFontDialog::TData object:

```
TChooseFontDialog *dialog =
    new TChooseFontDialog(this, fontData);
```

If the user exits by choosing the OK button, he has chosen a new font. In this case, delete the old font (if it exists), create a new TFont object from the TData object's LogFont data member, get the new font color from the Color member, and copy the new font's name from LogFont's lfFaceName data member:

```
if (result == IDOK)
{
    if (font) delete font;
    font = new TFont(&fontData.LogFont);
    fontColor = fontData.Color;
    strcpy(fontName, fontData.LogFont.lfFaceName);
}
```

You can use the information you get from the TData structure in a number of ways. Commonly, you'll select the new font into a device context and set the text color to the new font color:

```
paintDC.SelectObject(*font);
paintDC.SetTextColor(fontColor);
```

◄ See "How Do I Create a Modal Dialog Box?," p. 91

◄ See "How Do I Use Windows' Open Dialog Box?," p. 161

◄ See "How Do I Use Windows' Color Dialog Box?," p. 172

► See "How Do I Use Windows' Find and Re-place Dialog Boxes?," p. 188

◄ See "How Do I Use Windows' Save Dialog Box?," p. 167

Note

The `TChooseFontDialog::TData` object is much more complex than it may appear in the examples here. This structure actually comprises 10 data members that you must learn about if you want to allow your user to do more than just select screen fonts. For example, when selecting printer fonts, you must set the `TData.DC` field to the printer DC's handle. You can also use the `TData.SizeMin` and `TData.SizeMax` data members to force your user to select font sizes within a specific range. To learn more about selecting fonts with the Font dialog box, you should refer to the `TChooseFontDialog` and `TChooseFontDialog::TData` classes in your Borland C++ documentation.

The Sample Program

When you run the FONTDLG program, you see the window shown in figure 4.31. This window displays the currently selected font name, that is itself drawn with the selected font. To change the font, select the F**o**nt menu's **C**hoose Font command. When you do, you see the Font dialog box, as shown in figure 4.32. You can use the dialog box to select not only the typeface you want, but also the font's point size, color, and attributes. After picking a font, choose the OK button to exit the dialog box. The new font then appears in the main window's client area, as shown in figure 4.33.

Fig. 4.31
The FONTDLG application.

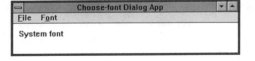

Fig. 4.32
Windows' Font dialog box.

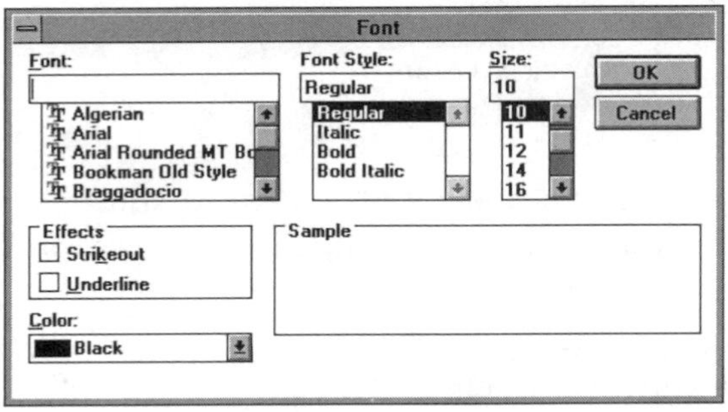

Fig. 4.33
The FONTDLG
application after a
font change.

Listing 4.17   FONTDLG.CPP—Shows How to Use Windows' Font Dialog Box

```cpp
//////////////////////////////////////////////////////////
// FONTDLG.CPP: Uses Windows' Font common dialog box.
//////////////////////////////////////////////////////////

#include <owl\applicat.h>
#include <owl\framewin.h>
#include <owl\dc.h>
#include <owl\choosefo.h>
#include <string.h>
#include "fontdlg.rc"

//////////////////////////////////
// The application class.
//////////////////////////////////
class TApp : public TApplication
{
public:
   TApp(): TApplication() {}
   void InitMainWindow();
};

//////////////////////////////////
// The main window class.
//////////////////////////////////
class TWndw : public TFrameWindow
{
protected:
   TFont *font;
   TColor fontColor;
   char fontName[81];

public:
   TWndw(TWindow *parent, const char far *title);
   ~TWndw();

protected:
   void CmChooseFont();
   void Paint(TDC &paintDC, BOOL, TRect&);

   DECLARE_RESPONSE_TABLE(TWndw);
};
```

(continues)

Listing 4.17   Continued

```
DEFINE_RESPONSE_TABLE1(TWndw, TFrameWindow)
   EV_COMMAND(CM_CHOOSEFONT, CmChooseFont),
END_RESPONSE_TABLE;

////////////////////////////////////////////////////////////
// TWndw::TWndw()
////////////////////////////////////////////////////////////
TWndw::TWndw(TWindow *parent, const char far *title):
       TFrameWindow(parent, title)
{
   // Add the menu to the main window.
   AssignMenu(MENU_1);

   // Position and size the main window.
   Attr.X = 50;
   Attr.Y = 50;
   Attr.W = 400;
   Attr.H = 100;

   // Initialize font pointer, color, and name.
   font = 0;
   fontColor = TColor::Black;
   strcpy(fontName, "System font");
}

////////////////////////////////////////////////////////////
// TWndw::~TWndw()
////////////////////////////////////////////////////////////
TWndw::~TWndw()
{
   // If a font object exists, delete it.
   if (font) delete font;
}

////////////////////////////////////////////////////////////
// TWndw::CmChooseFont()
////////////////////////////////////////////////////////////
void TWndw::CmChooseFont()
{
   // Define storage for an error message.
   char errorMsg[81];

   // Declare the Font dialog's TData object.
   TChooseFontDialog::TData fontData;

   // Initialize the TData object.
   fontData.Flags = CF_EFFECTS | CF_TTONLY |
      CF_FORCEFONTEXIST | CF_SCREENFONTS;
   fontData.Color = fontColor;

   // Construct the Font dialog box.
   TChooseFontDialog *dialog =
      new TChooseFontDialog(this, fontData);
```

```
   // Execute the Font dialog box.
   int result = dialog->Execute();

   // If the user has selected a font...
   if (result == IDOK)
   {
      // Delete the old font, if it exists.
      if (font) delete font;

      // Create a new font from the user's choice.
      font = new TFont(&fontData.LogFont);

      // Get the selected font color and font name.
      fontColor = fontData.Color;
      strcpy(fontName, fontData.LogFont.lfFaceName);

      // Force the window to repaint.
      Invalidate();
   }

   // ...or if an error occurred...
   else if (fontData.Error != 0)
   {
      // ...display an error message box.
      wsprintf(errorMsg,
         "Error #%ld occurred.", fontData.Error);
      MessageBox(errorMsg, "ERROR",
         MB_OK | MB_ICONEXCLAMATION);
   }
}


////////////////////////////////////////////////////////
// TWndw::Paint()
////////////////////////////////////////////////////////
void TWndw::Paint(TDC &paintDC, BOOL, TRect&)
{
   // If there is a selected font...
   if (font)

      // Select the font into the DC.
      paintDC.SelectObject(*font);

   // Set the text color.
   paintDC.SetTextColor(fontColor);

   // Print the font name in the window.
   paintDC.TextOut(10, 10, fontName);
}


////////////////////////////////////////////////////////
// TApp::InitMainWindow()
////////////////////////////////////////////////////////
void TApp::InitMainWindow()
{
```

(continues)

Listing 4.17   Continued

```
    TFrameWindow *wndw =
        new TWndw(0, "Choose-font Dialog App");
    SetMainWindow(wndw);
}

///////////////////////////////////////////////////////////
// OwlMain()
///////////////////////////////////////////////////////////
int OwlMain(int, char*[])
{
    return TApp().Run();
}
```

How Do I Use Windows' Find and Replace Dialog Boxes?

Text-editing applications in Windows can include anything from word processors to spreadsheets, databases, or even telecommunications programs. All these applications handle text in one way or another, and all of them benefit from full editing features, including the ability to find and replace text. To help programmers include these text-editing functions in their programs and to ensure that different applications handle these functions similarly, Windows 3.1 includes common Find and Replace dialog boxes.

OWL encapsulates these two common dialog boxes in its TFindDialog and TReplaceDialog classes, both derived from TFindReplaceDialog, an abstract class that provides the basic functions for both types of dialog boxes. But the story doesn't end there. OWL also boasts two full-function edit controls, TEditSearch and TEditFile, that allow you to create a client window that handles many text-editing functions for you automatically. These two edit-control classes make use of Windows' Find and Replace dialog boxes, so for normal text editing, you'll rarely need to handle these two common dialog boxes directly.

The Solution

To use OWL's TEditSearch class, include the EDITSEAR.H header file in your program:

```
#include <owl\editsear.h>
```

Also, create a resource that contains an Edit menu with the Find, Find Next, and Replace commands:

```
/////////////////////////////////////////////////////////
// FINDDLG.RC
/////////////////////////////////////////////////////////

#ifndef WORKSHOP_INVOKED
#include "windows.h"
#endif

#include <owl\editsear.rh>

#define MENU_1 100

#ifdef RC_INVOKED

MENU_1 MENU
{
 POPUP "&File"
 {
  MENUITEM "E&xit", CM_EXIT
 }

 POPUP "&Edit"
 {
  MENUITEM "&Find...", CM_EDITFIND
  MENUITEM "Find &Next", CM_EDITFINDNEXT
  MENUITEM "&Replace...", CM_EDITREPLACE
 }

}

STRINGTABLE
{
 IDS_CANNOTFIND, "Cannot find \042%s\042"
}

#endif
```

The commands' IDs must be CM_EDITFIND (24351), CM_EDITFINDNEXT (24353), and CM_EDITREPLACE (24352), respectively. These constants are defined in the EDITSEAR.RH resource header file. Finally, you need to supply a string for the message box that appears when the Find, Find Next, or Replace commands cannot find the target text. This string must have a resource ID of IDS_CANNOTFIND (32540) and should contain a %s to receive the text string that could not be found. If you want to use Borland's default string, the EDITSEAR.RC resource file contains this string definition. This resource file also includes full Edit and Search menus, so you don't have to create your own. EDITSEAR.RC is in the BC4\INCLUDE\OWL directory.

◄ See "How Do I Use Windows' Open Dialog Box?," p. 161

◄ See "How Do I Use Windows' Color Dialog Box?," p. 172

◄ See "How Do I Use Windows' Font Dialog Boxes?," p. 179

◄ See "How Do I Use Windows' Save Dialog Box?," p. 167

In your `InitMainWindow()` function, construct your main window with a `TEditSearch` object as the client window:

```
void TApp::InitMainWindow()
{
  TFrameWindow *wndw =
      new TWndw(0, "Find and Replace App", new TEditSearch);
  SetMainWindow(wndw);
}
```

The OWL `TEditSearch` window handles the rest of the job for you, responding to the edit menu and displaying the Find and Replace dialog boxes as needed.

The Sample Program

When you run the FINDDLG program, you see the window shown in figure 4.34. This window contains a **F**ile menu with an E**x**it command, and an **E**dit menu with **F**ind, Find **N**ext, and **R**eplace commands. To see how the program works, first type a line or two of text into the window. When you have some text in the window, you can use the **F**ind command to locate any word, the Find **N**ext command to find the next occurrence of the previously located word, or the **R**eplace command to replace a word with a different one. Figures 4.35 and 4.36 show the Find and Replace common dialog boxes.

Fig. 4.34
The FINDDLG application.

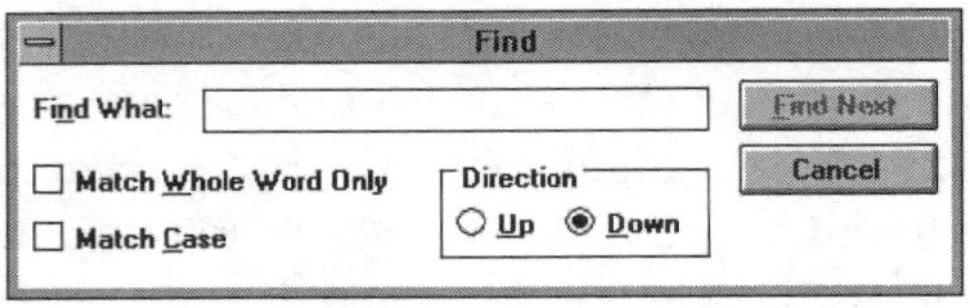

Fig. 4.35
Windows' Find dialog box.

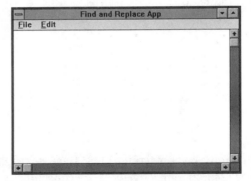

Fig. 4.36
Windows' Replace
dialog box.

**Listing 4.18   FINDDLG.CPP—Shows How to Use Windows' Find
and Replace Dialog Boxes**

```
///////////////////////////////////////////////////////////
// FINDDLG.CPP: Uses OWL's TFileEdit class and Windows'
//              Find and Replace common dialog boxes to
//              edit text.
///////////////////////////////////////////////////////////

#include <owl\owlpch.h>
#include <owl\applicat.h>
#include <owl\framewin.h>
#include <owl\editsear.h>
#include "finddlg.rc"

///////////////////////////////////
// The application class.
///////////////////////////////////
class TApp : public TApplication
{
  public:
    TApp(): TApplication() {}
    void InitMainWindow();
};

///////////////////////////////////
// The main window class.
///////////////////////////////////
class TWndw : public TFrameWindow
{
public:
   TWndw(TWindow *parent, const char far* title,
      TWindow *client);
};

///////////////////////////////////////////////////////////
// TWndw::TWndw()
///////////////////////////////////////////////////////////
TWndw::TWndw(TWindow *parent,
   const char far *title, TWindow *client):
   TFrameWindow(parent, title, client)
{
   // Add the menu to the main window.
```

(continues)

Listing 4.18   Continued

```
      AssignMenu(MENU_1);

      // Position and size the main window.
      Attr.X = 50;
      Attr.Y = 50;
      Attr.W = 400;
      Attr.H = 300;
}


//////////////////////////////////////////////////////////
// TApp::InitMainWindow()
//////////////////////////////////////////////////////////
void TApp::InitMainWindow()
{
  TFrameWindow *wndw =
      new TWndw(0, "Find and Replace App", new TEditSearch);
  SetMainWindow(wndw);
}


//////////////////////////////////////////////////////////
// OwlMain()
//////////////////////////////////////////////////////////
int OwlMain(int, char*[])
{
  return TApp().Run();
}
```

Chapter 5

Windows

How Do I Customize the Attributes of My Main Window?

When you write a Windows application using OWL, you don't have to do much to make your main window functional. OWL takes care of constructing the window, and Windows does its part to bring the window up on the screen. However, if you don't set your window's attributes, Windows displays the window at an unpredictable location and size. Luckily, OWL provides an easy way to position a window, as well as a way to customize the way the window looks and works.

Every window in an OWL application (at least every window derived from TWindow, which includes TFrameWindow and other window classes) has a TWindowAttr structure, called Attr, that contains important information about the window. This information includes the size and position of the window, the window's menu ID, and a collection of style flags that control how the window looks when it appears on-screen. You can change these attributes in your window's constructor so that when your window appears on the screen, it's exactly the window you want it to be.

The Solution

To assign a menu to your window, you don't need to change the Attr structure directly. Instead, call the window's AssignMenu() member function (inherited from TFrameWindow), passing into the function the menu's resource ID. (You must, of course, create the menu resource using Resource Workshop.)

```
AssignMenu(MENU_ID);
```

To set the location of your window, assign the position of the window's top left corner to the `Attr` structure's `X` and `Y` members:

```
Attr.X = xPos;
Attr.Y = yPos;
```

To set the size of the window, assign the window's width and height to the `Attr` structure's `W` and `H` members:

```
Attr.W = width;
Attr.H = height;
```

To change the style of the window, you need to toggle the style flags found in the `Attr.Style` data member. For example, to turn a style off, AND the existing style with the negation of the style you want removed:

```
Attr.Style &= ~WS_MAXIMIZEBOX;
```

To add a style, OR the existing style with the new style flag:

```
Attr.Style |= WS_VSCROLL;
```

Of course, if you like, you can set up `Attr.Style` from scratch, by assigning style flags, each of which is ORed together to form a single value:

```
Attr.Style = WS_POPUP | WS_SYSMENU | WS_CAPTION;
```

Note

◀ See "How Do I Write a Basic OWL Application?," p. 29

The various window styles are predefined by a set of constants. Some of these constants are WS_BORDER, which creates a border, WS_CAPTION, which creates a caption bar, WS_CHILD, which creates a child window, WS_HSCROLL, which creates a horizontal scroll bar, WS_MAXIMIZE, which creates a maximized window, WS_MAXIMIZEBOX, which creates a maximize box, WS_SYSMENU, which creates a system menu box, WS_VISIBLE, which creates an initially visible window, and so on. To create a specific window style, you OR together the constants representing the desired styles. Refer to your Windows reference for a complete list of these constants.

The Sample Program

The WINATTR program does nothing more than display a window in the style defined by the window class's constructor (see fig. 5.1). This window has no maximize box, but it does have a vertical scroll bar.

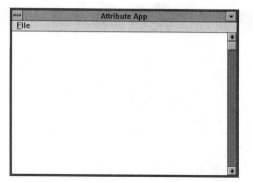

Fig. 5.1
The WINATTR
application.

Listing 5.1   WINATTR.CPP—Demonstrates How to Set a Window's Attributes

```cpp
////////////////////////////////////////////////////////////
// WINATTR.CPP: Demonstrates setting window attributes.
////////////////////////////////////////////////////////////

#include <owl\applicat.h>
#include <owl\framewin.h>
#include "winattr.rc"

////////////////////////////////
// The application class.
////////////////////////////////
class TApp : public TApplication
{
public:
   TApp(): TApplication() {}
   void InitMainWindow();
};

////////////////////////////////
// The main window class.
////////////////////////////////
class TWndw : public TFrameWindow
{
public:
   TWndw(TWindow *parent, const char far *title);
};

////////////////////////////////////////////////////////////
// TWndw::TWndw()
//
// This is the main window's constructor.
////////////////////////////////////////////////////////////
TWndw::TWndw(TWindow *parent, const char far *title):
        TFrameWindow(parent, title)
```

(continues)

Listing 5.1 Continued

```
{
    // Add the menu.
    AssignMenu(MENU_1);

    // Turn off the window's maximize box.
    Attr.Style &= ~WS_MAXIMIZEBOX;

    // Add a vertical scroll bar to the window.
    Attr.Style |= WS_VSCROLL;

    // Position and size the window.
    Attr.X = 100;
    Attr.Y = 100;
    Attr.W = 400;
    Attr.H = 300;
}

///////////////////////////////////////////////////////////
// TApp::InitMainWindow()
//
// This function creates the application's main window.
///////////////////////////////////////////////////////////
void TApp::InitMainWindow()
{
    TFrameWindow *wndw = new TWndw(0, "Attribute App");
    SetMainWindow(wndw);
}

///////////////////////////////////////////////////////////
// OwlMain()
///////////////////////////////////////////////////////////
int OwlMain(int, char*[])
{
    return TApp().Run();
}
```

How Do I Ensure That It's Okay to Close a Window?

Computer users, just like everyone else, often forget to perform certain tasks. For example, it's not uncommon for someone using a word processor to try to close the application before she's saved the file with which she's been working. In cases like these, the application should always warn the user and at least give her a chance to change her mind.

To do this in a conventional Windows program, you must watch for messages that indicate the current window is about to close. In an OWL program, everything can be handled in a function called `CanClose()`, which is defined in `TWindow` and is inherited by any window class derived from `TWindow`. Whenever an OWL window is about to close, OWL calls the window's `CanClose()` function. If the function returns True (the default), the window closes; if the function returns False, the window does not close.

The Solution

In your window class, override the virtual function `CanClose()`:

```
class TWndw : public TFrameWindow
{
public:
    TWndw(TWindow *parent, const char far *title);

protected:
    BOOL CanClose();
};
```

Then, write the `CanClose()` function so that it returns True when it's okay to let the window close and returns False when it's not okay for the window to close:

```
BOOL TWndw::CanClose()
{
    int result = MessageBox("Okay to close?", "Close",
                  MB_YESNO | MB_ICONQUESTION);

    if (result == IDYES)
        return TRUE;
    else
        return FALSE;
}
```

Note

To avoid always asking the user if she wants the window to close, in your `CanClose()` function you can check certain flags that you've kept up to date throughout the application's run. If the flags indicate that the file is saved, close the window without asking whether it's safe to do so. For example, you could keep a flag called `fileSaved` that indicates whether the current file has been saved. Every time the file changes, you change the value of the flag to False. Every time the file is saved, you change the value of `fileSaved` to True. In `CanClose()`, you then need only check `fileSaved` to know whether it's okay to close the window. You don't need to verify the command with the user, because she can always reopen the file if she changes her mind.

◀ See "How Do I Write a Basic OWL Application?," p. 29

The Sample Program

After running the CANCLOSE program, select the File menu's Exit command
or double-click the application's control box (the box in the window's top
left corner). When you do, you see a message box asking whether you want
to close the current window. Select the Yes button to close the window, or
select the No button to return to the application without closing the window.

Fig. 5.2
The CANCLOSE
application.

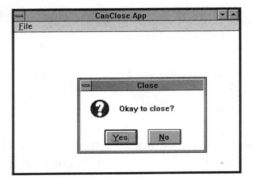

Listing 5.2 CANCLOSE.CPP—Asks the User whether It's Okay to Close the Main Window

```
//////////////////////////////////////////////////////////
// CANCLOSE.CPP: Shows how to check whether it's safe to
//               close a window.
//////////////////////////////////////////////////////////

#include <owl\applicat.h>
#include <owl\framewin.h>
#include "canclose.rc"

////////////////////////////////////
// The application class.
////////////////////////////////////
class TApp : public TApplication
{
public:
   TApp(): TApplication() {}
   void InitMainWindow();
};

////////////////////////////////////
// The main window class.
////////////////////////////////////
class TWndw : public TFrameWindow
```

```
{
public:
   TWndw(TWindow *parent, const char far *title);

protected:
   BOOL CanClose();
};

//////////////////////////////////////////////////////////
// TWndw::TWndw()
//////////////////////////////////////////////////////////
TWndw::TWndw(TWindow *parent, const char far *title):
      TFrameWindow(parent, title)
{
   AssignMenu(MENU_1);
   Attr.X = 100;
   Attr.Y = 100;
   Attr.W = 400;
   Attr.H = 300;
}

//////////////////////////////////////////////////////////
// TWndw::CanClose()
//////////////////////////////////////////////////////////
BOOL TWndw::CanClose()
{
   // Ask the user if it's okay to close the window.
   int result = MessageBox("Okay to close?", "Close",
                  MB_YESNO | MB_ICONQUESTION);

   // If CanClose() returns TRUE, the window will close.
   if (result == IDYES)
      return TRUE;
   else
      return FALSE;
}

//////////////////////////////////////////////////////////
// TApp::InitMainWindow()
//////////////////////////////////////////////////////////
void TApp::InitMainWindow()
{
   TFrameWindow *wndw = new TWndw(0, "CanClose App");
   SetMainWindow(wndw);
}

//////////////////////////////////////////////////////////
// OwlMain()
//////////////////////////////////////////////////////////
int OwlMain(int, char*[])
{
   return TApp().Run();
}
```

How Do I Keep a Window's Display Updated?

In a multitasking environment such as Windows, there always seems to be something getting in the way of your window's display. If it's not a dialog box, it's another application's window. Or maybe the user has enlarged your application's main window in order to see more of the data it's supposed to display. Whatever the case, it's up to you to be sure that your application can keep its window display up to date.

Sometimes, such as when the user moves or reduces a window, Windows can keep your display looking the way it should. But when Windows cannot completely restore a window, it sends a WM_PAINT message to the application, which tells the application to repaint the display. Luckily, windows that have TWindow as a base class inherit the Paint() function, which is automatically called by OWL whenever the window receives a WM_PAINT message. To take advantage of this convenience, you don't need to add the WM_PAINT message to your response table. You need only to override TWindow's Paint() function (which your window probably inherits via TFrameWindow).

The Solution

In your main window class, override the Paint() function (defined in TWindow):

```
class TWndw : public TFrameWindow
{
public:
    TWndw(TWindow *parent, const char far *title);

protected:
    void Paint(TDC &paintDC, BOOL, TRect&);
};
```

Now, whenever your window needs repainting, OWL calls your window's Paint() function:

```
void TWndw::Paint(TDC &paintDC, BOOL, TRect&)
{
    // Draw the window display here.
}
```

This function receives as parameters a reference to a device context, a Boolean value indicating whether the window's background requires repainting, and a TRect structure, which contains the coordinates of the actual rectangle that needs repainting.

OWL creates and deletes the device context for you, so don't worry about those details. The Boolean value almost always is False, indicating that the "dirty" rectangle has already been erased with the background color. About the only time this value is True is when you call InvalidateRect() (which forces Windows to send a WM_PAINT message) and indicate that you don't want the background erased. Finally, the rectangle in the TRect structure is the clipping rectangle to which Windows restricts any drawing. In other words, you cannot draw outside this rectangle.

The easiest way to perform the window redrawing is simply to redraw the entire window image and let Windows handle the clipping (cutting out the part that won't fit in the window or the clipping rectangle). Although this method is a little slower than it has to be, it's usually fine for most applications. Of course, you have to know *how* to redraw the window's image. This means that you must have stored any data you need to re-create the window's contents. In the sample program that follows, an array of points is maintained, each element of which stores the coordinates for a rectangle that must be redrawn on the screen. How you store window data depends on the application.

Note

Another way to store a window's contents—a method that works with any type of data—is to maintain a bitmap of the window's entire client area in memory, and then transfer the image back to the window whenever it needs repainting. One problem with this method is that a full-screen bitmap consumes a huge amount of memory. Usually, you can devise a method of painting a window that requires much less storage.

Caution

Because Windows allows a limited number of device contexts to be active at any given time, it's imperative that you immediately release a DC when you are through with it. Failure to do so may cause other applications to run incorrectly. In most cases, however, classes derived from the OWL TDC class release the associated Windows DC when the TDC object is deleted, so you rarely must release a Windows DC explicitly in your OWL program. The DC passed to your window's Paint() function is handled entirely by OWL. Never try to delete it.

◄ See "How Do I Write a Basic OWL Application?," p. 29

The Sample Program

Run the PAINT program. When the main window appears, click the mouse in the window's client area. A rectangle appears. Create as many rectangles as you like (up to 100), spreading them around the window (see fig. 5.3). When you're through creating rectangles, reduce the window to an icon. When you enlarge the window, the program repaints the window's client area exactly as you had it. To do this, the program stores the coordinates of each rectangle in an array. In the Paint() function, the program simply uses those stored coordinates to redraw every rectangle.

Fig. 5.3
The PAINT
application.

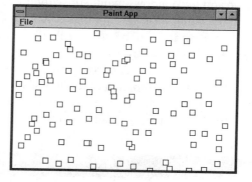

Listing 5.3 PAINT.CPP—Demonstrates How to Keep a Window Display Updated

```
////////////////////////////////////////////////////////////
// PAINT.CPP: Demonstrates how to redraw a window's
//            client area.
////////////////////////////////////////////////////////////

#include <owl\applicat.h>
#include <owl\framewin.h>
#include <owl\dc.h>
#include "paint.rc"

// Maximum points displayed in window.
#define MAXPOINTS 100

////////////////////////////////////
// The application class.
////////////////////////////////////
class TApp : public TApplication
{
public:
   TApp(): TApplication() {}
   void InitMainWindow();
};
```

```
///////////////////////////////
// The main window class.
///////////////////////////////
class TWndw : public TFrameWindow
{
protected:
   TPoint *points[MAXPOINTS];
   int count;

public:
   TWndw(TWindow *parent, const char far *title);
   ~TWndw();

protected:
   void EvLButtonDown(UINT, TPoint &point);
   void Paint(TDC &paintDC, BOOL, TRect&);

   DECLARE_RESPONSE_TABLE(TWndw);
};

DEFINE_RESPONSE_TABLE1(TWndw, TFrameWindow)
   EV_WM_LBUTTONDOWN,
END_RESPONSE_TABLE;

//////////////////////////////////////////////////////
// TWndw::TWndw()
//////////////////////////////////////////////////////
TWndw::TWndw(TWindow *parent, const char far *title):
      TFrameWindow(parent, title)
{
   AssignMenu(MENU_1);
   Attr.X = 100;
   Attr.Y = 100;
   Attr.W = 400;
   Attr.H = 300;

   // Initialize click count.
   count = 0;
}

//////////////////////////////////////////////////////
// TWndw::~TWndw()
//////////////////////////////////////////////////////
TWndw::~TWndw()
{
   // Delete all TPoint objects.
   for (int x=0; x<count; ++x)
      delete points[x];
}

//////////////////////////////////////////////////////
// TWndw::Paint()
//////////////////////////////////////////////////////
```

(continues)

Listing 5.3 Continued

```cpp
void TWndw::Paint(TDC &paintDC, BOOL, TRect&)
{
   TPoint point2;

   // Redraw a rectangle at each stored coordinate.
   for (int x=0; x<count; ++x)
   {
      point2 = *points[x];
      point2.Offset(10, 10);
      paintDC.Rectangle(*points[x], point2);
   }
}

//////////////////////////////////////////////////////////
// TWndw::EvLButtonDown()
//////////////////////////////////////////////////////////
void TWndw::EvLButtonDown(UINT, TPoint &point)
{
   // Allow no more than MAXPOINTS clicks.
   if (count < MAXPOINTS)
   {
      // Get a device context for the window's client area.
      TClientDC DC(HWindow);

      // Draw a rectangle where user clicked.
      TPoint point2(point);
      point2.Offset(10, 10);
      DC.Rectangle(point, point2);

      // Store the new point and increment the count.
      points[count++] = new TPoint(point);
   }
}

//////////////////////////////////////////////////////////
// TApp::InitMainWindow()
//////////////////////////////////////////////////////////
void TApp::InitMainWindow()
{
   TFrameWindow *wndw = new TWndw(0, "Paint App");
   SetMainWindow(wndw);
}

//////////////////////////////////////////////////////////
// OwlMain()
//////////////////////////////////////////////////////////
int OwlMain(int, char*[])
{
   return TApp().Run();
}
```

How Do I Place a Control Bar in a Window?

Nothing makes a program easier to use than quick access to important commands. Over the years, Windows programmers have discovered that the easiest way to provide such quick command access is with control bars, which are special windows containing buttons that represent specific menu commands. To select a command, the user clicks the appropriate button instead of selecting a menu and then selecting the command from within the menu.

OWL provides the `TDecoratedFrame` window class, which provides the necessary handling for control bars (and other decorations). OWL also provides the `TControlBar` class, which represents an OWL control bar. `TControlBar` is derived from `TGadgetWindow`, which, in turn, is derived from `TWindow`. The `TGadgetWindow` class offers easy insertion and manipulation of gadgets, which are specialized controls of the `TGadget` class, including button gadgets, text gadgets, and separator gadgets. OWL gadgets are represented by the `TButtonGadget`, `TTextGadget`, `TBitmapGadget`, `TSeparatorGadget`, and `TControlGadget` classes.

To add a control bar to an application, you must derive the application's main window from `TDecoratedFrame`, construct a `TToolbar` object for the window, and then add gadgets—usually `TButtonGadgets`—to the control bar. When you construct the gadgets, you link their IDs to the correct menu command, so that OWL automatically issues the command when the user selects the gadget.

The Solution

The first step is to derive your main window class from OWL's `TDecoratedFrame` class:

```
class TWndw : public TDecoratedFrame
{
public:
   TWndw(TWindow *parent, const char far *title,
      TWindow *client);
};
```

Then, construct the control bar itself in the main window class's constructor:

```
TControlBar *cntrlBar = new TControlBar(this);
```

`TControlBar`'s constructor takes as parameters a pointer to the parent window, a tile direction, a pointer to a `TGadgetWindowFont`, and a pointer to `TModule`.

However, all of these parameters have default values. In the preceding example, only a pointer to the control bar's parent window is given as a parameter to the constructor.

Next, create the gadgets that will appear in the control bar:

```
b = new TButtonGadget(BMP_OPEN, CM_OPEN);
cntrlBar->Insert(*b);
s = new TSeparatorGadget(10);
cntrlBar->Insert(*s);
b = new TButtonGadget(BMP_EXIT, CM_EXIT);
cntrlBar->Insert(*b);
```

This control bar contains button gadgets and separator gadgets. Button gadgets are the buttons you see in the control bar. Separator gadgets put a blank area between sets of buttons in the same way you place separators between sets of menu items. If you look at figure 5.4, you see a blank area between the OPEN and EXIT buttons. This space is actually a separator gadget.

To add a button gadget to the control bar, you first construct the button gadget by calling TButtonGadget's constructor, which takes as parameters the resource ID of the bitmap representing the button's face, the menu command ID the button represents, the button's type, a Boolean value indicating whether the button is enabled, the button's state, and a Boolean repeat value. All the parameters except the first two have default values, so you can usually ignore them:

```
b = new TButtonGadget(BMP_OPEN, CM_OPEN);
```

In the preceding example, only the first two parameters are given to the constructor. The bitmap resource ID determines how the button will look. You must use Resource Workshop (or some other graphics program) to create a bitmap to represent the button's face. OWL takes care of the rest, generating the image the user sees when the button is pressed and the image the user sees when the button is disabled.

After you construct a gadget, add it to the control bar by calling the control bar's Insert() member function (inherited from the TGadgetWindow class):

```
cntrlBar->Insert(*b);
```

Here, Insert() takes a single parameter, which is a pointer to the new gadget. However, Insert() also has two other arguments, both of which have default values. The second argument determines where the gadget will be placed on the control bar and can be either TControlBar::After or TControlBar::Before.

The third argument, which is related to the second, is a pointer to the gadget that the new gadget should be placed next to. If this value is zero, the new gadget appears at the beginning or end of the existing gadgets, depending on the second argument (`Before` or `After`). The default values for the second and third arguments are `After` and 0, respectively.

If you want to separate groups of buttons, you must construct a `TSeparatorGadget`:

```
s = new TSeparatorGadget(10);
```

This constructor's single argument is the size of the separator gadget. You can leave out the argument, accepting the constructor's default value of 6, or you can create any size separator you like. Just as with `TButtonGadgets`, the program adds `TSeparatorGadgets` to the control bar by calling the control bar's `Insert()` member function:

```
cntrlBar->Insert(*s);
```

After the control bar is complete, add it to the frame window by calling the frame window's `Insert()` member function:

```
Insert(*cntrlBar);
```

This version of `Insert()` has one argument, a pointer to the control bar to insert and the location of the control bar. The constructor also has a second parameter with a default value. This second parameter controls where OWL places the control bar in the window. The default value places the control bar at the top of the window.

> **Note**
>
> Control bars can be located on any edge of an application's main window. There's nothing to stop you from placing a control bar on the left, right, or bottom of your application's main window, depending on how the application will be used. If you want to change the location of the control bar, you can do so by giving the control bar's constructor the value `TControlBar::Vertical` or `TControlBar::Horizontal` as the second parameter. (This parameter defaults to `TControlBar::Horizontal`). Then, when you call the main window's `Insert()` function to insert the control bar into the window, use `TDecoratedFrame::Top` (the default), `TDecoratedFrame::Bottom`, `TDecoratedFrame::Left`, or `TDecoratedFrame::Right` as the second parameter.

▶ See "How Do I Enable and Disable Button Gadgets in a Control Bar?," p. 381

▶ See "How Do I Place a Message Bar in a Window?," p. 211

▶ See "How Do I Place a Status Bar in a Window?," p. 216

▶ See "How Do I Create a Toolbox?," p. 219

▶ See "How Do I Create a Floating Toolbox?," p. 226

▶ See "How Do I Place a Combo Box and Other Controls in a Control Bar?," p. 386

> **Caution**
>
> If you're not going to rely on OWL's default positions for a control bar, you must create the control bar with the appropriate tile direction (TControlBar::Horizontal or TControlBar::Vertical), and you must also supply an appropriate position (TDecoratedFrame::Top, TDecoratedFrame::Bottom, TDecoratedFrame::Left, or TDecoratedFrame::Right) as the second argument in the call to the frame window's Insert() function. Obviously, settings such as TControlBar::Horizontal and TDecoratedFrame::Left, when used together, make little sense and yield strange results.

The Sample Program

When you run this program, you see the window shown in figure 5.4. The program has a **F**ile menu with **O**pen and E**x**it commands. The program also contains a control bar that mirrors the commands in the **F**ile menu. If you select the Open command (either from the menu or the control bar), you see a message box confirming that the program received the command message. If you select the EXIT button, the program terminates just as if you had selected the **F**ile menu's E**x**it command. Notice that the sample program includes the DECFRAME.H, CONTROLB.H, and BUTTONGA.H header files, along with the APPLICAT.H header file. These header files declare the OWL classes that the program requires.

Fig. 5.4
The CNTRLBAR application.

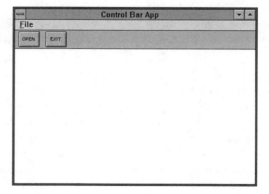

Listing 5.4   CNTRLBAR.CPP—Creates a Window with a Control Bar

```cpp
/////////////////////////////////////////////////////////
// CNTRLBAR.CPP: Demonstrates creating and handling a
//               decorated window with a control bar.
/////////////////////////////////////////////////////////

#include <owl\applicat.h>
#include <owl\decframe.h>
#include <owl\controlb.h>
#include <owl\buttonga.h>
#include "cntrlbar.rc"

///////////////////////////////////
// The application class.
///////////////////////////////////
class TApp : public TApplication
{
public:
   TApp(): TApplication() {}
   void InitMainWindow();
};

///////////////////////////////////
// The main window class.
///////////////////////////////////
class TWndw : public TDecoratedFrame
{
public:
   TWndw(TWindow *parent, const char far *title,
      TWindow *client);

protected:
   void CmOpen();

   DECLARE_RESPONSE_TABLE(TWndw);
};

DEFINE_RESPONSE_TABLE1(TWndw, TDecoratedFrame)
   EV_COMMAND(CM_OPEN, CmOpen),
END_RESPONSE_TABLE;

/////////////////////////////////////////////////////////
// TWndw::TWndw()
/////////////////////////////////////////////////////////
TWndw::TWndw(TWindow *parent, const char far *title,
      TWindow *clientWnd):
      TDecoratedFrame(parent, title, clientWnd)
{
   TButtonGadget *b;
   TSeparatorGadget *s;

   // Add the menu to the main window.
   AssignMenu(MENU_1);
```

(continues)

Listing 5.4 Continued

```
    // Create a new control bar object.
    TControlBar *cntrlBar = new TControlBar(this);

    // Add gadgets to the control bar.
    b = new TButtonGadget(BMP_OPEN, CM_OPEN);
    cntrlBar->Insert(*b);
    s = new TSeparatorGadget(10);
    cntrlBar->Insert(*s);
    b = new TButtonGadget(BMP_EXIT, CM_EXIT);
    cntrlBar->Insert(*b);

    // Add the control bar to the window.
    Insert(*cntrlBar);

    // Position and size the main window.
    Attr.X = 50;
    Attr.Y = 50;
    Attr.W = GetSystemMetrics(SM_CXSCREEN) / 1.5;
    Attr.H = GetSystemMetrics(SM_CYSCREEN) / 1.5;
}

/////////////////////////////////////////////////////////
// TWndw::CmOpen()
/////////////////////////////////////////////////////////
void TWndw::CmOpen()
{
    MessageBox("CM_OPEN received", "Message", MB_OK);
}

/////////////////////////////////////////////////////////
// TApp::InitMainWindow()
/////////////////////////////////////////////////////////
void TApp::InitMainWindow()
{
    // A TDecoratedFrame window must have a client window.
    TWindow *client = new TWindow(0,0,0);

    // Construct the main window.
    TDecoratedFrame *wndw =
        new TWndw(0, "Control Bar App", client);

    SetMainWindow(wndw);
}

/////////////////////////////////////////////////////////
// OwlMain()
/////////////////////////////////////////////////////////
int OwlMain(int, char*[])
{
    return TApp().Run();
}
```

How Do I Place a Message Bar in a Window?

One way you can give your users quick feedback on their actions is to provide hint text for each command in your application's menu and control bar. Hint text is nothing more than quick command explanations that appear automatically when a command is selected. With menu commands, the hint text usually appears when the mouse pointer passes over (highlights) the command. With control bar buttons, the hint text may appear when the mouse pointer passes over the button, or it may appear only when the user actually presses the button.

Adding hint text to a standard Windows program is a pain; with ObjectWindows, however, you can add hint text with only a few lines of code. Moreover, once hint text capability has been installed in your application, it takes care of itself, automatically displaying text hints as needed in your application's message bar or status bar.

The Solution

Creating a message bar is much like creating a control bar, only simpler. First, be sure that, when you construct your TDecoratedFrame window, the constructor's fourth argument is TRUE:

```
TDecoratedFrame *wndw =
    new TWndw(0, "My App", client, TRUE);
```

TDecoratedFrame's fourth argument controls whether the window supports hint text. The default value is FALSE, so you must be sure to explicitly make this parameter TRUE.

Construct the message bar itself in your window's constructor:

```
TMessageBar *msgbar = new TMessageBar(this);
```

Although the preceding line shows only a single argument, the TMessageBar constructor actually accepts three arguments, all of which have default values. These arguments are a pointer to the message bar's parent window, a pointer to a TGadgetWindowFont, and a pointer to a TModule. Usually, you need only bother with the first argument.

When you have the message bar constructed, you can set the text line that will appear in the message bar:

```
msgbar->SetText("Messages");
```

SetText() takes as its single parameter a pointer to the text string that will appear in the message bar.

Finally, call the window's `Insert()` member function to place the message bar in the window:

```
Insert(*msgbar, TDecoratedFrame::Bottom);
```

The first parameter is a reference to a message bar, and the second parameter is the message bar's position, which must be `TDecoratedFrame::Top` or, as is usually the case, `TDecoratedFrame::Bottom`.

You now might wonder where the hint text that appears in the message bar comes from. OWL provides this text for all the menu commands for which it has already defined a constant. These constants are shown in table 5.1. Because this section's sample program uses the constant `CM_EXIT` for its exit command, OWL can match it up with its hint text.

Table 5.1 OWL command IDs	
Constant	**Value**
CM_FILENEW	24331
CM_FILEOPEN	24332
CM_FILESAVE	24333
CM_FILESAVEAS	24334
CM_FILEPRINT	24337
CM_FILEPRINTERSETUP	24338
CM_FILECLOSE	24339
CM_EXIT	24310
CM_EDITUNDO	24321
CM_EDITCUT	24322
CM_EDITCOPY	24323
CM_EDITPASTE	24324
CM_EDITDELETE	24325
CM_EDITCLEAR	24326
CM_EDITFIND	24351
CM_EDITREPLACE	24352
CM_EDITFINDNEXT	24353

For commands that have no predefined OWL constants, you must place their hint-text strings in a string table in your resource file. For example, the following string table associates hint text with the command IDs CM_MAX and CM_RESTORE:

```
STRINGTABLE
{
 CM_MAX, "Maximize the window"
 CM_RESTORE, "Restore the window to its original size"
}
```

Each string's ID is the same as the ID for the command the hint text describes. By matching up these IDs, OWL can easily determine which string to display for each command in your program. If you leave out a string for a command's hint text, OWL displays a blank text gadget when that command is selected.

If you want to redefine the default hint text that OWL supplies, just add the appropriate command IDs and text strings to your resource file's string table:

```
STRINGTABLE
{
 CM_FILENEW, "Start a new file"
 CM_FILEOPEN, "Open an existing file"
 CM_FILESAVE, "Save the currently open file"
 CM_EXIT, "Exit the program"
 CM_MAX, "Maximize the window"
 CM_RESTORE, "Restore the window to its original size"
}
```

Tip
When using the TMessageBar class in your application, you must include the MESSAGEB.H header file in your program.

Note

You can set a control bar's hint mode by calling the control bar's member function SetHintMode(). The function's single parameter must be TControlBar::EnterHints or TControlBar::PressHints. The hint mode controls when OWL displays hints in the application's message bar or status bar. PressHints causes OWL to display hint text for buttons only when the button is pressed. EnterHints causes OWL to display hint text for buttons as soon as the mouse pointer is over the button. The PressHints mode has the advantage of not providing hints unless the user wants them. However, the user cannot get hint text for a disabled button, because a disabled button cannot be pressed.

◀ See "How Do I Place a Control Bar in a Window?," p. 205

▶ See "How Do I Place a Status Bar in a Window?," p. 216

The Sample Program

Run this program, and you see a window with a message bar at the bottom. This message bar displays hint text as your mouse pointer passes over a menu command or when you select the command button in the control bar.

For example, place your mouse pointer over the EXIT button, and hold down the left mouse button. The appropriate hint text appears in the message bar (see fig. 5.5). Move the mouse pointer off the button before releasing the mouse button, and then place the mouse pointer over the **F**ile menu's **E**xit command. Hint text again appears in the message bar.

Fig. 5.5
The MSGBAR application.

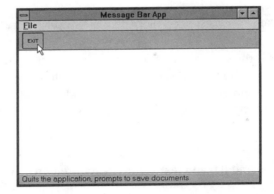

Listing 5.5 MSGBAR.CPP—Creates a Window with a Message Bar

```cpp
///////////////////////////////////////////////////////
// MSGBAR.CPP: Demonstrates creating and handling a
//             decorated window with a message bar.
///////////////////////////////////////////////////////

#include <owl\applicat.h>
#include <owl\decframe.h>
#include <owl\controlb.h>
#include <owl\messageb.h>
#include <owl\buttonga.h>
#include "msgbar.rc"

/////////////////////////////////
// The application class.
/////////////////////////////////
class TApp : public TApplication
{
public:
   TApp(): TApplication() {}
   void InitMainWindow();
};

/////////////////////////////////
// The main window class.
/////////////////////////////////
class TWndw : public TDecoratedFrame
{
public:
```

```
    TWndw(TWindow *parent, const char far *title,
        TWindow *client, BOOL trackMenuSelection);
};

/////////////////////////////////////////////////////////////
// TWndw::TWndw()
/////////////////////////////////////////////////////////////
TWndw::TWndw(TWindow *parent, const char far *title,
        TWindow *clientWnd, BOOL trackMenuSelection):
        TDecoratedFrame(parent, title, clientWnd,
                        trackMenuSelection)
{
    TButtonGadget *b;

    AssignMenu(MENU_1);
    Attr.X = 50;
    Attr.Y = 50;
    Attr.W = GetSystemMetrics(SM_CXSCREEN) / 1.5;
    Attr.H = GetSystemMetrics(SM_CYSCREEN) / 1.5;

    // Add a control bar to the window.
    TControlBar *cntrlBar = new TControlBar(this);
    b = new TButtonGadget(BMP_EXIT, CM_EXIT);
    cntrlBar->Insert(*b);
    Insert(*cntrlBar);

    // Create a new message bar.
    TMessageBar *msgbar = new TMessageBar(this);

    // Display a label in the message bar.
    msgbar->SetText("Messages");

    // Add the message bar to the bottom of the window.
    Insert(*msgbar, TDecoratedFrame::Bottom);
}

/////////////////////////////////////////////////////////////
// TApp::InitMainWindow()
/////////////////////////////////////////////////////////////
void TApp::InitMainWindow()
{
    TWindow *client = new TWindow(0,0,0);
    TDecoratedFrame *wndw =
        new TWndw(0, "Message Bar App", client, TRUE);

    SetMainWindow(wndw);
}

/////////////////////////////////////////////////////////////
// OwlMain()
/////////////////////////////////////////////////////////////
int OwlMain(int, char*[])
{
    return TApp().Run();
}
```

How Do I Place a Status Bar in a Window?

A message bar sets aside space, usually at the bottom of your main window, for hint text and other messages you may want to pass on to the user. A status bar is a message bar that provides not only this message-displaying power, but also the ability to track the status of various keys, including the Num Lock, Caps Lock, and Insert keys. In some applications, the user finds it very helpful to see at a glance the status of these keys, so OWL provides the TStatusBar class, which automatically reports this information.

The Solution

First, create the status bar by calling the TStatusBar class's constructor:

```
TStatusBar *statBar = new TStatusBar(this,
    TGadget::Embossed, TStatusBar::CapsLock ¦
    TStatusBar::NumLock ¦ TStatusBar::Overtype);
```

This constructor is more complicated than a message bar's, taking five arguments, although only three are shown in the preceding code. The first argument is a pointer to the status bar's parent window. The second argument is the status bar's border style, which can be TGadget::None, TGadget::Recessed, TGadget::Embossed, TGadget::Plain, or TGadget::Raised.

The third argument determines for which keys or modes the status bar will display information. These can be TStatusBar::ExtendSelection, TStatusBar::CapsLock, TStatusBar::NumLock, TStatusBar::ScrollLock, TStatusBar::Overtype, and TStatusBar::RecordingMacro. You OR together the values to obtain a single unsigned integer containing bit flags for the mode indicators you want to display on the status bar.

The fourth and fifth arguments are a pointer to a TGadgetWindowFont and a TLibId. All five arguments have default values, so you need not supply them all. The preceding example supplies only the first three arguments.

After constructing the status bar, you can set the status bar's caption:

```
statBar->SetText("Status");
```

SetText()'s single argument is a pointer to the text that will appear in the status bar (when other messages are absent).

Finally, add the status bar to the main window, by calling the window's Insert() member function:

```
Insert(*statBar, TDecoratedFrame::Bottom);
```

This function's two arguments are a reference to the status bar object and a position, which must be `TDecoratedFrame::Top` or `TDecoratedFrame::Bottom`. `Bottom` is the normal position for a status bar.

> ### Note
>
> In order to use a status bar in your program, remember to include the STATUSBA.H header file in your code.

The Sample Program

When you run the STATBAR program, you see the window shown in figure 5.6. The application's main window contains a status bar, so it not only displays hint text, but also shows the status of various keyboard keys—in this case, the Caps Lock, Num Lock, and Insert keys. If you switch the mode of any of these keys, the status bar updates to show the new key status. If the key is toggled off, the status bar shows nothing. If the key is on, the status bar displays the key's indicator in the appropriate status bar box. Like a message bar, if you place the mouse pointer over a menu command, the application displays hint text (see fig. 5.7).

◄ See "How Do I Place a Control Bar in a Window?," p. 205

◄ See "How Do I Place a Message Bar in a Window?," p. 211

► See "How Do I Create a Toolbox?," p. 219

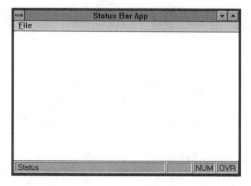

Fig. 5.6
The STATBAR application.

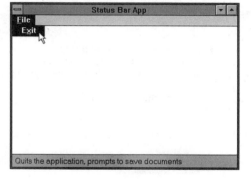

Fig. 5.7
Hint text in a status bar.

Listing 5.6 STATBAR.CPP—An Application with a Status Bar

```cpp
///////////////////////////////////////////////////////////
// STATBAR.CPP: Demonstrates creating and handling a
//              decorated window with a status bar.
///////////////////////////////////////////////////////////

#include <owl\applicat.h>
#include <owl\decframe.h>
#include <owl\statusba.h>
#include "statbar.rc"

///////////////////////////////////
// The application class.
///////////////////////////////////
class TApp : public TApplication
{
public:
    TApp(): TApplication() {}
    void InitMainWindow();
};

///////////////////////////////////
// The main window class.
///////////////////////////////////
class TWndw : public TDecoratedFrame
{
public:
    TWndw(TWindow *parent, const char far *title,
        TWindow *client, BOOL trackMenuSelection);
};

///////////////////////////////////////////////////////////
// TWndw::TWndw()
///////////////////////////////////////////////////////////
TWndw::TWndw(TWindow *parent, const char far *title,
        TWindow *clientWnd, BOOL trackMenuSelection):
        TDecoratedFrame(parent, title, clientWnd,
                        trackMenuSelection)
{
    AssignMenu(MENU_1);
    Attr.X = 50;
    Attr.Y = 50;
    Attr.W = 400;
    Attr.H = 300;

    // Create a new status bar.
    TStatusBar *statBar = new TStatusBar(this,
        TGadget::Embossed, TStatusBar::CapsLock ¦
        TStatusBar::NumLock ¦ TStatusBar::Overtype);

    // Display a label in the status bar.
    statBar->SetText("Status");

    // Add the status bar to the bottom of the window.
```

```
        Insert(*statBar, TDecoratedFrame::Bottom);
}


/////////////////////////////////////////////////////////
// TApp::InitMainWindow()
/////////////////////////////////////////////////////////
void TApp::InitMainWindow()
{
    // A TDecoratedFrame window must have a client window.
    TWindow *client = new TWindow(0,0,0);

    // Construct the main window.
    TDecoratedFrame *wndw =
        new TWndw(0, "Status Bar App", client, TRUE);

    // Set the application object's MainWindow pointer.
    SetMainWindow(wndw);
}


/////////////////////////////////////////////////////////
// OwlMain()
/////////////////////////////////////////////////////////
int OwlMain(int, char*[])
{
    return TApp().Run();
}
```

How Do I Create a Toolbox?

When a computer user loads the latest and greatest Windows application, she expects to find the on-screen tools she needs neatly organized. And we ever-faithful programmers oblige by providing menus, dialog boxes, and MDI windows. In some programs, menu commands enable a user to choose among many options, such as fonts, colors, line styles, text alignment, and shapes. Often, the user needs these tools so often that it's convenient to have them displayed on-screen in a toolbox rather than buried in the application's menu bar. OWL toolboxes, represented by the TToolbox class, make it easy for you to build such toolboxes into your programs.

In ObjectWindows 2.0, toolboxes are really nothing more than a special type of window—derived from the TGadgetWindow class—that holds a series of OWL gadgets. OWL automatically arranges these gadgets—which can include bitmaps, buttons, text, controls, and separators—into a symmetrical matrix, with all columns the same width and all rows the same height. In many ways, an OWL toolbox is much like an OWL control bar, the difference being mainly in the way the gadgets are arranged. As you'll soon see, creating a toolbar is just as easy as creating a control bar.

The Solution

To add a toolbox to your program, you need at least three classes: the application class, the main window class, and the client window class. The main window, derived from OWL's TDecoratedFrame class, owns both the client window and the toolbox and handles all interactions with the toolbox:

```
class TWndw : public TDecoratedFrame
{
protected:
   TToolBox *toolBox;

public:
   TWndw(TWindow *parent, const char far *title,
      TWindow *client);

protected:
   void CmButton(WPARAM Id);

   DECLARE_RESPONSE_TABLE(TWndw);
};

DEFINE_RESPONSE_TABLE1(TWndw, TDecoratedFrame)
   EV_COMMAND(CM_BUTTON, CmButton),
END_RESPONSE_TABLE;
```

The preceding class contains a message-response function for a single toolbox button. (You can have as many toolbox controls as you want.) When the user clicks the toolbox's button, the main window receives and responds to the command message. In the sample code fragment, this message is CM_BUTTON. As you can see from the response table, OWL routes this message to the function CmButton().

After creating your frame window class, derive your client window from OWL's TWindow class:

```
class TCWndw : public TWindow
{
public:
   TCWndw::TCWndw(TWindow *parent, const char far *title):
      TWindow(parent, title) {};

protected:
   LRESULT PmButtonPressed(WPARAM width, LPARAM);

   DECLARE_RESPONSE_TABLE(TCWndw);
};

DEFINE_RESPONSE_TABLE1(TCWndw, TWindow)
   EV_MESSAGE(PM_BUTTONPRESSED, PmButtonPressed),
END_RESPONSE_TABLE;
```

As you can see, the client window class is charged with handling the user-defined message, PM_BUTTONPRESSED, that the main window sends to the client window whenever the user clicks the toolbox's button.

When the user clicks a toolbox control, the main window must send a message to the client window. You do this by posting a user-defined message. In the preceding sample client-window class, this message is the PM_BUTTONPRESSED message and the function that sends it is CmButton():

```
void TWndw::CmButton(WPARAM Id)
{
    ClientWnd->PostMessage(PM_BUTTONPRESSED, Id, 0);
}
```

CmButton() sends the message to the client window by calling the PostMessage() function, an OWL version of a Windows API function of the same name. The first parameter to the PostMessage() function is the message type, and the second and third parameters are the message's wParam and lParam values, respectively. With user-defined messages, the values of wParam and lParam are up to you.

You should construct the toolbox itself in the main window's constructor. First, call the OWL TToolBox class's constructor:

```
toolBox = new TToolBox(this);
```

Although the preceding call to the TToolBox constructor contains only one argument, a pointer to the parent window, the full constructor's prototype looks like the following:

```
TToolBox(TWindow *parent, int numColumns=2,
    int numRows=AS_MANY_AS_NEEDED,
    TTileDirection direction=RowMajor, TLibId libId=0);
```

The preceding arguments are a pointer to the toolbox's parent window, the number of columns in the toolbox, the number of rows in the toolbox, the direction in which to tile the toolbox's gadgets, and a TLibId. Because all the arguments but the first have default values, you can often let OWL supply values for the rest of the arguments. However, you can construct your toolbox any way you want by supplying the appropriate values.

After constructing an empty toolbox, fill the toolbox with its gadgets:

```
b = new TButtonGadget(BMP_BUTTON, CM_BUTTON,
    TButtonGadget::Exclusive,
    TRUE, TButtonGadget::Up);

toolBox->Insert(*b);
```

Previous decorated-window programs in this book relied on the `TButtonGadget` constructor's default arguments, supplying only the button gadget's bitmap resource ID and command ID. A toolbox, however, may need buttons of the exclusive type, rather than the command type, so the third argument in the preceding fragment is `TButtonGadget::Exclusive`, a style that allows only one button in the group to be active. The `TButtonGadget` contains the `TType` enumeration, which defines the types Command, Exclusive, and Nonexlusive.

The fourth argument in the `TButtonGadget` constructor call is a Boolean value indicating whether the gadget should be enabled. The last argument gives the button gadget's initial state, which is one of the enumerated states: Up, Down, or Indeterminate. In a toolbox, often only one button in each group has the type `TButtonGadget::Down`; the other button gadgets in the group are set to `TButtonGadget::Up`.

▶ See "How Do I Create a Floating Toolbox?," p. 226

◀ See "How Do I Send My Own Windows Messages?," p. 47

Finally, after constructing each gadget and inserting the gadgets into the toolbox with the `Insert()` function, add the completed toolbox to the window, by calling the class's `Insert()` member function:

```
Insert(*toolBox, TDecoratedFrame::Left);
```

◀ See "How Do I Place a Control Bar in a Window?," p. 205

◀ See "How Do I Place a Message Bar in a Window?," p. 211

> **Note**
>
> Windows defines a constant to represent the value at which you can start defining your own messages. This constant is `WM_USER`. Windows reserves all messages from 0 to `WM_USER`-1 for its own use. However, you can define any messages you like between the values of `WM_USER` and `WM_USER+0x7FFF`. It's not necessary to know the value of `WM_USER`. In fact, Microsoft may very well redefine the current value assigned to `WM_USER`. All you need to know is that you should define user-defined Windows messages starting at `WM_USER`.

◀ See "How Do I Place a Status Bar in a Window?," p. 216

The Sample Program

When you run the TOOLBOX program, you see the window shown in figure 5.8. This window has the usual menu bar, but also a toolbox that enables you to select line styles. Click on one of the line buttons, and a message box appears, informing you of your new line choice. Although this sample application doesn't do much, it could be the starting point for a drawing or painting program.

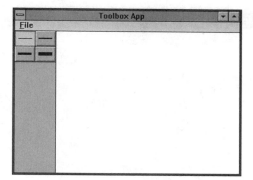

Fig. 5.8
The TOOLBOX
application.

Listing 5.7   TOOLBOX.CPP—An Application with a Toolbox

```
//////////////////////////////////////////////////////
// TOOLBOX.CPP: Demonstrates creating and handling a
//              decorated window with a toolbox.
//////////////////////////////////////////////////////

#include <owl\applicat.h>
#include <owl\decframe.h>
#include <owl\toolbox.h>
#include <owl\buttonga.h>
#include "toolbox.rc"

////////////////////////////////
// The application class.
////////////////////////////////
class TApp : public TApplication
{
public:
   TApp(): TApplication() {}
   void InitMainWindow();
};

////////////////////////////////
// The frame window class.
////////////////////////////////
class TWndw : public TDecoratedFrame
{
protected:
   TToolBox *toolBox;

public:
   TWndw(TWindow *parent, const char far *title,
      TWindow *client);

protected:
   void CmLine(WPARAM Id);
```

(continues)

```
   DECLARE_RESPONSE_TABLE(TWndw);
};

DEFINE_RESPONSE_TABLE1(TWndw, TDecoratedFrame)
   EV_COMMAND_AND_ID(CM_LINE1, CmLine),
   EV_COMMAND_AND_ID(CM_LINE2, CmLine),
   EV_COMMAND_AND_ID(CM_LINE3, CmLine),
   EV_COMMAND_AND_ID(CM_LINE4, CmLine),
END_RESPONSE_TABLE;

////////////////////////////////
// The client window class.
////////////////////////////////
class TCWndw : public TWindow
{
public:
   TCWndw::TCWndw(TWindow *parent, const char far *title):
      TWindow(parent, title) {};

protected:
   LRESULT PmChangeLine(WPARAM width, LPARAM);

   DECLARE_RESPONSE_TABLE(TCWndw);
};

DEFINE_RESPONSE_TABLE1(TCWndw, TWindow)
   EV_MESSAGE(PM_CHANGELINE, PmChangeLine),
END_RESPONSE_TABLE;

/////////////////////////////////////////////////////////
// TWndw::TWndw()
/////////////////////////////////////////////////////////
TWndw::TWndw(TWindow *parent, const char far *title,
      TWindow *clientWnd) :
      TDecoratedFrame(parent, title, clientWnd)
{
   TButtonGadget *b;

   AssignMenu(MENU_1);
   Attr.X = 50;
   Attr.Y = 50;
   Attr.W = 400;
   Attr.H = 300;

   // Create a new toolbox object.
   toolBox = new TToolBox(this);

   // Add gadgets to the toolbox.
   b = new TButtonGadget(BMP_LINE1, CM_LINE1,
     TButtonGadget::Exclusive,
     TRUE, TButtonGadget::Down);
   toolBox->Insert(*b);
   b = new TButtonGadget(BMP_LINE2, CM_LINE2,
```

```
              TButtonGadget::Exclusive,
              TRUE, TButtonGadget::Up);
      toolBox->Insert(*b);
      b = new TButtonGadget(BMP_LINE3, CM_LINE3,
              TButtonGadget::Exclusive,
              TRUE, TButtonGadget::Up);
      toolBox->Insert(*b);
      b = new TButtonGadget(BMP_LINE4, CM_LINE4,
              TButtonGadget::Exclusive,
              TRUE, TButtonGadget::Up);
      toolBox->Insert(*b);

      // Add the toolbox to this window.
      Insert(*toolBox, TDecoratedFrame::Left);
}

//////////////////////////////////////////////////////////
// TWndw::CmLine()
//////////////////////////////////////////////////////////
void TWndw::CmLine(WPARAM Id)
{
    ClientWnd->PostMessage(PM_CHANGELINE, Id-100, 0);
}

//////////////////////////////////////////////////////////
// TCWndw::PmChangeLine()
//////////////////////////////////////////////////////////
LRESULT TCWndw::PmChangeLine(WPARAM width, LPARAM)
{
    char s[25];

    wsprintf(s, "The new width is %d.", width);
    MessageBox(s, "Line Width");
    return 1;
}

//////////////////////////////////////////////////////////
// TApp::InitMainWindow()
//////////////////////////////////////////////////////////
void TApp::InitMainWindow()
{
    // Construct the client window.
    TWindow *client = new TCWndw(0,0);

    // Construct the frame window.
    TDecoratedFrame *frame =
        new TWndw(0, "Toolbox App", client);

    SetMainWindow(frame);
}

//////////////////////////////////////////////////////////
// OwlMain()
//////////////////////////////////////////////////////////
```

(continues)

Listing 5.7 Continued

```
int OwlMain(int, char*[])
{
    return TApp().Run();
}
```

How Do I Create a Floating Toolbox?

A toolbox can take up a good part of a window's valuable real estate, which limits the amount of data the window can display. That's one of the down sides of keeping controls on-screen where they're convenient for the user. They've got to take up space somewhere. But, although you can't avoid using screen space for your toolboxes, you can create a movable toolbox. The ability to move a toolbox gives the user full access to any part of the screen, while at the same time keeping the toolbox visible at all times.

Creating a floating toolbox isn't much different from creating the stationary toolbox. The difference is that, instead of having the client window as a parent, the floating toolbox has a TFloatingFrame window as its parent.

The Solution

You need to create only two of your own window classes to implement a floating toolbox. This is because you can use a generic TDecoratedFrame as your program's frame window, and pass off all the toolbox button-handling chores to the new TFloatingFrame window, which contains the toolbox. In addition, you can place the toolbox-creation chores in the client-window class. This class also responds to the user-defined messages generated by the toolbox:

```
class TCWndw : public TWindow
{
protected:
    TToolBox *toolBox;
    TFloatingFrame *toolFrame;

public:
    TCWndw(TWindow *parent, const char far *title);

protected:
    LRESULT PmButtonPressed(WPARAM width, LPARAM);

    DECLARE_RESPONSE_TABLE(TCWndw);
};
```

```
DEFINE_RESPONSE_TABLE1(TCWndw, TWindow)
    EV_MESSAGE(PM_BUTTONPRESSED, PmButtonPressed),
END_RESPONSE_TABLE;
```

Also, create a new class derived from OWL's TFloatingFrame. This new class will handle the user's interaction with the toolbox, which makes sense, because this new floating window is the toolbox's owner:

```
class TFFrame : public TFloatingFrame
{
public:
    TFFrame(TWindow *parent, char *title,
        TWindow *clientWnd, BOOL ShrinkToClient,
        int CaptionHeight, BOOL EnablePalette);

protected:
    void SetupWindow();
    void CmButton(WPARAM Id);

    DECLARE_RESPONSE_TABLE(TFFrame);
};

DEFINE_RESPONSE_TABLE1(TFFrame, TFloatingFrame)
    EV_COMMAND(CM_BUTTON, CmButton),
END_RESPONSE_TABLE;
```

In addition to its constructor, this class includes the CmButton() function, as well as its own SetupWindow() function. The CmButton() function sends a user-defined message when the user clicks a toolbox button:

```
void TFFrame::CmButton(WPARAM Id)
{
    Parent->PostMessage(PM_BUTTONPRESSED, Id, 0);
}
```

CmButton() sends the message to the client window by calling the PostMessage() function, an OWL version of a Windows API function of the same name. The first parameter to the PostMessage() function is the message type, and the second and third parameters are the message's wParam and lParam values, respectively. With user-defined messages, the values of wParam and lParam are up to you. You may, of course, have more than one message-response function for your floating toolbox, depending on the number of gadgets the toolbox holds and how you plan to respond to those gadgets.

In the client-window class's constructor, build your floating toolbox. First, construct a new empty toolbox:

```
toolBox = new TToolBox(0);
```

Because the toolbox's parent hasn't yet been constructed, pass a zero as the toolbox's parent pointer. After constructing the toolbox, add control gadgets to the toolbox:

```
b = new TButtonGadget(BMP_LINE1, CM_LINE1,
   TButtonGadget::Exclusive,
   TRUE, TButtonGadget::Down);

toolBox->Insert(*b);
```

The TButtonGadget constructor arguments used in the preceding fragment are the button gadget's bitmap resource ID and command ID, a button style (which must be TButtonGadget::Command, TButtonGadget::Exclusive, or TButtonGadget::Nonexclusive), a Boolean value indicating whether the gadget should be enabled, and the button gadget's initial state, which is one of the enumerated states: Up, Down, or Indeterminate. After constructing the gadget, add it to the toolbox by calling the toolbox's Insert() function.

Finally, construct an instance of your TFloatingFrame window, using the toolbox as its client window:

```
toolFrame = new TFFrame(this, "Toolbox", toolBox,
   TRUE, TFloatingFrame::DefaultCaptionHeight, TRUE);
```

The floating window's constructor should look something like this:

```
TFFrame::TFFrame(TWindow *parent, char *title,
   TWindow *clientWnd, BOOL shrinkToClient,
   int captionHeight, BOOL enablePalette) :
   TFloatingFrame(parent, title, clientWnd,
   shrinkToClient, captionHeight, enablePalette)
{
}
```

Because your custom window class is derived from OWL's TFloatingFrame, its constructor must call TFloatingFrame's constructor with the appropriate arguments. Those arguments are a pointer to the parent window, the window's title, a pointer to the window's client window, a Boolean value that indicates whether the window should shrink to the size of the client, the height of the window's caption bar, and a Boolean value that represents whether the window should be created as a floating palette. A floating palette is a TFloatingFrame with a tiny caption and a window border, but no maximize or minimize buttons. It has no system menu, but does still have a close box, which closes the palette in response to a single click.

Because the floating frame window is liable to pop up just about anywhere on the screen, you'll probably want to adjust its coordinates so that the toolbox appears over the application's main window. You can handle this in the floating frame's SetupWindow() function:

```
void TFFrame::SetupWindow()
{
  TFloatingFrame::SetupWindow();

  TRect rect;
  Parent->GetWindowRect(rect);
  SetWindowPos(0, rect.left+20, rect.top+20,
    0, 0, SWP_NOSIZE | SWP_NOZORDER);
}
```

◀ See "How Do I Create a Toolbox?," p. 219

Here, the program first calls the base class's SetupWindow(). Then a call to OWL's version of Windows GetWindowRect() gets the screen coordinates of the main window. The coordinates, which are returned into a TRect object, are then used in a call to SetWindowPos() to position the window. SetWindowPos()'s six arguments are the handle of the window after which the window should be ordered, the X and Y coordinates of the window, the width and height of the window, and an unsigned integer containing bit flags indicating how to interpret the window's size and position values. The SWP_NOSIZE flag tells Windows to ignore the given width and height, and the SWP_NOZORDER tells Windows to ignore the first parameter (Windows does not reorder the windows).

◀ See "How Do I Send My Own Windows Messages?," p. 47

◀ See "How Do I Place a Control Bar in a Window?," p. 205

◀ See "How Do I Place a Message Bar in a Window?," p. 211

The Sample Program

The FLOATBOX.CPP listing produces the window shown in figure 5.9. Unlike the previous toolbox application, this toolbox is in a floating window that you can move anywhere on the screen. The toolbox doesn't even have to stay within the bounds of its owning window. Regardless of where you place the toolbox, the controls work just as they did with the stationary version of the toolbox. Click a toolbox button, and you see a message box informing you of your choice (see fig. 5.10).

◀ See "How Do I Place a Status Bar in a Window?," p. 216

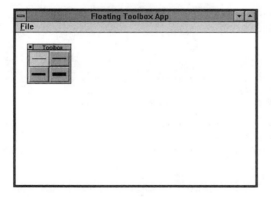

Fig. 5.9
The FLOATBOX application.

Fig. 5.10
The toolbox
responds to a
button click.

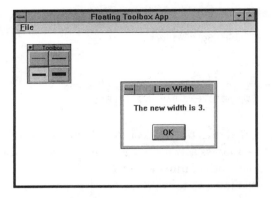

Fig. 5.10
The toolbox
responds to a
button click.

Listing 5.8   FLOATBOX.CPP—An Application with a Floating Toolbox

```cpp
///////////////////////////////////////////////////////////
// FLOATBOX.CPP: Demonstrates creating and handling a
//               decorated window with a floating toolbox.
///////////////////////////////////////////////////////////

#include <owl\applicat.h>
#include <owl\decframe.h>
#include <owl\floatfra.h>
#include <owl\toolbox.h>
#include <owl\buttonga.h>
#include "floatbox.rc"

//////////////////////////////////
// The application class.
//////////////////////////////////
class TApp : public TApplication
{
public:
   TApp(): TApplication() {}
   void InitMainWindow();
};

//////////////////////////////////
// The client window class.
//////////////////////////////////
class TCWndw : public TWindow
{
protected:
   TToolBox *toolBox;
   TFloatingFrame *toolFrame;

public:
   TCWndw(TWindow *parent, const char far *title);

protected:
```

```
      LRESULT PmChangeLine(WPARAM width, LPARAM);

      DECLARE_RESPONSE_TABLE(TCWndw);
};

DEFINE_RESPONSE_TABLE1(TCWndw, TWindow)
   EV_MESSAGE(PM_CHANGELINE, PmChangeLine),
END_RESPONSE_TABLE;

////////////////////////////////
// The floating frame's class.
////////////////////////////////
class TFFrame : public TFloatingFrame
{
public:
   TFFrame(TWindow *parent, char *title,
      TWindow *clientWnd, BOOL ShrinkToClient,
      int CaptionHeight, BOOL EnablePalette);

protected:
   void SetupWindow();
   void CmLine(WPARAM Id);

   DECLARE_RESPONSE_TABLE(TFFrame);
};

DEFINE_RESPONSE_TABLE1(TFFrame, TFloatingFrame)
   EV_COMMAND_AND_ID(CM_LINE1, CmLine),
   EV_COMMAND_AND_ID(CM_LINE2, CmLine),
   EV_COMMAND_AND_ID(CM_LINE3, CmLine),
   EV_COMMAND_AND_ID(CM_LINE4, CmLine),
END_RESPONSE_TABLE;

/////////////////////////////////////////////////////////////
// TCWndw::TCWndw()
/////////////////////////////////////////////////////////////
TCWndw::TCWndw(TWindow *parent, const char far *title) :
   TWindow(parent, title)
{
   TButtonGadget *b;

   // Create a new toolbox object.
   toolBox = new TToolBox(0);

   // Place gadgets into the toolbox.
   b = new TButtonGadget(BMP_LINE1, CM_LINE1,
      TButtonGadget::Exclusive,
      TRUE, TButtonGadget::Down);
   toolBox->Insert(*b);
   b = new TButtonGadget(BMP_LINE2, CM_LINE2,
      TButtonGadget::Exclusive,
      TRUE, TButtonGadget::Up);
   toolBox->Insert(*b);
   b = new TButtonGadget(BMP_LINE3, CM_LINE3,
```

(continues)

Listing 5.8 Continued

```
        TButtonGadget::Exclusive,
        TRUE, TButtonGadget::Up);
    toolBox->Insert(*b);
    b = new TButtonGadget(BMP_LINE4, CM_LINE4,
        TButtonGadget::Exclusive,
        TRUE, TButtonGadget::Up);
    toolBox->Insert(*b);

    // Construct a floating frame window with the
    // toolbox as a client window.
    toolFrame = new TFFrame(this, "Toolbox", toolBox,
        TRUE, TFloatingFrame::DefaultCaptionHeight, TRUE);
}

//////////////////////////////////////////////////////////
// TCWndw::PmChangeLine()
//////////////////////////////////////////////////////////
LRESULT TCWndw::PmChangeLine(WPARAM width, LPARAM)
{
    char s[25];

    wsprintf(s, "The new width is %d.", width);
    MessageBox(s, "Line Width");
    return 1;
}

//////////////////////////////////////////////////////////
// TFFrame::TFFrame()
//////////////////////////////////////////////////////////
TFFrame::TFFrame(TWindow *parent, char *title,
    TWindow *clientWnd, BOOL shrinkToClient,
    int captionHeight, BOOL enablePalette) :
    TFloatingFrame(parent, title, clientWnd,
    shrinkToClient, captionHeight, enablePalette)
{
}

//////////////////////////////////////////////////////////
// TFFrame::SetupWindow()
//////////////////////////////////////////////////////////
void TFFrame::SetupWindow()
{
    // Must call base class's SetupWindow()!!
    TFloatingFrame::SetupWindow();

    // Make sure the floating frame window appears at
    // an acceptable screen location.
    TRect rect;
    Parent->GetWindowRect(rect);
    SetWindowPos(0, rect.left+20, rect.top+20,
        0, 0, SWP_NOSIZE | SWP_NOZORDER);
}
```

```
/////////////////////////////////////////////////////////
// TFFrame::CmLine()
/////////////////////////////////////////////////////////
void TFFrame::CmLine(WPARAM Id)
{
    Parent->PostMessage(PM_CHANGELINE, Id-100, 0);
}


/////////////////////////////////////////////////////////
// TApp::InitMainWindow()
/////////////////////////////////////////////////////////
void TApp::InitMainWindow()
{
    // Construct the client window.
    TWindow *client = new TCWndw(0, 0);

    // Construct the frame window.
    TDecoratedFrame *frame =
        new TDecoratedFrame(0, "Floating Toolbox App",
        client);

    // Add the menu to the main window.
    frame->AssignMenu(MENU_1);

    // Position and size the main window.
    frame->Attr.X = 50;
    frame->Attr.Y = 50;
    frame->Attr.W = GetSystemMetrics(SM_CXSCREEN) / 1.5;
    frame->Attr.H = GetSystemMetrics(SM_CYSCREEN) / 1.5;

    SetMainWindow(frame);
}


/////////////////////////////////////////////////////////
// OwlMain()
/////////////////////////////////////////////////////////
int OwlMain(int, char*[])
{
    return TApp().Run();
}
```

How Do I Prevent the User from Changing the Size of a Window?

Most windows in a Windows application should display their data flexibly enough that changing the window size redisplays the data to fill the new window area. However, some applications have window displays that may look strange if the window's size is changed. For example, a window that displays a set of controls will show a lot of blank space if the window is made larger and will hide some of the controls if the window is made smaller.

Thanks to all the window styles available, you can force a window to remain the same size by not giving the window a thick border. Unfortunately, a main window without a thick border may not look the way you want it to. In addition to allowing the user to control the size of a window, the thick border provides a solid boundary between the window and the rest of the user's desktop.

Luckily, Windows doesn't leave you at the mercy of the user, even if your application's window features a thick border. When the user tries to change the size of a window, Windows sends your application a WM_GETMINMAXINFO message, to which you can respond by telling Windows the maximized size of the window, as well as the minimum and maximum tracking sizes of the window. The maximized size is, of course, the size of the window when it's maximized. The minimum and maximum tracking sizes are the smallest and largest window that can be formed by dragging on the window's thick border.

The Solution

Because you must respond to the WM_GETMINMAXINFO Windows message, create a window class that contains a message-response function for this message:

```
class TWndw : public TFrameWindow
{
public:
    TWndw(TWindow *parent, const char far *title);

protected:
    void EvGetMinMaxInfo(MINMAXINFO far &minMaxInfo);

    DECLARE_RESPONSE_TABLE(TWndw);
};

DEFINE_RESPONSE_TABLE1(TWndw, TFrameWindow)
    EV_WM_GETMINMAXINFO,
END_RESPONSE_TABLE;
```

The message-response function for the WM_GETMINMAXINFO message is EvGetMinMaxInfo(). This function's single parameter is a reference to a MINMAXINFO structure that contains information about a window. The structure is defined by Windows as follows:

```
typedef struct tagMINMAXINFO
{
    POINT ptReserved;
    POINT ptMaxSize;
    POINT ptMaxPosition;
    POINT ptMinTrackSize;
    POINT ptMaxTrackSize;
} MINMAXINFO;
```

The first point in the structure is reserved. The remaining four points are the window's maximum size, maximized position, minimum track size, and maximum track size, respectively. To force the window to a certain size, you need only set the appropriate points in the structure:

```
minMaxInfo.ptMaxSize.x = 400;
minMaxInfo.ptMaxSize.y = 300;
minMaxInfo.ptMinTrackSize.x = 400;
minMaxInfo.ptMinTrackSize.y = 300;
minMaxInfo.ptMaxTrackSize.x = 400;
minMaxInfo.ptMaxTrackSize.y = 300;
```

At the end of `EvGetMinMaxInfo()`, allow regular `WM_GETMINMAXINFO` message processing by calling `DefaultProcessing()`:

```
DefaultProcessing();
```

◀ See "How Do I Respond to Windows Messages?," p. 39

◀ See "How Do I Customize the Attributes of My Main Window?," p. 193

The Sample Program

Run the ONESIZE program, and you see the window shown in figure 5.11. Try to resize the window by dragging on its thick border. You'll discover that the window cannot be resized even by clicking the maximize button, which will move the window to its maximized position, but will not change its size. In fact, the only way to change the window's size is to minimize it.

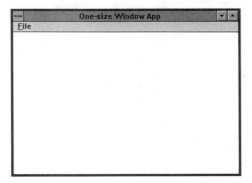

Fig. 5.11
The ONESIZE application.

Listing 5.9   ONESIZE.CPP—Keeps the Window from Being Resized

```
/////////////////////////////////////////////////////////
// ONESIZE.CPP: Shows how to keep a window's size from
//              changing.
/////////////////////////////////////////////////////////

#include <owl\applicat.h>
#include <owl\framewin.h>
#include "onesize.rc"
```

(continues)

Listing 5.8 Continued

```
/////////////////////////////////
// The application class.
/////////////////////////////////
class TApp : public TApplication
{
public:
   TApp(): TApplication() {}
   void InitMainWindow();
};

/////////////////////////////////
// The main window class.
/////////////////////////////////
class TWndw : public TFrameWindow
{
public:
   TWndw(TWindow *parent, const char far *title);

protected:
   void EvGetMinMaxInfo(MINMAXINFO far &minMaxInfo);

   DECLARE_RESPONSE_TABLE(TWndw);
};

DEFINE_RESPONSE_TABLE1(TWndw, TFrameWindow)
   EV_WM_GETMINMAXINFO,
END_RESPONSE_TABLE;

///////////////////////////////////////////////////////////
// TWndw::TWndw()
///////////////////////////////////////////////////////////
TWndw::TWndw(TWindow *parent, const char far *title):
      TFrameWindow(parent, title)
{
   AssignMenu(MENU_1);
   Attr.X = 50;
   Attr.Y = 50;
   Attr.W = 400;
   Attr.H = 300;
}

///////////////////////////////////////////////////////////
// TWndw::EvGetMinMaxInfo()
///////////////////////////////////////////////////////////
void TWndw::EvGetMinMaxInfo(MINMAXINFO far &minMaxInfo)
{
   // Change the default size of the window.
   minMaxInfo.ptMaxSize.x = 400;
   minMaxInfo.ptMaxSize.y = 300;
   minMaxInfo.ptMinTrackSize.x = 400;
   minMaxInfo.ptMinTrackSize.y = 300;
   minMaxInfo.ptMaxTrackSize.x = 400;
   minMaxInfo.ptMaxTrackSize.y = 300;
```

```
   // Allow regular message processing.
   DefaultProcessing();
}

///////////////////////////////////////////////////////////
// TApp::InitMainWindow()
///////////////////////////////////////////////////////////
void TApp::InitMainWindow()
{
   TFrameWindow *wndw =
      new TWndw(0, "One-size Window App");
   SetMainWindow(wndw);
}

///////////////////////////////////////////////////////////
// OwlMain()
///////////////////////////////////////////////////////////
int OwlMain(int, char*[])
{
   return TApp().Run();
}
```

How Do I Move or Hide a Control Bar?

The more control you give the user over your application, the happier that user will be. For example, modern Windows applications with control bars often allow the user to move the control bar to a new location or even hide it completely. OWL's developers are well aware of a user's needs and so have built these sorts of abilities into OWL's classes. Moving a control bar to a new location, then, requires only a few lines of code, whereas hiding and showing the control bar is almost automatic—as long as you've set up your menu-command IDs properly.

The Solution

To move a control bar to a new position within your application's main window, first call the control bar's SetDirection() member function:

```
controlBar->SetDirection(TControlBar::Vertical);
```

This function's single argument must be either TControlBar::Vertical or TControlBar::Horizontal.

The next step is to reinsert the control bar into the TDecoratedFrame window, by calling the window's Insert() member function:

```
frame->Insert(*controlBar, TDecoratedFrame::Left);
```

This function call requires as arguments a pointer to the control bar object and a value indicating the control bar's position. If you previously set the control bar to TControlBar::Vertical, Insert()'s second parameter must be TDecoratedFrame::Left or TDecoratedFrame::Right. If you previously set the control bar to TControlBar::Horizontal, Insert()'s second parameter must be TDecoratedFrame::Top or TDecoratedFrame::Bottom.

Finally, to redraw the control bar in its new position, call the frame window's Layout() member function:

```
frame->Layout();
```

> **Caution**
>
> Remember that a control bar can be placed only in a TDecoratedFrame window. You need to make your main window a derivative of this class, rather than the usual TFrameWindow. A TFrameWindow does not have Insert() and Layout() as member functions.

To give the user the power to show or hide the control bar, first create the menu command (in your resource file) that will control this feature:

```
MENU_1 MENU
{
 POPUP "&File"
 {
  MENUITEM "E&xit", CM_EXIT
 }

 POPUP "&Options"
 {
  MENUITEM "&Control Bar", CM_CONTROLBAR
 }

}
```

Then, in your main program's source code where you construct your control bar, associate the menu command's ID with the control bar's Attr.Id data member:

```
controlBar->Attr.Id = CM_CONTROLBAR;
```

◄ See "How Do I Place a Control Bar in a Window?," p.205

Now, when you run the program, OWL automatically places a checkmark next to the appropriate menu command when the control bar is visible. When the user selects this menu command, OWL hides the control bar and removes the checkmark from the menu item.

The Sample Program

When you run the ONOFFBAR program, you see the window shown in figure
5.12. This window contains an **O**ptions menu and a control bar with a single
button. When you click on the control bar's button, the control bar moves to
the left side of the window. Click the button again, and the control moves
back to the top of the window. When you select the **O**ption menu's **C**ontrol
Bar command, the control bar vanishes from the window and the checkmark
is removed from the menu command. Select the command again, and the
process reverses, with the control bar and the checkmark reappearing.

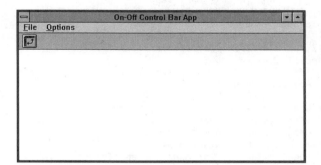

Fig. 5.12
The ONOFFBAR
application.

Listing 5.10   ONOFFBAR.CPP—Moves or Hides a Control Bar

```
/////////////////////////////////////////////////////////
// ONOFFBAR.CPP: Enables the user to toggle the control
//               bar on and off, as well as move the
//               control bar between the top and the left
//               of the parent window.
/////////////////////////////////////////////////////////

#include <owl\applicat.h>
#include <owl\decframe.h>
#include <owl\controlb.h>
#include <owl\buttonga.h>
#include "onoffbar.rc"

/////////////////////////////////////
// The application class.
/////////////////////////////////////
class TApp : public TApplication
{
protected:
   TDecoratedFrame *frame;
   TControlBar *controlBar;
   int barOnTop;
```

(continues)

Listing 5.10 Continued

```cpp
public:
    TApp() : TApplication() {}
    void InitMainWindow();

protected:
    void CmMoveBar();

    DECLARE_RESPONSE_TABLE(TApp);
};

DEFINE_RESPONSE_TABLE1(TApp, TApplication)
    EV_COMMAND(CM_MOVEBAR, CmMoveBar),
END_RESPONSE_TABLE;

///////////////////////////////////////////////////////
// TApp::InitMainWindow()
///////////////////////////////////////////////////////
void TApp::InitMainWindow()
{
    // Construct a decorated frame window
    // with its client window.
    TWindow *client = new TWindow(0, 0, 0);
    frame = new TDecoratedFrame(0,
        "On-Off Control Bar App", client);

    // Construct the window's control bar.
    controlBar =
        new TControlBar(frame, TControlBar::Horizontal);
    TButtonGadget *bg =
        new TButtonGadget(CM_MOVEBAR, CM_MOVEBAR);
    controlBar->Insert(*bg);
    controlBar->Attr.Style |= WS_CLIPSIBLINGS;
    controlBar->Attr.Id = CM_CONTROLBAR;

    // Insert the control bar into the frame window.
    frame->Insert(*controlBar, TDecoratedFrame::Top);
    barOnTop = TRUE;

    frame->AssignMenu(MENU_1);
    SetMainWindow(frame);
}

///////////////////////////////////////////////////////
// TApp::CmMoveBar()
///////////////////////////////////////////////////////
void TApp::CmMoveBar()
{
    // Check whether the control bar is at
    // the top of the parent window.
    if (barOnTop)
    {
        // Move the control bar to the left side
        // of the parent window.
```

```
        controlBar->SetDirection(TControlBar::Vertical);
        frame->Insert(*controlBar, TDecoratedFrame::Left);
    }
    else
    {
        // Move the control bar to the top
        // of the parent window.
        controlBar->SetDirection(TControlBar::Horizontal);
        frame->Insert(*controlBar, TDecoratedFrame::Top);
    }

    // Reverse the value of the flag.
    barOnTop = !barOnTop;

    // Move the control bar to its new position.
    frame->Layout();
}


/////////////////////////////////////////////////////////
// OwlMain()
/////////////////////////////////////////////////////////
int OwlMain(int, char*[])
{
  return TApp().Run();
}
```

How Do I Place Controls in a Window?

Placing controls into a dialog box is a simple process, thanks to Resource
Workshop. Unfortunately, Resource Workshop can't help when you want to
place controls into another type of window. To accomplish this task, you
must provide not only the control's parent-window pointer and its ID, but
also its exact position in the window. Determining a control's position usu-
ally means trying a set of coordinates, compiling the program to see where
the control actually appears in the window, adjusting the coordinates, and
then recompiling the program to see whether the control is where it should
be. When you get the controls where you want them, however, they perform
exactly the same functions as they do in a dialog box.

The Solution

First, declare a main window class that holds pointers to all the controls that
the program must manipulate:

```
class TWndw : public TFrameWindow
{
protected:
    TEdit *edit;
```

```
        TCheckBox *check1, *check2, *check3;

    public:
        TWndw(TWindow *parent, const char far *title);

    protected:
        void SetupWindow();
    };
```

The pointers enable the program to call the control objects' member functions and manipulate the objects' data members.

The class should also contain the usual constructor and should override `SetupWindow()`.

Construct the window's controls in the window's constructor. First, however, you might want to enable the window's keyboard handler, which allows the user to tab between the controls in the window:

```
    EnableKBHandler();
```

This function is inherited from OWL's `TFrameWindow` class.

After enabling keyboard navigation, construct the window's controls:

```
    edit = new TEdit(this, ID_EDIT, "Default",
        40, 40, 100, 24, 15);
```

Each control has its own similar constructor. This form of the `TEdit` constructor takes as arguments a pointer to the parent window, a control ID, the default string to appear in the edit box (if any), the x and y positions of the control, the control's width and height, and the maximum length (in characters) of the control.

If your program has check boxes, radio buttons, or other types of controls you'd like grouped together, you can construct a group box:

```
    TGroupBox *groupBox1 = new TGroupBox(this, -1,
        "Check Boxes", 40, 75, 110, 125);
```

The `TGroupBox` constructor takes as arguments a pointer to the parent window, a control ID, the text to appear at the top of the group box, the box's x and y positions, and the box's width and height.

After constructing the group box, construct the controls that will reside inside the group box:

```
    check1 = new TCheckBox(this, ID_CHECK1, "Check1",
        52, 105, 68, 24, groupBox1);
    check2 = new TCheckBox(this, ID_CHECK2, "Check2",
        52, 132, 68, 24, groupBox1);
```

```
check3 = new TCheckBox(this, ID_CHECK3, "Check3",
    52, 159, 68, 24, groupBox1);
```

The TCheckBox constructor's arguments are a pointer to the parent window, the control's ID, the text to appear next to the control, the check box's x and y positions, the check box's width and height, and a pointer to the control's group box.

After the window's controls are constructed, they must be initialized to ensure that they appear properly when displayed. Some of this initialization cannot be done before the control objects have been fully constructed, so a good place to take care of this task is in the window's SetupWindow() function.

As always, the first thing you must do in SetupWindow() is call the base class's SetupWindow(). After calling the base class's SetupWindow(), initialize the window's controls by calling the controls' member functions. For example, to initialize radio buttons and check boxes, call their Check() and Uncheck() member functions:

```
check1->Check();
check2->Uncheck();
check3->Uncheck();
```

The Check() member function places a checkmark in the button, and the Uncheck() member function unchecks the button. Neither of these functions requires arguments.

Other member functions in the TCheckBox and TRadioButton classes include GetState(), which retrieves the check, focus, and highlight state of the button; SetCheck(WORD check), which checks, unchecks, or disables a button, depending on the value of check; SetState(UINT state), which sets the check, highlight, and focus state of the button, depending on the value of state; SetStyle(UINT style, BOOL redraw), which modifies the button's style to the style found in style; and Toggle(), which switches a button's state among the checked, unchecked, and grayed states.

Other control objects—including scroll bars, list boxes, combo boxes, and buttons—have appropriate member functions for manipulating the objects in various ways. Look them up in your OWL Reference Guide.

Note

All constructors for OWL control objects are overloaded and have two forms. One form of the constructor enables you to construct the control object from a control in a dialog box, and the other enables you to construct a control for a window other than a dialog box.

◀ See "How Do I Write a Basic OWL Application?," p. 29

◀ See "How Do I Create a Modal Dialog Box?," p. 91

◀ See "How Do I Create a Modeless Dialog Box?," p. 94

Note

Controls are nothing more than specialized windows, and, as such, they have styles that affect the way the controls appear and act. OWL automatically sets a control's window style so that the control looks and acts the way you usually want it to. Controls, however, have additional styles that "normal" windows lack. Windows defines constants for these additional styles. For example, an edit control can have styles such as ES_LEFT, which left-aligns the text; ES_CENTER, which centers the text; ES_LOWERCASE, which forces all characters to be lowercase; and ES_AUTOVSCROLL, which allows the edit control to scroll vertically as the user types. (These are only a few of the edit control's many possible styles.) Consult your Windows programming reference to find the many control styles you can use with each window control.

The Sample Program

When you run CNTRLWIN, you see the window shown in figure 5.13. This window contains an edit control, three check-box controls (surrounded by a group-box control), and a button control. Use the window controls to select whatever data you like, and then choose the **F**ile menu's **G**et Data command or click the window's Get Data button. When you do, the message box shown in figure 5.14 appears, displaying the data that you selected in the window controls.

Fig. 5.13
The CNTRLWIN application.

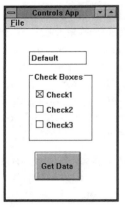

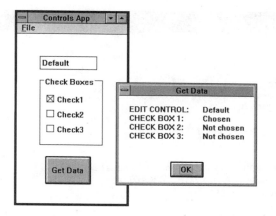

Fig. 5.14
Showing the
controls' data.

Listing 5.11   CNTRLWIN.CPP—A Window with Controls

```cpp
////////////////////////////////////////////////////////
// CNTRLWIN.CPP: Demonstrates the use of various controls
//               in the main window.
////////////////////////////////////////////////////////

#include <owl\applicat.h>
#include <owl\framewin.h>
#include <owl\checkbox.h>
#include <owl\edit.h>
#include <owl\groupbox.h>
#include <string.h>
#include <cstring.h>
#include "cntrlwin.rc"

///////////////////////////////////
// The application class.
///////////////////////////////////
class TApp : public TApplication
{
public:
   TApp() : TApplication() {}
   void InitMainWindow();
};

///////////////////////////////////
// The main window class.
///////////////////////////////////
class TWndw : public TFrameWindow
{
protected:
   TEdit *edit;
   TCheckBox *check1, *check2, *check3;
```

(continues)

Listing 5.11   Continued

```
public:
   TWndw(TWindow *parent, const char far *title);

protected:
   void SetupWindow();
   void CmGetData();

   DECLARE_RESPONSE_TABLE(TWndw);
};

DEFINE_RESPONSE_TABLE1(TWndw, TFrameWindow)
   EV_COMMAND(CM_GETDATA, CmGetData),
END_RESPONSE_TABLE;

/////////////////////////////////////////////////////////////
// TWndw::TWndw()
/////////////////////////////////////////////////////////////
TWndw::TWndw(TWindow *parent, const char far *title) :
   TFrameWindow(parent, title)
{
   AssignMenu(MENU_1);
   Attr.X = 20;
   Attr.Y = 20;
   Attr.W = 200;
   Attr.H = 350;

   // Allow tabbing between controls.
   EnableKBHandler();

   // Construct the window's controls.
   edit = new TEdit(this, ID_EDIT, "Default",
      40, 40, 100, 24, 15);
   TGroupBox *groupBox1 = new TGroupBox(this, -1,
      "Check Boxes", 40, 75, 110, 125);
   check1 = new TCheckBox(this, ID_CHECK1, "Check1",
      52, 105, 68, 24, groupBox1);
   check2 = new TCheckBox(this, ID_CHECK2, "Check2",
      52, 132, 68, 24, groupBox1);
   check3 = new TCheckBox(this, ID_CHECK3, "Check3",
      52, 159, 68, 24, groupBox1);
   new TButton(this, CM_GETDATA, "Get Data",
      50, 220, 80, 50);
}

/////////////////////////////////////////////////////////////
// TWndw::SetupWindow()
/////////////////////////////////////////////////////////////
void TWndw::SetupWindow()
{
   // Always call base class's SetupWindow()!!
   TFrameWindow::SetupWindow();
```

```
    // Initialize the controls' settings.
    check1->Check();
    check2->Uncheck();
    check3->Uncheck();
}


////////////////////////////////////////////////////////
// TWndw::CmGetData()
////////////////////////////////////////////////////////
void TWndw::CmGetData()
{
    string data;
    char s[100];

    data = "EDIT CONTROL:\t";
    edit->GetText(s, sizeof(s));
    data += s;
    data += "\r\n";
    data += "CHECK BOX 1:\t";
    if (check1->GetCheck() == BF_CHECKED)
       data += "Chosen\r\n";
    else
       data += "Not chosen\r\n";
    data += "CHECK BOX 2:\t";
    if (check2->GetCheck() == BF_CHECKED)
       data += "Chosen\r\n";
    else
       data += "Not chosen\r\n";
    data += "CHECK BOX 3:\t";
    if (check3->GetCheck() == BF_CHECKED)
       data += "Chosen\r\n";
    else
       data += "Not chosen\r\n";
    MessageBox(data.c_str(), "Get Data", MB_OK);
}


////////////////////////////////////////////////////////
// TApp::InitMainWindow()
////////////////////////////////////////////////////////
void TApp::InitMainWindow()
{
    TFrameWindow *wndw = new TWndw(0, "Controls App");
    SetMainWindow(wndw);
}


////////////////////////////////////////////////////////
// OwlMain()
////////////////////////////////////////////////////////
int OwlMain(int, char*[])
{
  return TApp().Run();
}
```

How Do I Use Hint Text with a Toolbox?

Because control bars are displayed in an application's main window, there's plenty of space in which to display a message or status bar with hint text. A toolbox, however, usually has no space for a message or status bar. Therefore, displaying hint text in a toolbox is not usually possible. However, by passing certain Windows messages from the toolbox back up to the application's main window, you can display hint text for a toolbox's controls in the main window's message bar or status bar.

OWL uses the WM_MENUSELECT message to know when a user has selected a menu item or a gadget control. It also watches for the WM_ENTERIDLE message when processing hint text. The message-response functions for these two messages work together to process and display hint text for all menu selections, even those associated with toolbox controls. To get hint text for the controls in your toolbox, you need only override the EvEnterIdle() and EvMenuSelect() message-response functions and forward these messages to the main window.

The Solution

In your toolbox class, override the EvEnterIdle() and EvMenuSelect() message-response functions:

```
class TFFrame : public TFloatingFrame
{
public:
   TFFrame(TWindow *parent, char *title,
       TWindow *clientWnd, BOOL ShrinkToClient,
       int CaptionHeight, BOOL EnablePalette);

protected:
   void SetupWindow();
   void EvEnterIdle(UINT, HWND);
   void EvMenuSelect(UINT, UINT, HMENU);

   DECLARE_RESPONSE_TABLE(TFFrame);
};

DEFINE_RESPONSE_TABLE1(TFFrame, TFloatingFrame)
   EV_WM_ENTERIDLE,
   EV_WM_MENUSELECT,
END_RESPONSE_TABLE;
```

◀ See "How Do I Place a Control Bar in a Window?," p. 205

In both EvEnterIdle() and EvMenuSelect(), forward the current message to the main window:

```
void TFFrame::EvEnterIdle(UINT, HWND)
{
    TApplication *app = GetApplication();
    TFrameWindow *w = app->GetMainWindow();
    w->ForwardMessage();
}

void TFFrame::EvMenuSelect(UINT, UINT, HMENU)
{
    TApplication *app = GetApplication();
    TFrameWindow *w = app->GetMainWindow();
    w->ForwardMessage();
}
```

◀ See "How Do I Place a Message Bar in a Window?," p. 211

◀ See "How Do I Place a Status Bar in a Window?," p. 216

Now, when the user selects a control on your toolbox, the associated hint text appears in the main window's message bar or status bar.

◀ See "How Do I Create a Toolbox?," p. 219

Note

Remember that you must provide, in your application's resource file, a string table for the hint text you want displayed. Each string in the table should have the same ID as a control in the toolbox. OWL uses the string IDs to match the hint text up with the proper control.

◀ See "How Do I Create a Floating Toolbox?," p. 226

◀ See "How Do I Respond to Windows Messages?," p. 39

The Sample Program

When you run the HINTBOX program, the main window, which contains a floating toolbox, appears. Click any of the buttons in the toolbox, and its associated hint text appears in the main window's message bar (see fig. 5.15).

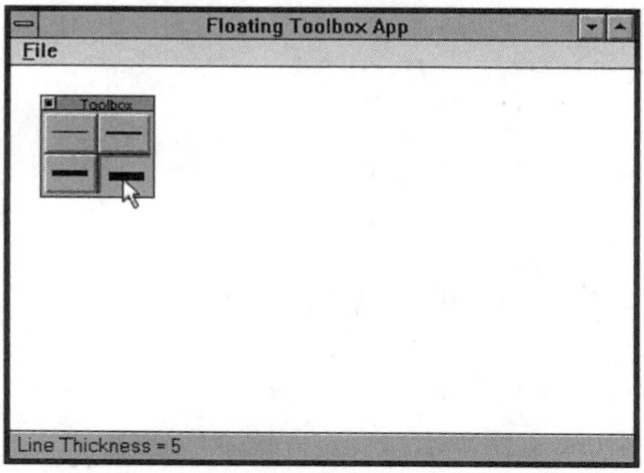

Fig. 5.15
The HINTBOX application.

Listing 5.12 HINTBOX.CPP—An Application that Displays Hint Text for a Toolbox

```
/////////////////////////////////////////////////////////////
// HINTBOX.CPP: Demonstrates how to display hint text for
//               the controls in a toolbox.
/////////////////////////////////////////////////////////////

#include <owl\applicat.h>
#include <owl\decframe.h>
#include <owl\floatfra.h>
#include <owl\toolbox.h>
#include <owl\messageba.h>
#include <owl\buttonga.h>
#include "hintbox.rc"

///////////////////////////////////
// The application class.
///////////////////////////////////
class TApp : public TApplication
{
public:
   TApp(): TApplication() {}
   void InitMainWindow();
};

///////////////////////////////////
// The main window class.
///////////////////////////////////
class TWndw : public TDecoratedFrame
{
public:
   TWndw(TWindow *parent, const char far *title,
      TWindow *client, BOOL trackMenuSelection);
};

///////////////////////////////////
// The client window class.
///////////////////////////////////
class TCWndw : public TWindow
{
protected:
   TToolBox *toolBox;
   TFloatingFrame *toolFrame;

public:
   TCWndw(TWindow *parent, const char far *title);
};

///////////////////////////////////
// The floating frame's class.
///////////////////////////////////
class TFFrame : public TFloatingFrame
{
public:
```

```
   TFFrame(TWindow *parent, char *title,
       TWindow *clientWnd, BOOL ShrinkToClient,
       int CaptionHeight, BOOL EnablePalette);

protected:
   void SetupWindow();
   void EvEnterIdle(UINT, HWND);
   void EvMenuSelect(UINT, UINT, HMENU);

   DECLARE_RESPONSE_TABLE(TFFrame);
};

DEFINE_RESPONSE_TABLE1(TFFrame, TFloatingFrame)
   EV_WM_ENTERIDLE,
   EV_WM_MENUSELECT,
END_RESPONSE_TABLE;

//////////////////////////////////////////////////////////
// TWndw::TWndw()
//////////////////////////////////////////////////////////
TWndw::TWndw(TWindow *parent, const char far *title,
       TWindow *clientWnd, BOOL trackMenuSelection):
       TDecoratedFrame(parent, title, clientWnd,
                       trackMenuSelection)
{
   AssignMenu(MENU_1);
   Attr.X = 50;
   Attr.Y = 50;
   Attr.W = GetSystemMetrics(SM_CXSCREEN) / 1.5;
   Attr.H = GetSystemMetrics(SM_CYSCREEN) / 1.5;

   TMessageBar *msgbar = new TMessageBar(this);
   msgbar->SetText("Messages");
   Insert(*msgbar, TDecoratedFrame::Bottom);
}

//////////////////////////////////////////////////////////
// TCWndw::TCWndw()
//////////////////////////////////////////////////////////
TCWndw::TCWndw(TWindow *parent, const char far *title) :
   TWindow(parent, title)
{
   TButtonGadget *b;

   toolBox = new TToolBox(0);

   b = new TButtonGadget(BMP_LINE1, CM_LINE1,
      TButtonGadget::Exclusive,
      TRUE, TButtonGadget::Down);
   toolBox->Insert(*b);
   b = new TButtonGadget(BMP_LINE2, CM_LINE2,
      TButtonGadget::Exclusive,
      TRUE, TButtonGadget::Up);
   toolBox->Insert(*b);
```

(continues)

Listing 5.12 Continued

```
    b = new TButtonGadget(BMP_LINE3, CM_LINE3,
        TButtonGadget::Exclusive,
        TRUE, TButtonGadget::Up);
    toolBox->Insert(*b);
    b = new TButtonGadget(BMP_LINE4, CM_LINE4,
        TButtonGadget::Exclusive,
        TRUE, TButtonGadget::Up);
    toolBox->Insert(*b);

    toolFrame = new TFFrame(this, "Toolbox", toolBox,
        TRUE, TFloatingFrame::DefaultCaptionHeight, TRUE);
}

//////////////////////////////////////////////////////////
// TFFrame::TFFrame()
//////////////////////////////////////////////////////////
TFFrame::TFFrame(TWindow *parent, char *title,
    TWindow *clientWnd, BOOL shrinkToClient,
    int captionHeight, BOOL enablePalette) :
    TFloatingFrame(parent, title, clientWnd,
    shrinkToClient, captionHeight, enablePalette)
{
}

//////////////////////////////////////////////////////////
// TFFrame::SetupWindow()
//////////////////////////////////////////////////////////
void TFFrame::SetupWindow()
{
    TFloatingFrame::SetupWindow();

    TRect rect;
    Parent->GetWindowRect(rect);
    SetWindowPos(0, rect.left+20, rect.top+20,
        0, 0, SWP_NOSIZE | SWP_NOZORDER);
}

//////////////////////////////////////////////////////////
// TFFrame::EvEnterIdle()
//////////////////////////////////////////////////////////
void TFFrame::EvEnterIdle(UINT, HWND)
{
    // Get a pointer to the application object.
    TApplication *app = GetApplication();

    // Get a pointer to the application's main window.
    TFrameWindow *w = app->GetMainWindow();

    // Forward the WM_ENTERIDLE message to the main window.
    w->ForwardMessage();
}
```

```
/////////////////////////////////////////////////////////
// TFFrame::EvMenuSelect()
/////////////////////////////////////////////////////////
void TFFrame::EvMenuSelect(UINT, UINT, HMENU)
{
    // Get a pointer to the application object.
    TApplication *app = GetApplication();

    // Get a pointer to the application's main window.
    TFrameWindow *w = app->GetMainWindow();

    // Forward the WM_MENUSELECT message to the main window.
    w->ForwardMessage();
}


/////////////////////////////////////////////////////////
// TApp::InitMainWindow()
/////////////////////////////////////////////////////////
void TApp::InitMainWindow()
{
    TWindow *client = new TCWndw(0, 0);
    TDecoratedFrame *frame =
        new TWndw(0, "Floating Toolbox App", client, TRUE);
    SetMainWindow(frame);
}


/////////////////////////////////////////////////////////
// OwlMain()
/////////////////////////////////////////////////////////
int OwlMain(int, char*[])
{
    return TApp().Run();
}
```

How Do I Change a Window's Default Cursor?

Every window in a Windows application has a default cursor (mouse pointer)
that appears whenever the mouse pointer is over that window. Windows
automatically keeps track of the mouse cursor's current position, changing it
as it moves from one window class to another. In an OWL application, the
default cursor is the ubiquitous pointing arrow. However, Windows includes
almost a dozen other cursor types that you can use in your application.

The Solution

To change your application's default cursor, you must change it in the
window's class description, which is managed by Windows. This class de-
scription (not to be confused with an OWL or C++ class) is initialized at the

beginning of a program with the contents of the window's WNDCLASS structure. In an OWL program, OWL takes care of filling in the values of this structure. In a conventional C program, however, the programmer must initialize the WNDCLASS structure. That code might look something like this:

```
WNDCLASS wndClass;

// Define the window class.
wndClass.lpszClassName = "App Name";
wndClass.hInstance     = hInstance;
wndClass.lpfnWndProc   = WndProc;
wndClass.hCursor       = LoadCursor(NULL, IDC_ARROW);
wndClass.hIcon         = LoadIcon(hInstance, "ICON");
wndClass.lpszMenuName  = NULL;
wndClass.hbrBackground = GetStockObject(WHITE_BRUSH);
wndClass.style         = CS_HREDRAW | CS_VREDRAW;
wndClass.cbClsExtra    = 0;
wndClass.cbWndExtra    = 0;
```

As you can see, this structure gives Windows a lot of information about your application's window class, most notably its name, default cursor, icon, menu, background color, and style. To permanently change your window's cursor, you must change the value stored in the WNDCLASS structure's hIcon member.

First, load the cursor to which you want to change:

```
HCURSOR hCursor = ::LoadCursor(NULL, IDC_ARROW);
```

The LoadCursor() function, which is part of the Windows API, takes as parameters a handle to an application instance and a pointer to a string. If you're switching to one of Windows' predefined cursors, the application instance should be set to NULL and the string pointer should be one of the macros predefined by windows: IDC_ARROW, IDC_CROSS, IDC_BEAM, IDC_ICON, IDC_SIZE, IDC_SIZENESW, IDC_SIZENS, IDC_SIZENWSE, IDC_SIZEWE, IDC_UPARROW, and IDC_WAIT.

▶ See "How Do I Create and Use a Custom Cursor?," p. 365

To actually change the cursor, call SetClassWord():

```
SetClassWord(GCW_HCURSOR, (WORD) hCursor);
```

▶ See "How Do I Register My Own Window Class?," p. 258

The program's main window inherits SetClassWord() from TWindow. This function is OWL's version of a Windows API function of the same name. You can use it to change any word values in the window's WNDCLASS structure. The first argument is the index of the word to change; Windows has predefined constants you can use for this argument, as shown in table 5.2. The second argument is the new value of the word indexed by the first argument.

Table 5.2 Word Index Constants	
Constant	**Description**
GCW_HCURSOR	Changes the cursor handle
GCW_HICON	Changes the icon handle
GCW_HBRBACKGROUND	Changes the background brush handle
GCW_STYLE	Changes a style bit
GCW_CBCLSEXTRA	Changes extra window class data
GCW_CBWNDEXTRA	Changes extra window class data

The Sample Program

When you run the CURSOR program, the main window appears. Place the mouse cursor over the window and click the left mouse button. Each time you click, the cursor changes to another of Windows' 11 built-in cursor types (see fig. 5.16). After you've seen the last cursor (the hourglass), subsequent clicks start the series over again.

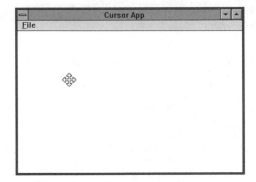

Fig. 5.16
The CURSOR application.

Listing 5.13 CURSOR.CPP—Shows How to Change an Application's Cursor

```
/////////////////////////////////////////////////////////
// CURSOR.CPP: Shows how to display different mouse
//             cursors.
/////////////////////////////////////////////////////////

#include <owl\applicat.h>
```

(continues)

Listing 5.13   Continued

```
#include <owl\framewin.h>
#include "cursor.rc"

/////////////////////////////////
// The application class.
/////////////////////////////////
class TApp : public TApplication
{
public:
   TApp() : TApplication() {}
   void InitMainWindow();
};

/////////////////////////////////
// The main window class.
/////////////////////////////////
class TWndw : public TFrameWindow
{
protected:
   int cursorNum;

public:
   TWndw(TWindow *parent, const char far *title);

protected:
   void EvLButtonDown(UINT, TPoint&);

  DECLARE_RESPONSE_TABLE(TWndw);
};

DEFINE_RESPONSE_TABLE1(TWndw, TFrameWindow)
   EV_WM_LBUTTONDOWN,
END_RESPONSE_TABLE;

////////////////////////////////////////////////////////////
// TWndw::TWndw()
////////////////////////////////////////////////////////////
TWndw::TWndw(TWindow *parent, const char far *title) :
   TFrameWindow(parent, title)
{
   Attr.X = 20;
   Attr.Y = 20;
   Attr.W = 400;
   Attr.H = 300;
   AssignMenu(MENU_1);

   cursorNum = 0;
}


////////////////////////////////////////////////////////////
// TWndw::EvLButtonDown()
////////////////////////////////////////////////////////////
void TWndw::EvLButtonDown(UINT, TPoint&)
```

```
{
    const char *cursor;
    HCURSOR hCursor;

    // Calculate next cursor number.
    ++cursorNum;
    if (cursorNum > 10)
        cursorNum = 0;

    // Find the cursor type.
    switch (cursorNum)
    {
        case 0 : cursor = IDC_ARROW;
                  break;
        case 1 : cursor = IDC_CROSS;
                  break;
        case 2 : cursor = IDC_IBEAM;
                  break;
        case 3 : cursor = IDC_ICON;
                  break;
        case 4 : cursor = IDC_SIZE;
                  break;
        case 5 : cursor = IDC_SIZENESW;
                  break;
        case 6 : cursor = IDC_SIZENS;
                  break;
        case 7 : cursor = IDC_SIZENWSE;
                  break;
        case 8 : cursor = IDC_SIZEWE;
                  break;
        case 9 : cursor = IDC_UPARROW;
                  break;
        case 10 : cursor = IDC_WAIT;
                   break;
    }

    // Get the selected cursor's handle.
    hCursor = ::LoadCursor(NULL, cursor);

    // Change the window class's default cursor
    // to the selected cursor.
    SetClassWord(GCW_HCURSOR, (WORD) hCursor);
}

//////////////////////////////////////////////////////////
// TApp::InitMainWindow()
//////////////////////////////////////////////////////////
void TApp::InitMainWindow()
{
    TFrameWindow *wndw = new TWndw(0, "Cursor App");
    SetMainWindow(wndw);
}
```

(continues)

Listing 5.13   Continued

```
/////////////////////////////////////////////////////////
// OwlMain()
/////////////////////////////////////////////////////////
int OwlMain(int, char*[])
{
  return TApp().Run();
}
```

How Do I Register My Own Window Class?

When you construct a new window derived from TWindow (or from a class derived from TWindow, such as TFrameWindow), OWL automatically registers the window's Windows class. A window's Windows class should not be confused with an OWL window class. Windows uses window classes to differentiate types of windows. This type of window class includes such window attributes as the window's icon, menu, cursor, and background color. After you register a window class with Windows, you can create as many windows as you like from the single class. You can think of a Windows window class as a blueprint describing a window type.

Unless you change the Windows class of your OWL windows, OWL provides a default Windows window class. This class features a white background color, an arrow cursor, a default class name, and the capability to accept double-clicks. As long as this default type of window class fits your needs, you don't have to concern yourself with window class registration. But what if you want a window with a gray background, a different default cursor, or some other special attribute? In this case, you can register your own Windows window class.

The Solution

To register a new Windows window class, you must do the following:

1. Derive a new OWL window class from TWindow (or another OWL window class).

2. In the new OWL window class, override the GetClassName() member function (inherited from TWindow) in order to return your own Windows window class name.

3. In the new OWL window class, override the `GetWindowClass()` member function (inherited from `TWindow`) in order to set the new Windows window class's attributes.

Here's a window class that overrides the necessary functions to register a new Windows window class:

```
class TWndw : public TFrameWindow
{
public:
    TWndw(TWindow *parent, const char far *title);

protected:
    char far *GetClassName();
    void GetWindowClass(WNDCLASS &wndClass);
};
```

In addition to its constructor, this class includes the member functions `GetClassName()` and `GetWindowClass()`, which override functions inherited from the `TWindow` class. It is these two functions that allow you to create your own custom window class.

To create a new window class, you must name the class. OWL gets the name of the class by calling `GetClassName()`:

```
char far *TWndw::GetClassName()
{
  return "NewWindow";
}
```

Because this class does nothing more than return the new window class's name, there's no need to call `TFrameWindow::GetClassName()` in your overridden function.

OWL retrieves the new window class's attributes by calling `GetWindowClass()`:

```
void TWndw::GetWindowClass(WNDCLASS &wndClass)
{
    TFrameWindow::GetWindowClass(wndClass);
    wndClass.hCursor = LoadCursor(0, IDC_CROSS);
    wndClass.hbrBackground =
        (HBRUSH)GetStockObject(LTGRAY_BRUSH);
    TApplication *instance = GetApplication();
    wndClass.hIcon = ::LoadIcon(*instance, "DOC_ICON");
}
```

`GetWindowClass()` is responsible for filling in the values of the window class's `WNDCLASS` structure, a structure that contains many more data members than you usually need to handle in your overridden version of this function. Therefore, it's important that you call the base class's `GetWindowClass()` before making whatever changes you need. If you fail to do this, some important values may remain uninitialized. On the other hand, if you call the base class's GetWindowClass() after you do your customizing, your changes will be overwritten by the default values supplied by OWL.

So, the preceding function first calls TFrameWindow::GetWindowClass(), after which it gets a handle for the system cross-hair cursor. The Windows API function LoadCursor() takes two arguments. The first is the instance handle of the application owning the cursor. In the case of a system cursor, the first argument must be zero (or NULL). The second argument is a long pointer to a string containing the cursor's name. IDC_CROSS is a predefined Windows constant for this pointer. The new cursor's handle ends up in the wndClass.hCursor data member.

After setting the cursor, the version of GetWindowClass() changes the background color to light gray. It does this by getting a handle to the stock light-gray brush and then storing this handle in the wndClass.hbrBackground data member.

Finally, the function sets the window's icon. To perform this task, the program calls the main window's GetApplication() member function (inherited from TWindow) to get a pointer to the application instance. The dereferenced pointer is used in the call to LoadIcon(), along with the icon's name, to get an icon handle. The handle gets tucked away into the wndClass.hIcon data member.

At this point, the new window class is initialized and ready to go. When the window appears on-screen, it has all the attributes that were set in GetWindowClass().

Note

To understand how to register your own window classes, it's imperative that you understand the difference between an OWL window class and a Windows window class. An OWL window class comprises the functions and data that control a window object. TWindow, for example, is an OWL window class. A Windows window class is a set of attributes that describe the type of window you want to create. Once created, this window "blueprint" is stored in memory and can be used to create multiple windows of the same Windows window class. A Windows window class is similar to a window style, but defines attributes that are unlikely to change during the application's execution. A Windows window class might have a name such as ChildWindow or DrawingWindow.

◀ See "How Do I
Customize the
Attributes of
My Main Win-
dow?," p. 193

◀ See "How Do
I Change a
Window's
Default Cur-
sor?," p. 253

Note

In standard C++ programs (that is, non-OWL programs), the programmer must create a complete Windows window class for each type of window used in the application. A Windows window class is created by filling in the values of a WNDCLASS structure and then registering the class with Windows. The following code shows this window-registering task as it would appear in a conventional C++ program:

```
WNDCLASS wndClass;

// Define the window class.
wndClass.lpszClassName = "App Name";
wndClass.hInstance     = hInstance;
wndClass.lpfnWndProc   = WndProc;
wndClass.hCursor       = LoadCursor(NULL, IDC_ARROW);
wndClass.hIcon         = LoadIcon(hInstance, "ICON");
wndClass.lpszMenuName  = NULL;
wndClass.hbrBackground = GetStockObject(WHITE_BRUSH);
wndClass.style         = CS_HREDRAW | CS_VREDRAW;
wndClass.cbClsExtra    = 0;
wndClass.cbWndExtra    = 0;

// Register the window class
RegisterClass(&wndClass);
```

The Sample Program

When you run the WNDCLASS program, you see the application's main window. However, this application's main window is not a window of the default OWL window class, but rather a custom window class, featuring a light-gray background and a cross-hair cursor (see fig. 5.17). In addition, if you minimize the application, you'll see the application's icon, which was also set as part of the Windows window class.

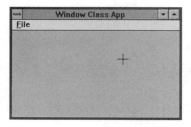

Fig. 5.17
The WNDCLASS application.

Listing 5.14   WNDCLASS.CPP—Shows How to Register a New Window Class

```cpp
/////////////////////////////////////////////////////////////
// WNDCLASS.CPP: Shows how to register a new window class.
/////////////////////////////////////////////////////////////

#include <owl\applicat.h>
#include <owl\framewin.h>
#include "wndclass.rc"

//////////////////////////////////
// The application class.
//////////////////////////////////
class TApp : public TApplication
{
public:
    TApp() : TApplication() {}
    void InitMainWindow();
};

//////////////////////////////////
// The main window class.
//////////////////////////////////
class TWndw : public TFrameWindow
{
public:
    TWndw(TWindow *parent, const char far *title);

protected:
    char far *GetClassName();
    void GetWindowClass(WNDCLASS &wndClass);
};

/////////////////////////////////////////////////////////////
// TWndw::TWndw()
/////////////////////////////////////////////////////////////
TWndw::TWndw(TWindow *parent, const char far *title) :
    TFrameWindow(parent, title)
{
    Attr.X = 20;
    Attr.Y = 20;
    Attr.W = 300;
    Attr.H = 200;
    AssignMenu(MENU_1);
}

/////////////////////////////////////////////////////////////
// TWndw::GetClassName()
/////////////////////////////////////////////////////////////
char far *TWndw::GetClassName()
{
    return "NewWindow";
}
```

```
/////////////////////////////////////////////////////////
// TWndw::GetWindowClass()
/////////////////////////////////////////////////////////
void TWndw::GetWindowClass(WNDCLASS &wndClass)
{
    // Allow TFrameWindow to do its thing.
    TFrameWindow::GetWindowClass(wndClass);

    // Set the cursor for the new class.
    wndClass.hCursor = LoadCursor(0, IDC_CROSS);

    // Set the background color for the new class.
    wndClass.hbrBackground =
        (HBRUSH)GetStockObject(LTGRAY_BRUSH);

    // Set the icon for the new class.
    TApplication *instance = GetApplication();
    wndClass.hIcon = ::LoadIcon(*instance, "DOC_ICON");
}

/////////////////////////////////////////////////////////
// TApp::InitMainWindow()
/////////////////////////////////////////////////////////
void TApp::InitMainWindow()
{
    TFrameWindow *wndw = new TWndw(0, "Window Class App");
    SetMainWindow(wndw);
}

/////////////////////////////////////////////////////////
// OwlMain()
/////////////////////////////////////////////////////////
int OwlMain(int, char*[])
{
    return TApp().Run();
}
```

How Do I Create Multiple Data Views without Resorting to Borland's Document/View Model?

Borland's Doc/View model is a powerful way to handle data in a Windows application, enabling you to separate documents (data) from the way those documents are viewed. Although the advantages of the Doc/View model are many, there is a great deal of overhead, both in the amount of code needed in your application and the time it takes you to learn to program the Doc/ View model. If you don't need all the power of the full Doc/View model, you can create your own framework for displaying the same data in different ways. You need only create a client window class (or child window class) for each view you need. Then, you can switch between the classes to show data in the manner requested by the user.

The Solution

The first step is to create a client window class, derived from TWindow, for each view you want your application to support:

```
class TCWndw1: public TWindow
{
public:
    TCWndw1(TWindow *parent, const char far *title);

protected:
    void Paint(TDC &paintDC, BOOL, TRect&);
};

class TCWndw2: public TWindow
{
public:
    TCWndw2(TWindow *parent, const char far *title) :
        TWindow(parent, title) {}

protected:
    void Paint(TDC &paintDC, BOOL, TRect&);
};

class TCWndw3: public TWindow
{
public:
    TCWndw3(TWindow *parent, const char far *title) :
        TWindow(parent, title) {}

protected:
    void Paint(TDC &paintDC, BOOL, TRect&);
};
```

Each of the classes requires at least a constructor and a Paint() function. Moreover, whereas most of the client window classes can have simple, inline constructors, the first class—which is the application's default view—must have a more elaborate constructor:

```
TCWndw1::TCWndw1(TWindow *parent, const char far *title) :
    TWindow(parent, title)
{
    Attr.W = 200;
    Attr.H = 200;
}
```

It is this default client window that controls the size of the application's window when that window first appears on the screen.

As mentioned previously, each client-window class requires its own `Paint()` function:

```
void TCWndw1::Paint(TDC &paintDC, BOOL, TRect&)
{
   paintDC.TextOut(30, 40, "Rectangle View");
   TWndw *w = TYPESAFE_DOWNCAST(Parent, TWndw);
   paintDC.Rectangle(w->rect);
}

void TCWndw2::Paint(TDC &paintDC, BOOL, TRect&)
{
   paintDC.TextOut(35, 40, "Ellipse View");
   TWndw *w = TYPESAFE_DOWNCAST(Parent, TWndw);
   paintDC.Ellipse(w->rect);
}

void TCWndw3::Paint(TDC &paintDC, BOOL, TRect&)
{
   paintDC.TextOut(35, 40, "Raw-Data View");
   TWndw *w = TYPESAFE_DOWNCAST(Parent, TWndw);
   char s[25];
   wsprintf(s, "%d  %d  %d  %d",
      w->rect.left, w->rect.top,
      w->rect.right, w->rect.bottom);
   paintDC.TextOut(35, 65, s);
}
```

It is in `Paint()` that the window creates the view of the data that's associated with that window. In the preceding examples, the various client windows display a rectangle object as a rectangle, an ellipse, and as raw data. The `Paint()` function of the currently active client window is always the one that gets called, so all you have to do in your program is switch client windows, and the view takes care of itself.

Next, write a class for your application's main window:

```
class TWndw: public TFrameWindow
{
private:
   TWindow *client1;
   TWindow *client2;
   TWindow *client3;
public:
   TRect rect;

public:
   TWndw(TWindow *parent, const char far *title,
      TWindow *c1, TWindow *c2, TWindow *c3,
      BOOL shrinkToClient);
   ~TWndw();

protected:
   void CmSwitch();
```

```
      DECLARE_RESPONSE_TABLE(TWndw);
};

DEFINE_RESPONSE_TABLE1(TWndw, TFrameWindow)
   EV_COMMAND(CM_SWITCH, CmSwitch),
END_RESPONSE_TABLE;
```

Here, the class contains as data members a pointer to each of the three client windows, as well as a TRect object, which represents this application's data. All data that you want to display in the various views should be stored in the main window object as public data members. Alternatively, you could make the data protected and declare the client window classes as friend classes to the main window class.

Notice that the main window's constructor takes three pointers to client windows, rather than just the usual one. You need to pass a pointer for each client window class you'll use, so that the main-window class has access to its client windows. The main window class' constructor stores the passed-in pointers in its data members:

```
TWndw::TWndw(TWindow *parent, const char far *title,
   TWindow *c1, TWindow *c2, TWindow *c3,
   BOOL shrinkToClient) :
   TFrameWindow(parent, title, c1, shrinkToClient)
{
   client1 = c1;
   client2 = c2;
   client3 = c3;

   rect.Set(50, 65, 100, 100);

   Attr.X = 50;
   Attr.Y = 50;
   AssignMenu(MENU_1);
}
```

The constructor can also set the main window's position on the screen, although, because of the shrinkToClient parameter, the default client window controls the size of the starting window.

Because the client window objects are constructed dynamically with the new operator, the main window class' destructor must delete the client window objects:

```
TWndw::~TWndw()
{
   delete client1;
   delete client2;
   delete client3;
}
```

When the user requests a new view, call GetClientWindow() to get a pointer to the currently active client window:

```
TWindow *curClient = GetClientWindow();
```

Then, use that pointer in a call to Show() to hide the currently active client window:

```
curClient->Show(SW_HIDE);
```

Now, determine which new view to activate. How you do this depends on how you allow the user to select views, of course. In this case, the program controls which view displays next:

```
if (curClient == client1)
   curClient = client2;
else if (curClient == client2)
   curClient = client3;
else
   curClient = client1;
```

Finally, call SetClientWindow() to display the new view:

```
SetClientWindow(curClient);
```

This function's single argument is a pointer to the new client window. When the new client window comes into view, OWL calls the window's Paint() function, which displays the application's data in the appropriate form for the selected view.

The various window classes—the client windows and the main window— should be constructed in the application object's InitMainWindow() function:

◄ See "How Do I Keep a Window's Display Updated?," p. 200

```
void TApp::InitMainWindow()
{
   TWindow *c1 = new TCWndw1(0, 0);
   TWindow *c2 = new TCWndw2(0, 0);
   TWindow *c3 = new TCWndw3(0, 0);

   TFrameWindow *wndw =
      new TWndw(0, "Multiple View App", c1, c2, c3, TRUE);

   SetMainWindow(wndw);
}
```

The Sample Program

When you run the MULTVIEW program, you see the window shown in figure 5.18, which shows the application's default view in which the TRect data is displayed as a rectangle shape. When you select the **V**iew menu's **S**witch command, the view changes to that shown in figure 5.19, with the TRect data displayed as an ellipse. Finally, select the **S**witch command again, and the application switches to the raw-data view, which displays the actual integer values stored in the TRect structure (see fig. 5.20).

Fig. 5.18
The MULTVIEW application's rectangle view.

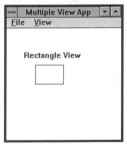

Fig. 5.19
The MULTVIEW application's ellipse view.

Fig. 5.20
The MULTVIEW application's raw-data view.

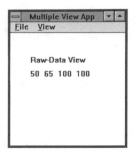

Listing 5.15   MULTVIEW.CPP—Uses Client Windows to Display Various Views of Data

```
////////////////////////////////////////////////////////
// MULTVIEW.CPP: Demonstrates using client windows to
//               display different views of data.
////////////////////////////////////////////////////////

#include <owl\applicat.h>
#include <owl\framewin.h>
```

```cpp
#include <owl\dc.h>
#include "multview.rc"

/////////////////////////////////
// The application class.
/////////////////////////////////
class TApp : public TApplication
{
public:
    TApp(): TApplication() {}
    void InitMainWindow();
};

/////////////////////////////////
// The main window class.
/////////////////////////////////
class TWndw: public TFrameWindow
{
private:
    TWindow *client1;
    TWindow *client2;
    TWindow *client3;
public:
    TRect rect;

public:
    TWndw(TWindow *parent, const char far *title,
        TWindow *c1, TWindow *c2, TWindow *c3,
        BOOL shrinkToClient);
    ~TWndw();

protected:
    void CmSwitch();

    DECLARE_RESPONSE_TABLE(TWndw);
};

DEFINE_RESPONSE_TABLE1(TWndw, TFrameWindow)
    EV_COMMAND(CM_SWITCH, CmSwitch),
END_RESPONSE_TABLE;

/////////////////////////////////
// The class for client window 1.
/////////////////////////////////
class TCWndw1: public TWindow
{
public:
    TCWndw1(TWindow *parent, const char far *title);

protected:
    void Paint(TDC &paintDC, BOOL, TRect&);
};

/////////////////////////////////
```

(continues)

Listing 5.15   Continued

```
// The class for client window 2.
//////////////////////////////
class TCWndw2: public TWindow
{
public:
   TCWndw2(TWindow *parent, const char far *title) :
      TWindow(parent, title) {}

protected:
   void Paint(TDC &paintDC, BOOL, TRect&);
};

//////////////////////////////
// The class for client window 3.
//////////////////////////////
class TCWndw3: public TWindow
{
public:
   TCWndw3(TWindow *parent, const char far *title) :
      TWindow(parent, title) {}

protected:
   void Paint(TDC &paintDC, BOOL, TRect&);
};

////////////////////////////////////////////////////
// TWndw::TWndw()
////////////////////////////////////////////////////
TWndw::TWndw(TWindow *parent, const char far *title,
   TWindow *c1, TWindow *c2, TWindow *c3,
   BOOL shrinkToClient) :
   TFrameWindow(parent, title, c1, shrinkToClient)
{
   // Save the pointers to the client windows.
   client1 = c1;
   client2 = c2;
   client3 = c3;

   // Set the size of the rectangle data.
   rect.Set(50, 65, 100, 100);

   // Position the frame window and assign its menu.
   Attr.X = 50;
   Attr.Y = 50;
   AssignMenu(MENU_1);
}

////////////////////////////////////////////////////
// TWndw::~TWndw()
////////////////////////////////////////////////////
TWndw::~TWndw()
{
   // Delete the client-window objects.
```

```
      delete client1;
      delete client2;
      delete client3;
   }


   //////////////////////////////////////////////////////////
   // TWndw::CmSwitch()
   //////////////////////////////////////////////////////////
   void TWndw::CmSwitch()
   {
      // Get a pointer to the current client window.
      TWindow *curClient = GetClientWindow();

      // Hide the current client window.
      curClient->Show(SW_HIDE);

      // Determine the client window to activate.
      if (curClient == client1)
         curClient = client2;
      else if (curClient == client2)
         curClient = client3;
      else
         curClient = client1;

      // Activate the new client window.
      SetClientWindow(curClient);
   }


   //////////////////////////////////////////////////////////
   // TCWndw1::TCWndw1()
   //////////////////////////////////////////////////////////
   TCWndw1::TCWndw1(TWindow *parent, const char far *title) :
      TWindow(parent, title)
   {
      // Set the size of the client window (and,
      // indirectly, the size of the frame window).
      Attr.W = 200;
      Attr.H = 200;
   }


   //////////////////////////////////////////////////////////
   // TCWndw1::Paint()
   //////////////////////////////////////////////////////////
   void TCWndw1::Paint(TDC &paintDC, BOOL, TRect&)
   {
      paintDC.TextOut(30, 40, "Rectangle View");

      // Interpret the rectangle data as a rectangle.
      TWndw *w = TYPESAFE_DOWNCAST(Parent, TWndw);
      paintDC.Rectangle(w->rect);
   }


   //////////////////////////////////////////////////////////
   // TCWndw2::Paint()
   //////////////////////////////////////////////////////////
```

(continues)

Listing 5.15 Continued

```
void TCWndw2::Paint(TDC &paintDC, BOOL, TRect&)
{
   paintDC.TextOut(35, 40, "Ellipse View");

   // Interpret the rectangle data as an ellipse.
   TWndw *w = TYPESAFE_DOWNCAST(Parent, TWndw);
   paintDC.Ellipse(w->rect);
}

//////////////////////////////////////////////////////////
// TCWndw3::Paint()
//////////////////////////////////////////////////////////
void TCWndw3::Paint(TDC &paintDC, BOOL, TRect&)
{
   paintDC.TextOut(35, 40, "Raw-Data View");

   // Interpret the rectangle data as integers.
   TWndw *w = TYPESAFE_DOWNCAST(Parent, TWndw);
   char s[25];
   wsprintf(s, "%d  %d  %d  %d",
      w->rect.left, w->rect.top,
      w->rect.right, w->rect.bottom);
   paintDC.TextOut(35, 65, s);
}

//////////////////////////////////////////////////////////
// TAPP::InitMainWindow()
//////////////////////////////////////////////////////////
void TApp::InitMainWindow()
{
   // Construct the different client windows.
   TWindow *c1 = new TCWndw1(0, 0);
   TWindow *c2 = new TCWndw2(0, 0);
   TWindow *c3 = new TCWndw3(0, 0);

   // Construct the frame window.
   TFrameWindow *wndw =
      new TWndw(0, "Multiple View App", c1, c2, c3, TRUE);

   SetMainWindow(wndw);
}

//////////////////////////////////////////////////////////
// OwlMain()
//////////////////////////////////////////////////////////
int OwlMain(int, char*[])
{
   return TApp().Run();
}
```

How Do I Create Two or More Independent Rows of Controls in My Control Bar?

Some modern Windows applications have so many commands in their control bars that there's no way they can fit without arranging them into two or more rows. Usually, the controls are organized into the different rows such that the user can turn off a related set of commands and, thus, gain more screen space for his data. If you have a lot of controls you'd like to display, you could use an OWL toolbox that already supports multiple rows and columns of controls. But if you do this, the user will be unable to shut off certain areas of the controls. This sounds like a sticky problem until you realize that an OWL TDecoratedFrame window can easily handle multiple control bars.

The Solution

To create an application with multiple control bars, first derive your main window class from OWL's `TDecoratedFrame` class:

```
class TWndw : public TDecoratedFrame
{
public:
    TWndw(TWindow *parent, const char far *title,
        TWindow *client);
};
```

Then, construct the control bars in the main window class's constructor:

```
TControlBar *cntrlBar1 = new TControlBar(this);
TControlBar *cntrlBar2 = new TControlBar(this);
```

`TControlBar`'s constructor takes as parameters a pointer to the parent window, a tile direction, a pointer to a `TGadgetWindowFont`, and a pointer to `TModule`. However, all of these parameters have default values. In the preceding example, only a pointer to the control bar's parent window is given as a parameter to the constructor.

Next, create the gadgets that will appear in the control bars:

```
b = new TButtonGadget(BMP_OPEN, CM_OPEN);
cntrlBar1->Insert(*b);

b = new TButtonGadget(BMP_EXIT, CM_EXIT);
cntrlBar2->Insert(*b);
```

These control bars will each contain a single button gadget.

To add a button gadget to a control bar, you first construct the button gadget by calling TButtonGadget's constructor, that takes as parameters the resource ID of the bitmap representing the button's face, the menu command ID the button represents, the button's type, a Boolean value indicating whether the button is enabled, the button's state, and a Boolean repeat value. All the parameters except the first two have default values, so you can usually ignore them:

```
b = new TButtonGadget(BMP_OPEN, CM_OPEN);
```

In the preceding example, only the first two parameters are given to the constructor. The bitmap resource ID determines how the button will look. You must use Resource Workshop (or some other graphics program) to create a bitmap to represent the button's face. OWL takes care of the rest, generating the image the user sees when the button is pressed and the image the user sees when the button is disabled.

After you construct a gadget, add it to the appropriate control bar by calling the control bar's Insert() member function (inherited from the TGadgetWindow class):

```
cntrlBar1->Insert(*b);
```

Here, Insert() takes a single parameter, that is a pointer to the new gadget. However, Insert() also has two other arguments, both of which have default values. The second argument determines where the gadget will be placed on the control bar and can be either TControlBar::After or TControlBar::Before. The third argument, which is related to the second, is a pointer to the gadget that the new gadget should be placed next to. If this value is zero, the new gadget appears at the beginning or end of the existing gadgets, depending on the second argument (Before or After). The default values for the second and third arguments are After and 0, respectively.

If you want to separate groups of buttons in a control bar, construct a TSeparatorGadget:

```
s = new TSeparatorGadget(10);
```

▶ See "How Do I Enable and Disable Button Gadgets in a Control Bar?," p. 381

This constructor's single argument is the size of the separator gadget. You can leave out the argument, accepting the constructor's default value of 6, or you can create any size separator you like. Just as with TButtonGadgets, you add TSeparatorGadgets to the control bar by calling the control bar's Insert() member function:

```
cntrlBar1->Insert(*s);
```

After the control bars are complete, add it to the frame window by calling the frame window's `Insert()` member function:

```
Insert(*cntrlBar1);
Insert(*cntrlBar2);
```

This version of `Insert()` has one argument, a pointer to the control bar to insert and the location of the control bar. The constructor also has a second parameter with a default value. This second parameter controls where OWL places the control bar in the window. The default value places the control bar at the top of the window.

◀ See "How Do I Place a Message Bar in a Window?," p. 211

◀ See "How Do I Place a Status Bar in a Window?," p. 216

◀ See "How Do I Create a Floating Toolbox?," p. 226

The Sample Program

When you run the CNTRLBR2 program, you see the window shown in figure 5.21. The program has a **F**ile menu with **O**pen and E**x**it commands. The program also contains two control bars, the commands on which mirror the commands in the **F**ile menu. If you select the Open command (either from the menu or the control bar), you see a message box confirming that the program received the command message. If you select the EXIT button, the program terminates just as if you had selected the **F**ile menu's E**x**it command. Notice that the sample program includes the DECFRAME.H, CONTROLB.H, and BUTTONGA.H header files, along with the APPLICAT.H header file. These header files declare the OWL classes that the program requires.

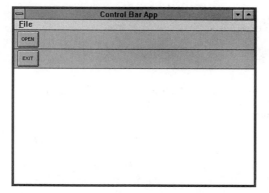

Fig. 5.21
The CNTRLBR2 application.

Listing 5.16 CNTRLBR2.CPP—Creates a Window with Multiple Control Bars

```cpp
/////////////////////////////////////////////////////////////
// CNTRLBR2.CPP: Demonstrates double control bars.
/////////////////////////////////////////////////////////////

#include <owl\applicat.h>
#include <owl\decframe.h>
#include <owl\controlb.h>
#include <owl\buttonga.h>
#include "cntrlbr2.rc"

///////////////////////////////////
// The application class.
///////////////////////////////////
class TApp : public TApplication
{
public:
   TApp(): TApplication() {}
   void InitMainWindow();
};

///////////////////////////////////
// The main window class.
///////////////////////////////////
class TWndw : public TDecoratedFrame
{
public:
   TWndw(TWindow *parent, const char far *title,
      TWindow *client);

protected:
   void CmOpen();

   DECLARE_RESPONSE_TABLE(TWndw);
};

DEFINE_RESPONSE_TABLE1(TWndw, TDecoratedFrame)
   EV_COMMAND(CM_OPEN, CmOpen),
END_RESPONSE_TABLE;

/////////////////////////////////////////////////////////////
// TWndw::TWndw()
/////////////////////////////////////////////////////////////
TWndw::TWndw(TWindow *parent, const char far *title,
      TWindow *clientWnd):
      TDecoratedFrame(parent, title, clientWnd)
{
   TButtonGadget *b;

   // Add the menu to the main window.
   AssignMenu(MENU_1);

   // Create a new control bar objects.
```

```
   TControlBar *cntrlBar1 = new TControlBar(this);
   TControlBar *cntrlBar2 = new TControlBar(this);

   // Add gadgets to the control bars.
   b = new TButtonGadget(BMP_OPEN, CM_OPEN);
   cntrlBar1->Insert(*b);

   b = new TButtonGadget(BMP_EXIT, CM_EXIT);
   cntrlBar2->Insert(*b);

   // Add the control bars to the window.
   Insert(*cntrlBar1);
   Insert(*cntrlBar2);

   // Position and size the main window.
   Attr.X = 50;
   Attr.Y = 50;
   Attr.W = GetSystemMetrics(SM_CXSCREEN) / 1.5;
   Attr.H = GetSystemMetrics(SM_CYSCREEN) / 1.5;
}

//////////////////////////////////////////////////////////
// TWndw::CmOpen()
//////////////////////////////////////////////////////////
void TWndw::CmOpen()
{
   MessageBox("CM_OPEN received", "Message", MB_OK);
}

//////////////////////////////////////////////////////////
// TApp::InitMainWindow()
//////////////////////////////////////////////////////////
void TApp::InitMainWindow()
{
   // A TDecoratedFrame window must have a client window.
   TWindow *client = new TWindow(0,0,0);

   // Construct the main window.
   TDecoratedFrame *wndw =
      new TWndw(0, "Control Bar App", client);

   SetMainWindow(wndw);
}

//////////////////////////////////////////////////////////
// OwlMain()
//////////////////////////////////////////////////////////
int OwlMain(int, char*[])
{
   return TApp().Run();
}
```

Chapter 6

Menus

How Do I Enable, Disable, Change, or Check Menu Items in an OWL Program?

OWL provides some background services for an application's menu. For example, OWL checks a window class's response table for EV_COMMAND entries that match the menu items' IDs. If a particular menu item has no EV_COMMAND entry in the table, OWL automatically grays out the menu item so that it can't be selected. Conversely, every menu item with a matching EV_COMMAND entry is automatically enabled.

If this was the whole OWL menu story, your menus would be impossible to manipulate. In fact, you may have already discovered that your menu items don't disable the way they used to in conventional C or OWL 1.0 programs. But, as you may suspect, OWL provides a mechanism that enables you to jump in and short-circuit TFrameWindow's insistent behavior. This mechanism is called a *command enabler*. Basically, you provide a command enabler for each menu item you want to enable, disable, or check.

The Solution

The first step in this process is to declare the command enablers in your window's class:

```
void CmEnableCommand1
    (TCommandEnabler &commandEnabler);
void CmEnableDisabled
    (TCommandEnabler &commandEnabler);
```

As you can see, each command enabler has as its single parameter a reference to a TCommandEnabler object. TCommandEnabler is an abstract class defined in

TWindow. You can tell by looking at the command enablers' names which menu items they handle. For example, the CmEnableCommand1() function is the command enabler for the Command 1 command.

After you declare your command enablers, add them to the window class's response table. To do this, use the EV_COMMAND_ENABLE macro:

```
DEFINE_RESPONSE_TABLE1(TWndw, TFrameWindow)
    EV_COMMAND(CM_DISABLED, CmDisabled),
    EV_COMMAND(CM_COMMAND1, CmCommand1),

    EV_COMMAND_ENABLE(CM_DISABLED, CmEnableDisabled),
    EV_COMMAND_ENABLE(CM_COMMAND1, CmEnableCommand1),
END_RESPONSE_TABLE;
```

Much like forming EV_COMMAND macros, you write an EV_COMMAND_ENABLE table entry by following the macro name with the menu item's ID and the associated function name. This time, however, you don't include the command's message-response function, but rather its command-enabler function.

After you have defined the table, you can write the command-enabler functions themselves:

```
void TWndw::CmEnableCommand1
    (TCommandEnabler &commandEnabler)
{
    commandEnabler.Enable(enable);
}
```

Command enablers are usually short and to the point, doing little more than calling the TCommandEnabler object (in this case, commandEnabler) to enable or disable a menu item. The Enable() member function takes as its single argument a Boolean value indicating whether the menu item should be enabled (True) or disabled (False).

To take advantage of the command-enabler mechanism, you need a way to keep track of all the participating menu items' states. You can often do this, as shown in the preceding code segment, by using Boolean flags that you set in other functions in your program. You simply set a menu item's Boolean flag and let the command enabler handle the rest automatically.

You can also use command enablers to check or uncheck menu items:

```
void TWndw::CmEnableSaveAs
    (TCommandEnabler &commandEnabler)
{
    if (checked)
        commandEnabler.SetCheck(commandEnabler.Checked);
    else
        commandEnabler.SetCheck(commandEnabler.Unchecked);
}
```

The preceding command enabler checks the `checked` flag and then calls the `SetCheck()` member function to add or remove a checkmark based on the flag's state. The `SetCheck()` function takes as its single parameter one of the flags enumerated in the `TCommandEnabler` class. These flags are `Unchecked`, `Checked`, and `Indeterminate`.

Finally, you can use command enablers to change a menu item's text. In your command-enabler function for the menu item, call the `TCommandEnabler` member function `SetText()`, whose single argument is the menu item's new text string:

```
void TWndw::CmEnableChooseLine
    (TCommandEnabler &commandEnabler)
{
    commandEnabler.SetText(menuText);
}
```

> **Caution**
>
> When changing a menu item's text string, you must change the text string before doing anything else. For example, if you change the text string after setting the checkmark, the checkmark does not appear in the menu because the `SetText()` function overwrites it. Similarly, changing the text after disabling the menu item will wipe out the grayed string, as well as cancel the disabling mechanism.

◄ See "How Do I Respond to Windows Messages?," p. 39

The Sample Program

When you run the ENABLEMN program, you see a main window with a **F**ile menu and a **T**est menu, the latter of which contains **C**ommand 1 and **D**isabled commands. When you select **D**isabled, a checkmark appears next to the command, the **C**ommand 1 menu item is disabled, and its text is changed to *New Text* (see fig. 6.1). To reverse the change, turn off the checkmark by reselecting the **T**est menu's **D**isabled option.

Listing 6.1   ENABLEMN.CPP—Creates a Floating Menu

```
/////////////////////////////////////////////////////////
// ENABLEMN.CPP: Shows how to use OWL command enablers.
/////////////////////////////////////////////////////////

#include <owl\applicat.h>
#include <owl\framewin.h>
#include <owl\menu.h>
#include "enablemn.rc"
```

(continues)

Listing 6.1   Continued

```
/////////////////////////////////
// The application class.
/////////////////////////////////
class TApp : public TApplication
{
public:
   TApp(): TApplication() {}
   void InitMainWindow();
};

/////////////////////////////////
// The main window class.
/////////////////////////////////
class TWndw : public TFrameWindow
{
private:
   int checked;
   char menuText[10];

public:
   TWndw(TWindow *parent, const char far *title);

protected:
   void CmCommand1();
   void CmDisabled();

   // Command enablers.
   void CmEnableCommand1
      (TCommandEnabler &commandEnabler);
   void CmEnableDisabled
      (TCommandEnabler &commandEnabler);

   DECLARE_RESPONSE_TABLE(TWndw);
};

DEFINE_RESPONSE_TABLE1(TWndw, TFrameWindow)
   EV_COMMAND(CM_DISABLED, CmDisabled),
   EV_COMMAND(CM_COMMAND1, CmCommand1),

   EV_COMMAND_ENABLE(CM_DISABLED, CmEnableDisabled),
   EV_COMMAND_ENABLE(CM_COMMAND1, CmEnableCommand1),
END_RESPONSE_TABLE;

///////////////////////////////////////////////////////////
// TWndw::TWndw()
///////////////////////////////////////////////////////////
TWndw::TWndw(TWindow *parent, const char far *title):
      TFrameWindow(parent, title)
{
   AssignMenu(MENU_1);
   Attr.X = 50;
   Attr.Y = 50;
   Attr.W = GetSystemMetrics(SM_CXSCREEN) / 1.5;
```

```
      Attr.H = GetSystemMetrics(SM_CYSCREEN) / 1.5;

      // Turn off the check flag.
      checked = 0;

      // Initialize the menu item text.
      strcpy(menuText, "&Command 1");
}


////////////////////////////////////////////////////////////
// TWndw::CmCommand1()
////////////////////////////////////////////////////////////
void TWndw::CmCommand1()
{
      MessageBox("Got command 1", "Command");
}


////////////////////////////////////////////////////////////
// TWndw::CmDisabled()
////////////////////////////////////////////////////////////
void TWndw::CmDisabled()
{
      // Toggle the checked flag.
      checked = !checked;

      // Change the menu item text string.
      if (checked)
         strcpy(menuText, "New Text");
      else
         strcpy(menuText, "&Command 1");
}


////////////////////////////////////////////////////////////
// TWndw::CmEnableCommand1()
////////////////////////////////////////////////////////////
void TWndw::CmEnableCommand1
      (TCommandEnabler &commandEnabler)
{
      // Change the menu item's text.
      commandEnabler.SetText(menuText);

      // Enable or disable the menu item.
      commandEnabler.Enable(!checked);
}


////////////////////////////////////////////////////////////
// TWndw::CmEnableDiabled()
////////////////////////////////////////////////////////////
void TWndw::CmEnableDisabled
      (TCommandEnabler &commandEnabler)
{
      // Add or delete the menu item's checkmark.
      if (checked)
         commandEnabler.SetCheck(commandEnabler.Checked);
```

(continues)

Listing 6.1   Continued

```
        else
            commandEnabler.SetCheck(commandEnabler.Unchecked);
    }

    /////////////////////////////////////////////////////////////
    // TApp::InitMainWindow()
    /////////////////////////////////////////////////////////////
    void TApp::InitMainWindow()
    {
        TFrameWindow *wndw = new TWndw(0, "Menu Enabler App");
        SetMainWindow(wndw);
    }

    /////////////////////////////////////////////////////////////
    // OwlMain()
    /////////////////////////////////////////////////////////////
    int OwlMain(int, char*[])
    {
        return TApp().Run();
    }
```

Fig. 6.1
The ENABLEMN
application.

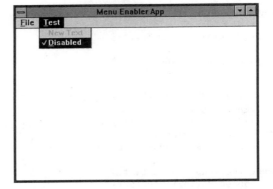

How Do I Create a Floating Menu?

Many Windows applications these days—including the Borland C++ IDE—
offer quick access to specific menus by providing floating menus that can
appear anywhere on the screen. These quick menus are usually displayed in
response to the user's right mouse-button click, and the menu that's dis-
played is usually based on the program's current context. For example, if the
user is currently editing a file, an edit menu might appear.

Creating a floating menu is a fairly simple task. You need only create an OWL TPopupMenu object from the menu you want to display and then call the menu object's TrackPopupMenu() function. After the menu is displayed, it works exactly like the window's regular menu; your program receives the same command messages it would receive if the user were accessing the original menu.

The Solution

If you want to create your floating menu in response to a right mouse-button click—which is the usual method—your application must be able to respond to the WM_RBUTTONDOWN event. To do this, add the EV_WM_RBUTTONDOWN macro to your window's response table:

```
DEFINE_RESPONSE_TABLE1(TWndw, TFrameWindow)
    EV_WM_RBUTTONDOWN,
END_RESPONSE_TABLE;
```

The matching message-response function for the EV_WM_RBUTTONDOWN macro is EvRButtonDown(), which you must supply as a member function of the window class:

```
class TWndw : public TFrameWindow
{
public:
    TWndw(TWindow *parent, const char far *title);

protected:
    void EvRButtonDown(UINT, TPoint &point);

    DECLARE_RESPONSE_TABLE(TWndw);
};
```

Now, in EvRButtonDown(), you perform the menu manipulations, starting with constructing a TMenu object from the window's main menu:

```
TMenu menu(HWindow);
```

The TMenu constructor requires as its single argument the window handle of the window owning the menu. When you have the menu object, you can use it, along with a call to its member function GetSubMenu(), to get the handle of the pop-up menu you want:

```
HMENU hMenu = menu.GetSubMenu(1);
```

GetSubMenu()'s single argument is the zero-based number (that is, the first pop-up menu is menu 0) of the menu for which you want the handle.

Because a floating menu appears at screen coordinates rather than at coordinates relative to your window, you must adjust its position by the X and Y coordinates of the window. To do this, you must first get the window's coordinates with a call to `GetWindowRect()` (inherited from `TFrameWindow` via `TWindow`):

```
TRect rect;
GetWindowRect(rect);
```

Then, construct a `TPopupMenu` object from the submenu you want to make into a floating menu:

```
TPopupMenu popupMenu(hMenu);
```

Now, you can display the floating window by calling the menu's `TrackPopupMenu()` member function (inherited from `TPopupMenu`), using the coordinates stored in the `TPoint` object and those you obtained for the window. (The `TPoint` object, passed by OWL into `EvRButtonDown()`, holds the coordinates of the user's right mouse-button click.)

```
popupMenu.TrackPopupMenu(0, point.x + rect.left,
    point.y + rect.top, 0, HWindow, 0);
```

`TrackPopupMenu()`'s six arguments are, respectively, a set of bit flags that specify a screen position (almost always 0), the X and Y screen coordinates at which the menu should appear, a reserved word (0), the handle of the window that should receive command messages from the menu, and a `TRect` object defining the area of the screen in which the user can click without clearing the menu (0 for most applications).

When the user clicks on a menu selection, the window receives the associated command message, which causes OWL to call the appropriate message-response function.

◀ See "How Do I Respond to Windows Messages?," p. 39

> **Note**
>
> Windows defines a set of constants that you can use for `TrackPopupMenu()`'s first argument. The `TPM_LEFTALIGN`, `TPM_RIGHTALIGN`, and `TPM_CENTERALIGN` constants determine where the floating menu appears relative to its X,Y coordinate. The `TPM_LEFTBUTTON` and `TPM_RIGHTBUTTON` constants determine which mouse button must be clicked to dismiss the menu.

The Sample Program

Run the FLOATMNU program. When the main window appears, click the right mouse button in its client area. A copy of the application's **T**est menu appears where you clicked, as a floating menu (see fig. 6.2). Select a command from this menu. A message box confirms that the application received the command. Select the regular **T**est menu to see that the floating menu was indeed a copy of this pop-up menu.

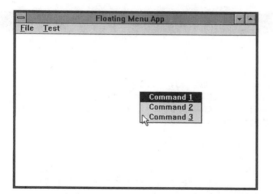

Fig. 6.2
The FLOATMNU
application.

Listing 6.2 FLOATMNU.CPP—Creates a Floating Menu

```
////////////////////////////////////////////////////////
// FLOATMNU.CPP: Demonstrates creating and responding to a
//               floating pop-up menu.
////////////////////////////////////////////////////////

#include <owl\applicat.h>
#include <owl\framewin.h>
#include <owl\menu.h>
#include "floatmnu.rc"

//////////////////////////////////
// The application class.
//////////////////////////////////
class TApp : public TApplication
{
public:
   TApp(): TApplication() {}
   void InitMainWindow();
};

//////////////////////////////////
// The main window class.
//////////////////////////////////
class TWndw : public TFrameWindow
{
public:
   TWndw(TWindow *parent, const char far *title);

protected:
   void EvRButtonDown(UINT, TPoint &point);
   void CmCommand1();
   void CmCommand2();
   void CmCommand3();

   DECLARE_RESPONSE_TABLE(TWndw);
};
```

(continues)

Listing 6.2 Continued

```
DEFINE_RESPONSE_TABLE1(TWndw, TFrameWindow)
    EV_WM_RBUTTONDOWN,
    EV_COMMAND(CM_COMMAND1, CmCommand1),
    EV_COMMAND(CM_COMMAND2, CmCommand2),
    EV_COMMAND(CM_COMMAND3, CmCommand3),
END_RESPONSE_TABLE;

////////////////////////////////////////////////////////////
// TWndw::TWndw()
////////////////////////////////////////////////////////////
TWndw::TWndw(TWindow *parent, const char far *title):
      TFrameWindow(parent, title)
{
    // Add the menu to the main window.
    AssignMenu(MENU_1);

    // Position and size the main window.
    Attr.X = 50;
    Attr.Y = 50;
    Attr.W = GetSystemMetrics(SM_CXSCREEN) / 1.5;
    Attr.H = GetSystemMetrics(SM_CYSCREEN) / 1.5;
}

////////////////////////////////////////////////////////////
// TWndw::EvRButtonDown()
////////////////////////////////////////////////////////////
void TWndw::EvRButtonDown(UINT, TPoint &point)
{
    // Construct a TMenu object from the main menu.
    TMenu menu(HWindow);

    // Get the Test menu's handle.
    HMENU hMenu = menu.GetSubMenu(1);

    // Get the position of the window.
    TRect rect;
    GetWindowRect(rect);

    // Create a TPopupMenu object for the Test menu.
    TPopupMenu popupMenu(hMenu);

    // Display the floating menu.
    popupMenu.TrackPopupMenu(0, point.x + rect.left,
        point.y + rect.top, 0, HWindow, 0);
}

////////////////////////////////////////////////////////////
// TWndw::CmCommand1()
////////////////////////////////////////////////////////////
void TWndw::CmCommand1()
{
    MessageBox("Got Command 1", "Command");
```

```
    }

    ////////////////////////////////////////////////////////
    // TWndw::CmCommand2()
    ////////////////////////////////////////////////////////
    void TWndw::CmCommand2()
    {
        MessageBox("Got Command 2", "Command");
    }


    ////////////////////////////////////////////////////////
    // TWndw::CmCommand3()
    ////////////////////////////////////////////////////////
    void TWndw::CmCommand3()
    {
        MessageBox("Got Command 3", "Command");
    }


    ////////////////////////////////////////////////////////
    // TApp::InitMainWindow()
    ////////////////////////////////////////////////////////
    void TApp::InitMainWindow()
    {
        TFrameWindow *wndw = new TWndw(0, "Floating Menu App");
        SetMainWindow(wndw);
    }


    ////////////////////////////////////////////////////////
    // OwlMain()
    ////////////////////////////////////////////////////////
    int OwlMain(int, char*[])
    {
        return TApp().Run();
    }
```

How Do I Add or Delete Menu Items?

To further encapsulate the Windows API, ObjectWindows includes three menu classes that you can use in your programs. The TMenu class represents a general menu and contains most of the functions needed to manipulate a menu. TSystemMenu, derived from TMenu, is a special class for manipulating the system menu. Finally, TPopupMenu, also derived from TMenu, is a special menu class for pop-up menus.

You can create a menu object in a number of ways, including creating an empty TMenu object or creating a TMenu object from an existing menu. After you have created a menu object that is associated with a Windows menu, you can use the menu class's member functions to manipulate the menu much as you would in a conventional Windows program. You can, for example, add or delete menu items to or from an existing menu.

The ObjectWindows TMenu class provides a complete set of functions for handling menus and menu items. Most of these functions are identical to their Windows API counterparts except that they require no handle to a menu as their first argument. The TMenu member functions require no handle because the menu handle is a data member of the class. When you call a TMenu member function, it calls the associated Windows API function (if there is one) with the arguments you supplied, plus the menu's handle.

The Solution

The TMenu class features many member functions that mirror the Windows API's menu-handling functions. But before you can access TMenu's member functions, you must create a TMenu object based on your window's menu. One place you can do this is in the main window class's SetupWindow() member function:

```
void TWndw::SetupWindow()
{
    TFrameWindow::SetupWindow();
    menu = new TMenu(HWindow);
}
```

This function creates a TMenu object from the menu associated with the window whose handle is contained in HWindow. (HWindow is a data member of the window class, inherited from TWindow.) You can create a TMenu object several other ways, as well. The various constructors are the following:

```
TMenu(TAutoDelete autoDelete = AutoDelete);
TMenu(HWND wnd, TAutoDelete autoDelete = NoAutoDelete);
TMenu(HMENU handle, TAutoDelete autoDelete = NoAutoDelete);
TMenu(LPCVOID *menuTemplate);
TMenu(HINSTANCE instance, TResId resId);
```

These constructors create a TMenu object from an empty menu, a window's menu, an existing menu via the menu's handle, a menu template, and an application's resource, respectively. Notice that the first three constructors all have a TAutoDelete parameter, indicating whether the associated Windows menu should be deleted along with the TMenu object. Because this parameter has a default value, you need bother with it only when you're doing something unusual with a menu.

To add a menu item to a menu, first get the menu's handle:

```
HMENU hMenu = menu->GetSubMenu(index);
```

TMenu's GetSubMenu() function requires as its parameter the zero-based position of the menu for which you would like the handle. For example, the first menu in a menu bar is located at index 0, the second at index 1, and so on. `GetSubMenu()` returns a handle to the requested menu.

After obtaining the menu's handle, use it to create a `TMenu` object from the submenu:

```
TMenu sMenu(hMenu);
```

If you want to know how many items are already in the menu, call `TMenu`'s `GetMenuItemCount()` function:

```
int count = sMenu.GetMenuItemCount();
```

To actually add the new menu item, call `AppendMenu()`:

```
sMenu.AppendMenu(MF_STRING, CM_ITEMID, "New Item");
```

This function's first parameter is a flag that describes the menu item. It can be one of (or a combination of) the constants shown in table 6.1, all of which are defined by Windows. (To learn more about using these constants, please consult your Windows programming reference.) In the preceding function call, `MF_STRING` tells Windows that the program is adding a text string to the menu. The second parameter is the menu item's command ID, and the third parameter is the string that will represent the command in the menu.

Table 6.1 Menu Item Constants

Constant	Description
MF_BYCOMMAND	Indicates that the position parameter is an item ID.
MF_BYPOSITION	Indicates that the position parameter is the item's zero-based position in the menu.
MF_BITMAP	Indicates that the item is a bitmap.
MF_STRING	Indicates that the item is a text string.
MF_CHECKED	Indicates that the item has a checkmark.
MF_UNCHECKED	Indicates that the item has no checkmark.
MF_ENABLED	Indicates that the item can be selected.
MF_DISABLED	Indicates that the item cannot be selected.
MF_GRAYED	Indicates that the item is grayed and disabled.
MF_MENUBARBREAK	Separates menu columns with a vertical line.

(continues)

Table 6.1 Continued	
Constant	**Description**
MF_MENUBREAK	Starts a new menu column.
MF_OWNERDRAW	Indicates that the item is an owner-draw item.
MF_POPUP	Indicates that the item is a new pop-up menu.
MF_SEPARATOR	Separates menu items with a horizontal line.

Deleting a menu item works similarly to adding a menu item. First, call GetSubMenu() to get a handle to the appropriate menu:

```
HMENU hMenu = menu->GetSubMenu(index);
```

Then, create an OWL menu object from the window handle:

```
TMenu sMenu(hMenu);
```

Finally, call DeleteMenu(), which requires as parameters the position of the item and a flag indicating how the position parameter should be interpreted:

```
sMenu.DeleteMenu(position, MF_BYPOSITION);
```

A MF_BYPOSITION flag indicates that the position parameter is the zero-based position of the item in the menu. A MF_BYCOMMAND flag means that the position parameter is actually the menu item's ID. Because this program uses the same ID for each new menu item (which, of course, you will probably never do in a real program), it uses the MF_BYPOSITION flag.

Tip

Many of the TMenu member functions are closely related to Windows API functions of the same name. To better understand how these functions work, look them up in your Windows reference.

◄ See "How Do I Enable, Disable, Change, or Check Menu Items in an OWL Program?," p. 279

Note

A Windows application usually contains two types of menus: the top-level menu (which is the menu that appears in the application's menu bar) and pop-up menus (which are the menus that appear when you click on a top-level menu item). The pop-up menus hold the commands the user can select from the menu. In any case, you should treat each menu as a separate object, because that's really what they are. The top-level menu and each pop-up menu has its own menu handle.

The Sample Program

When you run the ADDMENU program, you see a window like the one in figure 6.3. The program's **F**ile menu contains only one item, E**x**it, which you can select to exit the program. The **T**est menu contains two commands: **A**dd

Item and **D**elete Item. Selecting the **A**dd Item command adds an item to the
Test menu. As shown in figure 6.4, you can add up to two new items to the
menu. To delete a menu item, select the **D**elete Item command. (This com-
mand deletes only newly added menu items. That is, you cannot delete the
Add Item and **D**elete Item commands.)

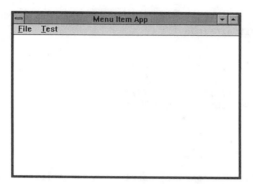

Fig. 6.3
The ADDMENU
application.

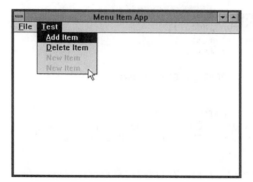

Fig. 6.4
New items in the
Test menu.

Listing 6.3   ADDMENU.CPP—Adds and Deletes Menu Items

```
//////////////////////////////////////////////////////////
// ADDMENU.CPP: Demonstrates adding and deleting menu
//              items.
//////////////////////////////////////////////////////////

#include <owl\applicat.h>
#include <owl\framewin.h>
#include <owl\menu.h>
#include "addmenu.rc"
```

(continues)

Listing 6.3   Continued

```
//////////////////////////////////
// The application class.
//////////////////////////////////
class TApp : public TApplication
{
public:
   TApp(): TApplication() {}
   void InitMainWindow();
};

//////////////////////////////////
// The main window class.
//////////////////////////////////
class TWndw : public TFrameWindow
{
protected:
   TMenu *menu;

public:
   TWndw(TWindow *parent, const char far *title);

protected:
   void SetupWindow();
   void CleanupWindow();
   void CmAddItem();
   void CmDeleteItem();

   DECLARE_RESPONSE_TABLE(TWndw);
};

DEFINE_RESPONSE_TABLE1(TWndw, TFrameWindow)
   EV_COMMAND(CM_ADDITEM, CmAddItem),
   EV_COMMAND(CM_DELETEITEM, CmDeleteItem),
END_RESPONSE_TABLE;

//////////////////////////////////////////////////////////////
// TWndw::TWndw()
//////////////////////////////////////////////////////////////
TWndw::TWndw(TWindow *parent, const char far *title):
     TFrameWindow(parent, title)
{
   AssignMenu(MENU_1);
   Attr.X = 50;
   Attr.Y = 50;
   Attr.W = 400;
   Attr.H = 300;
}

//////////////////////////////////////////////////////////////
// TWndw::SetupWindow()
//////////////////////////////////////////////////////////////
void TWndw::SetupWindow()
{
   TFrameWindow::SetupWindow();
```

```
    // Create a menu object from the Window's menu.
    menu = new TMenu(HWindow);
}

////////////////////////////////////////////////////////
// TWndw::CleanupWindow()
////////////////////////////////////////////////////////
void TWndw::CleanupWindow()
{
    delete menu;
}

////////////////////////////////////////////////////////
// TWndw::CmAddItem()
////////////////////////////////////////////////////////
void TWndw::CmAddItem()
{
    // Get the Test menu's handle.
    HMENU hMenu = menu->GetSubMenu(1);

    // Create a TMenu object for the Test menu.
    TMenu sMenu(hMenu);

    // Get the number of items in the Test menu.
    int count = sMenu.GetMenuItemCount();

    // If there are less than four items in the menu...
    if (count < 4)
        // Add the new item.
        sMenu.AppendMenu(MF_STRING, CM_ITEM_ID, "New Item");
}

////////////////////////////////////////////////////////
// TWndw::CmDeleteItem()
////////////////////////////////////////////////////////
void TWndw::CmDeleteItem()
{
    // Get the Test menu's handle.
    HMENU hMenu = menu->GetSubMenu(1);

    // Create a TMenu object for the Test menu.
    TMenu sMenu(hMenu);

    // Get the number of items in the Test menu.
    int count = sMenu.GetMenuItemCount();

    // If there are new items in the menu...
    if (count > 2)
        // Delete a new item.
        sMenu.DeleteMenu(count-1, MF_BYPOSITION);
}
```

(continues)

Listing 6.3   Continued

```
///////////////////////////////////////////////////////////
// TApp::InitMainWindow()
///////////////////////////////////////////////////////////
void TApp::InitMainWindow()
{
    TFrameWindow *wndw = new TWndw(0, "Menu Item App");
    SetMainWindow(wndw);
}


///////////////////////////////////////////////////////////
// OwlMain()
///////////////////////////////////////////////////////////
int OwlMain(int, char*[])
{
    return TApp().Run();
}
```

How Do I Add a Menu Bar to a Dialog Box?

Although a dialog box is a special type of window, it is still just a window. And as a window, a dialog box is fully capable of displaying and responding to menus. Although it's rare for a dialog box to have a menu bar, you may sometimes find a menu bar a convenient way to organize commands within a dialog box. Adding a menu bar to a dialog box is just a matter of creating the menu resource and assigning it to the dialog box.

The Solution

If your dialog box is to have a menu, you must, of course, create the menu's resource. This is usually done within Resource Workshop, where you define both a menu for the application's main window and one for the dialog box (see fig. 6.5).

Next, assemble your dialog box in Resource Workshop. When the dialog box is complete, double-click its border in order to display the Window Style dialog box. In this dialog box's **M**enu list box, select the menu ID for the menu you want attached to the dialog box (see fig. 6.6).

Now, you're ready to write your main program. First, create a class for your dialog box. The class should contain message-response functions for the dialog box's menu commands, as well as a response table:

```
class TDlg : public TDialog
{
public:
    TDlg(TWindow *parent, TResId resId) :
        TDialog(parent, resId) {};
```

```
protected:
   void CmTestCommand();

   DECLARE_RESPONSE_TABLE(TDlg);
};

DEFINE_RESPONSE_TABLE1(TDlg, TDialog)
   EV_COMMAND(CM_TESTCOMMAND, CmTestCommand),
END_RESPONSE_TABLE;
```

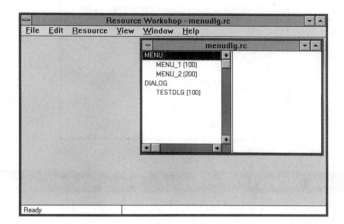

Fig. 6.5
Two menus
defined in
Resource Work-
shop.

Fig. 6.6
Assigning the
menu to the
dialog box.

◀ See "How Do I
Respond to
Windows Mes-
sages?," p. 39

◀ See "How Do I
Create a Modal
Dialog Box?,"
p. 91

Now, when you run the program, the appropriate menu is automatically assigned to the dialog box and will be visible when the dialog box is displayed. If you've created your dialog box's message-response functions and response table properly, the appropriate function is called when the user selects a command from the dialog box's menu.

The Sample Program

Run the MENUDLG program and select the **D**ialog menu's **T**est Dialog command. You see the dialog box shown in figure 6.7. When you select the dialog box's **T**est Command item from the **T**est menu, a message box verifies that the application received the command.

Fig. 6.7
The MENUDLG
application.

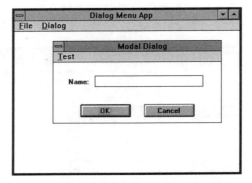

```
////////////////////////////////////////////////////////////
// MENUDLG.CPP: Shows how to attach and handle a dialog
//              box menu.
////////////////////////////////////////////////////////////

#include <owl\applicat.h>
#include <owl\framewin.h>
#include <owl\dialog.h>
#include "menudlg.rc"

///////////////////////////////////
// The application class.
///////////////////////////////////
class TApp : public TApplication
{
public:
    TApp(): TApplication() {}
    void InitMainWindow();
};

///////////////////////////////////
// The main window class.
///////////////////////////////////
class TWndw : public TFrameWindow
{
public:
    TWndw(TWindow *parent, const char far *title);
```

Listing 6.4   MENUDLG.CPP—Creates a Dialog Box with a Menu Bar

```
protected:
   void CmTestDialog();

   DECLARE_RESPONSE_TABLE(TWndw);
};

DEFINE_RESPONSE_TABLE1(TWndw, TFrameWindow)
   EV_COMMAND(CM_TESTDIALOG, CmTestDialog),
END_RESPONSE_TABLE;

//////////////////////////////////
// The dialog box class.
//////////////////////////////////
class TDlg : public TDialog
{
public:
   TDlg(TWindow *parent, TResId resId) :
      TDialog(parent, resId) {};

protected:
   void CmTestCommand();

   DECLARE_RESPONSE_TABLE(TDlg);
};

DEFINE_RESPONSE_TABLE1(TDlg, TDialog)
   EV_COMMAND(CM_TESTCOMMAND, CmTestCommand),
END_RESPONSE_TABLE;

/////////////////////////////////////////////////////////////
// TWndw::TWndw()
/////////////////////////////////////////////////////////////
TWndw::TWndw(TWindow *parent, const char far *title):
      TFrameWindow(parent, title)
{
   AssignMenu(MENU_1);
   Attr.X = 50;
   Attr.Y = 50;
   Attr.W = 400;
   Attr.H = 300;
}

/////////////////////////////////////////////////////////////
// TWndw::CmTestDialog()
/////////////////////////////////////////////////////////////
void TWndw::CmTestDialog()
{
   TDialog *dialog = new TDlg(this, TESTDLG);
   dialog->Execute();
}

/////////////////////////////////////////////////////////////
// TDlg::CmTestCommand()
/////////////////////////////////////////////////////////////
 void TDlg::CmTestCommand()
```

(continues)

```
Listing 6.4   Continued

   {
      MessageBox("Got CM_TESTCOMMAND", "Command");
   }

   //////////////////////////////////////////////////////////
   // TApp::InitMainWindow()
   //////////////////////////////////////////////////////////
   void TApp::InitMainWindow()
   {
      TFrameWindow *wndw =
         new TWndw(0, "Dialog Menu App");
      SetMainWindow(wndw);
   }

   //////////////////////////////////////////////////////////
   // OwlMain()
   //////////////////////////////////////////////////////////
   int OwlMain(int, char*[])
   {
      return TApp().Run();
   }
```

How Do I Add Commands to a Window's System Menu?

In most circumstances, you will not want to modify your application's system menu. Users are used to seeing a standard system menu, and changing it may take them by surprise. However, you can easily add your own items to an application's system menu if you need to do so. You may want to do this, for example, in an application that has too few commands for a menu bar. You may think that dealing with the system menu would be a sticky problem, but it's a task easily handled with ObjectWindows TSystemMenu class.

The Solution

The first step in modifying the system menu is to create a TSystemMenu object from the system menu, which you can do in your main window's SetupWindow() function:

```
void TWndw::SetupWindow()
{
   sysMenu = new TSystemMenu(HWindow, FALSE);
}
```

TSystemMenu's constructor, which obtains access to the system menu through a call to the Windows API function GetSystemMenu(), requires as arguments the handle of the window containing the system menu and a Boolean value indicating whether you want the system menu restored to its original, unmodifiable form. Because you want to modify the system menu, the Boolean argument in this call to the TSystemMenu constructor should be FALSE. Notice that the new operator returns a pointer to a TSystemMenu object, which is stored in the main window's data member sysMenu. By creating the TSystemMenu object dynamically, the program retains access to it after exiting SetupWindow().

After the program has a pointer to the system menu object, add or delete items from the menu in the usual way, by calling the menu object's AppendMenu() and DeleteMenu() functions:

```
sysMenu->AppendMenu(MF_SEPARATOR, 0, 0);
sysMenu->AppendMenu(MF_STRING, CM_NEWITEM, "New Command");
```

The preceding two lines add a menu separator to the system menu to separate the system commands from the new command being placed in the menu. The second call to AppendMenu() installs the New Command command after the separator.

You can delete items you add to the system menu in much the same way that you added them:

```
sysMenu->DeleteMenu(9, MF_BYPOSITION);
```

In the preceding line, the arguments are the position of the item to delete and a flag indicating that the first argument is a position value.

When you have a new item in the system menu, you need a way to respond to the command. Even though the new item has its own unique ID, Windows sends no command message to the application's window when the user selects the item. What Windows does send is a WM_SYSCOMMAND message. If your program must respond to items on the system menu, you must write a message-response function, EvSysCommand():

```
void TWndw::EvSysCommand(UINT cmdType, TPoint&)
{
    if (cmdType == CM_NEWITEM)

        // Respond to command here.

    else DefaultProcessing();
}
```

As you can see, to make things easier for the programmer, OWL cracks (extracts the relevant values from) the message's wParam and lParam values. In the case of a WM_SYSCOMMAND message, OWL sends the EvSysCommand() function the command type (`cmdType`) and a reference to a `TPoint` object containing the mouse cursor's coordinates. The command type in the case of the new item added previously is `CM_NEWITEM`. By examining the value of `cmdType`, the function can discover whether the message was generated by the new menu item or whether it is some other system message.

If the message was generated by the new item, `EvSysCommand()` should perform whatever actions are necessary to satisfy the user's request. If, however, `cmdType` is not `CM_NEWITEM`, the message received represents some system message. It is imperative that you return all system messages to Windows for processing. Failure to do this will lock up a Windows application tighter than a bank vault. In an OWL program, you call `DefaultProcessing()`, a member function inherited from the `TWindow` class, to return messages for processing by Windows.

When you're through with the system menu, you can instantly return it to its original, unmodified (and unmodifiable) form by deleting the old `TSystemMenu` object and constructing a new `TSystemMenu` object, this time with the Boolean parameter set to `TRUE`:

```
delete sysMenu;
sysMenu = new TSystemMenu(HWindow, TRUE);
```

After the regular system menu has been put back in place, it cannot be modified.

> **Note** ·
>
> Information about a specific message is sent to a standard Windows application in word (`wParam`) and long word (`lParam`) values. It is up to the function receiving the message to decode the values to obtain the information the program needs. For example, in a `WM_SYSCOMMAND` message, the `wParam` parameter contains the message type, and the `lParam` parameter contains mouse-cursor coordinates, with the x-coordinate in the low word and the y-coordinate in the high word. ObjectWindows' automatic message cracking eliminates the need for your programs to extract this information "by hand."

◄ See "How Do I Add or Delete Menu Items?," p. 289

◄ See "How Do I Respond to Windows Messages?," p. 39

The Sample Program

When you run the SYSMENU program, you see the window shown in figure 6.8. This window has a **F**ile menu, containing only an E**x**it command, and a **T**est menu, containing commands for adding and deleting a new system menu command, as well as for reverting the system menu to its original form. Before trying the **T**est menu, activate the system menu. You'll see that the menu contains the usual eight items. After examining the unmodified system menu, select the **T**est menu's **A**dd Item command. Now when you look at the system menu, you see the menu shown in figure 6.9, which contains a new C**l**ick Me command.

Choose the C**l**ick Me command, and a message box appears, telling you that your command was received. To remove the C**l**ick Me command from the system menu, select the **T**est menu's **D**elete Item command; to restore the system menu to its original form, select the **T**est menu's **R**evert command. After you restore the menu, it can no longer be modified.

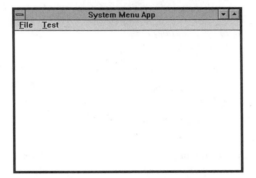

Fig. 6.8
The SYSMENU
application.

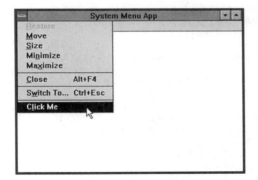

Fig. 6.9
The modified
system menu.

Listing 6.5   SYSMENU.CPP—Shows How to Modify the System Menu

```
/////////////////////////////////////////////////////////
// SYSMENU.CPP: Demonstrates manipulating a system menu.
/////////////////////////////////////////////////////////

#include <owl\applicat.h>
```

(continues)

Listing 6.5   Continued

```
#include <owl\framewin.h>
#include <owl\menu.h>
#include "sysmenu.rc"

/////////////////////////////////
// The application class.
/////////////////////////////////
class TApp : public TApplication
{
public:
   TApp(): TApplication() {}
   void InitMainWindow();
};

/////////////////////////////////
// The main window class.
/////////////////////////////////
class TWndw : public TFrameWindow
{
protected:
   TMenu *sysMenu;
   BOOL itemPresent, reverted;

public:
   TWndw(TWindow *parent, const char far *title);

protected:
   void SetupWindow();
   void CleanupWindow();
   void CmAddItem();
   void CmDeleteItem();
   void CmRevert();
   void EvSysCommand(UINT cmdType, TPoint&);

   DECLARE_RESPONSE_TABLE(TWndw);
};

DEFINE_RESPONSE_TABLE1(TWndw, TFrameWindow)
   EV_COMMAND(CM_ADDITEM, CmAddItem),
   EV_COMMAND(CM_DELETEITEM, CmDeleteItem),
   EV_COMMAND(CM_REVERT, CmRevert),
   EV_WM_SYSCOMMAND,
END_RESPONSE_TABLE;

/////////////////////////////////////////////////////////
// TWndw::TWndw()
/////////////////////////////////////////////////////////
TWndw::TWndw(TWindow *parent, const char far *title):
      TFrameWindow(parent, title)
{
   AssignMenu(MENU_1);
   Attr.X = 50;
   Attr.Y = 50;
   Attr.W = 400;
```

```
      Attr.H = 300;
}

//////////////////////////////////////////////////////
// TWndw::SetupWindow()
//////////////////////////////////////////////////////
void TWndw::SetupWindow()
{
   // Create a menu object from the window's system menu.
   sysMenu = new TSystemMenu(HWindow, FALSE);

   // Indicate that the new menu item is not present.
   itemPresent = FALSE;

   // Indicate that the system menu has not reverted.
   reverted = FALSE;
}

//////////////////////////////////////////////////////
// TWndw::CleanupWindow()
//////////////////////////////////////////////////////
void TWndw::CleanupWindow()
{
   delete sysMenu;
}

//////////////////////////////////////////////////////
// TWndw::EvSysCommand()
//////////////////////////////////////////////////////
void TWndw::EvSysCommand(UINT cmdType, TPoint&)
{
   // If the user clicked the new system menu item...
   if (cmdType == CM_NEWITEM)

      // Show a message box.
      MessageBox("Got CM_NEWITEM message", "Message", MB_OK);

   // Or else pass the system message back to Windows.
   else DefaultProcessing();
}

//////////////////////////////////////////////////////
// TWndw::CmAddItem()
//////////////////////////////////////////////////////
void TWndw::CmAddItem()
{
   if (!itemPresent && !reverted)
   {
      // Add a separator and the new item.
      sysMenu->AppendMenu(MF_SEPARATOR, 0, 0);
      sysMenu->AppendMenu(MF_STRING,
         CM_NEWITEM, "C&lick Me");
      // Indicate that the new menu item is present.
      itemPresent = TRUE;
```

(continues)

Listing 6.5 Continued

```
   }
}

//////////////////////////////////////////////////////////
// TWndw::CmDeleteItem()
//////////////////////////////////////////////////////////
void TWndw::CmDeleteItem()
{
   if (itemPresent && !reverted)
   {
      // Delete the separator and the new item.
      sysMenu->DeleteMenu(9, MF_BYPOSITION);
      sysMenu->DeleteMenu(9, MF_BYPOSITION);

      // Indicate that the new menu item is no longer present.
      itemPresent = FALSE;
   }
}

//////////////////////////////////////////////////////////
// TWndw:CmRevert()
//////////////////////////////////////////////////////////
void TWndw::CmRevert()
{
   if (!reverted)
   {
      // Delete old menu object.
      delete sysMenu;

      // Create menu object from default system menu.
      sysMenu = new TSystemMenu(HWindow, TRUE);

      // Indicate that the menu is the regular system menu.
      reverted = TRUE;
   }
}

//////////////////////////////////////////////////////////
// TApp::InitMainWindow()
//////////////////////////////////////////////////////////
void TApp::InitMainWindow()
{
   TFrameWindow *wndw = new TWndw(0, "System Menu App");
   SetMainWindow(wndw);
}

//////////////////////////////////////////////////////////
// OwlMain()
//////////////////////////////////////////////////////////
int OwlMain(int, char*[])
{
   return TApp().Run();
}
```

How Do I Create Dynamic Menus?

Sophisticated Windows applications often enable the user to perform many types of tasks. In fact, if the application is large enough, it may end up having overly long and complicated menus. To avoid this problem, you can create a *dynamic menu bar* that can change its contents according to the user's current needs. For example, an application that has yet to open a window may have only a File and Help menu. When the user opens a document window, the menu bar can expand to incorporate the commands the user now needs to manipulate the window and its data.

The Solution

The first step is to create a set of menu resources with Resource Workshop (see fig. 6.10). The first menu should be the application's basic menu. Other menus should contain the items you need to merge into the main window at various times in your program. For example, the following resource file contains two menus:

```
#define MENU_1 100
#define MENU_2 200
#define CM_TEST 101
#define CM_EXIT 24310
#define CM_MENUITEM 100
#define CM_MERGEMENU 102

#ifdef RC_INVOKED

MENU_1 MENU
BEGIN
  POPUP "&File"
  BEGIN
    MENUITEM "E&xit", CM_EXIT
  END
  POPUP "&Test"
  BEGIN
    MENUITEM "&Merge Menu", CM_MERGEMENU
  END
  POPUP "&Help"
  BEGIN
    MENUITEM "Menu Item", CM_MENUITEM
  END
END

MENU_2 MENU
BEGIN
  POPUP "&Edit"
  BEGIN
    MENUITEM "Menu Item", CM_MENUITEM
  END
  POPUP "&Search"
```

```
       BEGIN
         MENUITEM "Menu Item", CM_MENUITEM
       END
       POPUP "&Options"
       BEGIN
         MENUITEM "Menu Item", CM_MENUITEM
       END
       POPUP "&Window"
       BEGIN
         MENUITEM "Menu Item", CM_MENUITEM
       END
     END

     #endif
```

The first menu, with the menu ID MENU_1, is the main menu that appears when the application is first run. It contains three pop-up menus: File, Test, and Help. The second menu, containing four additional pop-up menus, is designed to merge with the first when the user opens a window in the application. (The preceding menus are used in the sample program at the end of this section.)

Fig. 6.10
Creating menus with Resource Workshop.

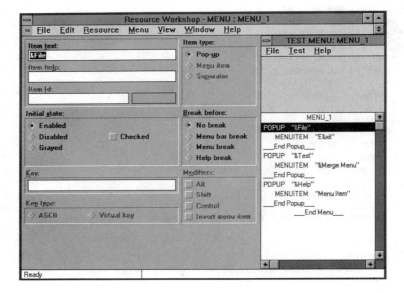

In order to create dynamic menus, you have to think of each of your pop-up menus as belonging in one of six groups: File, Edit, Container, Object, Window, and Help. The File group contains file-handling commands, the Edit group contains document-editing commands, the Container group contains non-standard menus, the Object group provides an area in which OLE embedded objects can merge their own menus, the Window group provides window-handling commands, and the Help group offers access to the application's help system.

In MENU_1, the File menu belongs in the File group, the Test menu belongs in the Container group, and the Help menu belongs in the Help group. In MENU_2, the Edit and Search menus go in the Edit group, the Options menu goes in the Object group, and the Window menu goes in the Window group. (The Options menu really has nothing to do with OLE objects, but it sits in for whatever OLE object menus might be placed in the group. Currently, OWL doesn't support OLE.)

After creating your menu resources, construct a TMenuDescr object for the starting menu:

```
TMenuDescr menuDescr(MENU_1, 1, 0, 1, 0, 0, 1);
```

This constructor's first argument is the ID of the menu. The other six arguments represent the six menu groups in this order: File, Edit, Container, Object, Window, and Help. So, the preceding menu description tells OWL to place the first pop-up menu of MENU_1 in the File group, the second pop-up menu in the Container group, and the third in the Help group. To set the new menu call the window's SetMenuDescr() function:

```
wndw->SetMenuDescr(menuDescr);
```

When it's time to merge new pop-up menus into the menu bar, create another menu-description object:

```
TMenuDescr menuDescr2(MENU_2, 0, 2, 0, 1, 1, 0);
```

This menu description tells OWL to place the first two pop-up menus of MENU_2 in the Edit group, the third pop-up menu in the Object group, and the fourth in the Window group. Then, to merge the new menu with the old one, call the window's MergeMenu() function:

▶ See "How Do I Use Dynamic Menus in an MDI Application?," p. 312

```
MergeMenu(menuDescr2);
```

The Sample Program
When you run the MENUMERG program, you see the application's main window that contains the **F**ile, **T**est, and **H**elp menus (see fig. 6.11). When you select the **T**est menu's **M**erge Menu command, the menu bar expands to include **E**dit, **S**earch, **O**ptions, and **W**indow menus (see fig. 6.12). Select the **M**erge Menu command again, and the menu returns to its original state.

Fig. 6.11
The MENUMERGE
application at
start-up.

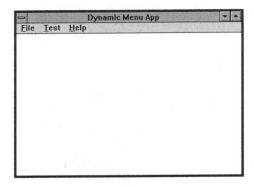

Fig. 6.12
The MENUMERGE
application after
merging menus.

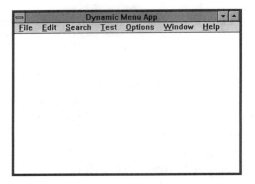

Listing 6.6   MENUMERG.CPP—Shows How to Create Dynamic Menus

```
///////////////////////////////////////////////////////
// MENUMERG.CPP: Shows how to create dynamic menus.
///////////////////////////////////////////////////////

#include <owl\applicat.h>
#include <owl\framewin.h>
#include "menumerg.rc"


///////////////////////////////////
// The application class.
///////////////////////////////////
class TApp : public TApplication
{
public:
   TApp(): TApplication() {}
   void InitMainWindow();
};


///////////////////////////////////
// The main window class.
///////////////////////////////////
```

```
class TWndw : public TFrameWindow
{
protected:
   BOOL fullMenu;

public:
   TWndw(TWindow *parent, const char far *title);

protected:
   void CmMergeMenu();

   DECLARE_RESPONSE_TABLE(TWndw);
};

DEFINE_RESPONSE_TABLE1(TWndw, TFrameWindow)
  EV_COMMAND(CM_MERGEMENU, CmMergeMenu),
END_RESPONSE_TABLE;

///////////////////////////////////////////////////////////
// TWndw::TWndw()
///////////////////////////////////////////////////////////
TWndw::TWndw(TWindow *parent, const char far *title) :
   TFrameWindow(parent, title)
{
   Attr.X = 20;
   Attr.Y = 20;
   Attr.W = 400;
   Attr.H = 300;

   fullMenu = FALSE;
}


///////////////////////////////////////////////////////////
// TWndw::CmMergeMenu()
///////////////////////////////////////////////////////////
void TWndw::CmMergeMenu()
{
   // Construct menu descriptions.
   TMenuDescr menuDescr1(MENU_1, 1, 0, 1, 0, 0, 1);
   TMenuDescr menuDescr2(MENU_2, 0, 2, 0, 1, 1, 0);

   // If the menu isn't already merged...
   if (!fullMenu)

      // ...merge the second menu.
      MergeMenu(menuDescr2);

   else

      // ...else restore the menu to its starting form.
      SetMenuDescr(menuDescr1);

   fullMenu = !fullMenu;
}
```

(continues)

Listing 6.6 Continued

```
///////////////////////////////////////////////////////////
// TApp::InitMainWindow()
///////////////////////////////////////////////////////////
void TApp::InitMainWindow()
{
   TFrameWindow *wndw =
      new TWndw(0, "Dynamic Menu App");

   // Construct a menu description.
   TMenuDescr menuDescr(MENU_1, 1, 0, 1, 0, 0, 1);

   // Create the starting menu.
   wndw->SetMenuDescr(menuDescr);

   SetMainWindow(wndw);
}

///////////////////////////////////////////////////////////
// OwlMain()
///////////////////////////////////////////////////////////
int OwlMain(int, char*[])
{
   return TApp().Run();
}
```

How Do I Use Dynamic Menus in an MDI Application?

A modern Windows application is likely to do a lot more for the user than a single application used to do in the days of DOS. For example, when using a desktop publishing program, the user usually can open many different kinds of windows: one containing the document, one containing a graphical image, another containing text, and so on. Each one of these windows has special functions associated with it. You wouldn't need a Font menu when working with a bitmap, just as you wouldn't need a Brush menu when working with text.

One solution to this type of problem is to have a large and complicated menu bar that contains all the commands the user needs. You then disable the commands that don't apply to the currently opened window. A more elegant solution, however, is to use dynamic menus. When you add dynamic menus to your MDI (Multiple Document Interface) application, you can attach a unique menu to each window class. Then, when the user opens or switches to a new type of window, the application's menu bar automatically changes to match the new window.

The Solution

In an MDI application that supports more than one type of document, you need a child window class for each type of document. Your first task is to use Resource Workshop to construct menus for these window classes. The following resource file contains a menu for the main program, as well as two additional menus, one for each of two child window classes:

```
#define MENU_1 100
#define MENU_2 200
#define MENU_3 300
#define CM_NEWCHILD1 101
#define CM_NEWCHILD2 102
#define CM_MENUITEM 103
#define CM_EXIT 24310

#ifdef RC_INVOKED

MENU_1 MENU
{
 POPUP "&Type 1"
 {
  MENUITEM "Menu Item", CM_MENUITEM
 }

 POPUP "&Options"
 {
  MENUITEM "Menu Item", CM_MENUITEM
 }

}

MENU_2 MENU
{
 POPUP "Type 2"
 {
  MENUITEM "Menu Item", CM_MENUITEM
 }

 POPUP "&Edit"
 {
  MENUITEM "Menu Item", CM_MENUITEM
 }

}

MENU_3 MENU
{
 POPUP "&File"
 {
  MENUITEM "E&xit", CM_EXIT
 }

 POPUP "&Test"
 {
```

```
      MENUITEM "New Child&1", CM_NEWCHILD1
      MENUITEM "New Child&2", CM_NEWCHILD2
   }

   POPUP "&Help"
   {
     MENUITEM "Menu Item", CM_MENUITEM
   }

}

#endif
```

In the preceding resource file, the menu with the ID MENU_3 is the main window's menu, the one that appears when the application first starts. The menus with the IDs MENU_1 and MENU_2 are the child-window menus.

Now that you have your menus assembled, write the child-window classes:

```
class TChildWndw1: public TMDIChild
{
public:
    TChildWndw1(TMDIClient &parent);
};

class TChildWndw2: public TMDIChild
{
public:
    TChildWndw2(TMDIClient &parent);
};
```

The preceding child-window classes don't do much. However, they do demonstrate how you create new child-window classes for an MDI application. The most important thing to notice is that the classes are derived from the OWL class TMDIChild.

It's in each child window's constructor that you give the window its menu:

```
TChildWndw1::TChildWndw1(TMDIClient &parent) :
    TMDIChild(parent, "Child Type 1")
{
    TMenuDescr menuDescr(MENU_1, 0, 2, 0, 0, 0, 0);
    SetMenuDescr(menuDescr);
}

TChildWndw2::TChildWndw2(TMDIClient &parent) :
    TMDIChild(parent, "Child Type 2")
{
    TMenuDescr menuDescr(MENU_2, 0, 2, 0, 0, 0, 0);
    SetMenuDescr(menuDescr);
}
```

The first line in each constructor creates a TMenuDescr object that describes that window's menu. Based on the previously-listed resource file, the

TChildWndw1 class is associated with the menu MENU_1, and that menu's two pop-up menus, Type 1 and Options, will be placed in the menu bar's Edit group. Similarly, the TChildWndw2 class is associated with the menu MENU_2, and that menu's two pop-up menus, Type 2 and Edit, will also be placed in the menu bar's Edit group.

You'll probably construct your child windows in response to messages from the application's client window:

```
void TClientWndw::CmNewChild1()
{
    TWindow *wndw = new TChildWndw1(*this);
    wndw->Create();
}

void TClientWndw::CmNewChild2()
{
    TWindow *wndw = new TChildWndw2(*this);
    wndw->Create();
}
```

The preceding functions construct and display child windows of two types. You need do nothing more to have the correct menu appear for the currently active window. OWL handles all that for you.

> **Note**
>
> Remember that, just as you must use the special TMDIChild window class for your MDI child windows, you must use the TMDIFrame (or TMDIDecoratedFrame) and TMDIClient classes for your frame and client windows, respectively. If you don't use the appropriate classes, your application fails to operate correctly as an MDI application.

◀ See "How Do I Create Dynamic Menus?," p.307

The Sample Program

When you run the MDIMENU program, you see the MDI application's main window that contains only File, Test, and Help menus (see fig. 6.13). When you select the Test menu's New Child **1** command, a new child window of type 1 appears, and the menu bar expands to include that window's **T**ype 1 and **O**ptions menus (see fig. 6.14). (Only the Test menu contains usable commands, however.) Select the Test menu's New Child **2** command, and a new child window of type 2 appears. Again, the menu bar changes, this time removing child window 1's menu and substituting its own (see fig. 6.15).

Try switching from one window to another. With each switch the program updates its menu correctly for the currently active window. Open as many windows as you like from the **T**est menu. No matter how many windows you have going simultaneously, the active window always controls the contents of the menu bar. To restore the original menu, close all child windows.

Fig. 6.13
The MDIMENU
application at
start-up.

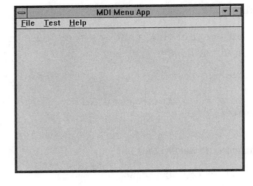

Fig. 6.14
The application
with an active
type-1 child
window.

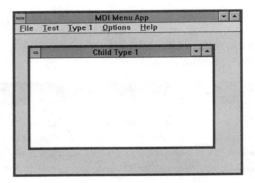

Fig. 6.15
The application
with a type-2
active window.

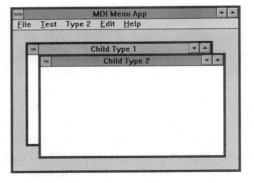

Listing 6.7   MDIMENU.CPP—Shows How to Give Each MDI Child Window Its Own Menu

```cpp
/////////////////////////////////////////////////////////
// MDIMENU.CPP: Shows how to attach different menus to
//              different MDI child windows.
/////////////////////////////////////////////////////////

#include <owl\applicat.h>
#include <owl\mdi.h>
#include "mdimenu.rc"

//////////////////////////////////
// The application class.
//////////////////////////////////
class TApp : public TApplication
{
public:
   TApp(): TApplication() {};
   void InitMainWindow();
};

//////////////////////////////////
// The client window class.
//////////////////////////////////
class TClientWndw : public TMDIClient
{
public:
   TClientWndw(): TMDIClient() {};

protected:
   void CmNewChild1();
   void CmNewChild2();

   DECLARE_RESPONSE_TABLE(TClientWndw);
};

DEFINE_RESPONSE_TABLE1(TClientWndw, TMDIClient)
   EV_COMMAND(CM_NEWCHILD1, CmNewChild1),
   EV_COMMAND(CM_NEWCHILD2, CmNewChild2),
END_RESPONSE_TABLE;

//////////////////////////////////
// The first child window class.
//////////////////////////////////
class TChildWndw1: public TMDIChild
{
public:
   TChildWndw1(TMDIClient &parent);
};

//////////////////////////////////
// The second child window class.
//////////////////////////////////
```

(continues)

Listing 6.7   Continued

```
class TChildWndw2: public TMDIChild
{
public:
    TChildWndw2(TMDIClient &parent);
};

//////////////////////////////////////////////////////////
// TClientWndw::CmNewChild1()
//////////////////////////////////////////////////////////
void TClientWndw::CmNewChild1()
{
    TWindow *wndw = new TChildWndw1(*this);
    wndw->Create();
}


//////////////////////////////////////////////////////////
// TClientWndw::CmNewChild2()
//////////////////////////////////////////////////////////
void TClientWndw::CmNewChild2()
{
    TWindow *wndw = new TChildWndw2(*this);
    wndw->Create();
}


//////////////////////////////////////////////////////////
// TChildWndw1::TChildWndw1()
//////////////////////////////////////////////////////////
TChildWndw1::TChildWndw1(TMDIClient &parent) :
    TMDIChild(parent, "Child Type 1")
{
    // Construct a TMenuDescr object for type 1 windows.
    TMenuDescr menuDescr(MENU_1, 0, 2, 0, 0, 0, 0);

    // Set the menu for type 1 windows.
    SetMenuDescr(menuDescr);
}


//////////////////////////////////////////////////////////
// TChildWndw2::TChildWndw2()
//////////////////////////////////////////////////////////
TChildWndw2::TChildWndw2(TMDIClient &parent) :
    TMDIChild(parent, "Child Type 2")
{
    // Construct a TMenuDescr object for type 2 windows.
    TMenuDescr menuDescr(MENU_2, 0, 2, 0, 0, 0, 0);

    // Set the menu for type 2 windows.
    SetMenuDescr(menuDescr);
}


//////////////////////////////////////////////////////////
// TApp::InitMainWindow()
//////////////////////////////////////////////////////////
```

```
void TApp::InitMainWindow()
{
    TMDIClient *client = new TClientWndw();
    TMDIFrame *wndw =
        new TMDIFrame("MDI Menu App", MENU_3, *client);

    wndw->Attr.X = 50;
    wndw->Attr.Y = 50;
    wndw->Attr.W = 400;
    wndw->Attr.H = 300;

    // Construct a TMenuDescr for the main menu.
    TMenuDescr menuDescr(MENU_3, 2, 0, 0, 0, 0, 1);

    // Set the main menu.
    wndw->SetMenuDescr(menuDescr);

    SetMainWindow(wndw);
}


////////////////////////////////////////////////////////////
// OwlMain()
////////////////////////////////////////////////////////////
int OwlMain(int, char*[])
{
    return TApp().Run();
}
```

Chapter 7

Printing

How Do I Print the Contents of a Window?

Often it's handy for your application to enable the user to print the contents of the currently open window. Because all the data you need to print is readily available in memory and because Windows' GDI provides capable drivers for reproducing just about any type of data in a device-independent manner, this task is much easier than you might at first believe. In fact, with ObjectWindows 2.0, printing under Windows has never been simpler. You can forget about details such as profile strings and printer setup commands. OWL takes care of most of this for you.

The basis for OWL's sophisticated printing abilities is its TPrinter and TPrintout classes, which represent the printer device and the document to be printed, respectively. When you create a TPrinter object in your program, OWL automatically sets up your program with a printer device context that is already connected to the user's default printer. You don't have to read the printer profile string from the user's WIN.INI file; parse the profile string for its driver, device, and output-port strings; and then create a printer DC based on these settings. OWL handles all this for you.

The Solution

In your main window class, declare a pointer to a TPrinter object. (To use OWL's TPrinter class, you must include the PRINTER.H header file in your program.)

```
class TWndw : public TFrameWindow
{
protected:
```

```
        TPrinter *printer;

    public:
        TWndw(TWindow *parent, const char far *title);
        ~TWndw();
    };
```

Then, in the main window's constructor, create a TPrinter object with the
new operator, saving a pointer to the object in the TPrinter pointer you de-
fined in the window class:

```
    printer = new TPrinter;
```

This is the only line required in the program to create a printer device con-
text that is attached to the user's default printer. In other words, after creat-
ing the TPrinter object, this program immediately can send data to the
printer.

Because you've created an object dynamically in your main window's con-
structor, you must delete it somewhere in your program. The main window's
destructor is a good place to handle this task:

```
    TWndw::~TWndw()
    {
        delete printer;
    }
```

Next, derive your own TPrintout class. You must do this because TPrintout is
an abstract class containing several member functions that you have to over-
ride in your application:

```
    class TWndwPrintout : public TPrintout
    {
    protected:
        TWindow *window;

    public:
        TWndwPrintout(const char *title, TWindow *w);
        void PrintPage(int, TRect &rect, unsigned);
    };
```

This class has a single protected data member that stores a pointer to the
application's main window. You soon see why the program needs this
pointer. The class also has a constructor that takes as parameters a pointer to
the printout's title and a pointer to the application's main window. The
PrintPage() function overrides a function in the TPrintout class and is the
function that is responsible for printing the contents of each page of the
document. PrintPage() is called by the TPrinter object once for each page (or
band) in the document. PrintPage()'s three parameters are the current page
number, a rectangle containing the extent of the current band, and an

unsigned integer containing bit flags describing the current band. Unless you're using banding, you can ignore the `rect` and `flags` parameters.

> **Note**
>
> Printing an entire page is often a difficult, time-consuming, and memory-devouring task for a Windows application. This is especially true when the document being printed contains many bitmapped graphics. To simplify and speed the printing process, Windows applications often use a technique known as *banding*, which is the process of breaking a document into a series of small rectangles, or bands, that can be printed individually in such a way that together they reproduce the desired image piece by piece. Banding can even reduce the disk space required to print a document, because the entire page doesn't have to be spooled out to disk.

Because your printout will be the contents of the current window, you need to store a pointer to that window as part of the printout class. Do this in the class's constructor:

```
TWndwPrintout::TWndwPrintout(const char *title,
    TWindow *w) : TPrintout(title)
{
    window = w;
}
```

You also need to define the TPrintout object's `PrintPage()` member function, because this is the function that actually sends data to the printer:

```
void TWndwPrintout::PrintPage(int, TRect &rect, unsigned)
{
    window->Paint(*DC, FALSE, rect);
}
```

Because you want to send the contents of the window to the printer, in `PrintPage()` you need only call the window's `Paint()` function, sending along a reference to the printer DC. (`DC`, which is a pointer to a `TPrintDC` object, is a protected data member of the `TPrintout` class.) The window's paint function will then draw the window's contents to the printer DC rather than to the window's DC.

When the user indicates he wants to print the contents of the window, create a printout object from the program's printout class and call the printer object's `Print()` member function:

```
TWndwPrintout printout("Print Test", this);
printer->Print(this, printout, TRUE);
```

The Print() function's three parameters are a pointer to the parent window, a pointer to the printout object, and a Boolean value indicating whether you want the Print dialog box to appear before the printing begins.

> **Caution**
>
> When you start a printing job, the Print abort dialog box appears. This dialog box not only displays information about the current printing job, but also enables the user to abort the printout. Because this dialog box is defined in its own resource file, PRINTER.RC, you must add that resource file to your program's project window or include it in your application's resource file. If you don't include the PRINTER.RC resource file in a program that uses the TPrinter class, the program compiles and runs just fine. But when you try to start a printing job, OWL may generate an error box or may even crash, because it is unable to create the Print abort dialog box.

> **Note**
>
> You don't have to include a resource file for the Print dialog box (see fig. 7.2), which is the first dialog box that appears when you select the **F**ile menu's **P**rint command. This is because the Printer dialog box is one of Windows' common dialog boxes, and so is part of the COMMDLG.DLL library that is included with Windows 3.1.

◀ See "How Do I Keep a Window's Display Updated?," p. 200

▶ See "How Do I Scale a Printout?," p. 328

The Sample Program

When you run the OWLPRNT program, you see the window shown in figure 7.1. This window has a client area containing a simple rectangle and a **F**ile menu containing two commands, **P**rint and E**x**it. When you select the **P**rint command, the Print dialog box, shown in figure 7.2, appears. This dialog box enables you to choose page ranges, set print quality, and choose to print to a file rather than to the printer. You can even access the Printer Setup dialog box, by selecting the **S**etup button. Selecting the Print dialog box's OK button starts the printing process, sending the window's contents to the printer.

Fig. 7.1
The OWLPRNT application.

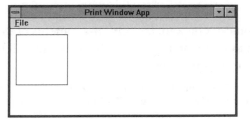

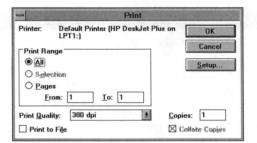

Fig. 7.2
The Print dialog
box.

Listing 7.1   OWLPRNT.CPP—Demonstrates How to Print a Window's Contents

```cpp
///////////////////////////////////////////////////////////
// OWLPRNT.CPP: Demonstrates OWL's TPrinter and TPrintout
//              classes.
///////////////////////////////////////////////////////////

#include <owl\applicat.h>
#include <owl\framewin.h>
#include <owl\printer.h>
#include <owl\dc.h>
#include "owlprnt.rc"

///////////////////////////////////
// The application class.
///////////////////////////////////
class TApp : public TApplication
{
public:
   TApp() : TApplication() {}
   void InitMainWindow();
};

///////////////////////////////////
// The main window class.
///////////////////////////////////
class TWndw : public TFrameWindow
{
protected:
   TPrinter *printer;

public:
   TWndw(TWindow *parent, const char far *title);
   ~TWndw();

protected:
   void Paint(TDC &dc, BOOL, TRect&);
   void CmFilePrint();
```

(continues)

Listing 7.1 Continued

```
     DECLARE_RESPONSE_TABLE(TWndw);
};

DEFINE_RESPONSE_TABLE1(TWndw, TFrameWindow)
  EV_COMMAND(CM_FILEPRINT, CmFilePrint),
END_RESPONSE_TABLE;

//////////////////////////////////
// The printout class.
//////////////////////////////////
class TWndwPrintout : public TPrintout
{
protected:
   TWindow *window;

public:
   TWndwPrintout(const char *title, TWindow *w);
   void PrintPage(int, TRect &rect, unsigned);
};

///////////////////////////////////////////////////////
// TWndw::TWndw()
///////////////////////////////////////////////////////
TWndw::TWndw(TWindow *parent, const char far *title) :
   TFrameWindow(parent, title, 0, FALSE)
{
   AssignMenu(MENU_1);
   Attr.X = 50;
   Attr.Y = 50;
   Attr.W = 400;
   Attr.H = 200;

   // Create the window's TPrinter object.
   printer = new TPrinter;
}

///////////////////////////////////////////////////////
// TWndw::~TWndw()
///////////////////////////////////////////////////////
TWndw::~TWndw()
{
   delete printer;
}

///////////////////////////////////////////////////////
// TWndw::CmFilePrint()
///////////////////////////////////////////////////////
void TWndw::CmFilePrint()
{
   // If printer object exists...
   if (printer)
   {
      // Instantiate a printout object.
```

```
        TWndwPrintout printout("Print Test", this);

        // Print the printout object.
        printer->Print(this, printout, TRUE);
    }
}


////////////////////////////////////////////////////////
// TWndw::Paint()
////////////////////////////////////////////////////////
void TWndw::Paint(TDC &dc, BOOL, TRect&)
{
    // Draw a rectangle to the window or to the printer,
    // depending on which DC is passed into the function.
    dc.Rectangle(10, 10, 100, 100);
}


////////////////////////////////////////////////////////
// TWndwPrintout::TWndwPrintout()
////////////////////////////////////////////////////////
TWndwPrintout::TWndwPrintout(const char *title,
    TWindow *w) : TPrintout(title)
{
    // Save the window pointer for later.
    window = w;
}


////////////////////////////////////////////////////////
// TWndwPrintout::PrintPage()
////////////////////////////////////////////////////////
void TWndwPrintout::PrintPage(int, TRect &rect, unsigned)
{
    // Call the main window's Paint() function,
    // sending the TPrinter object's DC rather than
    // the window's paint DC.
    window->Paint(*DC, FALSE, rect);
}


////////////////////////////////////////////////////////
// TApp::InitMainWindow()
////////////////////////////////////////////////////////
void TApp::InitMainWindow()
{
    TFrameWindow *wndw = new TWndw(0, "Print Window App");
    SetMainWindow(wndw);
}


////////////////////////////////////////////////////////
// OwlMain()
////////////////////////////////////////////////////////
int OwlMain(int, char*[])
{
    return TApp().Run();
}
}
```

How Do I Scale a Printout?

Windows' printer drivers can translate GDI function calls into appropriate graphics commands for a specific printer. However, Windows can't scale the output so that it looks similar on different printers or even so that it looks similar to the window from which the image is "copied." It's up to your program to translate the image's logical coordinates into physical coordinates that take into consideration the resolution of the printer device.

For example, consider a dot-matrix printer with a horizontal resolution of 120 dpi (dots per inch) and a laser printer with a horizontal resolution of 300 dpi. If you were to send the `Rectangle(10,10,310,100)` command to each printer, you would get different results. With the dot-matrix printer, the rectangle would be almost three inches wide. The laser printer, however, would produce a rectangle only one inch wide.

When dealing with printers, the coordinates in the GDI `Rectangle()` function (and other GDI drawing functions) are dot coordinates, just as they are pixel coordinates for a window. In other words, on both the 120 dpi and 300 dpi printer, the rectangle is 300 dots wide; because the dot-matrix printer has larger dots, however, the rectangle comes out larger.

To scale printer output, you need to know about Windows' mapping modes, which interpret the way data should be displayed on an output device. You also need to know how to use the functions `SetMapMode()`, `SetWindowExt()`, and `SetViewportExt()`. `SetMapMode()` sets the mapping mode for the associated device. The mapping mode for a printer when you're scaling printer output is usually `MM_ISOTROPIC`. This mapping mode enables you to set up your own mapping units instead of relying on mapping units supplied by Windows, which include hundredths of inches, thousandths of inches, tenths of millimeters, and hundredths of millimeters.

The function `SetWindowExt()` sets the position and size of the rectangular area that the program needs to scale. In the sample program that follows, this rectangular area is the client area of the main window. Finally, the function `SetViewportExt()` sets the position and size of the rectangular area to which you're mapping the source rectangle. In other words, the viewport is where your newly scaled image appears.

The Solution
Because all the printing action takes place in the printout object's `PrintPage()` function, it is there that you must scale the output. The first step

is to set the printer's mapping mode to MM_ISOTROPIC, which you do with a call to the printer DC's SetMapMode() member function:

```
int prevMode = DC->SetMapMode(MM_ISOTROPIC);
```

This function takes as its single parameter a value that represents the desired mapping mode. Windows defines a set of constants for these values, including MM_ISOTROPIC, which is the one you need here. SetMapMode(), which is defined in OWL's TDC class and is the OWL version of a Windows API function call of the same name, returns the previous mode setting. Thus, you can restore that setting when you're done.

> **Note**
>
> Windows uses various mapping modes to translate logical coordinates to physical coordinates. The default mapping mode is MM_TEXT, a mode in which logical and physical coordinates are the same. The MM_TEXT mapping mode also specifies that values of x increase as you move to the right and values of y increase as you move down. This is probably the type of coordinate system with which you're used to working. Other available mapping modes include MM_LOENGLISH in which each logical unit equals 0.01 inches, MM_HIENGLISH in which each logical unit equals 0.001 inches, MM_LOMETRIC in which each logical unit equals 0.1 millimeters, and MM_HIMETRIC in which each logical unit equals 0.01 millimeters. For a more in-depth look at mapping modes, consult your Borland C++ manuals or Windows programming guide.

Next, you must tell Windows where it can find the rectangle you want to print. You do this by calling the window's GetClientRect() function to get the size of the window's client area, and then calling SetWindowExt() to set the area to print to the window's client area. (SetWindowExt() is also an OWL function that encapsulates a Windows API function.)

```
TRect wndSize = Window->GetClientRect();
DC->SetWindowExt(wndSize.Size(), &oldWndExt);
```

GetClientRect() retrieves the size of the window's client area, which it stores in a TRect object. You then use this TRect object in a call to SetWindowExt(), which sets the position and size of the rectangular area that the program needs to scale and print—in this case, the window's full client area. (You could set the source rectangle to any part of the client window, just by using different coordinates.)

You complete the scaling by setting the position and size of the destination rectangle with a call to the printer DC's `SetViewPortExt()` member function, an OWL version of a Windows API function:

```
DC->SetViewportExt(PageSize, &oldVpExt);
```

In this example, `SetViewportExt()` sets the viewport's extents to the size of a page, the values for which are stored in the `TPrintout` object's `PageSize` data member, which is a `TSize` object. `PageSize` is the vertical and horizontal resolution of the printable area on a page. These values vary from printer to printer, based on the printer's dpi and the page area that the printer can access. On a 300 dpi printer, for example, the page size comes out to 2400 X 3000. The call to `SetViewportExt()` also returns the old values in `oldVpExt`.

After the call to `SetViewportExt()`, you're ready to print the image. The image will come out perfectly scaled, just as if you projected the source image onto the page, magnifying it such that the width of the window and the width of the page were proportional to each other. After printing, you need only return the printer DC to its original settings:

```
DC->SetWindowExt(oldWndExt);
DC->SetViewportExt(oldVpExt);
DC->SetMapMode(prevMode);
```

> **Note**
>
> The call to `SetWindowExt()` essentially says, "this is the position and size of the area I want to use;" that is, `SetWindowExt()` sets the position and size of the source rectangle that will be mapped to the output rectangle. The output rectangle is called the viewport. In the sample program's case, the viewport represents the page on which the printout will appear.

> **Caution**
>
> In the `MM_ISOTROPIC` mapping mode, you must call `SetWindowExt()` before you call `SetViewportExt()`. Failure to do so can result in unpredictable mapping between the window and the viewport.

◄ See "How Do I Print the Contents of a Window?," p. 321

The Sample Program

When you run the SCALING program, you see the display shown in figure 7.3. When you select the **F**ile menu's **P**rint command, the printout that's produced is proportionate to the window. If you make the window smaller so that the rectangle fills more of the window's work area, the printed rectangle on the page is larger so that it takes up the same amount of space on the page. Make the window bigger so that the rectangle consumes a smaller portion of the window, and the rectangle in the printout is smaller to match the window's proportion to the page. In this program, the window's client area is mapped onto the printed page so that the entire window just fits on the page.

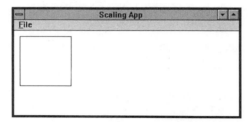

Fig. 7.3
The SCALING application.

Listing 7.2   SCALING.CPP—Scales the Image Sent to the Printer

```cpp
////////////////////////////////////////////////////////////
// SCALING.CPP: A printing demonstration that scales the
//              window's image to the printer.
////////////////////////////////////////////////////////////

#include <owl\applicat.h>
#include <owl\framewin.h>
#include <owl\printer.h>
#include <owl\dc.h>
#include <owl\editfile.rh>
#include "scaling.rc"

/////////////////////////////////
// The application class.
/////////////////////////////////
class TApp : public TApplication
{
public:
   TApp() : TApplication() {}
   void InitMainWindow();
};

/////////////////////////////////
// The main window class.
/////////////////////////////////
class TWndw : public TFrameWindow
{
protected:
   TPrinter *printer;

public:
```

(continues)

Listing 7.2 Continued

```
    TWndw(TWindow *parent, const char far *title);
    ~TWndw();

protected:
    void Paint(TDC &dc, BOOL, TRect&);
    void CmFilePrint();

    DECLARE_RESPONSE_TABLE(TWndw);
};

DEFINE_RESPONSE_TABLE1(TWndw, TFrameWindow)
  EV_COMMAND(CM_FILEPRINT, CmFilePrint),
END_RESPONSE_TABLE;

///////////////////////////////////
// The printout class.
///////////////////////////////////
class TWndwPrintout : public TPrintout
{
protected:
    TWindow *Window;

public:
    TWndwPrintout(const char far *title, TWindow *w);
    void PrintPage(int, TRect &rect, unsigned);
};

///////////////////////////////////////////////////////////
// TWndw::TWndw()
///////////////////////////////////////////////////////////
TWndw::TWndw(TWindow *parent, const char far *title) :
    TFrameWindow(parent, title, 0, FALSE)
{
    AssignMenu(MENU_1);
    Attr.X = 50;
    Attr.Y = 50;
    Attr.W = 400;
    Attr.H = 200;

    // Create the window's TPrinter object.
    printer = new TPrinter;
}

///////////////////////////////////////////////////////////
// TWndw::~TWndw()
///////////////////////////////////////////////////////////
TWndw::~TWndw()
{
    delete printer;
}

///////////////////////////////////////////////////////////
// TWndw::CmFilePrint()
///////////////////////////////////////////////////////////
```

```
void TWndw::CmFilePrint()
{
    // If printer object exists...
    if (printer)
    {
        // Instantiate a printout object.
        TWndwPrintout printout("Print Test", this);

        // Print the printout object.
        printer->Print(this, printout, TRUE);
    }
}


/////////////////////////////////////////////////////////
// TWndw::Paint()
/////////////////////////////////////////////////////////
void TWndw::Paint(TDC &dc, BOOL, TRect&)
{
    // Draw a rectangle.
    dc.Rectangle(10, 10, 100, 100);
}


/////////////////////////////////////////////////////////
// TWndwPrintout::TWndwPrintout()
/////////////////////////////////////////////////////////
TWndwPrintout::TWndwPrintout(const char *title,
    TWindow *w) : TPrintout(title)
{
    // Save the window pointer for later.
    Window = w;
}


/////////////////////////////////////////////////////////
// TWndwPrintout::PrintPage()
/////////////////////////////////////////////////////////
void TWndwPrintout::PrintPage(int, TRect &rect, unsigned)
{
    TSize   oldVpExt, oldWndExt;

    // Set device mapping to arbitrary units.
    int prevMode = DC->SetMapMode(MM_ISOTROPIC);

    // Get the size of the window's client area.
    TRect wndSize = Window->GetClientRect();

    // Set the "window" to the size of
    // the window's client area.
    DC->SetWindowExt(wndSize.Size(), &oldWndExt);

    // Set the viewport to the size of a full page.
    DC->SetViewportExt(PageSize, &oldVpExt);
```

(continues)

Listing 7.2 Continued

```
    // Call the main window's Paint() function,
    // sending the TPrinter object's DC, rather than
    // the window's paint DC.
    Window->Paint(*DC, FALSE, rect);

    // Restore the DC to its original settings.
    DC->SetWindowExt(oldWndExt);
    DC->SetViewportExt(oldVpExt);
    DC->SetMapMode(prevMode);
}

//////////////////////////////////////////////////////////
// TApp::InitMainWindow()
//////////////////////////////////////////////////////////
void TApp::InitMainWindow()
{
    TFrameWindow *wndw = new TWndw(0, "Scaling App");
    SetMainWindow(wndw);
}

//////////////////////////////////////////////////////////
// OwlMain()
//////////////////////////////////////////////////////////
int OwlMain(int, char*[])
{
    return TApp().Run();
}
```

Chapter 8

Graphics

How Do I Use Device Contexts in an OWL Program?

To display graphics in a Windows program, you must create a device context (DC) for the window or device on which you want the graphics to appear. A device context is simply a data structure that holds information about how graphics are currently being used in a window or device. This information includes such attributes as the currently selected pen, brush, font, and colors.

OWL simplifies the creation of device contexts by supplying several device-context classes, including TWindowDC, TPaintDC, TScreenDC, TClientDC, TPrintDC, and TMemoryDC. All of these classes—which enable you to deal with different types of displays—are derived from the large TDC base class. If you look over the TDC class in your ObjectWindows Reference Guide, you'll see that not only do the DC classes allow you to easily create DCs, but they also encapsulate most of Windows' graphics functions. To use these graphics functions on any display, you need only create the appropriate DC object and then call its member functions.

What is the appropriate DC? That depends on where you want your graphics to appear. In most cases, you'll need a TClientDC DC object, which enables you to display graphics in a window's client area. A TPrinterDC, on the other hand, connects you to the system's default printer. The TScreenDC class constructs DCs that provide access to the entire screen. Finally, TPaintDC encapsulates the BeginPaint() and EndPaint() function calls required to handle a WM_PAINT message, and TMemoryDC enables you to quickly create memory device contexts. You should look up the other less-used DC classes in your OWL Reference Guide.

The Solution

As with any object, you can construct a DC object with either static (creating it on the heap) or automatic duration. When you create a DC object on the heap, using the new operator, you can take advantage of polymorphism and use the base class as the pointer type:

```
TDC *clientDC = new TClientDC(HWindow);
```

You can, of course, also use the class you're creating as the base pointer type:

```
TClientDC *clientDC = new TClientDC(HWindow);
```

When you create a DC object on the heap, however, it's up to your program to delete the DC when it's done with it. This is usually done at the end of the function that created the DC:

```
delete clientDC;
```

When you need a device context only within a specific function (which is usually the case), often it's more convenient to give the DC automatic duration, so that it is deleted automatically when it goes out of scope (when the function returns):

```
TClientDC clientDC(HWindow);
```

As you can see by all the previous examples, the TClientDC constructor, which enables you to display graphics in the client area of a window, requires as its single argument the handle of the window that will display the data.

◀ See "How Do I Keep a Window's Display Updated?," p. 200

Once you've created the DC, use it to call the Windows graphics functions encapsulated in the class and inherited from TDC:

```
clientDC->Rectangle(10, 10, 100, 100);
```

▶ See "How Do I Display a Bitmap in a Window?," p. 344

or

```
clientDC.Rectangle(10, 10, 100, 100);
```

◀ See "How Do I Print the Contents of a Window?," p. 321

> **Caution**
>
> Device contexts are a shared resource under Windows. There is a limited supply of them, and they must be shared among all running applications. This means it's imperative that you delete, as soon as possible, any DCs you create in your programs. A well-written Windows application creates a DC, performs its graphics task, and then immediately deletes the DC. Although it is sometimes necessary, it is rare for an application to require access to a DC throughout its entire run.

The Sample Program

When you run the sample program, you see a blank window. Click the left mouse button in the window, and the text LeftDC appears (see fig. 8.1). Click the right mouse button in the window, and the text RightDC appears. In the first case, the program creates the device context on the heap using the new operator. If you look at the function TWndw::EvWmLButtonDown(), you'll see that the DC is deleted at the end of the function. In the case of a right button click, the program creates a DC with automatic duration so that the DC is automatically deleted when the function (TWndw::EvRButtonDown()) ends.

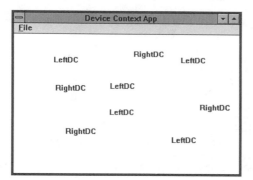

Fig. 8.1
The DCAPP application.

Listing 8.1   DCAPP.CPP—Shows How to Handle Device Contexts

```
/////////////////////////////////////////////////////////
// DCAPP.CPP: Demonstrates creating a device context and
//            calling GDI member functions.
/////////////////////////////////////////////////////////

#include <owl\applicat.h>
#include <owl\framewin.h>
#include <owl\dc.h>
#include "dcapp.rc"

///////////////////////////////////
// The application class.
///////////////////////////////////
class TApp : public TApplication
{
public:
   TApp(): TApplication() {}
   void InitMainWindow();
};
```

(continues)

Listing 8.1   Continued

```
////////////////////////////////
// The main window class.
////////////////////////////////
class TWndw : public TFrameWindow
{
public:
   TWndw(TWindow *parent, const char far *title);

protected:
   void EvLButtonDown(UINT, TPoint &point);
   void EvRButtonDown(UINT, TPoint &point);

   DECLARE_RESPONSE_TABLE(TWndw);
};

DEFINE_RESPONSE_TABLE1(TWndw, TFrameWindow)
   EV_WM_LBUTTONDOWN,
   EV_WM_RBUTTONDOWN,
END_RESPONSE_TABLE;

////////////////////////////////////////////////////////////
// TWndw::TWndw()
////////////////////////////////////////////////////////////
TWndw::TWndw(TWindow *parent, const char far *title):
      TFrameWindow(parent, title)
{
   AssignMenu(MENU_1);
   Attr.X = 100;
   Attr.Y = 100;
   Attr.W = 400;
   Attr.H = 300;
}


////////////////////////////////////////////////////////////
// TWndw::EvLButtonDown()
////////////////////////////////////////////////////////////
void TWndw::EvLButtonDown(UINT, TPoint &point)
{
   // Get a device context for the window's client area.
   TClientDC *DC = new TClientDC(HWindow);

   // Draw text where user clicked.
   DC->TextOut(point, "LeftDC");

   // Delete the device context.
   delete DC;
}


////////////////////////////////////////////////////////////
// TWndw::EvRButtonDown()
////////////////////////////////////////////////////////////
void TWndw::EvRButtonDown(UINT, TPoint &point)
```

```
{
    // Get a device context for the window's client area.
    TClientDC DC(HWindow);

    // Draw text where the user clicked.
    DC.TextOut(point, "RightDC");

    // In this function, the DC is automatically
    // deleted when it goes out of scope.
}

//////////////////////////////////////////////////////////
// TApp::InitMainWindow()
//////////////////////////////////////////////////////////
void TApp::InitMainWindow()
{
    TFrameWindow *wndw = new TWndw(0, "Device Context App");
    SetMainWindow(wndw);
}

//////////////////////////////////////////////////////////
// OwlMain()
//////////////////////////////////////////////////////////
int OwlMain(int, char*[])
{
    return TApp().Run();
}
```

How Do I Use GDI Objects in an OWL Program?

Windows' Graphics Device Interface (GDI) provides many functions for handling graphics in a Windows application. When displaying graphical data in a Windows application, you run into certain types of graphical objects again and again, the most common of these being pens, brushes, and fonts. Pens control how lines are drawn in an application, brushes specify how shapes should be filled, and fonts describe the text characters that a device can display.

To make handling these graphical objects as easy as possible, OWL includes the classes TPen, TBrush, and TFont, as well as other GDI object classes such as TBitmap, TIcon, TCursor, and TPalette, which are used less often but are still good to have around if you need them. In most cases, the GDI object classes provide little more than a set of overloaded constructors that enable you to construct the object in different ways. For example, the TPen class provides five constructors, including ones for creating a pen from an existing pen (called creating an alias); from a color, width, and style; and from a LOGPEN structure.

To use GDI objects with a device, you must first create a device context (DC) for the device. Then, you can select the object into the DC, after which you can display the object or manipulate it as necessary in your program.

The Solution

To construct an OWL GDI object, first call the appropriate constructor:

```
TPen pen(color, width, style);
```

or

```
TPen pen = new TPen(color, width, style);
```

Which constructor you call depends, of course, on which GDI object you want to create. Also, remember that each GDI object class features many different constructors so that you can create GDI objects in various ways. You should look up the appropriate GDI object class in your ObjectWindows Reference Guide.

Once you have created a GDI object, you must select it into a device context:

```
DC.SelectObject(pen);
```

or

```
clientDC->SelectObject(pen);
```

When an object has been selected into a device context, the device context will start using that object as appropriate when displaying graphics. For example, if you've just selected a new pen into a DC, that pen will be used when you next draw lines. Likewise, a newly selected font will be used whenever you display text.

Caution

Any GDI objects that you create in a program must be deleted before the program ends. In many cases, you can create these objects with automatic duration, so that they are automatically deleted when the function returns. But if you create GDI objects on the heap using the new operator, you must delete the object explicitly with the `delete` operator. Failure to delete custom GDI objects may prevent other applications from running properly.

◀ See "How Do I Use Device Contexts in an OWL Program?," p. 335

▶ See "How Do I Display a Bitmap in a Window?," p. 344

The Sample Program

Run the sample program. When the main window appears, left-click in the client area. A line appears. Click again, and another line appears, this time a different color and thickness. If you click with the right mouse button, you create colored rectangles (see fig. 8.2). The lines and rectangles get their attributes from pen and brush GDI objects. Examine the `TWndw::EvLButtonDown()` and `TWndw::EvRButtonDown()` functions to see how these graphical objects are handled in a program.

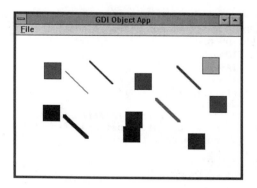

Fig. 8.2
The GDIOBJ application.

Listing 8.2   GDIOBJ.CPP—Uses GDI Objects

```
////////////////////////////////////////////////////////////
// GDIOBJ.CPP: Shows how to create and display GDI objects
//             in an OWL program.
////////////////////////////////////////////////////////////

#include <owl\applicat.h>
#include <owl\framewin.h>
#include <owl\dc.h>
#include "gdiobj.rc"

///////////////////////////////////
// The application class.
///////////////////////////////////
class TApp : public TApplication
{
public:
   TApp(): TApplication() {}
   void InitMainWindow();
};

///////////////////////////////////
// The main window class.
///////////////////////////////////
class TWndw : public TFrameWindow
{
public:
   TWndw(TWindow *parent, const char far *title);
```

(continues)

```
protected:
    void EvLButtonDown(UINT, TPoint &point);
    void EvRButtonDown(UINT, TPoint &point);

    DECLARE_RESPONSE_TABLE(TWndw);
};

DEFINE_RESPONSE_TABLE1(TWndw, TFrameWindow)
    EV_WM_LBUTTONDOWN,
    EV_WM_RBUTTONDOWN,
END_RESPONSE_TABLE;

/////////////////////////////////////////////////////////
// TWndw::TWndw()
/////////////////////////////////////////////////////////
TWndw::TWndw(TWindow *parent, const char far *title):
        TFrameWindow(parent, title)
{
    AssignMenu(MENU_1);
    Attr.X = 100;
    Attr.Y = 100;
    Attr.W = 400;
    Attr.H = 300;
}

/////////////////////////////////////////////////////////
// TWndw::EvLButtonDown()
/////////////////////////////////////////////////////////
void TWndw::EvLButtonDown(UINT, TPoint &point)
{
    static int penWidth = 1;
    static int penColor = 0;

    // Get a device context for the window's client area.
    TClientDC clientDC(HWindow);

    // Construct a new pen object.
    TPen pen(penColor, penWidth, PS_SOLID);

    // Calculate the next pen width.
    ++penWidth;
    if (penWidth > 10)
        penWidth = 1;

    // Calculate the next pen color.
    ++penColor;
    if (penColor > 20)
        penColor = 0;

    // Select the new pen into the DC.
    clientDC.SelectObject(pen);

    // Calculate the line's ending point.
```

```
    TPoint point2(point);
    point2.Offset(40, 40);

    // Draw a line where the user clicked.
    clientDC.MoveTo(point);
    clientDC.LineTo(point2);
}

/////////////////////////////////////////////////////////////
// TWndw::EvRButtonDown()
/////////////////////////////////////////////////////////////
void TWndw::EvRButtonDown(UINT, TPoint &point)
{
    static int brushColor = 0;

    // Get a device context for the window's client area.
    TClientDC clientDC(HWindow);

    // Construct a new brush object.
    TBrush brush(brushColor);

    // Calculate the next brush color.
    ++brushColor;
    if (brushColor > 20)
       brushColor = 0;

    // Select the new brush into the DC.
    clientDC.SelectObject(brush);

    // Calculate the lower right corner of a rectangle.
    TPoint point2(point);
    point2.Offset(30, 30);

    // Draw a rectangle where the user clicked.
    clientDC.Rectangle(point, point2);
}

/////////////////////////////////////////////////////////////
// TApp::InitMainWindow()
/////////////////////////////////////////////////////////////
void TApp::InitMainWindow()
{
    TFrameWindow *wndw = new TWndw(0, "GDI Object App");
    SetMainWindow(wndw);
}

/////////////////////////////////////////////////////////////
// OwlMain()
/////////////////////////////////////////////////////////////
int OwlMain(int, char*[])
{
    return TApp().Run();
}
```

How Do I Display a Bitmap in a Window?

In most cases, when you're putting together a Windows application, Windows does the graphical work for you. For example, if you need to place a button in a window, you need only tell Windows where the button should be located and what text it should contain. Windows then draws the button (as well as the window) with no further help from you. Sometimes, however, you may want to display a graphical element that Windows is incapable of drawing for you. You may, for instance, want to display a company logo or a file from a paint program. Bitmaps are one solution to this problem.

Unfortunately, displaying a bitmap is quite a bit more complicated than displaying a button or an edit control. First, you must use some sort of graphics editor to draw the bitmap and store it on disk. Then you must load the bitmap into your program, create a memory device context for the bitmap, select the bitmap into the device context, and finally display the bitmap on the screen, using a complicated call to the Windows API function, BitBlt(). The process is not really difficult, but it can be confusing if you've never done it before.

The Solution

The first step, of course, is to use some sort of graphical editor to create your bitmap. As you can see in figure 8.3, which shows the bitmap used in the following sample program, you can use Borland's Resource Workshop for this task.

Fig. 8.3
The Resource Workshop's bitmap editor.

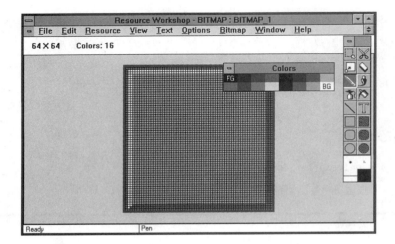

After you draw your bitmap, you can write the program that will load and display it. In the program, first load the bitmap into the application. Because you'll probably be doing this in a window class, you must first get a pointer to your application object:

```
TApplication *app = GetApplication();
```

GetApplication() is a TWindow member function that is inherited by all classes derived from TWindow. It returns a pointer to the window's application object. Using this pointer, retrieve the application's instance handle:

```
HINSTANCE hInstance = app->GetInstance();
```

The function GetInstance() is a member function of OWL's TModule class, from which TApplication is derived. It returns the application's instance handle, which you need when you load your bitmap:

```
bitmap1 = new TBitmap(hInstance, BITMAP_1);
```

The preceding code line constructs a new TBitmap object on the heap. Although the TBitmap class contains several overloaded constructors (you can look them up in your ObjectWindows Reference Guide), the preceding version requires the application's instance handle and the bitmap's resource ID.

At this point, your bitmap is loaded into the application and is ready to display. To display the bitmap, first create a memory device context that is compatible with the window's client-area device context:

```
TMemoryDC memDC(clientDC);
```

The TMemoryDC class constructor requires as its single argument a reference to the device context with which you want the memory DC to be compatible. After you construct your memory DC object, select the bitmap into the DC, using the member function SelectObject():

```
memDC.SelectObject(*bitmap1);
```

This SelectObject() is the TMemoryDC version of a Windows API function of the same name. It requires as its single argument a reference to a TBrush, TPen, TFont, TPalette, or TBitmap object. The pointer dereferencing operator (*) in front of the pointer bitmap1 in the preceding code line converts the bitmap pointer to a bitmap object reference.

After selecting the bitmap into the device context, you can retrieve information about the bitmap, including its width and height, by calling the member function GetObject(), which is an OWL version of a Windows API function of the same name:

```
bitmap1->GetObject(bm);
```

GetObject()'s single argument is a reference to the structure that will hold the information returned about the object. In this case, bm is a reference to a BITMAP structure. BITMAP is defined by Windows as

```
typedef struct tagBITMAP {
    short bmType;
    short bmWidth;
    short bmHeight;
    short bmWidthBytes;
    BYTE bmPlanes;
    BYTE bmBitsPixel;
    LPSTR bmBits;
} BITMAP;
```

Now that you've prepared the device context and have information about the bitmap, display the bitmap with a call to the TClientDC member function BitBlt() (inherited from TDC and based on the Windows API function of the same name):

```
clientDC.BitBlt(point.x, point.y,
    bm.bmWidth, bm.bmHeight, memDC, 0, 0, SRCCOPY);
```

◄ See "How Do I Use Device Contexts in an OWL Program?," p. 335

◄ See "How Do I Use GDI Objects in an OWL Program?," p. 339

◄ See "How Do I Display a Bitmap in a Dialog Box Using Borland-Style Controls?," p. 117

◄ See "How Do I Display a Bitmap in a Normal Windows Dialog Box?," p. 121

This function's arguments are the X and Y coordinates at which to place the bitmap, the width and height of the bitmap, a reference to the memory DC containing the bitmap, the top left coordinates of the bitmap (almost always 0,0), and the write mode to use (almost always SRCCOPY).

Note

Your bitmap should be added to your application's resource file. However, you can include the bitmap either as a binary disk file or as actual script statements within the resource file. The best method is usually to save the bitmap as a separate binary file and include a reference to it in your resource file. Resource Workshop lets you add a bitmap to a resource using either method.

Caution

If you construct your bitmap object on the heap by calling the new operator, as is done in this example, you must be sure to delete the bitmap before your program ends. This is also true of many other GDI objects you may construct in your programs.

The Sample Program

After you compile and run the sample program, click in the main window's client area. When you do, a bitmap appears where you clicked. You can create as many bitmap images as you like in the window by clicking repeatedly (see fig. 8.4).

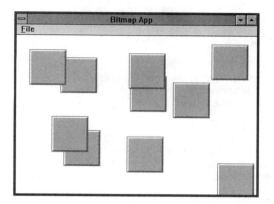

Fig. 8.4
The BITMPAPP application.

Listing 8.3   BITMPAPP.CPP—Displays Bitmaps in the Main Window

```
////////////////////////////////////////////////////////
// BITMPAPP.CPP: Displays bitmaps in a window.
////////////////////////////////////////////////////////

#include <owl\applicat.h>
#include <owl\framewin.h>
#include <owl\dc.h>
#include "bitmapp.rc"

////////////////////////////////
// The application class.
////////////////////////////////
class TApp : public TApplication
{
public:
   TApp() : TApplication() {}
   void InitMainWindow();
};

////////////////////////////////
// The main window class.
////////////////////////////////
class TWndw : public TFrameWindow
{
    TBitmap *bitmap1;

public:
   TWndw(TWindow *parent, const char far *title);

protected:
```

(continues)

Listing 8.3   Continued

```
    void SetupWindow();
    void CleanUpWindow();
    void EvLButtonDown(UINT, TPoint &point);

  DECLARE_RESPONSE_TABLE(TWndw);
};

DEFINE_RESPONSE_TABLE1(TWndw, TFrameWindow)
    EV_WM_LBUTTONDOWN,
END_RESPONSE_TABLE;

////////////////////////////////////////////////////////
// TWndw::TWndw()
////////////////////////////////////////////////////////
TWndw::TWndw(TWindow *parent, const char far *title) :
    TFrameWindow(parent, title)
{
    Attr.X = 20;
    Attr.Y = 20;
    Attr.W = 500;
    Attr.H = 400;
    AssignMenu(MENU_1);
}


////////////////////////////////////////////////////////
// TWndw::SetupWindow
////////////////////////////////////////////////////////
void TWndw::SetupWindow()
{
    // Always call the base class's SetupWindow()!
    TFrameWindow::SetupWindow();

    // Get the application's instance handle.
    TApplication *app = GetApplication();
    HINSTANCE hInstance = app->GetInstance();

    // construct the bitmap object.
    bitmap1 = new TBitmap(hInstance, BITMAP_1);
}


////////////////////////////////////////////////////////
// TWndw::CleanupWindow()
////////////////////////////////////////////////////////
void TWndw::CleanUpWindow()
{
    // Delete the bitmap object.
    delete bitmap1;
}


////////////////////////////////////////////////////////
// TWndw::EvLButtonDown()
////////////////////////////////////////////////////////
void TWndw::EvLButtonDown(UINT, TPoint &point)
```

```
{
    BITMAP bm;

    // Get a DC for the client window.
    TClientDC clientDC(HWindow);

    // Get a memory DC that's compatible with
    // the client window's DC.
    TMemoryDC memDC(clientDC);

    // Select the bitmap into the memory DC.
    memDC.SelectObject(*bitmap1);

    // Get the bitmap's attributes.
    bitmap1->GetObject(bm);

    // Display the bitmap at point.
    clientDC.BitBlt(point.x, point.y,
        bm.bmWidth, bm.bmHeight, memDC, 0, 0, SRCCOPY);
}

///////////////////////////////////////////////////////////
// TApp::InitMainWindow()
///////////////////////////////////////////////////////////
void TApp::InitMainWindow()
{
    TFrameWindow *wndw = new TWndw(0, "Bitmap App");
    SetMainWindow(wndw);
}


///////////////////////////////////////////////////////////
// OwlMain()
///////////////////////////////////////////////////////////
int OwlMain(int, char*[])
{
    return TApp().Run();
}
```

How Do I Create a Custom Palette?

In most of your Windows applications, you've probably been perfectly happy to use the default colors. However, in many graphics-intensive programs, you may find that you need to set up a custom palette of colors. For example, if you want to display a picture file properly, you must use the palette with which the picture was created. Unfortunately, manipulating colors in a Windows application is a bit complicated. You must understand the concepts of physical and logical palettes.

A *physical palette* is the set of colors that a device is capable of displaying. A *logical palette* is a set of colors that Windows attempts to match to a device's physical palette. A logical palette is associated with an application, whereas a physical palette is associated with a device. For example, suppose your application's logical palette contains the color red. When you instruct the application to use that palette, Windows sets the logical color red to the closest match in its physical palette. If there is no match, Windows tries to create a match and add that new color to its physical palette. If the physical palette is already filled, Windows finds the color in the physical palette that best matches the requested color.

By mapping colors in this way, different applications can have different palettes. Color 1 might be red in one application, whereas color 1 might be green in another. When you switch between these applications, Windows switches to the logical palette of the application that currently has the focus. Because the physical palette can hold as many as 256 colors, odds are good that most applications can use the same physical palette with little degradation in image quality.

The Solution

In your main window class (or some similar class), declare pointers to the `TPaletteEntry` and `TPalette` classes:

```
TPaletteEntry *pEntries;
TPalette *palette;
```

Then, in the window class's constructor, create an array of `TPaletteEntry` structures and assign the array's address to the `TPaletteEntry` pointer:

```
pEntries =
    (TPaletteEntry*) new char[sizeof(TPaletteEntry) * NUMCOLORS];
```

A `TPaletteEntry` structure holds information about a specific color. Your `TPaletteEntry` array must have as many elements as there are colors in your logical palette. Once you've allocated memory for the palette entries, initialize the colors in the array:

```
pEntries[0].peRed = 255;
pEntries[0].peGreen = 0;
pEntries[0].peBlue = 0;
pEntries[0].peFlags = PC_NOCOLLAPSE;
```

The preceding code segment initializes only the first `TPaletteEntry` structure in the array. You'll need to do something similar for each color entry in the array. (With many colors, it's probably more efficient to create a static array of color values and use a `for` loop to load them into the `TPaletteEntry` array.)

As you can see, the first three members of a `TPaletteEntry` structure hold the color's red, green, and blue components. These must be values from 0 to 255.

The higher the value, the more of that color component is added to the resultant color. The fourth element of the TPaletteEntry structure is a flag that tells Windows how to map the color to the physical palette. This value is represented by one of the constants PC_NOCOLLAPSE, PC_EXPLICIT, or PC_RESERVED.

The PC_NOCOLLAPSE flag tells Windows that it should attempt to create a new entry for the color in the physical palette. If the physical palette is full, Windows maps the color to an existing physical palette entry. PC_RESERVED tells Windows that the new color is likely to change often and should not be used for mapping another application's logical palette. You'd want to use the PC_RESERVED flag, for instance, for an animated palette. Finally, PC_EXPLICIT tells Windows that the low-order word of the logical palette entry is a physical-palette index. In other words, instead of creating a new palette entry, PC_EXPLICIT maps your palette directly to the physical palette.

After creating your palette entries, create the logical palette itself:

```
palette = new TPalette(pEntries, NUMCOLORS);
```

The TPalette class actually has eight different constructors, which enable you to create a palette from an existing palette, the clipboard, a LOGPALETTE structure, and other types of objects. The preceding example creates the palette from the TPaletteEntry array, using as arguments a pointer to the array and the number of elements in the array.

When you're ready to use your new palette select the palette into a device context:

```
DC.SelectObject(*palette);
```

Then call the DC object's RealizePalette() function, which tells Windows to map your logical palette to the physical palette:

```
DC.RealizePalette();
```

At this point, you can work with your palette by creating TColor objects with logical palette indexes:

```
TColor colorRed(0);
TPen redPen(colorRed);
```

The preceding example creates a color object from element 0 of the logical palette and uses that color to create a new pen.

The Sample Program
Compile and run the PALETTE sample program. When you do, you see a window with four colored lines. The program draws these lines using the

◀ See "How Do I Use Device Contexts in an OWL Program?," p. 335

◀ See "How Do I Use GDI Objects in an OWL Program?," p. 339

colors in the application's logical palette. Notice that, because the TPaletteEntry array and the TPalette object are created dynamically, they are deleted in the window class's destructor.

Fig. 8.5
The PALETTE
application.

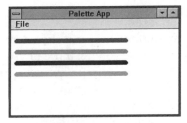

Listing 8.4   PALETTE.CPP—An Application with a Custom Palette

```
////////////////////////////////////////////////////////////
// PALETTE.CPP: Shows how to use a logical palette.
////////////////////////////////////////////////////////////

#include <owl\applicat.h>
#include <owl\framewin.h>
#include <owl\gdiobjec.h>
#include <owl\color.h>
#include "palette.rc"

////////////////////////////////////
// The application class.
////////////////////////////////////
class TApp : public TApplication
{
public:
   TApp(): TApplication() {}
   void InitMainWindow();
};

////////////////////////////////////
// The main window class.
////////////////////////////////////
class TWndw : public TFrameWindow
{
protected:
   TPaletteEntry *pEntries;
   TPalette *palette;

public:
   TWndw(TWindow *parent, const char far *title);
   ~TWndw();

protected:
   void Paint(TDC &paintDC, BOOL, TRect&);
};
```

```
//////////////////////////////////////////////////////////
// TWndw::TWndw()
//////////////////////////////////////////////////////////
TWndw::TWndw(TWindow *parent, const char far *title):
        TFrameWindow(parent, title)
{
   AssignMenu(MENU_1);
   Attr.X = 50;
   Attr.Y = 50;
   Attr.W = 300;
   Attr.H = 200;

   // Create an array of palette entries.
   pEntries =
      (TPaletteEntry*) new char[sizeof(TPaletteEntry) * 4];

   // Initialize the palette entries
   // to their RGB color values.
   pEntries[0].peRed = 255;
   pEntries[0].peGreen = 0;
   pEntries[0].peBlue = 0;
   pEntries[0].peFlags = PC_NOCOLLAPSE;

   pEntries[1].peRed = 0;
   pEntries[1].peGreen = 255;
   pEntries[1].peBlue = 0;
   pEntries[1].peFlags = PC_NOCOLLAPSE;

   pEntries[2].peRed = 0;
   pEntries[2].peGreen = 0;
   pEntries[2].peBlue = 255;
   pEntries[2].peFlags = PC_NOCOLLAPSE;

   pEntries[3].peRed = 100;
   pEntries[3].peGreen = 200;
   pEntries[3].peBlue = 180;
   pEntries[3].peFlags = PC_NOCOLLAPSE;

   // Create the application's palette.
   palette = new TPalette(pEntries, 4);
}

//////////////////////////////////////////////////////////
// TWndw::~TWndw()
//////////////////////////////////////////////////////////
TWndw::~TWndw()
{
   // Delete the palette entries and the palette.
   delete pEntries;
   delete palette;
}

//////////////////////////////////////////////////////////
// TWndw::Paint()
//////////////////////////////////////////////////////////
void TWndw::Paint(TDC &paintDC, BOOL, TRect&)
```

(continues)

Listing 8.4   Continued

```
{
    // Select the palette into the DC.
    paintDC.SelectObject(*palette);

    // Map the logical palette to the physical palette.
    paintDC.RealizePalette();

    // Draw a red line.
    TColor colorRed(0);
    TPen redPen(colorRed, 8);
    paintDC.SelectObject(redPen);
    paintDC.MoveTo(10, 20);
    paintDC.LineTo(200, 20);

    // Draw a green line.
    TColor colorGreen(1);
    TPen greenPen(colorGreen, 8);
    paintDC.SelectObject(greenPen);
    paintDC.MoveTo(10, 40);
    paintDC.LineTo(200, 40);

    // Draw a blue line.
    TColor colorBlue(2);
    TPen bluePen(colorBlue, 8);
    paintDC.SelectObject(bluePen);
    paintDC.MoveTo(10, 60);
    paintDC.LineTo(200, 60);

    // Draw an aqua line.
    TColor colorAqua(3);
    TPen aquaPen(colorAqua, 8);
    paintDC.SelectObject(aquaPen);
    paintDC.MoveTo(10, 80);
    paintDC.LineTo(200, 80);
}

////////////////////////////////////////////////////////////
// TApp::InitMainWindow()
////////////////////////////////////////////////////////////
void TApp::InitMainWindow()
{
    TFrameWindow *wndw =
        new TWndw(0, "Palette App");
    SetMainWindow(wndw);
}

////////////////////////////////////////////////////////////
// OwlMain()
////////////////////////////////////////////////////////////
int OwlMain(int, char*[])
{
    return TApp().Run();
}
```

How Do I Create Draggable Graphical Shapes?

The more the user can manipulate your Windows application with the mouse, the better. For example, in a graphics program, when a shape needs to be resized or moved to a new screen location, you don't want to force your user to type in sizes and coordinates; the user should be able to accomplish such tasks with the mouse. And, whereas moving shapes around the screen can be tricky when you need to consider overlapped shapes or other complications, the basic task is easy to accomplish through OWL.

The Solution

Because you'll probably want to do the shape handling in your main window class, you must provide certain data members and member functions:

```
class TWndw : public TFrameWindow
{
protected:
    TRect shapeRect;
    BOOL dragging;
    TPoint mouseCoords;

public:
    TWndw(TWindow *parent, const char far *title);

protected:
    void Paint(TDC &paintDC, BOOL, TRect&);
    void EvLButtonDown(UINT, TPoint &point);
    void EvLButtonUp(UINT, TPoint&);
    void EvMouseMove(UINT, TPoint &point);

    DECLARE_RESPONSE_TABLE(TWndw);
};

DEFINE_RESPONSE_TABLE1(TWndw, TFrameWindow)
    EV_WM_LBUTTONDOWN,
    EV_WM_LBUTTONUP,
    EV_WM_MOUSEMOVE,
END_RESPONSE_TABLE;
```

The shapeRect data member holds the current coordinates of the shape being moved. The dragging data member indicates whether the user is currently dragging the mouse. The mouseCoords data member holds the most recent mouse coordinates. In addition, you must provide message-response functions for the WM_LBUTTONDOWN, WM_LBUTTONUP, and WM_MOUSEMOVE messages, as well as provide a Paint() function that draws the shape to be moved.

In the window class's constructor, make sure to initialize the dragging flag to FALSE. You may, depending on how you're getting your starting shape, also need to set the shape's starting coordinates:

```
TWndw::TWndw(TWindow *parent, const char far *title) :
    TFrameWindow(parent, title)
{
    shapeRect.Set(20, 20, 60, 60);
    dragging = FALSE;
}
```

When the user clicks the left mouse button, OWL calls the program's EvLButtonDown() function:

```
void TWndw::EvLButtonDown(UINT, TPoint &point)
{
    if (shapeRect.Contains(point))
    {
        mouseCoords = point;
        dragging = TRUE;
        SetCapture();
    }
}
```

Here, first check whether the mouse click was on the shape you want to move. The TRect class's Contains() member function handles this task easily. If the mouse click is on the shape, save the new mouse coordinates. Set the dragging flag to TRUE, and call SetCapture() to capture the mouse, so that all future mouse messages go to this window, even if the mouse happens to be outside the window. (This is to be sure you get the WM_LBUTTONUP message.)

If the user moves the mouse, OWL calls your program's EvWmMouseMove() function:

```
void TWndw::EvMouseMove(UINT, TPoint &point)
{
    TRect clientRect;

    if (dragging)
    {
        GetClientRect(clientRect);
        if (clientRect.Contains(point))
        {
            TPoint offset(point - mouseCoords);
            shapeRect.Offset(offset.x, offset.y);
            mouseCoords = point;
            Invalidate();
        }
    }
}
```

In this function, first check the `dragging` flag to see whether the user has pressed the left mouse button. If the button was pressed, call `GetClientRect()` and the resulting `TRect` object's `Contains()` function to be sure the user clicked inside the window. (Failure to do this allows the user to drag the shape out of view.) If the mouse click is in the window, calculate the offset of the new button click from the previous one by subtracting the old point from the new point. Finally, call the shape rectangle's `Offset()` function to update the rectangle to its new coordinates, save the new mouse coordinates in the `mouseCoords` data member, and call `Invalidate()` to generate a `WM_PAINT` message for the window.

The `WM_PAINT` message is handled, of course, by your window class's `Paint()` function, which draws the actual shape (or shapes):

```
void TWndw::Paint(TDC &paintDC, BOOL, TRect&)
{
   TBrush shapeBrush(TColor::LtBlue);
   paintDC.SelectObject(shapeBrush);
   paintDC.Ellipse(shapeRect);
}
```

Before you draw your shapes, Windows erases your window's entire client area (because the `BOOL` parameter to `Paint()` is `TRUE`, the `Invalidate()` function's default argument).

When the user releases the left mouse button, you must end the dragging in your window class's `EvLButtonUP()` function:

```
void TWndw::EvLButtonUp(UINT, TPoint&)
{
   if (dragging)
   {
      dragging = FALSE;
      ReleaseCapture();
   }
}
```

This task involves only resetting the `dragging` flag to `FALSE` and calling `ReleaseCapture()` to release the mouse capture.

◄ See "How Do I Respond to Windows Messages?," p. 39

◄ See "How Do I Keep a Window's Display Updated?," p. 200

> **Note**
>
> To speed up the process of dragging a shape, calculate the actual size of the rectangle you need to redraw, instead of redrawing the entire client area of the window.

The Sample Program

When you run the MOVESHP program, you see the window shown in figure 8.6. The window contains a small circle that you can drag around the screen. Just click on the shape and move the mouse while holding down the left mouse button.

Fig. 8.6
The MOVESHP application.

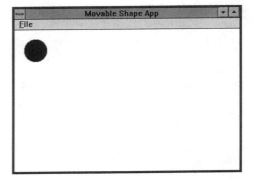

Listing 8.5 MOVESHP.CPP—Enables the User to Move a Shape around the Screen

```
/////////////////////////////////////////////////////////
// MOVESHP.CPP: Shows how to enable the user to move
//              graphical shapes with the mouse.
/////////////////////////////////////////////////////////

#include <owl\applicat.h>
#include <owl\framewin.h>
#include <owl\gdiobjec.h>
#include "moveshp.rc"

//////////////////////////////////
// The application class.
//////////////////////////////////
class TApp : public TApplication
{
public:
    TApp(): TApplication() {}
    void InitMainWindow();
};

//////////////////////////////////
// The main window class.
//////////////////////////////////
class TWndw : public TFrameWindow
{
protected:
    TRect circleRect;
    BOOL dragging;
```

```
      TPoint mouseCoords;

public:
      TWndw(TWindow *parent, const char far *title);

protected:
      void Paint(TDC &paintDC, BOOL, TRect&);
      void EvLButtonDown(UINT, TPoint &point);
      void EvLButtonUp(UINT, TPoint&);
      void EvMouseMove(UINT, TPoint &point);

      DECLARE_RESPONSE_TABLE(TWndw);
};

DEFINE_RESPONSE_TABLE1(TWndw, TFrameWindow)
      EV_WM_LBUTTONDOWN,
      EV_WM_LBUTTONUP,
      EV_WM_MOUSEMOVE,
END_RESPONSE_TABLE;

//////////////////////////////////////////////////////////
// TWndw::TWndw()
//////////////////////////////////////////////////////////
TWndw::TWndw(TWindow *parent, const char far *title) :
      TFrameWindow(parent, title)
{
      AssignMenu(MENU_1);
      Attr.X = 50;
      Attr.Y = 50;
      Attr.H = 300;
      Attr.W = 400;

      circleRect.Set(20, 20, 60, 60);
      dragging = FALSE;
}


//////////////////////////////////////////////////////////
// TWndw::EvLButtonDown()
//////////////////////////////////////////////////////////
void TWndw::EvLButtonDown(UINT, TPoint &point)
{
      // If the user clicked on the circle...
      if (circleRect.Contains(point))
      {
         // Save the mouse coordinates.
         mouseCoords = point;

         // Capture the mouse.
         dragging = TRUE;
         SetCapture();
      }
}
```

(continues)

Listing 8.5   Continued

```
/////////////////////////////////////////////////////////
// TWndw::EvLButtonUp()
/////////////////////////////////////////////////////////
void TWndw::EvLButtonUp(UINT, TPoint&)
{
    // If the user is still dragging the mouse...
    if (dragging)
    {
        // ...release the mouse capture.
        dragging = FALSE;
        ReleaseCapture();
    }
}

/////////////////////////////////////////////////////////
// TWndw::EvMouseMove()
/////////////////////////////////////////////////////////
void TWndw::EvMouseMove(UINT, TPoint &point)
{
    TRect clientRect;

    // If the user is dragging the mouse...
    if (dragging)
    {
        // Get the size of the client window.
        GetClientRect(clientRect);

        // If the mouse is still in the window...
        if (clientRect.Contains(point))
        {
            // Calculate an offset point.
            TPoint offset(point - mouseCoords);

            // Set the circle's new coordinates.
            circleRect.Offset(offset.x, offset.y);

            // Save the new mouse coordinates.
            mouseCoords = point;

            // Force the window to repaint.
            Invalidate();
        }
    }
}

/////////////////////////////////////////////////////////
// TWndw::Paint()
/////////////////////////////////////////////////////////
void TWndw::Paint(TDC &paintDC, BOOL, TRect&)
{
    // Draw a blue circle at the current
    // circle coordinates.
    TBrush circleBrush(TColor::LtBlue);
    paintDC.SelectObject(circleBrush);
```

```
    paintDC.Ellipse(circleRect);
}

//////////////////////////////////////////////////////////
// TApp::InitMainWindow()
//////////////////////////////////////////////////////////
void TApp::InitMainWindow()
{
    TFrameWindow *wndw =
        new TWndw(0, "Movable Shape App");
    SetMainWindow(wndw);
}

//////////////////////////////////////////////////////////
// OwlMain()
//////////////////////////////////////////////////////////
int OwlMain(int, char*[])
{
    return TApp().Run();
}
```

How Do I Use a Graphical Shape as a Brush?

Whether you're designing a paint program or just want to have a little fun with Borland C++, you can get some fascinating Escher-like 3-D effects by drawing on the screen with a 2-D graphical object. Something as simple as a circle can metamorphose into a 3-D tube-like object that's as much fun to draw as it is attractive to look at. Windows programmers often use bitmap objects converted to TBrush objects to accomplish this effect; however, there's an even easier method.

The Solution

In a previous program, you learned how to move a graphical object around the screen. Once you know how to do this, you can easily add the paint feature simply by not erasing the window's client area when you draw a new shape. Because today's computers are so fast, dragging a graphical object in this way leaves a dense trail of unerased objects. To keep the window's client area from being erased, simply call Invalidate() with a FALSE argument:

```
    Invalidate(FALSE);
```

◀ See "How Do I Respond to Windows Messages?," p. 39

◀ See "How Do I Keep a Window's Display Updated?," p. 200

The Sample Program

When you run the BRUSHSHP program, use your mouse to drag the circle shape around the window. Wherever you drag, the program leaves a trail of circles behind (see fig. 8.7). Try different shapes in the program to see what effects you can create.

Fig. 8.7
The BRUSHSHP
application.

Listing 8.6   BRUSHSHP.CPP—Enables the User to Paint with a Graphical Shape

```
///////////////////////////////////////////////////////
// BRUSHSHP.CPP: Shows how to enable the user to paint
//               with a graphical shape.
///////////////////////////////////////////////////////

#include <owl\applicat.h>
#include <owl\framewin.h>
#include <owl\gdiobjec.h>
#include "brushshp.rc"

///////////////////////////////////
// The application class.
///////////////////////////////////
class TApp : public TApplication
{
public:
   TApp(): TApplication() {}
   void InitMainWindow();
};

///////////////////////////////////
// The main window class.
///////////////////////////////////
class TWndw : public TFrameWindow
{
protected:
   TRect circleRect;
   BOOL dragging;
   TPoint mouseCoords;

public:
   TWndw(TWindow *parent, const char far *title);
```

```
protected:
    void Paint(TDC &paintDC, BOOL, TRect&);
    void EvLButtonDown(UINT, TPoint &point);
    void EvLButtonUp(UINT, TPoint&);
    void EvMouseMove(UINT, TPoint &point);

    DECLARE_RESPONSE_TABLE(TWndw);
};

DEFINE_RESPONSE_TABLE1(TWndw, TFrameWindow)
    EV_WM_LBUTTONDOWN,
    EV_WM_LBUTTONUP,
    EV_WM_MOUSEMOVE,
END_RESPONSE_TABLE;

////////////////////////////////////////////////////////////
// TWndw::TWndw()
////////////////////////////////////////////////////////////
TWndw::TWndw(TWindow *parent, const char far *title) :
    TFrameWindow(parent, title)
{
    AssignMenu(MENU_1);
    Attr.X = 50;
    Attr.Y = 50;
    Attr.H = 300;
    Attr.W = 400;

    circleRect.Set(20, 20, 60, 60);
    dragging = FALSE;
}

////////////////////////////////////////////////////////////
// TWndw::EvLButtonDown()
////////////////////////////////////////////////////////////
void TWndw::EvLButtonDown(UINT, TPoint &point)
{
    // If the user clicked on the circle...
    if (circleRect.Contains(point))
    {
        // Save the mouse coordinates.
        mouseCoords = point;

        // Capture the mouse.
        dragging = TRUE;
        SetCapture();
    }
}

////////////////////////////////////////////////////////////
// TWndw::EvLButtonUp()
////////////////////////////////////////////////////////////
void TWndw::EvLButtonUp(UINT, TPoint&)
```

(continues)

Listing 8.6 Continued

```
    {
        // If the user is still dragging the mouse...
        if (dragging)
        {
            // ...release the mouse capture.
            dragging = FALSE;
            ReleaseCapture();
        }
    }

    ////////////////////////////////////////////////////////////
    // TWndw::EvMouseMove()
    ////////////////////////////////////////////////////////////
    void TWndw::EvMouseMove(UINT, TPoint &point)
    {
        TRect clientRect;

        // If the user is dragging the mouse...
        if (dragging)
        {
            // Get the size of the client window.
            GetClientRect(clientRect);

            // If the mouse is still in the window...
            if (clientRect.Contains(point))
            {
                // Calculate an offset point.
                TPoint offset(point - mouseCoords);

                // Set the circle's new coordinates.
                circleRect.Offset(offset.x, offset.y);

                // Save the new mouse coordinates.
                mouseCoords = point;

                // Force the window to repaint without
                // erasing the background.
                Invalidate(FALSE);
            }
        }
    }

    ////////////////////////////////////////////////////////////
    // TWndw::Paint()
    ////////////////////////////////////////////////////////////
    void TWndw::Paint(TDC &paintDC, BOOL, TRect&)
    {
        // Draw a blue circle at the current
        // circle coordinates.
        TBrush circleBrush(TColor::LtBlue);
        paintDC.SelectObject(circleBrush);
        paintDC.Ellipse(circleRect);
    }
```

```
/////////////////////////////////////////////////////////
// TApp::InitMainWindow()
/////////////////////////////////////////////////////////
void TApp::InitMainWindow()
{
    TFrameWindow *wndw =
        new TWndw(0, "Shape Brush App");
    SetMainWindow(wndw);
}


/////////////////////////////////////////////////////////
// OwlMain()
/////////////////////////////////////////////////////////
int OwlMain(int, char*[])
{
    return TApp().Run();
}
```

How Do I Create and Use a Custom Cursor?

Although Windows supplies almost a dozen built-in cursor types, only a few of them are general-purpose. As you write Windows applications, you may discover a need to use special cursor types that aren't supplied by Windows. Luckily, it's easy to create your own cursors using Resource Workshop. Moreover, adding such a custom cursor to your Windows application is not much more difficult than using one of the standard cursor types.

The Solution

Resource Workshop provides an excellent editor for drawing custom cursors. When you draw a cursor with Resource Workshop (see fig. 8.8), it gets added to your resource file just like a menu or a dialog box. You can then refer to the cursor in your program using its name or ID.

Once you have your cursor designed and saved in your application's resource file, you're ready to write the code that will display it in your window. First, get a handle to the application object:

```
HINSTANCE hInstance = *GetApplication();
```

The function GetApplication() returns a pointer to the application. Dereferencing the pointer yields an HINSTANCE handle.

Next, load the cursor by calling Windows' LoadCursor() function:

```
HCURSOR hCursor = ::LoadCursor(hInstance, "MY_CURSOR");
```

Fig. 8.8
Creating a cursor
with Resource
Workshop.

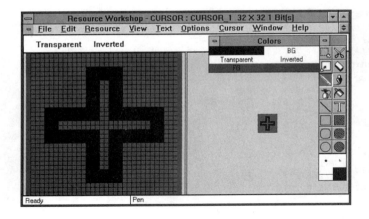

The LoadCursor() function, which is part of the Windows API, takes as parameters a handle to the application's instance and a pointer to a string. The string is the name you gave the cursor in Resource Workshop. If your custom cursor has an integer ID rather than a string, use the MAKEINTRESOURCE macro to convert LoadCursor()'s second parameter:

```
HCURSOR hCursor = LoadCursor(hInstance,
    MAKEINTRESOURCE(MY_CURSOR));
```

To display the cursor, call SetClassWord():

```
SetClassWord(GCW_HCURSOR, (WORD) hCursor);
```

The first argument is the index of the word to change; Windows has predefined constants you can use for this argument (refer to table 5.2 in Chapter 5, "Windows"). The second argument is the new value of the word indexed by the first argument.

◀ See "How Do I
Register My
Own Window
Class?," p. 258

◀ See "How Do I
Customize the
Attributes of
My Main
Window?,"
p. 193

◀ See "How Do
I Change a
Window's
Default
Cursor?,"
p. 253

> **Note**
>
> Another way to make your custom cursor your window's default cursor is by registering a new window class and setting the WNDCLASS structure's hCursor element to your cursor's handle, which is returned by the LoadCursor() function.

The Sample Program

When you run the CURSOR2 program, you see the application's main window. Place the mouse pointer over the window, and click the left button. When you do, the cursor changes to a custom cursor designed with Resource Workshop's cursor editor (see fig. 8.9). Click again and the cursor returns to the standard arrow cursor.

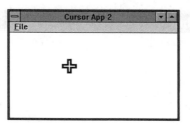

Fig. 8.9
The CURSOR2
application.

**Listing 8.7   CURSOR2.CPP—Shows How to Create and Use a
Custom Cursor**

```
////////////////////////////////////////////////////////
// CURSOR2.CPP: Shows how to display a user-defined mouse
//              cursor.
////////////////////////////////////////////////////////

#include <owl\applicat.h>
#include <owl\framewin.h>
#include "cursor2.rc"

///////////////////////////////
// The application class.
///////////////////////////////
class TApp : public TApplication
{
public:
   TApp() : TApplication() {}
   void InitMainWindow();
};

///////////////////////////////
// The main window class.
///////////////////////////////
class TWndw : public TFrameWindow
{
protected:
   int cursorNum;

public:
   TWndw(TWindow *parent, const char far *title);

protected:
   void EvLButtonDown(UINT, TPoint&);

  DECLARE_RESPONSE_TABLE(TWndw);
};

DEFINE_RESPONSE_TABLE1(TWndw, TFrameWindow)
   EV_WM_LBUTTONDOWN,
END_RESPONSE_TABLE;
```

(continues)

Listing 8.7   Continued

```
/////////////////////////////////////////////////////////
// TWndw::TWndw()
/////////////////////////////////////////////////////////
TWndw::TWndw(TWindow *parent, const char far *title) :
    TFrameWindow(parent, title)
{
    Attr.X = 20;
    Attr.Y = 20;
    Attr.W = 300;
    Attr.H = 200;
    AssignMenu(MENU_1);

    cursorNum = 0;
}

/////////////////////////////////////////////////////////
// TWndw::EvLButtonDown()
/////////////////////////////////////////////////////////
void TWndw::EvLButtonDown(UINT, TPoint&)
{
    const char *cursor;
    HCURSOR hCursor;
    HINSTANCE hInstance;

    // Calculate next cursor number.
    cursorNum = !cursorNum;

    if (cursorNum == 0)
    {
        cursor = IDC_ARROW;
        hInstance = 0;
    }
    else
    {
        cursor = "CURSOR_1";
        hInstance = *GetApplication();
    }

    // Get the selected cursor's handle.
    hCursor = ::LoadCursor(hInstance, cursor);

    // Change the window class's default cursor
    // to the selected cursor.
    SetClassWord(GCW_HCURSOR, (WORD) hCursor);
}

/////////////////////////////////////////////////////////
// TApp::InitMainWindow()
/////////////////////////////////////////////////////////
void TApp::InitMainWindow()
{
    TFrameWindow *wndw = new TWndw(0, "Cursor App 2");
    SetMainWindow(wndw);
}
```

```
///////////////////////////////////////////////////////
// OwlMain()
///////////////////////////////////////////////////////
int OwlMain(int, char*[])
{
  return TApp().Run();
}
```

How Do I Use a Bitmap To Keep My Window's Display up to Date?

If a Windows application has a simple display, your program can easily re-draw the display "on the fly" by reconstructing the image in the window's client area. If the window contains a paragraph of text, for example, you simply redisplay the text. If the display contains a number of simple graphical shapes, you redraw the shapes.

However, it's not unusual for a window's display to become so complicated that its response to the WM_PAINT message slows down the entire application as it attempts to re-create everything the user has done. To avoid this problem, you can do your drawing on both the display and on a bitmap in memory. Then, when your application receives a WM_PAINT message, you simply transfer the bitmap from memory to the window's client area, which is a speedy process no matter how complex the window's display becomes.

The Solution

In your main window's class, you need to keep a pointer to the display's bitmap, as well as a pointer to the memory DC that will contain the bitmap. Creating these pointers as data members of the class makes them accessible anywhere within the class:

```
class TWndw: public TFrameWindow
{
protected:
   TBitmap *bitmap;
   TMemoryDC *memDC;

public:
   TWndw(TWindow *parent, const char far *title);

protected:
   void SetupWindow();
   void CleanupWindow();
   virtual void Paint(TDC &dc, BOOL, TRect&);

   DECLARE_RESPONSE_TABLE(TWndw);
};
```

In the class' `SetupWindow()` function, prepare the bitmap for the display:

```
void TWndw::SetupWindow()
{
    TFrameWindow::SetupWindow();

    TClientDC *dc = new TClientDC(*this);
    bitmap = new TBitmap(*dc, 640, 480);
    memDC = new TMemoryDC(*dc);
    memDC->SelectObject(*bitmap);
    TBrush brush(TColor::White);
    TRect rect(0, 0, 640, 480);
    memDC->FillRect(rect, brush);
    Invalidate(FALSE);
    delete dc;
}
```

Here, the program constructs a client DC, a compatible memory DC, and a bitmap object as large as the maximum possible size of the window. The program then selects the bitmap into the memory DC and fills it with the background color. The call to `Invalidate()` forces Windows to send a `WM_PAINT` message, which is handled by your window class' `Paint()` function:

```
void TWndw::Paint(TDC &paintDC, BOOL, TRect&)
{
    paintDC.BitBlt(0, 0, bitmap->Width(), bitmap->Height(),
        *memDC, 0, 0, SRCCOPY);
}
```

As you can see, in `Paint()`, you need only call the `BitBlt()` function to copy the bitmap from memory to the screen, which updates the display almost instantly, regardless of how complex the display is.

To keep the bitmap up to date, you copy all display data to the bitmap when that data is created. For example, to draw a line on both the screen and the bitmap, you do something like this:

```
clientDC = new TClientDC(*this);
memDC->LineTo(point);
clientDC->LineTo(point);
```

Here, the program creates a client DC for the window and then draws a line on both the client DC and the memory DC. When you draw on the memory DC, you're really drawing on the bitmap in memory. If you change the bitmap whenever you change the window's display, the bitmap will always be ready to restore the window's display in your `Paint()` function.

◀ See "How Do I Keep a Window's Display Updated?," p. 200

The Sample Program

When you run the BMPAINT program, you see the window shown in figure 8.10. Place your mouse pointer over the window's client area, hold down the left mouse button, and move the mouse to draw shapes in the window

> **Caution**
>
> You must always destroy any device contexts or GDI objects (pens, brushes, bitmaps, and so on) that you create in your program. If you fail to do this, these objects will continue to take up memory even after the user closes your application. Worse, a limited number of device contexts are available to the system. Device contexts that are not returned to the system cannot be used by other applications. This could lead to other applications failing to run correctly.
>
> Do not, however, destroy a GDI object that is still selected into a DC. First, restore the DC (which automatically deselects custom GDI objects) and then destroy the GDI objects you created. The exception is objects selected into a DC by the TDC class' SelectStockObject() function. Because these GDI objects belong to the system, you cannot destroy them.

◀ See "How Do I Display a Bitmap in a Window?," p. 344

◀ See "How Do I Use Device Contexts in an OWL Program?," p. 335

◀ See "How Do I Use GDI Objects in an OWL Program?," p. 339

(see fig. 8.11). To see how fast the program can restore its display, minimize the window and reopen it, or cover the window with another window. Notice that the program redraws the window display just as fast regardless of how many lines you draw in the window.

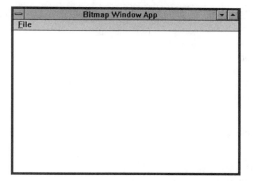

Fig. 8.10
The BMPAINT application.

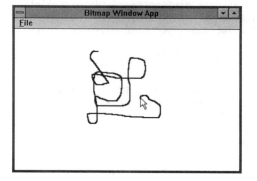

Fig. 8.11
Drawing with the BMPAINT application.

Listing 8.8 BMPAINT.CPP—Uses a Bitmap to Paint its Display

```
///////////////////////////////////////////////////////
// BMPAINT.CPP: Shows how to use a bitmap to save and
//              restore a window's display.
///////////////////////////////////////////////////////

#include <owl\applicat.h>
#include <owl\framewin.h>
#include <owl\dc.h>
#include <owl\gdiobjec.h>
#include "bmpaint.rc"

////////////////////////////////////
// The application class.
////////////////////////////////////
class TApp : public TApplication
{
public:
   TApp(): TApplication() {}
   void InitMainWindow();
};

////////////////////////////////////
// The main window class.
////////////////////////////////////
class TWndw: public TFrameWindow
{
protected:
   TClientDC *clientDC;
   TMemoryDC *memDC;
   TBitmap *bitmap;
   TPen *pen;
   BOOL drawing;

public:
   TWndw(TWindow *parent, const char far *title);

protected:
   void SetupWindow();
   void CleanupWindow();
   void EvLButtonDown(UINT modKeys, TPoint &point);
   void EvMouseMove(UINT modKeys, TPoint &point);
   void EvLButtonUp(UINT modKeys, TPoint &point);
   virtual void Paint(TDC &paintDC, BOOL, TRect&);

   DECLARE_RESPONSE_TABLE(TWndw);
};

DEFINE_RESPONSE_TABLE1(TWndw, TFrameWindow)
   EV_WM_LBUTTONDOWN,
   EV_WM_MOUSEMOVE,
   EV_WM_LBUTTONUP,
END_RESPONSE_TABLE;
```

```
/////////////////////////////////////////////////////////
// TWndw::Twndw()
/////////////////////////////////////////////////////////
TWndw::TWndw(TWindow *parent, const char far *title) :
    TFrameWindow(parent, title)
{
    AssignMenu(MENU_1);
    Attr.X = 50;
    Attr.Y = 50;
    Attr.W = 400;
    Attr.H = 300;

    // Initialize pointers and flags.
    clientDC = 0;
    memDC = 0;
    bitmap = 0;
    drawing = FALSE;

    // Construct a new pen object for drawing.
    pen = new TPen(TColor::Black, 2);
}


/////////////////////////////////////////////////////////
// TWndw::SetupWindow()
/////////////////////////////////////////////////////////
void TWndw::SetupWindow()
{
    TFrameWindow::SetupWindow();

    // Create a device context for the client window.
    TClientDC *dc = new TClientDC(*this);

    // Create a bitmap for the entire screen.
    bitmap = new TBitmap(*dc, 640, 480);

    // Create a compatible memory DC.
    memDC = new TMemoryDC(*dc);

    // Select the bitmap into the memory DC.
    memDC->SelectObject(*bitmap);

    // Create a white brush and fill the bitmap with it.
    TBrush brush(TColor::White);
    TRect rect(0, 0, 640, 480);
    memDC->FillRect(rect, brush);

    // Force a window repaint.
    Invalidate(FALSE);

    // Destroy the temporary client DC.
    delete dc;
}
```

(continues)

Listing 8.8   Continued

```
//////////////////////////////////////////////////////////
// TWndw::CleanupWindow()
//////////////////////////////////////////////////////////
void TWndw::CleanupWindow()
{
   delete pen;
   delete bitmap;
   delete clientDC;
   delete memDC;
}


//////////////////////////////////////////////////////////
// TWndw::Paint()
//////////////////////////////////////////////////////////
void TWndw::Paint(TDC &paintDC, BOOL, TRect&)
{
   // Copy the bitmap to the window's client area.
   paintDC.BitBlt(0, 0, bitmap->Width(), bitmap->Height(),
      *memDC, 0, 0, SRCCOPY);
}


//////////////////////////////////////////////////////////
// TWndw::EvLButtonDown()
//////////////////////////////////////////////////////////
void TWndw::EvLButtonDown(UINT, TPoint &point)
{
   // If not already drawing...
   if (!drawing)
   {
      SetCapture();
      drawing = TRUE;

      // Create a DC for the client window.
      clientDC = new TClientDC(*this);

      // Select the pen into both the client and memory DC.
      clientDC->SelectObject(*pen);
      memDC->SelectObject(*pen);

      // Move to where the user clicked, in both the
      // client and memory device contexts.
      clientDC->MoveTo(point);
      memDC->MoveTo(point);
   }
}


//////////////////////////////////////////////////////////
// TWndw::EvMouseMove()
//////////////////////////////////////////////////////////
void TWndw::EvMouseMove(UINT, TPoint &point)
{
   // If the user is currently drawing...
   if (drawing)
```

```
   {
      // Get the size of the client area.
      TRect rect = GetClientRect();

      // If the current mouse location
      // is in the client area...
      if (rect.Contains(point))
      {
         // Draw a line in both the memory and client DCs.
         memDC->LineTo(point);
         clientDC->LineTo(point);
      }
   }
}

/////////////////////////////////////////////////////////
// TWndw::EvLButtonUp()
/////////////////////////////////////////////////////////
void TWndw::EvLButtonUp(UINT, TPoint&)
{
   // If the user is currently drawing...
   if (drawing)
   {
      ReleaseCapture();
      drawing = FALSE;

      // Restore both the client and memory DCs.
      clientDC->RestorePen();
      memDC->RestorePen();

      // Destroy the client DC.
      delete clientDC;
      clientDC = 0;
   }
}

/////////////////////////////////////////////////////////
// TApp::InitMainWindow()
/////////////////////////////////////////////////////////
void TApp::InitMainWindow()
{
   TFrameWindow *wndw = new TWndw(0, "Bitmap Window App");
   SetMainWindow(wndw);
}

/////////////////////////////////////////////////////////
// OwlMain()
/////////////////////////////////////////////////////////
int OwlMain(int, char*[])
{
   return TApp().Run();
}
```

How Do I Fill a Window with a Bitmapped Pattern?

If you're a fan of Borland's 3D dialog boxes, you'll be glad to know that you can create your own window background patterns and display them in just about any window you like. Using the technique presented in this section, you can give child windows that "Borland look" or devise your own custom pattern guaranteed to add pizzazz to just about any application. The best news is that giving windows a custom, bitmapped background is easy to do!

The Solution

Before you can fill a window with a bitmapped pattern, you must, of course, have created the bitmap. This is a task you can do easily with Resource Workshop, as shown in figure 8.12. Start Resource Workshop, load your application's resource file (or start a new one), select the **N**ew command of the **R**esource menu, and select a bitmap resource. When you get to the New Bitmap Attributes dialog box (see fig. 8.13), enter 8 in both the **W**idth in Pixels and **H**eight in Pixels edit controls.

Fig. 8.12
Creating a bitmap
with Resource
Workshop.

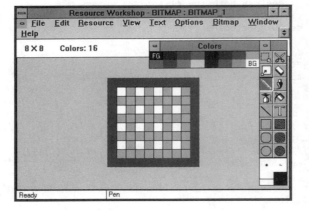

When you have created and drawn your bitmap, you can start programming. First, create a class for your child window:

```
class TChildWndw: public TMDIChild
{
public:
   TChildWndw::TChildWndw(TMDIClient &parent) :
      TMDIChild(parent, "Child Window") {};

protected:
   BOOL EvEraseBkgnd(HDC hDC);
```

```
    DECLARE_RESPONSE_TABLE(TChildWndw);
};

DEFINE_RESPONSE_TABLE1(TChildWndw, TMDIChild)
    EV_WM_ERASEBKGND,
END_RESPONSE_TABLE;
```

Fig. 8.13
The New Bitmap
Attributes dialog
box.

As you can see, this class provides a message-response function for the
WM_ERASEBKGND message. Normally, when a window receives a WM_ERASEBKGND
message, it erases its background with the default brush that is usually the
default white color. By supplying your own EvEraseBkgnd() function, you can
give Windows an alternative brush for your window's background:

```
TChildWndw::EvEraseBkgnd(HDC hDC)
{
    HINSTANCE hInstance = *GetApplication();
    TBitmap bm(hInstance, BITMAP_1);
    TDC dc(hDC);
    TBrush brush(bm);
    dc.SelectObject(brush);
    TRect clientRect = GetClientRect();
    dc.PatBlt(clientRect);

    return TRUE;
}
```

In this function, load the bitmap you created for the window's background,
create a TDC object based on the handle passed into the function, create a
TBrush object from the bitmap, and select the brush into the DC. Finally, call
GetClientRect() to get the size of the window's client area, and call PatBlt()
to fill that area with the new brush.

The PatBlt() function fills an area described by its first argument with
the DC's currently selected brush. The function's second argument
(not shown) is a flag indicating the raster operation to use when filling

◄ See "How Do
I Change the
Color of a
Dialog Box?,"
p. 133

◄ See "How Do
I Keep a
Window's
Display
Updated?,"
p. 200

◄ See "How Do
I Use GDI
Objects
in an OWL
Program?,"
p. 339

◄ See "How Do
I Display a
Bitmap in a
Window?,"
p. 344

the area. This argument's default value is PATCOPY. Other constants for this flag are PATINVERT, DSTINVERT, BLACKNESS, and WHITENESS. For more information on PatBlt(), please consult your Borland C++ manuals or online help.

The Sample Program

When you run the METALMDI program, you see the main window that contains a **F**ile and **T**est menu (see fig. 8.14). Use the **T**est menu's **N**ew Child command to create a child window. When the window appears, you see that it is filled with a pattern not unlike that used in 3D Borland dialog boxes.

Fig. 8.14
The METALMDI
application.

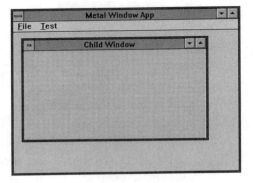

Listing 8.9   METALMDI.CPP—Fills Windows with a Bitmapped Pattern

```
//////////////////////////////////////////////////////////////
// METALMDI.CPP: Shows how to fill an MDI child window
//                with a bitmapped pattern.
//////////////////////////////////////////////////////////////

#include <owl\applicat.h>
#include <owl\mdi.h>
#include <owl\gdiobjec.h>
#include "metalmdi.rc"

////////////////////////////////////
// The application class.
////////////////////////////////////
class TApp : public TApplication
{
public:
   TApp(): TApplication() {};
   void InitMainWindow();
};
```

```
/////////////////////////////////
// The client window class.
/////////////////////////////////
class TClientWndw : public TMDIClient
{
public:
   TClientWndw(): TMDIClient() {};

protected:
   void CmNewChild();

   DECLARE_RESPONSE_TABLE(TClientWndw);
};

DEFINE_RESPONSE_TABLE1(TClientWndw, TMDIClient)
   EV_COMMAND(CM_NEWCHILD, CmNewChild),
END_RESPONSE_TABLE;

/////////////////////////////////
// The child window class.
/////////////////////////////////
class TChildWndw: public TMDIChild
{
public:
   TChildWndw::TChildWndw(TMDIClient &parent) :
      TMDIChild(parent, "Child Window") {};

protected:
   BOOL EvEraseBkgnd(HDC hDC);

   DECLARE_RESPONSE_TABLE(TChildWndw);
};

DEFINE_RESPONSE_TABLE1(TChildWndw, TMDIChild)
   EV_WM_ERASEBKGND,
END_RESPONSE_TABLE;

//////////////////////////////////////////////////////////
// TClientWndw::CmNewChild()
//////////////////////////////////////////////////////////
void TClientWndw::CmNewChild()
{
   TWindow *wndw = new TChildWndw(*this);
   wndw->Create();
}

//////////////////////////////////////////////////////////
// TChildWndw::EvEraseBkgnd()
//////////////////////////////////////////////////////////
TChildWndw::EvEraseBkgnd(HDC hDC)
{
   // Get a handle to the application's instance.
   HINSTANCE hInstance = *GetApplication();
```

(continues)

Listing 8.9 Continued

```
    // Construct a bitmap object from the bitmap pattern.
    TBitmap bm(hInstance, BITMAP_1);

    // Construct a DC from the DC handle
    // passed into the function.
    TDC dc(hDC);

    // Create a brush from the bitmap object.
    TBrush brush(bm);

    // Select the brush into the DC.
    dc.SelectObject(brush);

    // Get the size of the window's client area.
    TRect clientRect = GetClientRect();

    // Fill the client area with the pattern.
    dc.PatBlt(clientRect);

    return TRUE;
}

////////////////////////////////////////////////////////////
// TApp::InitMainWindow()
////////////////////////////////////////////////////////////
void TApp::InitMainWindow()
{
    TMDIClient *client = new TClientWndw();
    TMDIFrame *wndw =
        new TMDIFrame("MDI Menu App", MENU_1, *client);

    wndw->Attr.X = 50;
    wndw->Attr.Y = 50;
    wndw->Attr.W = 400;
    wndw->Attr.H = 300;

    SetMainWindow(wndw);
}

////////////////////////////////////////////////////////////
// OwlMain()
////////////////////////////////////////////////////////////
int OwlMain(int, char*[])
{
    return TApp().Run();
}
```

Chapter 9

Controls

How Do I Enable and Disable Button Gadgets in a Control Bar?

As you probably know, OWL has a special mechanism for controlling whether menu items are enabled or disabled. This mechanism uses command enablers to set the status of any menu item. Believe it or not, this same mechanism also controls whether control-bar buttons are enabled or disabled. Just as with menu items, you need only provide a command-enabler function for the button you want to manipulate. If the command button mirrors a menu command that has a command enabler, the enabling and disabling support for the button is automatic. The best part is that OWL generates its own 3-D bitmaps for disabled buttons, basing the 3-D representation on the bitmap you supply for the button's face.

The Solution

In your window's class, create message-response functions and command enablers for the menu items you want to have enabled or disabled:

```
void CmOpen();
void CmEnableOpen(TCommandEnabler &commandEnabler);
```

Remember that you also must provide entries in the class's response table, for both the message-response function and the associated command enabler:

```
DEFINE_RESPONSE_TABLE1(TWndw, TDecoratedFrame)
    EV_COMMAND(CM_OPEN, CmOpen),
    EV_COMMAND_ENABLE(CM_OPEN, CmEnableOpen),
END_RESPONSE_TABLE;
```

When you construct your control bar, be sure that you associate the command buttons with the menu items they control:

```
b = new TButtonGadget(BMP_OPEN, CM_OPEN);
cntrlBar->Insert(*b);
```

◄ See "How Do I Enable, Disable, Change, or Check Menu Items in an OWL Program?," p. 279

In the preceding case, after you write the message-response and command-enabler functions for the associated menu item, you need nothing more to achieve command enabling for the button, because the command enabler previously created for the menu item automatically handles the associated command button.

Of course, you can have command buttons on a control bar that have no equivalent menu item. Handle such buttons exactly as you would a menu item: Associate the button with a command message, and give it its own message-response and command-enabler functions.

◄ See "How Do I Place a Control Bar in a Window?," p. 205

◄ See "How Do I Respond to Windows Messages?," p. 39

The Sample Program

When you run the sample program, you see the window shown in figure 9.1. At first, the open and exit commands in both the **F**ile menu and the control bar are enabled, whereas the close and test commands are disabled. When you click on the OPEN button (or select the **F**ile menu's **O**pen command), the Open command becomes disabled, whereas the Close and Test commands are enabled. Clicking the CLOSE button (or selecting the **F**ile menu's **C**lose command) reverses the state of the buttons again.

◄ See "How Do I Send My Own Windows Messages?," p. 47

Note that the TEST button has no menu equivalent. When you click it, however, its message-response function executes normally, just as if you selected the command from a menu. Notice also that the state of the button commands (whether they are enabled or disabled) is reflected by the state of the menu items. For example, when the OPEN button is disabled, the **F**ile menu's **O**pen command is also disabled.

Fig. 9.1
The ENABLBAR application.

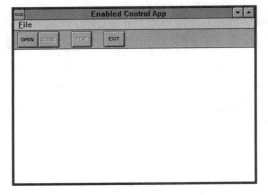

Listing 9.1   ENABLBAR.CPP—Enables and Disables Control Bar Buttons

```cpp
//////////////////////////////////////////////////////////
// ENABLBAR.CPP: Shows how to disable and enable control
//               bar buttons.
//////////////////////////////////////////////////////////

#include <owl\applicat.h>
#include <owl\decframe.h>
#include <owl\controlb.h>
#include <owl\buttonga.h>
#include "enablbar.rc"

////////////////////////////////////
// The application class.
////////////////////////////////////
class TApp : public TApplication
{
public:
   TApp(): TApplication() {}
   void InitMainWindow();
};

////////////////////////////////////
// The main window class.
////////////////////////////////////
class TWndw : public TDecoratedFrame
{
protected:
   int opened;

public:
   TWndw(TWindow *parent, const char far *title,
      TWindow *client);

protected:
   void CmOpen();
   void CmClose();
   void CmTest();
   void CmEnableOpen(TCommandEnabler &commandEnabler);
   void CmEnableClose(TCommandEnabler &commandEnabler);
   void CmEnableTest(TCommandEnabler &commandEnabler);

   DECLARE_RESPONSE_TABLE(TWndw);
};

DEFINE_RESPONSE_TABLE1(TWndw, TDecoratedFrame)
   EV_COMMAND(CM_OPEN, CmOpen),
   EV_COMMAND(CM_CLOSE, CmClose),
   EV_COMMAND(CM_TEST, CmTest),
   EV_COMMAND_ENABLE(CM_OPEN, CmEnableOpen),
   EV_COMMAND_ENABLE(CM_CLOSE, CmEnableClose),
```

(continues)

Listing 9.1 Continued

```
      EV_COMMAND_ENABLE(CM_TEST, CmEnableTest),
END_RESPONSE_TABLE;

///////////////////////////////////////////////////////
// TWndw::TWndw()
///////////////////////////////////////////////////////
TWndw::TWndw(TWindow *parent, const char far *title,
      TWindow *clientWnd):
      TDecoratedFrame(parent, title, clientWnd)
{
   TButtonGadget *b;
   TSeparatorGadget *s;

   AssignMenu(MENU_1);
   Attr.X = 50;
   Attr.Y = 50;
   Attr.W = GetSystemMetrics(SM_CXSCREEN) / 1.5;
   Attr.H = GetSystemMetrics(SM_CYSCREEN) / 1.5;

   // Create a new control bar object.
   TControlBar *cntrlBar = new TControlBar(this);

   b = new TButtonGadget(BMP_OPEN, CM_OPEN);
   cntrlBar->Insert(*b);
   b = new TButtonGadget(BMP_CLOSE, CM_CLOSE);
   cntrlBar->Insert(*b);
   s = new TSeparatorGadget(20);
   cntrlBar->Insert(*s);
   b = new TButtonGadget(BMP_TEST, CM_TEST);
   cntrlBar->Insert(*b);
   s = new TSeparatorGadget(20);
   cntrlBar->Insert(*s);
   b = new TButtonGadget(BMP_EXIT, CM_EXIT);
   cntrlBar->Insert(*b);

   Insert(*cntrlBar);

   opened = FALSE;
}

///////////////////////////////////////////////////////
// TWndw::CmOpen()
///////////////////////////////////////////////////////
void TWndw::CmOpen()
{
   opened = !opened;
}

///////////////////////////////////////////////////////
// TWndw::CmClose()
///////////////////////////////////////////////////////
void TWndw::CmClose()
```

```
{
    opened = !opened;
}

/////////////////////////////////////////////////////
// TWndw::CmTest()
/////////////////////////////////////////////////////
void TWndw::CmTest()
{
    MessageBox("Got the TEST command", "Command");
}

/////////////////////////////////////////////////////
// TWndw::CmEnableOpen()
/////////////////////////////////////////////////////
void TWndw::CmEnableOpen(TCommandEnabler &commandEnabler)
{
    commandEnabler.Enable(!opened);
}

/////////////////////////////////////////////////////
// TWndw::CmEnableClose()
/////////////////////////////////////////////////////
void TWndw::CmEnableClose(TCommandEnabler &commandEnabler)
{
    commandEnabler.Enable(opened);
}

/////////////////////////////////////////////////////
// TWndw::CmEnableTest()
/////////////////////////////////////////////////////
void TWndw::CmEnableTest(TCommandEnabler &commandEnabler)
{
    commandEnabler.Enable(opened);
}

/////////////////////////////////////////////////////
// TApp::InitMainWindow()
/////////////////////////////////////////////////////
void TApp::InitMainWindow()
{
    TWindow *client = new TWindow(0,0,0);
    TDecoratedFrame *wndw =
        new TWndw(0, "Enabled Control App", client);
    SetMainWindow(wndw);
}

/////////////////////////////////////////////////////
// OwlMain()
/////////////////////////////////////////////////////
int OwlMain(int, char*[])
{
    return TApp().Run();
}
```

How Do I Place a Combo Box and Other Controls in a Control Bar?

Most professional Windows applications these days provide complex control bars that contain not only control buttons, but also other types of controls, especially combo boxes, which allow the user to select items from a drop-down list. If you've ever tried to add a combo box to an OWL control box, however, you were probably disappointed to discover that it just didn't work right. No matter what you tried, you couldn't get the drop-down list to appear.

The truth is that, when you place a combo-box control in a control bar, it's up to you to handle the task of displaying its list. You do this by responding to CBN_DROPDOWN and CBM_CLOSEUP Windows messages, which signal a request to show or hide the combo box's list, respectively. To get control of these messages, you must write your own combo-box class, deriving it from TComboBox.

The Solution

Because you want to change the way your control box responds to certain messages, you must derive a new combo-box class from OWL's TComboBox:

```
class TComboBoxGadget : public TComboBox
{
protected:
    TRect oldRect;

public:
    TComboBoxGadget(TWindow *parent, int id, int x, int y,
        int w, int h, DWORD style, UINT textLen) :
        TComboBox(parent, id, x, y, w, h, style, textLen) {};

protected:
    void SetupWindow();
    void EvCbnDropDown();
    void EvCbnCloseUp();

    DECLARE_RESPONSE_TABLE(TComboBoxGadget);
};

DEFINE_RESPONSE_TABLE1(TComboBoxGadget, TComboBox)
    EV_NOTIFY_AT_CHILD(CBN_DROPDOWN, EvCbnDropDown),
    EV_NOTIFY_AT_CHILD(CBN_CLOSEUP, EvCbnCloseUp),
END_RESPONSE_TABLE;
```

This new combo-box class should override the SetupWindow() function, as well as provide message-response functions for the CBN_DROPDOWN and

CBN_CLOSEUP messages. Notice that the response table uses the
EV_NOTIFY_AT_CHILD macro for associating the combo-box messages with the
appropriate message-response functions. This macro causes the messages to
be sent directly to the child control (in this case, the combo box) rather than
to the control's parent window.

In the SetupWindow() function, you can add whatever strings you want to
appear in the combo box's list:

```
void TComboBoxGadget::SetupWindow()
{
    AddString("String 1");
    AddString("String 2");
    AddString("String 3");
    AddString("String 4");
}
```

Constructing a control bar with a combo box control is a little trickier than
building one with just button controls. This is because OWL supplies no
combo-box gadget; you must create your own. To create the control bar, first
construct a new control-bar object:

```
TControlBar *controlBar =
    new TControlBar(wndw, TControlBar::Horizontal);
```

Then, construct an instance of your new combo-box class:

```
TComboBox *comboBox = new TComboBoxGadget(controlBar,
    IDC_COMBOBOX, 0, 0, 90, 30,
    WS_CHILD | CBS_DROPDOWNLIST, 0);
```

In order to place the new combo-box into a control bar, you must place it
into a TControlGadget:

```
TControlGadget *comboGadget =
    new TControlGadget(*comboBox, TGadget::None);
```

The TControlGadget constructor takes as arguments a pointer to the control to
convert and a border style, which can be TGadget::None (the default),
TGadget::Paint, TGadget::Raised, TGadget::Embossed, or TGadget::Recessed.
Borders don't work very well with a combo-box control, so the preceding
example turns off the border.

Once you have the control bar built, place it into the decorated window by
calling the window's Insert() member function:

```
Insert(*controlBar, TDecoratedFrame::Top);
```

Now, when the user wants to open the combo box's list, your combo-box control receives a `CBN_DROPDOWN` message, which your program can now handle in its `EvCbnDropDown()` function. The first thing to do in this function is to call `GetWindowRect()` for both the parent and combo-box windows:

```
Parent->GetWindowRect(parentRect);
GetWindowRect(comboBoxRect);
```

These function calls get the sizes of the parent window and the combo-box window and store them in the `TRect` parameters `parentRect` and `comboBoxRect`. Using these rectangles, you can calculate a new size for the combo-box window, a size that allows the box's list to be displayed:

```
newRect.left = comboBoxRect.left - parentRect.left - 1;
newRect.right = comboBoxRect.right - comboBoxRect.left
    + newRect.left;
newRect.top = comboBoxRect.top - parentRect.top - 1;
newRect.bottom = comboBoxRect.bottom - comboBoxRect.top +
    newRect.top + 60;
```

After you've calculated a new size for the combo-box window, a quick call to `MoveWindow()` expands the box to its new size:

```
MoveWindow(newRect);
```

Before you exit `EvCbnDropDown()`, calculate the old size of the combo box, so that you can restore it when the user closes the list. Store this size in a `TRect` structure that is a data member of the class:

```
oldRect = newRect;
oldRect.bottom = comboBoxRect.bottom - comboBoxRect.top;
```

When the user closes the list, OWL calls your combo-box class's `EvCbnCloseUp()` function. In this function, you need only call `MoveWindow()` again, this time with the old window size:

```
MoveWindow(oldRect);
```

The Sample Program

When you run the sample program, you see a window with a control bar. The control bar contains only a combo box control. Click on the combo box's arrow, and the box's list drops into view (see fig. 9.2). Use the scroll bars to see all the selections, and then click on the selection of your choice. The combo box closes and displays the chosen string.

▶ See "How Do I Place Controls in a Window?," p. 241

◀ See "How Do I Place a Control Bar in a Window?," p. 205

◀ See "How Do I Respond to Windows Messages?," p. 39

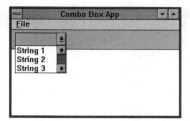

Fig. 9.2
The COMBOBAR
application.

Listing 9.2 COMBOBAR.CPP—Places a Combo Box in an OWL Control Bar

```
/////////////////////////////////////////////////////////
// COMBOBAR.CPP: Places a combo box in a control bar.
/////////////////////////////////////////////////////////

#include <owl\applicat.h>
#include <owl\decframe.h>
#include <owl\controlb.h>
#include <owl\controlg.h>
#include <owl\combobox.h>
#include "combobar.rc"


////////////////////////////////////
// The combo box gadget class.
////////////////////////////////////
class TComboBoxGadget : public TComboBox
{
protected:
   TRect oldRect;

public:
   TComboBoxGadget(TWindow *parent, int id, int x, int y,
      int w, int h, DWORD style, UINT textLen) :
      TComboBox(parent, id, x, y, w, h, style, textLen) {};

protected:
   void SetupWindow();
   void EvCbnDropDown();
   void EvCbnCloseUp();

   DECLARE_RESPONSE_TABLE(TComboBoxGadget);
};

DEFINE_RESPONSE_TABLE1(TComboBoxGadget, TComboBox)
   EV_NOTIFY_AT_CHILD(CBN_DROPDOWN, EvCbnDropDown),
   EV_NOTIFY_AT_CHILD(CBN_CLOSEUP, EvCbnCloseUp),
END_RESPONSE_TABLE;
```

(continues)

Listing 9.2 Continued

```
/////////////////////////////////
// The application class.
/////////////////////////////////
class TApp : public TApplication
{
public:
   TApp(): TApplication() {}
   void InitMainWindow();
};

//////////////////////////////////////////////////////////
// TComboBoxGadget::SetupWindow()
//////////////////////////////////////////////////////////
void TComboBoxGadget::SetupWindow()
{
   AddString("String 1");
   AddString("String 2");
   AddString("String 3");
   AddString("String 4");
}

//////////////////////////////////////////////////////////
// TComboBoxGadget::EvCbnDropDown()
//////////////////////////////////////////////////////////
void TComboBoxGadget::EvCbnDropDown()
{
   TRect parentRect, comboBoxRect, newRect;

   // Get the screen coordinates of the
   // control bar and the combo box.
   Parent->GetWindowRect(parentRect);
   GetWindowRect(comboBoxRect);

   // Translate the screen coordinates into new
   // coordinates for the open combo box window.
   newRect.left = comboBoxRect.left - parentRect.left - 1;
   newRect.right = comboBoxRect.right - comboBoxRect.left
      + newRect.left;
   newRect.top = comboBoxRect.top - parentRect.top - 1;
   newRect.bottom = comboBoxRect.bottom - comboBoxRect.top +
      newRect.top + 60;

   // Increase the size of the combo box window.
   MoveWindow(newRect);

   // Calculate and store the old combo box coordinates.
   oldRect = newRect;
   oldRect.bottom = comboBoxRect.bottom - comboBoxRect.top;
}
```

```cpp
/////////////////////////////////////////////////////////
// TComboBoxGadget::EvCbnCloseUp()
/////////////////////////////////////////////////////////
void TComboBoxGadget::EvCbnCloseUp()
{
   // Restore the old combo box window coordinates.
   MoveWindow(oldRect);
}


/////////////////////////////////////////////////////////
// TApp::InitMainWindow()
/////////////////////////////////////////////////////////
void TApp::InitMainWindow()
{
   // Construct a decorated window.
   TWindow *client = new TWindow(0, 0, 0);
   TDecoratedFrame *wndw =
      new TDecoratedFrame(0, "Combo Box App", client);

   // Construct the control bar.
   TControlBar *controlBar =
      new TControlBar(wndw, TControlBar::Horizontal);

   // Construct a custom combo-box object and add
   // it to the control bar.
   TComboBox *comboBox = new TComboBoxGadget(controlBar,
      IDC_COMBOBOX, 0, 0, 90, 30,
      WS_CHILD | CBS_DROPDOWNLIST, 0);
   TControlGadget *comboGadget =
      new TControlGadget(*comboBox);
   controlBar->Insert(*comboGadget);

   wndw->Insert(*controlBar, TDecoratedFrame::Top);

   wndw->Attr.X = 50;
   wndw->Attr.Y = 50;
   wndw->Attr.W = 300;
   wndw->Attr.H = 200;
   wndw->AssignMenu(MENU_1);

   SetMainWindow(wndw);
}


/////////////////////////////////////////////////////////
// OwlMain()
/////////////////////////////////////////////////////////
int OwlMain(int, char*[])
{
   return TApp().Run();
}
```

How Can I Change the Color of Controls in a Dialog Box?

For the most part, dialog boxes should have the same colors from one application to the next. Changing the way a dialog box appears can be disorienting for the user, who expects Windows applications to look a certain way. This standard notwithstanding, you may have good reason to create dialog boxes that use color controls. And, if used judiciously, color controls can even enhance an application's appearance.

Although Windows does the dirty work of drawing a window's controls, you can tap into that process and tell Windows to use colors other than the defaults for any control in a dialog box. To do this, you need only respond to the WM_CTLCOLOR Windows message. Each WM_CTLCOLOR message has associated with it a control type, including CTLCOLOR_EDIT, CTLCOLOR_STATIC, and CTLCOLOR_LISTBOX. By checking the control type, you can determine which control is requesting its color.

The Solution

Create a dialog box class derived from TDialog that contains data members for the brushes with which you'll paint each type of control. You'll also want to override SetupWindow() and CleanupWindow(), as well as provide a message-response function for the WM_CTLCOLOR message:

```
class TDlg : public TDialog
{
private:
   TBrush *dlgBrush;
   TBrush *editBrush;
   TBrush *staticBrush;
   TBrush *listBoxBrush;
   TListBox *lb;

public:
   TDlg(TWindow *parent, TResId resId);

protected:
   void SetupWindow();
   void CleanupWindow();
   HBRUSH EvCtlColor(HDC, HWND hWndChild, UINT ctlType);

   DECLARE_RESPONSE_TABLE(TDlg);
};

DEFINE_RESPONSE_TABLE1(TDlg, TDialog)
   EV_WM_CTLCOLOR,
END_RESPONSE_TABLE;
```

In the dialog box's `SetupWindow()` function, create the brushes that you need
to supply colors for each type of control in your dialog box:

```
dlgBrush = new TBrush(TColor::LtCyan);
editBrush = new TBrush(TColor::LtRed);
staticBrush = new TBrush(TColor::LtYellow);
listBoxBrush = new TBrush(TColor::LtGreen);
```

In the `CleanupWindow()` function, remember to delete any brushes you create,
so that they don't continue to consume valuable Windows resources:

```
delete dlgBrush;
delete editBrush;
delete staticBrush;
delete listBoxBrush;
```

The `EvCtlColor()` message-response function returns a handle to a brush and
has as its parameters a device-context handle, a window handle, and an un-
signed integer containing the control type for which the `WM_CTLCOLOR` message
was sent. Inside the function, use a `switch` statement to check the control
type to see which control color you need to return:

```
switch (ctlType)
```

Then write a `case` statement for each control type you want to color:

```
case CTLCOLOR_STATIC:
    dc.SetBkColor(TColor::LtYellow);
    dc.SetTextColor(TColor::LtMagenta);
    return *staticBrush;
```

◄ See "How Do I Change the Color of a Dialog Box?," p. 133

Controls that contain text can change not only the color of the control, but
also the background color and the color of the text. To change the back-
ground color (the color that appears behind text), call the device context's
`SetBkColor()` member function. To change the text color, call the device
context's `SetTextColor()` member function. Finally, return from the function
a reference to the brush that you want used to color the control.

◄ See "How Do I Use GDI Objects in an OWL Program?," p. 339

If the `WM_CTLCOLOR` message is for some control other than the one that you
want to color, be sure to return the result of a call to the base class's
`EvCtlColor()` function, so that OWL and Windows can properly handle the
message:

```
return TDialog::EvCtlColor(hdc, hWndChild, ctlType);
```

◄ See "How Do I Create a Modal Dialog Box?," p. 91

The Sample Program

Run the COLORCTL program and select the **D**ialog menu's **T**est Dialog com-
mand. When you do, you see the dialog box with color controls shown in
figure 9.3.

◄ See "How Do I Respond to Windows Messages?," p. 39

Fig. 9.3
The COLORCTL
application.

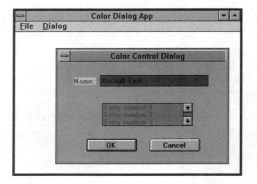

Listing 9.3   COLORCTL.CPP—Creates a Dialog Box with Color Controls

```
////////////////////////////////////////////////////////////
// COLORCTL.CPP: Changes the color of a dialog box's
//               controls.
////////////////////////////////////////////////////////////

#include <owl\applicat.h>
#include <owl\framewin.h>
#include <owl\dialog.h>
#include <owl\listbox.h>
#include <owl\gdiobjec.h>
#include "colorctl.rc"

/////////////////////////////////
// The application class.
/////////////////////////////////
class TApp : public TApplication
{
public:
   TApp(): TApplication() {}
   void InitMainWindow();
};

/////////////////////////////////
// The main window class.
/////////////////////////////////
class TWndw : public TFrameWindow
{
public:
   TWndw(TWindow *parent, const char far *title);

protected:
   void CmTestDialog();

   DECLARE_RESPONSE_TABLE(TWndw);
};
```

```
DEFINE_RESPONSE_TABLE1(TWndw, TFrameWindow)
   EV_COMMAND(CM_TESTDIALOG, CmTestDialog),
END_RESPONSE_TABLE;

/////////////////////////////////
// The dialog box class.
/////////////////////////////////
class TDlg : public TDialog
{
private:
   TBrush *dlgBrush;
   TBrush *editBrush;
   TBrush *staticBrush;
   TBrush *listBoxBrush;
   TListBox *lb;

public:
   TDlg(TWindow *parent, TResId resId);

protected:
   void SetupWindow();
   void CleanupWindow();
   HBRUSH EvCtlColor(HDC, HWND hWndChild, UINT ctlType);

   DECLARE_RESPONSE_TABLE(TDlg);
};

DEFINE_RESPONSE_TABLE1(TDlg, TDialog)
   EV_WM_CTLCOLOR,
END_RESPONSE_TABLE;

/////////////////////////////////////////////////////////
// TWndw::TWndw()
/////////////////////////////////////////////////////////
TWndw::TWndw(TWindow *parent, const char far *title):
      TFrameWindow(parent, title)
{
   AssignMenu(MENU_1);
   Attr.X = 50;
   Attr.Y = 50;
   Attr.W = 400;
   Attr.H = 300;
}


/////////////////////////////////////////////////////////
// TWndw::CmTestDialog()
/////////////////////////////////////////////////////////
void TWndw::CmTestDialog()
{
   TDialog *dialog = new TDlg(this, TESTDLG);
   dialog->Execute();
}
```

(continues)

Listing 9.3   Continued

```
/////////////////////////////////////////////////////////
// TDlg::TDlg()
/////////////////////////////////////////////////////////
TDlg::TDlg(TWindow *parent, TResId resId) :
      TDialog(parent, resId)
{
   lb = new TListBox(this, IDC_LISTBOX1);
}


/////////////////////////////////////////////////////////
// TDlg::SetupWindow()
/////////////////////////////////////////////////////////
void TDlg::SetupWindow()
{
   // Perform the regular setup.
   TDialog::SetupWindow();

   // Create brushes for the controls' colors.
   dlgBrush = new TBrush(TColor::LtCyan);
   editBrush = new TBrush(TColor::LtRed);
   staticBrush = new TBrush(TColor::LtYellow);
   listBoxBrush = new TBrush(TColor::LtGreen);

   // Add strings to the list box.
   lb->AddString("Entry number 1");
   lb->AddString("Entry number 2");
   lb->AddString("Entry number 3");
   lb->AddString("Entry number 4");
}


/////////////////////////////////////////////////////////
// TDlg::CleanupWindow()
/////////////////////////////////////////////////////////
void TDlg::CleanupWindow()
{
   delete dlgBrush;
   delete editBrush;
   delete staticBrush;
   delete listBoxBrush;
}


/////////////////////////////////////////////////////////
// TDlg::EvCtlColor()
/////////////////////////////////////////////////////////
HBRUSH TDlg::EvCtlColor(HDC hdc,
   HWND hWndChild, UINT ctlType)
{
   // Create an OWL DC object from the device context
   // passed into the function.
   TDC dc(hdc);

   // Set colors according to the control type.
   switch (ctlType)
   {
```

```
      case CTLCOLOR_EDIT:
         dc.SetBkColor(TColor::LtRed);
         dc.SetTextColor(TColor::LtBlue);
         return *editBrush;

      case CTLCOLOR_STATIC:
         dc.SetBkColor(TColor::LtYellow);
         dc.SetTextColor(TColor::LtMagenta);
         return *staticBrush;

      case CTLCOLOR_LISTBOX:
         dc.SetBkColor(TColor::LtGreen);
         dc.SetTextColor(TColor::LtMagenta);
         return *listBoxBrush;

      case CTLCOLOR_DLG:
         return *dlgBrush;
   }

   // Or else pass the message back to TDialog.
   return TDialog::EvCtlColor(hdc, hWndChild, ctlType);
}

//////////////////////////////////////////////////////////
// TApp::InitMainWindow()
//////////////////////////////////////////////////////////
void TApp::InitMainWindow()
{
   TFrameWindow *wndw =
      new TWndw(0, "Color Dialog App");
   SetMainWindow(wndw);
}

//////////////////////////////////////////////////////////
// OwlMain()
//////////////////////////////////////////////////////////
int OwlMain(int, char*[])
{
   return TApp().Run();
}
```

How Do I Create Owner-Draw Buttons?

When Windows was designed, its programmers went to great lengths to pro-
vide a flexible and powerful graphical interface. To this end, they created
many types of controls that you can use in your programs—controls that are
easily modified to suit a specific application. For example, button controls
can contain any text, can be almost any size, and can be placed virtually
anywhere on-screen. List boxes (and most other controls), too, can be modi-
fied in several basic ways.

Although you can change the size, placement, and text of controls, they all look basically the same from one program to the next. Because buttons are the most prevalent control in a Windows program, they can become boring. To avoid this problem, the Windows designers provided ways for application programmers to add their own buttons (and other custom controls). These custom buttons (called *owner-draw buttons*) are used like regular Windows buttons, but can look any way you want.

Owner-draw buttons work like other Windows buttons, but they can take on any appearance because Windows turns the button-drawing tasks over to your program. You can draw any kind of button you want, from conventional Windows-like buttons to objects that look like controls from another universe. The only rule is that you must be able to draw your custom button in at least three forms: normal, focused, and pressed.

A button's normal image represents the button when it hasn't been selected and hasn't received the focus. A focused-button image, of course, represents the button in a focused state, whereas the pressed-button image represents the button in its selected, depressed state.

The Solution

The first step in creating owner-draw buttons is to draw the button's bitmaps using Resource Workshop. You need at least three images for each button: normal, focused, and pressed. Figures 9.4 through 9.6 show the bitmaps for a typical owner-draw button as they appear in Resource Workshop's bitmap editor.

Fig. 9.4
The normal
button bitmap.

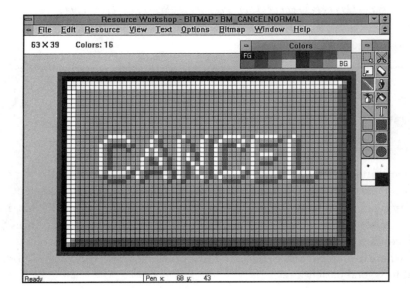

Fig. 9.5
The focused
button bitmap.

Fig. 9.6
The pressed
button bitmap.

When you assemble the dialog box in Resource Workshop (assuming, of course, that you plan to use your owner-draw buttons in a dialog box), place and size buttons on the dialog box, and then set them to Owner Draw in the Button Style dialog box (see fig. 9.7). (Double-click the button to display the Button Style dialog box.)

Fig. 9.7
The Button Style
dialog box as seen
for an owner-draw
button.

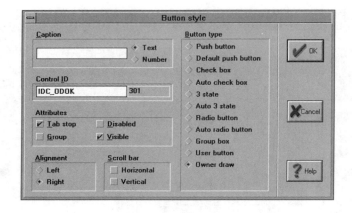

Now, write a new button class derived from OWL's TButton class:

```
class TODButton : public TControl
{
protected:
    TBitmap *bmNormal;
    TBitmap *bmPressed;
    TBitmap *bmFocused;

public:
    TODButton(TWindow *parent, int resourceId,
        int resId1, int resId2, int resId3);
    ~TODButton();

protected:
    virtual void ODADrawEntire(DRAWITEMSTRUCT far &drawInfo);
    virtual void ODASelect(DRAWITEMSTRUCT far &drawInfo);
    virtual void ODAFocus(DRAWITEMSTRUCT far &drawInfo);
};
```

The button class must have as data members three pointers to TBitmap objects. The bitmap pointers will eventually point to the button's normal, focused, and pressed images. In addition to its constructor and destructor, the class must override the TButton class's ODADrawEntire(), ODADrawSelect(), and ODAFocus() member functions. OWL calls ODADrawEntire() when the button's normal image must be drawn. On the other hand, OWL calls ODADrawSelect() whenever the button's selection state has changed (has either become selected or unselected) and calls ODAFocus() whenever the button's focus state has changed (has either gained or lost the focus). It's in these functions that your program draws the button's various images.

But before you worry about drawing button images, you must load those images. Do this in the button class's constructor:

```
TODButton::TODButton(TWindow *parent, int resourceId,
    int resId1, int resId2, int resId3) :
    TControl(parent, resourceId)
{
    HINSTANCE hInstance = *GetApplication();

    bmNormal  = new TBitmap(hInstance, resId1);
    bmPressed = new TBitmap(hInstance, resId2);
    bmFocused = new TBitmap(hInstance, resId3);
}
```

Although the constructor for TControl receives only two parameters—a
pointer to the parent window and a resource ID—your custom button also
needs the resource IDs of the three bitmaps that represent the button in its
three states. Pass these IDs into the constructor. In the body of the construc-
tor, load the bitmaps by constructing three TBitmap objects. The preceding
form of the TBitmap constructor takes as parameters a handle to the program's
instance and the bitmap's resource ID.

Now, you can write the ODADrawEntire(), ODASelect(), and ODAFocus() func-
tions. ODADrawEntire() displays the button in its normal state:

```
void TODButton::ODADrawEntire(DRAWITEMSTRUCT far &drawInfo)
{
    DrawButton(drawInfo, bmNormal);
}
```

This function's single parameter is a reference to a DRAWITEMSTRUCT structure,
which contains nine fields, each of which holds information about the item
to be drawn. (You can find the full description of the DRAWITEMSTRUCT struc-
ture in your Borland manuals, Borland's on-line Help, or most Windows
programming manuals.) Of particular interest are the itemState field, which
holds the object's current state; the hDC field, which contains a handle to the
item's device context; and rcItem, which contains the coordinates of the
control's rectangle. In the preceding code fragment, the function passes the
DRAWITEMSTRUCT and a pointer to the appropriate bitmap to another function
called DrawButton() that actually displays the button:

```
void TODButton::DrawButton(
    DRAWITEMSTRUCT far &drawInfo, TBitmap *bm)
{
    TDC dc(drawInfo.hDC);
    TMemoryDC memDC(dc);

    memDC.SelectObject(*bm);

    int x = drawInfo.rcItem.left;
    int y = drawInfo.rcItem.top;
    int w = bm->Width();
```

```
    int h = bm->Height();

    dc.BitBlt(x, y, w, h, memDC, 0, 0);
}
```

The function uses the DRAWITEMSTRUCT member hDC to construct a TDC device-context object and uses the rcItem member to calculate the button's position.

Your ODASelect() function should look something like this:

```
void TODButton::ODASelect(DRAWITEMSTRUCT far &drawInfo)
{
    if (drawInfo.itemState & ODS_SELECTED)
        DrawButton(drawInfo, bmPressed);
    else
        DrawButton(drawInfo, bmFocused);
}
```

If the DRAWITEMSTRUCT member itemState contains the flag ODS_SELECTED, draw the button in the selected (pressed) state. (Use the bitwise AND operator (&) to test for this flag, because itemState may also contain other information.) Otherwise, draw the button in the focused state. Remember that ODASelect() is called only when the button has been pressed or released. If the button has just been released, it holds onto the focus.

Your ODAFocus() function should look something like this:

```
void TODButton::ODAFocus(DRAWITEMSTRUCT far &drawInfo)
{
    if (drawInfo.itemState & ODS_FOCUS)
        DrawButton(drawInfo, bmFocused);
    else
        DrawButton(drawInfo, bmNormal);
}
```

Here, if the DRAWITEMSTRUCT contains the flag ODS_FOCUS, draw the button in the focused state. Otherwise, the button has just lost the focus, so you should draw the button in its normal state.

Your next task is to write the class for the dialog box that will contain the control:

```
class TDlg: public TDialog
{
protected:
    TODButton *okButton;
    TODButton *cancelButton;

public:
    TDlg(TWindow *parent, TResId resId);
```

```
protected:
   void IdcOdOk();
   void IdcOdCancel();

   DECLARE_RESPONSE_TABLE(TDlg);
};

DEFINE_RESPONSE_TABLE1(TDlg, TDialog)
   EV_COMMAND(IDC_ODOK, IdcOdOk),
   EV_COMMAND(IDC_ODCANCEL, IdcOdCancel),
END_RESPONSE_TABLE;
```

This class contains as data members a pointer to each custom button and also contains message-response functions for each button.

The class's constructor is responsible for constructing the custom button objects:

```
TDlg::TDlg(TWindow *parent, TResId resId) :
   TDialog(parent, resId)
{
   okButton = new TODButton(this, IDC_ODOK,
      BM_OKNORMAL, BM_OKPRESSED, BM_OKFOCUSED);
   cancelButton = new TODButton(this, IDC_ODCANCEL,
      BM_CANCELNORMAL, BM_CANCELPRESSED,
      BM_CANCELFOCUSED);
}
```

Of course, you can use custom buttons in almost any type of window, not just in a dialog box.

Note

You might want to create a fourth image for your owner-draw buttons, showing the buttons in a disabled state. Then, you can respond to the state ODS_DISABLED. However, you need to worry about the ODS_DISABLED state only for buttons that you want to make inaccessible to the user.

The Sample Program

When you run the ODBUTTON program, select the **D**ialog menu's **T**est Dialog command, and you'll see the display shown in figure 9.8. The dialog box that appears contains two owner-draw buttons. At first, the buttons are in their normal state. Press the Tab key a few times to see the buttons switch to their focused states. Finally, click one of the buttons, but keep the left mouse button down so that you can see the button's selected state. If you move the mouse pointer off the button before releasing the left mouse button, the button becomes unselected but focused.

Tip
It is customary on toolbars to not draw the button's focused state, because toolbars are not usually accessible via the keyboard, only via the mouse.

◄ See "How Do I Respond to Windows Messages?," p. 39

◄ See "How Do I Display a Bitmap in a Window?," p. 344

► See "How Do I Create Owner-Draw Radio Buttons?," p. 427

► See "How Do I Create Owner-Draw List Boxes?," p. 408

Fig. 9.8
The ODBUTTON
application.

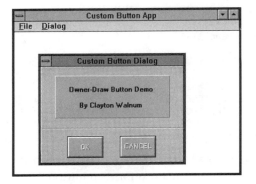

Listing 9.4   ODBUTTON.CPP—Shows How to Create Owner-Draw Buttons

```
///////////////////////////////////////////////////////////
// ODBUTTON.CPP: Shows how to create and use owner-draw
//               buttons.
///////////////////////////////////////////////////////////

#include <owl\applicat.h>
#include <owl\framewin.h>
#include <owl\dialog.h>
#include <owl\gdiobject.h>
#include <owl\control.h>
#include "odbutton.rc"

////////////////////////////////////
// The application class.
////////////////////////////////////
class TApp : public TApplication
{
public:
   TApp(): TApplication() {}
   void InitMainWindow();
};

////////////////////////////////////
// The main window class.
////////////////////////////////////
class TWndw : public TFrameWindow
{
public:
   TWndw(TWindow *parent, const char far *title);

protected:
   void CmTestDialog();

   DECLARE_RESPONSE_TABLE(TWndw);
};
```

```
DEFINE_RESPONSE_TABLE1(TWndw, TFrameWindow)
   EV_COMMAND(CM_TESTDIALOG, CmTestDialog),
END_RESPONSE_TABLE;

///////////////////////////////////
// The owner-draw button class.
///////////////////////////////////
class TODButton : public TControl
{
protected:
   TBitmap *bmNormal;
   TBitmap *bmPressed;
   TBitmap *bmFocused;

public:
   TODButton(TWindow *parent, int resourceId,
      int resId1, int resId2, int resId3);
   ~TODButton();

protected:
   virtual void ODADrawEntire(DRAWITEMSTRUCT far &drawInfo);
   virtual void ODASelect(DRAWITEMSTRUCT far &drawInfo);
   virtual void ODAFocus(DRAWITEMSTRUCT far &drawInfo);
   void DrawButton(DRAWITEMSTRUCT far &drawInfo,
      TBitmap *bm);
};

///////////////////////////////////
// The dialog box class.
///////////////////////////////////
class TDlg: public TDialog
{
protected:
   TODButton *okButton;
   TODButton *cancelButton;

public:
   TDlg(TWindow *parent, TResId resId);

protected:
   void IdcOdOk();
   void IdcOdCancel();

   DECLARE_RESPONSE_TABLE(TDlg);
};

DEFINE_RESPONSE_TABLE1(TDlg, TDialog)
   EV_COMMAND(IDC_ODOK, IdcOdOk),
   EV_COMMAND(IDC_ODCANCEL, IdcOdCancel),
END_RESPONSE_TABLE;

/////////////////////////////////////////////////////////
// TWndw::TWndw()
/////////////////////////////////////////////////////////
```

(continues)

Listing 9.4 Continued

```
TWndw::TWndw(TWindow *parent, const char far *title):
       TFrameWindow(parent, title)
{
   AssignMenu(MENU_1);
   Attr.X = 50;
   Attr.Y = 50;
   Attr.W = 400;
   Attr.H = 300;
}

//////////////////////////////////////////////////////////
// TWndw::CmTestDialog()
//////////////////////////////////////////////////////////
void TWndw::CmTestDialog()
{
   TDialog *dialog = new TDlg(this, DIALOG_1);
   dialog->Execute();
}

//////////////////////////////////////////////////////////
// TDlg::TDlg()
//////////////////////////////////////////////////////////
TDlg::TDlg(TWindow *parent, TResId resId) :
   TDialog(parent, resId)
{
   // Construct owner-draw buttons.
   okButton = new TODButton(this, IDC_ODOK,
      BM_OKNORMAL, BM_OKPRESSED, BM_OKFOCUSED);
   cancelButton = new TODButton(this, IDC_ODCANCEL,
      BM_CANCELNORMAL, BM_CANCELPRESSED,
      BM_CANCELFOCUSED);
}

//////////////////////////////////////////////////////////
// TDlg::IdcOdOk()
//////////////////////////////////////////////////////////
void TDlg::IdcOdOk()
{
   CmOk();
}

//////////////////////////////////////////////////////////
// TDlg::IdcOdCancel()
//////////////////////////////////////////////////////////
void TDlg::IdcOdCancel()
{
   CmCancel();
}

//////////////////////////////////////////////////////////
// TODButton::TODButton()
//////////////////////////////////////////////////////////
TODButton::TODButton(TWindow *parent, int resourceId,
   int resId1, int resId2, int resId3) :
```

```
      TControl(parent, resourceId)
   {
      // Get a handle to the application's instance.
      HINSTANCE hInstance = *GetApplication();

      // Load the button bitmaps.
      bmNormal  = new TBitmap(hInstance, resId1);
      bmPressed = new TBitmap(hInstance, resId2);
      bmFocused = new TBitmap(hInstance, resId3);
   }

   ////////////////////////////////////////////////////////
   // TODButton::~TODButton()
   ////////////////////////////////////////////////////////
   TODButton::~TODButton()
   {
      // Delete the buttons.
      delete bmNormal;
      delete bmPressed;
      delete bmFocused;
   }

   ////////////////////////////////////////////////////////
   // TODButton::ODADrawEntire()
   ////////////////////////////////////////////////////////
   void TODButton::ODADrawEntire(DRAWITEMSTRUCT far &drawInfo)
   {
      // Draw the normal button face.
      DrawButton(drawInfo, bmNormal);
   }

   ////////////////////////////////////////////////////////
   // TODButton::ODASelect()
   ////////////////////////////////////////////////////////
   void TODButton::ODASelect(DRAWITEMSTRUCT far &drawInfo)
   {
      // If the button is selected...
      if (drawInfo.itemState & ODS_SELECTED)

         // ...draw the pressed button face.
         DrawButton(drawInfo, bmPressed);
      else
         // ...else draw the focused button face.
         DrawButton(drawInfo, bmFocused);
   }

   ////////////////////////////////////////////////////////
   // TODButton::ODAFocus()
   ////////////////////////////////////////////////////////
   void TODButton::ODAFocus(DRAWITEMSTRUCT far &drawInfo)
   {
      // If the button has the focus...
      if (drawInfo.itemState & ODS_FOCUS)

         // ...draw the focused button face.
         DrawButton(drawInfo, bmFocused);
```

(continues)

Listing 9.4 Continued

```
      else
         // ...else draw the normal button face.
         DrawButton(drawInfo, bmNormal);
}

///////////////////////////////////////////////////////////
// TODButton::DrawButton()
///////////////////////////////////////////////////////////
void TODButton::DrawButton(
   DRAWITEMSTRUCT far &drawInfo, TBitmap *bm)
{
   // Get device contexts for the button and the bitmap.
   TDC dc(drawInfo.hDC);
   TMemoryDC memDC(dc);

   // Select the bitmap into the memory DC.
   memDC.SelectObject(*bm);

   // Calculate the button's size.
   int x = drawInfo.rcItem.left;
   int y = drawInfo.rcItem.top;
   int w = bm->Width();
   int h = bm->Height();

   // Draw the button.
   dc.BitBlt(x, y, w, h, memDC, 0, 0);
}

///////////////////////////////////////////////////////////
// TApp::InitMainWindow()
///////////////////////////////////////////////////////////
void TApp::InitMainWindow()
{
   TFrameWindow *wndw = new TWndw(0, "Custom Button App");
   SetMainWindow(wndw);
}

///////////////////////////////////////////////////////////
// OwlMain()
///////////////////////////////////////////////////////////
int OwlMain(int, char*[])
{
   return TApp().Run();
}
```

How Do I Create Owner-Draw List Boxes?

Just about any Windows control can be customized to perform the way you want it to. You do this by creating an owner-draw control. In previous sections, you learned to create owner-draw buttons and owner-draw radio buttons. List boxes, too, can be customized in a variety of ways. In fact, learning to create owner-draw list boxes is probably more important than learning to create other types of customized controls, because the standard Windows list box can display only text items. Often, you'll want to display special items such as icons and bitmaps. By creating an owner-draw list box, you can display any kind of data, because it's up to your custom control to draw the contents of the list box.

The Solution

In some ways, creating an owner-draw list box is actually easier than creating other types of custom controls, because you don't need to create a special class for the list box. Your window class can handle the messages to which the list box must respond.

Assuming that you're using the list box in a dialog box, the first step is to assemble the dialog box with Resource Workshop and place a standard list box where you want your custom list box to appear. After you position the list box, double-click it to bring up the List Box Style dialog box. Set the options as shown in figure 9.9, checking the Fixed option in the **O**wner Drawing group box.

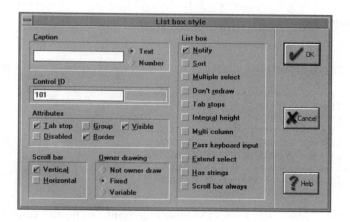

Fig. 9.9
The List Box Style dialog box.

Then, in your program, create a class for your dialog box:

```
class TDlg: public TDialog
{
protected:
    TListBox *listBox;

public:
    TDlg(TWindow *parent, TResId resId);
```

```
protected:
    void SetupWindow();
    void EvDrawItem(UINT, DRAWITEMSTRUCT far &draw);
    void EvMeasureItem(UINT, MEASUREITEMSTRUCT far &meas);

    DECLARE_RESPONSE_TABLE(TDlg);
};

DEFINE_RESPONSE_TABLE1(TDlg, TDialog)
    EV_WM_DRAWITEM,
    EV_WM_MEASUREITEM,
END_RESPONSE_TABLE;
```

As you can see, this class overrides SetupWindow(), as well as provides
message-response functions for the WM_DRAWITEM and WM_MEASUREITEM messages.
The class also contains a pointer to a TListBox object, which will point to
your owner-draw list box.

In the dialog-box class's constructor, construct the TListBox object, using the
resource ID for the list box you created with Resource Workshop:

```
TDlg::TDlg(TWindow *parent, TResId resId) :
    TDialog(parent, resId)
{
    listBox = new TListBox(this, IDC_LISTBOX);
}
```

In the dialog box's SetupWindow() function, add the items you want to display
in the dialog box:

```
void TDlg::SetupWindow()
{
    TDialog::SetupWindow();

    listBox->AddString((LPSTR) ICON_1);
    listBox->AddString((LPSTR) ICON_2);
    listBox->AddString((LPSTR) ICON_3);
    listBox->AddString((LPSTR) ICON_4);
    listBox->AddString((LPSTR) ICON_5);
    listBox->AddString((LPSTR) ICON_6);
    listBox->AddString((LPSTR) ICON_7);
    listBox->AddString((LPSTR) ICON_8);
}
```

The value you use as AddString()'s single argument can be any value that will
tell you which item you need to draw in the list box. This value is simply
forwarded to the function that draws the list box, where you can interpret it
any way you want. In the preceding case, AddString()'s argument is the re-
source ID of an icon (which must be cast to an LPSTR, because that's the data
type the function expects).

When Windows wants to draw your list box, it sends a WM_MEASUREITEM message to the application, which gets grabbed by your dialog box's EvMeasureItem() message-response function:

```
void TDlg::EvMeasureItem(UINT, MEASUREITEMSTRUCT far &meas)
{
    meas.itemHeight = GetSystemMetrics(SM_CYICON) + 2;
}
```

At this point, Windows is simply asking for the height of the item to be drawn in the list box. In this example, the items are icons, so the height is the height of an icon, plus a little space to separate the icons from each other. (The extra space is optional.) You can get the height of an icon by calling GetSystemMetrics() with the flag SM_CYICON. Place the height value for the list box item into the MEASUREITEMSTRUCT's itemHeight member. If you're displaying something other than an icon, you must, of course, determine the height you need in some other way.

Now, Windows sends a WM_DRAWITEM message, which requests that you draw the list box item. OWL directs this message to your dialog box's EvDrawItem() message-response function, whose signature looks like this:

```
void TDlg::EvDrawItem(UINT, DRAWITEMSTRUCT far &draw)
```

This function's second parameter is a reference to a DRAWITEMSTRUCT structure, which contains nine fields, each of which holds information about the item to be drawn. (You can find the full description of the DRAWITEMSTRUCT structure in your Borland manuals, Borland's on-line help, or most Windows programming manuals.) Of particular interest are the itemState field, which holds the object's current state; itemAction, which holds the current action being performed on the item; the hDC field, which contains a handle to the item's device context; and rcItem, which contains the coordinates of the control's rectangle.

In EvDrawItem(), first calculate the size of a focus rectangle for the item:

```
rect.left = draw.rcItem.left;
rect.top = draw.rcItem.top;
rect.right = rect.left + GetSystemMetrics(SM_CXICON);
rect.bottom = rect.top + GetSystemMetrics(SM_CYICON);
```

Next, construct a device-context object from the device context passed in the DRAWITEMSTRUCT structure:

```
TDC drawDC(draw.hDC);
```

Once you have your DC, check the `DRAWITEMSTRUCT`'s `itemAction` field to see whether the item is gaining or losing the focus:

```
if (draw.itemAction & ODA_FOCUS)
```

If it is gaining or losing the focus, you must draw a focus rectangle around the item:

```
drawDC.DrawFocusRect(rect);
```

It doesn't matter whether the item is gaining or losing the focus, because `DrawFocusRect()` erases a focus rectangle if it already exists or draws one if it doesn't.

If the control isn't gaining or losing the focus, check whether it needs to be fully drawn (`ODA_DRAWENTIRE`) or drawn selected (`ODA_SELECT`):

```
else if (draw.itemAction & (ODA_DRAWENTIRE ¦ ODA_SELECT))
```

You can handle both of these cases together because they differ only in the color used to fill the item's background rectangle. If the item is being selected, construct a black brush:

```
if (draw.itemState & ODS_SELECTED)
    hBrush = (HBRUSH) GetStockObject(BLACK_BRUSH);
```

Otherwise, construct a light-gray brush (or white, if you're not displaying a Borland 3-D dialog box):

```
else
    hBrush = (HBRUSH) GetStockObject(LTGRAY_BRUSH);
```

Use the new brush to fill in the item's background rectangle:

```
drawDC.FillRect(draw.rcItem, hBrush);
```

Then, determine which item you need to display, by inspecting the `DRAWITEMSTRUCT`'s `itemData` field. The value you find here will be the same one you used when you added the item to the list box:

◀ See "How Do I Use GDI Objects in an OWL Program?," p. 339

```
HINSTANCE hInstance = *GetModule();
#pragma warn -sig
TIcon icon(hInstance, (TResId) draw.itemData);
```

◀ See "How Do I Create Owner-Draw Buttons?," p. 397

In this example, the program gets a handle to the application's instance and then constructs the appropriate `TIcon` object, interpreting the `DRAWITEMSTRUCT`'s `itemData` member as the icon's resource ID. The `#pragma` directive prevents the compiler from generating a warning about losing significant digits in the conversion from the `LPSTR` `itemData` to a `TResId`. Because the upper word of `itemData` contains no useful information in this case, it doesn't matter if it's lost.

After loading the icon, display it in the location indicated by the
DRAWITEMSTRUCT's rcItem member:

```
drawDC.DrawIcon(draw.rcItem.left,
    draw.rcItem.top, (HICON) icon);
```

Finally, because a newly drawn or newly selected item may have the focus,
check the DRAWITEMSTRUCT's itemState member for a value of ODS_FOCUS, and
draw the focus rectangle if necessary:

```
if (draw.itemState & ODS_FOCUS)
    drawDC.DrawFocusRect(rect);
```

The Sample Program

When you run the ODLISTBX program, the main window, which contains
File and **T**est popup menus, appears. Select the **T**est menu's **T**est Dialog com-
mand to display the dialog box containing the owner-draw list box (see fig.
9.10). You can scroll through the icon items in the list box. When you select
one by clicking it with the mouse (or by using your keyboard's arrow keys),
notice that the program draws not only the icon item, but also a black back-
ground and a focus rectangle (see fig. 9.11).

▶ See "How Do I Create Owner-Draw Radio Buttons?," p. 427

▶ See "How Do I Create a List Box with Multiple Columns?," p. 435

▶ See "How Do I Create an Owner-Draw List Box Containing Both Graphical Items and Text?," p. 417

Fig. 9.10
A dialog box with
an owner-draw list
box.

Fig. 9.11
The owner-draw
list box with an
item selected.

Listing 9.5   ODLISTBX.CPP—Shows How to Create an Owner-Draw List Box

```cpp
///////////////////////////////////////////////////////////
// ODLISTBX.CPP: Demonstrates an owner-draw list box.
///////////////////////////////////////////////////////////

#include <owl\applicat.h>
#include <owl\framewin.h>
#include <owl\dialog.h>
#include <owl\listbox.h>
#include <owl\gdiobjec.h>
#include "odlistbx.rc"

///////////////////////////////////
// The application class.
///////////////////////////////////
class TApp : public TApplication
{
public:
   TApp(): TApplication() {}
   void InitMainWindow();
};

///////////////////////////////////
// The main window class.
///////////////////////////////////
class TWndw : public TFrameWindow
{
public:
   TWndw(TWindow *parent, const char far *title);

protected:
   void CmTestDialog();

   DECLARE_RESPONSE_TABLE(TWndw);
};

DEFINE_RESPONSE_TABLE1(TWndw, TFrameWindow)
  EV_COMMAND(CM_TESTDIALOG, CmTestDialog),
END_RESPONSE_TABLE;

///////////////////////////////////
// The dialog box class.
///////////////////////////////////
class TDlg: public TDialog
{
protected:
   TListBox *listBox;

public:
   TDlg(TWindow *parent, TResId resId);

protected:
   void SetupWindow();
```

```
    void EvDrawItem(UINT, DRAWITEMSTRUCT far &draw);
    void EvMeasureItem(UINT, MEASUREITEMSTRUCT far &meas);

    DECLARE_RESPONSE_TABLE(TDlg);
};

DEFINE_RESPONSE_TABLE1(TDlg, TDialog)
    EV_WM_DRAWITEM,
    EV_WM_MEASUREITEM,
END_RESPONSE_TABLE;

////////////////////////////////////////////////////////
// TWndw::TWndw()
////////////////////////////////////////////////////////
TWndw::TWndw(TWindow *parent, const char far * title) :
    TFrameWindow(parent, title)
{
    AssignMenu(MENU_1);
    Attr.X = 50;
    Attr.Y = 50;
    Attr.W = 400;
    Attr.H = 300;
}

////////////////////////////////////////////////////////
// TWndw::CmTestDialog()
////////////////////////////////////////////////////////
void TWndw::CmTestDialog()
{
    TDialog *dialog = new TDlg(this, DIALOG_1);
    dialog->Execute();
}

////////////////////////////////////////////////////////
// TDlg::TDlg()
////////////////////////////////////////////////////////
TDlg::TDlg(TWindow *parent, TResId resId) :
    TDialog(parent, resId)
{
    // Construct the list box.
    listBox = new TListBox(this, IDC_LISTBOX);
}

////////////////////////////////////////////////////////
// TDlg::SetupWindow()
////////////////////////////////////////////////////////
void TDlg::SetupWindow()
{
    TDialog::SetupWindow();

    // Add items to the list box.
    listBox->AddString((LPSTR) ICON_1);
    listBox->AddString((LPSTR) ICON_2);
    listBox->AddString((LPSTR) ICON_3);
```

(continues)

Listing 9.5 Continued

```
    listBox->AddString((LPSTR) ICON_4);
    listBox->AddString((LPSTR) ICON_5);
    listBox->AddString((LPSTR) ICON_6);
    listBox->AddString((LPSTR) ICON_7);
    listBox->AddString((LPSTR) ICON_8);
}


///////////////////////////////////////////////////////
// TDlg::EvDrawItem()
///////////////////////////////////////////////////////
void TDlg::EvDrawItem(UINT, DRAWITEMSTRUCT far &draw)
{
    TRect rect;
    HBRUSH hBrush;

    // Calculate the size of the focus rectangle.
    rect.left = draw.rcItem.left;
    rect.top = draw.rcItem.top;
    rect.right = rect.left + GetSystemMetrics(SM_CXICON);
    rect.bottom = rect.top + GetSystemMetrics(SM_CYICON);

    // Construct a device context.
    TDC drawDC(draw.hDC);

    // If the list box item is gaining
    // or losing the focus...
    if (draw.itemAction & ODA_FOCUS)

        // Draw or erase the focus rectangle.
        drawDC.DrawFocusRect(rect);

    // If the item needs to be drawn...
    else if (draw.itemAction & (ODA_DRAWENTIRE | ODA_SELECT))
    {
        // Construct a brush for a
        // selected or unselected item.
        if (draw.itemState & ODS_SELECTED)
            hBrush = (HBRUSH) GetStockObject(BLACK_BRUSH);
        else
            hBrush = (HBRUSH) GetStockObject(LTGRAY_BRUSH);

        // Fill the item rectangle with the background color.
        drawDC.FillRect(draw.rcItem, hBrush);

        // Load the appropriate icon.
        HINSTANCE hInstance = *GetModule();
        #pragma warn -sig
        TIcon icon(hInstance, (TResId) draw.itemData);

        // Draw the icon in the correct position
        // for this item.
        drawDC.DrawIcon(draw.rcItem.left,
            draw.rcItem.top, (HICON) icon);
```

```
        // If the item needs a focus rectangle, draw it.
        if (draw.itemState & ODS_FOCUS)
            drawDC.DrawFocusRect(rect);
    }
}


//////////////////////////////////////////////////////////
// TDlg::EvMeasureItem()
//////////////////////////////////////////////////////////
void TDlg::EvMeasureItem(UINT, MEASUREITEMSTRUCT far &meas)
{
    // Calculate the height of an item in the list box.
    meas.itemHeight = GetSystemMetrics(SM_CYICON) + 2;
}


//////////////////////////////////////////////////////////
// TApp::InitMainWindow()
//////////////////////////////////////////////////////////
void TApp::InitMainWindow()
{
    TFrameWindow *wndw =
        new TWndw(0, "Owner-Draw List Box App");

    SetMainWindow(wndw);
}


//////////////////////////////////////////////////////////
// OwlMain()
//////////////////////////////////////////////////////////
int OwlMain(int, char*[])
{
    return TApp().Run();
}
```

How Do I Create an Owner-Draw List Box Containing Both Graphical Items and Text?

Although it's long been said that a picture is worth a thousand words, anyone who has used Windows for a while knows that this old saying is not necessarily true. Some Windows applications have so many icons with curious symbols on them that such applications now display hint text when the user's mouse is over an icon or button. Owner-draw list boxes can have the same problem when the items in the list box are bitmaps or icons. Sometimes the graphical items are self-explanatory. Often, however, they cry out for a caption. Luckily, as you'll soon discover, adding captions to items in an owner-draw list box is about as easy as getting run over at the Indianapolis 500.

The Solution

In a previous section, you learned how to create an owner-draw list box. The technique presented here for adding captions to the list-box items is an extension to the process you learned for creating owner-draw list boxes. Both techniques work similarly.

The first difference is in the options you select for your list box when you assemble it in Resource Workshop. Because most text in a list box is ordered alphabetically, you'll probably want to do the same thing with your item captions. So, in Resource Workshop, double-click the list box to display its List Box Style dialog box (see fig. 9.12). In the List Box options group, select the **S**ort option. Other settings are the same as those you used before.

Fig. 9.12
The List Box Style
dialog box set for
sorting.

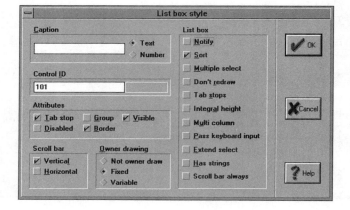

Now, you can start writing code, beginning with your dialog box's class:

```
class TDlg: public TDialog
{
protected:
    char *lbText[8];
    TListBox *listBox;

public:
    TDlg(TWindow *parent, TResId resId);

protected:
    void SetupWindow();
    void EvDrawItem(UINT, DRAWITEMSTRUCT far &draw);
    void EvMeasureItem(UINT, MEASUREITEMSTRUCT far &meas);
    LRESULT EvCompareItem(UINT,
        COMPAREITEMSTRUCT far &comp);

    DECLARE_RESPONSE_TABLE(TDlg);
};
```

```
DEFINE_RESPONSE_TABLE1(TDlg, TDialog)
    EV_WM_DRAWITEM,
    EV_WM_MEASUREITEM,
    EV_WM_COMPAREITEM,
END_RESPONSE_TABLE;
```

This class is similar to the one you used previously for a dialog box containing an owner-draw list box, the differences being the addition of an array of char pointers and a message-response function for the WM_COMPAREITEM message.

In the dialog box class's SetupWindow(), add the items to the list box and initialize the char array with pointers to the strings you want to use for item captions:

```
void TDlg::SetupWindow()
{
    TDialog::SetupWindow();

    lbText[0] = "Apples";
    lbText[1] = "Balloons";
    lbText[2] = "Cats";
    lbText[3] = "Dogs";
    lbText[4] = "Echoes";
    lbText[5] = "Farms";
    lbText[6] = "Gardens";
    lbText[7] = "Hobbies";

    listBox->AddString((LPSTR) ICON_1);
    listBox->AddString((LPSTR) ICON_2);
    listBox->AddString((LPSTR) ICON_3);
    listBox->AddString((LPSTR) ICON_4);
    listBox->AddString((LPSTR) ICON_5);
    listBox->AddString((LPSTR) ICON_6);
    listBox->AddString((LPSTR) ICON_7);
    listBox->AddString((LPSTR) ICON_8);
}
```

In your EvDrawItem() function, which OWL calls whenever a list-box item needs to be displayed, draw both the graphical item in the list box and its associated caption. First, calculate the size of the focus rectangle:

```
rect.left = draw.rcItem.left;
rect.top = draw.rcItem.top;
rect.right = rect.left + GetSystemMetrics(SM_CXICON);
rect.bottom = rect.top + GetSystemMetrics(SM_CYICON);
```

Then, construct a device-context object based on the one passed into the function with the DRAWITEMSTRUCT structure:

```
TDC drawDC(draw.hDC);
```

Next, check whether the list-box item is gaining or losing the focus:

```
if (draw.itemAction & ODA_FOCUS)
```

If it is gaining or losing focus, display or erase the focus rectangle by calling DrawFocusRect():

```
drawDC.DrawFocusRect(rect);
```

If the list-box item is not gaining or losing the focus, check whether it needs drawing in its selected or unselected state:

```
else if (draw.itemAction & (ODA_DRAWENTIRE ¦ ODA_SELECT))
```

If the item needs to be drawn in its selected state, create a black brush for the item's background color, and set the text color to white:

```
if (draw.itemState & ODS_SELECTED)
{
    hBrush = (HBRUSH) GetStockObject(BLACK_BRUSH);
    drawDC.SetTextColor(TColor::White);
}
```

Otherwise, create a gray brush (for Borland-style dialog boxes) or a white brush (for standard Windows dialog boxes), and set the text color to black:

```
else
{
    hBrush = (HBRUSH) GetStockObject(LTGRAY_BRUSH);
    drawDC.SetTextColor(TColor::Black);
}
```

Now, fill the item's rectangle with its background color, and load and display its icon:

```
drawDC.FillRect(draw.rcItem, hBrush);
HINSTANCE hInstance = *GetModule();
#pragma warn -sig
TIcon icon(hInstance, (TResId) draw.itemData);
drawDC.DrawIcon(draw.rcItem.left,
    draw.rcItem.top, (HICON) icon);
```

You're now ready to draw the item's caption. First, calculate an index to locate the item's caption in the char array:

```
int index = draw.itemData - 1;
```

Notice the relationship between the index numbers and the icon's resource ID, which is passed in the itemData member of the DRAWITEMSTRUCT structure. When you give your icons (or bitmaps) their resource IDs, make those IDs consecutive so that you can use them to calculate an array index. In this case, the icon's resource IDs are the values 1 through 8. So, getting an index in the char pointer array for the icon is just a matter of subtracting 1 from the icon's ID.

Next, calculate the location at which you want to display the text caption, using the coordinates you calculated for the focus rectangle:

```
int x = rect.right + 8;
int y = rect.top + 8;
```

Display the caption by calling `TextOut()`:

```
drawDC.TextOut(x, y, lbText[index]);
```

Finally, if the item is in the focused state, draw its focus rectangle:

```
if (draw.itemState & ODS_FOCUS)
    drawDC.DrawFocusRect(rect);
```

If you want the items in the list box to be sorted alphabetically by their captions, you must provide an `EvCompareItem()` message-response function:

```
LRESULT TDlg::EvCompareItem(UINT,
    COMPAREITEMSTRUCT far &comp)
{
    char *s1 = lbText[comp.itemData1-1];
    char *s2 = lbText[comp.itemData2-1];
    return lstrcmp(s1, s2);
}
```

This function's second parameter is a reference to a COMPAREITEMSTRUCT, which includes the members `itemData1` and `itemData2`. These values are the same values you used when you called `AddString()` to add items to the list box. They represent the items that must be compared in order to implement the sorting. In the preceding case, the program calls `lstrcmp()` to determine the order of the strings and returns from the function the value returned by the string compare. In `EvCompareItem()`, your program must return –1 if `itemData1` is less than `itemData2`, 1 if `itemData1` is greater than `itemData2`, and 0 if both items are equal. Conveniently, these are exactly the values returned by the `lstrcmp()` function.

The Sample Program

Run the ODLISTB2 program and select the **T**est menu's **T**est Dialog command. You then see the dialog box shown in figure 9.13. As you can see, the owner-draw list box now contains captions for each icon. The captions are sorted alphabetically. To prove that the sorting is actually working, change the icon captions in the source code any way you like, and recompile the program. When you display the dialog box, the captions will still be in alphabetical order.

◄ See "How Do I Create Owner-Draw List Boxes?," p. 408

◄ See "How Do I Use GDI Objects in an OWL Program?," p. 339

◄ See "How Do I Create Owner-Draw Buttons?," p. 397

► See "How Do I Create Owner-Draw Radio Buttons?," p. 427

► See "How Do I Create a List Box with Multiple Columns?," p. 435

Fig. 9.13
An owner-draw list
box with icons
and captions.

Figure 9.14 shows the result of changing the "Apples" string (which is associated with the A icon) to "Zebras". After recompiling the program, the Zebras item appears at the bottom of the list, even though it's associated with the A icon. This is because it's the captions that are sorted, not their associated icons.

Fig. 9.14
A re-sorted owner-
draw list box.

Listing 9.6   ODLISTB2.CPP—Displays Captions for Graphical Items in an Owner-Draw List Box

```
///////////////////////////////////////////////////////
// ODLISTB2.CPP: Demonstrates an owner-draw list box with
//               both graphical and text items.
///////////////////////////////////////////////////////

#include <owl\applicat.h>
#include <owl\framewin.h>
#include <owl\dialog.h>
#include <owl\listbox.h>
#include <owl\gdiobjec.h>
#include "odlistb2.rc"


///////////////////////////////////
// The application class.
///////////////////////////////////
class TApp : public TApplication
{
public:
```

```
    TApp(): TApplication() {}
    void InitMainWindow();
};

/////////////////////////////////
// The main window class.
/////////////////////////////////
class TWndw : public TFrameWindow
{
public:
    TWndw(TWindow *parent, const char far *title);

protected:
    void CmTestDialog();

    DECLARE_RESPONSE_TABLE(TWndw);
};

DEFINE_RESPONSE_TABLE1(TWndw, TFrameWindow)
  EV_COMMAND(CM_TESTDIALOG, CmTestDialog),
END_RESPONSE_TABLE;

/////////////////////////////////
// The dialog box class.
/////////////////////////////////
class TDlg: public TDialog
{
protected:
    char *lbText[8];
    TListBox *listBox;

public:
    TDlg(TWindow *parent, TResId resId);

protected:
    void SetupWindow();
    void EvDrawItem(UINT, DRAWITEMSTRUCT far &draw);
    void EvMeasureItem(UINT, MEASUREITEMSTRUCT far &meas);
    LRESULT EvCompareItem(UINT,
        COMPAREITEMSTRUCT far &comp);

    DECLARE_RESPONSE_TABLE(TDlg);
};

DEFINE_RESPONSE_TABLE1(TDlg, TDialog)
    EV_WM_DRAWITEM,
    EV_WM_MEASUREITEM,
    EV_WM_COMPAREITEM,
END_RESPONSE_TABLE;

///////////////////////////////////////////////////////
// TWndw::TWndw()
///////////////////////////////////////////////////////
TWndw::TWndw(TWindow *parent, const char far * title) :
```

(continues)

Listing 9.6 Continued

```
     TFrameWindow(parent, title)
{
     AssignMenu(MENU_1);
     Attr.X = 50;
     Attr.Y = 50;
     Attr.W = 400;
     Attr.H = 300;
}

//////////////////////////////////////////////////////////
// TWndw::CmTestDialog()
//////////////////////////////////////////////////////////
void TWndw::CmTestDialog()
{
     TDialog *dialog = new TDlg(this, DIALOG_1);
     dialog->Execute();
}

//////////////////////////////////////////////////////////
// TDlg::TDlg()
//////////////////////////////////////////////////////////
TDlg::TDlg(TWindow *parent, TResId resId) :
     TDialog(parent, resId)
{
     // Construct the list box.
     listBox = new TListBox(this, IDC_LISTBOX);
}

//////////////////////////////////////////////////////////
// TDlg::SetupWindow()
//////////////////////////////////////////////////////////
void TDlg::SetupWindow()
{
     TDialog::SetupWindow();

     // Initialize the text-item array.
     // Always do this before calling AddString().
     lbText[0] = "Apples";
     lbText[1] = "Balloons";
     lbText[2] = "Cats";
     lbText[3] = "Dogs";
     lbText[4] = "Echoes";
     lbText[5] = "Farms";
     lbText[6] = "Gardens";
     lbText[7] = "Hobbies";

     // Add items to the list box.
     listBox->AddString((LPSTR) ICON_1);
     listBox->AddString((LPSTR) ICON_2);
     listBox->AddString((LPSTR) ICON_3);
     listBox->AddString((LPSTR) ICON_4);
     listBox->AddString((LPSTR) ICON_5);
     listBox->AddString((LPSTR) ICON_6);
```

```
      listBox->AddString((LPSTR) ICON_7);
      listBox->AddString((LPSTR) ICON_8);
}

/////////////////////////////////////////////////////////
// TDlg::EvDrawItem()
/////////////////////////////////////////////////////////
void TDlg::EvDrawItem(UINT, DRAWITEMSTRUCT far &draw)
{
    TRect rect;
    HBRUSH hBrush;

    // Calculate the size of the focus rectangle.
    rect.left = draw.rcItem.left;
    rect.top = draw.rcItem.top;
    rect.right = rect.left + GetSystemMetrics(SM_CXICON);
    rect.bottom = rect.top + GetSystemMetrics(SM_CYICON);

    // Construct a device context.

    // If the list-box item is gaining
    // or losing the focus...
    if (draw.itemAction & ODA_FOCUS)

        // Draw or erase the focus rectangle.
        drawDC.DrawFocusRect(rect);

    // If the item needs to be drawn...
    else if (draw.itemAction & (ODA_DRAWENTIRE | ODA_SELECT))
    {
        // Get the brush and text color for a
        // selected or unselected item.
        if (draw.itemState & ODS_SELECTED)
        {
            hBrush = (HBRUSH) GetStockObject(BLACK_BRUSH);
            drawDC.SetTextColor(TColor::White);
        }
        else
        {
            hBrush = (HBRUSH) GetStockObject(LTGRAY_BRUSH);
            drawDC.SetTextColor(TColor::Black);
        }

        // Fill the item rectangle with the background color.
        drawDC.FillRect(draw.rcItem, hBrush);

        // Load the appropriate icon.
        HINSTANCE hInstance = *GetModule();
        #pragma warn -sig
        TIcon icon(hInstance, (TResId) draw.itemData);

        // Draw the icon in the correct position
        // for this item.
        drawDC.DrawIcon(draw.rcItem.left,
            draw.rcItem.top, (HICON) icon);
```

(continues)

Listing 9.6   Continued

```
            // Calculate the text index.
            int index = draw.itemData - 1;

            // Calculate the text's location.
            int x = rect.right + 8;
            int y = rect.top + 8;

            // Draw the text.
            drawDC.TextOut(x, y, lbText[index]);

            // If the item needs a focus rectangle, draw it.
            if (draw.itemState & ODS_FOCUS)
                drawDC.DrawFocusRect(rect);
    }
}


///////////////////////////////////////////////////////
// TDlg::EvMeasureItem()
///////////////////////////////////////////////////////
void TDlg::EvMeasureItem(UINT, MEASUREITEMSTRUCT far &meas)
{
    // Calculate the height of an item in the list box.
    meas.itemHeight = GetSystemMetrics(SM_CYICON) + 2;
}


///////////////////////////////////////////////////////
// TDlg::EvCompareItem()
///////////////////////////////////////////////////////
LRESULT TDlg::EvCompareItem(UINT,
    COMPAREITEMSTRUCT far &comp)
{
    // Get the strings to compare.
    char *s1 = lbText[comp.itemData1-1];
    char *s2 = lbText[comp.itemData2-1];

    // Compare the strings and return the result.
    return lstrcmp(s1, s2);
}


///////////////////////////////////////////////////////
// TApp::InitMainWindow()
///////////////////////////////////////////////////////
void TApp::InitMainWindow()
{
    TFrameWindow *wndw =
        new TWndw(0, "Owner-Draw List Box App 2");

    SetMainWindow(wndw);
}


///////////////////////////////////////////////////////
// OwlMain()
///////////////////////////////////////////////////////
```

```
int OwlMain(int, char*[])
{
    return TApp().Run();
}
```

How Do I Create Owner-Draw Radio Buttons?

Previously, you learned how to create owner-draw buttons. Although such buttons add a lot to personalize your application, you can use a similar technique to create owner-draw radio or check boxes. As you've already learned, Windows gives you the power to create just about any type of custom control. You just need to know how to harness that power.

The Solution

The first step in creating owner-draw radio buttons is to draw the buttons' bitmaps using Resource Workshop. You need two images for each button: normal and checked. Figures 9.15 and 9.16 show the bitmaps for an owner-draw radio button as they appear in Resource Workshop's bitmap editor.

When you assemble the dialog box in Resource Workshop (assuming, of course, that you plan to use your owner-draw radio buttons in a dialog box), place and size buttons on the dialog box, and then set them to Owner Draw in the Button Style dialog box, as you did previously with regular owner-draw buttons. (Double-click the button to display the Button Style dialog box.)

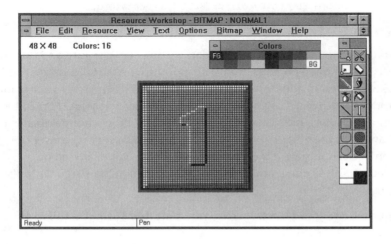

Fig. 9.15
The normal radio button bitmap.

Fig. 9.16

The checked radio button bitmap.

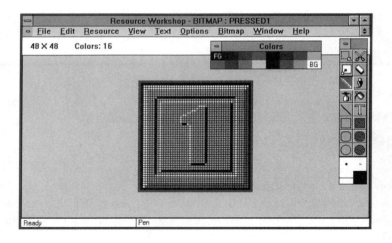

Now, write a new button class derived from OWL's TRadioButton class:

```
class TODRadioBut : public TRadioButton
{
protected:
   TBitmap *bmNormal;
   TBitmap *bmChecked;

public:
   TODRadioBut(TWindow *parent, int resourceId,
      TResId normal, TResId checked);
   ~TODRadioBut();

protected:
   virtual void ODADrawEntire(DRAWITEMSTRUCT far &drawInfo);
   virtual void ODASelect(DRAWITEMSTRUCT far &drawInfo);
   void DrawButton(DRAWITEMSTRUCT far &drawInfo,
      TBitmap *bm);
};
```

The radio button class must have as data members two pointers to TBitmap objects. The bitmap pointers eventually point to the button's normal and checked images. In addition to its constructor and destructor, the class must override the TButton class's ODADrawEntire() and ODADrawSelect() member functions. OWL calls ODADrawEntire() when the button's normal image must be drawn. On the other hand, OWL calls ODADrawSelect() whenever the button's selection state has changed (has either become selected or unselected). It's in these functions that your program draws the button's various images.

Before you can draw button images, you must load them. Do this in the radio button class's constructor:

```
TODRadioBut::TODRadioBut(TWindow *parent, int resourceId,
    TResId normal, TResId checked) :
    TRadioButton(parent, resourceId)
{
    // Load the button bitmaps.
    HINSTANCE hInstance = *GetApplication();
    bmNormal  = new TBitmap(hInstance, normal);
    bmPressed = new TBitmap(hInstance, checked);
}
```

Although the constructor for TRadioButton receives only two parameters (not including default parameters)—a pointer to the parent window and a resource ID—your custom button also needs the resource IDs of the two bitmaps that represent the button in its two states. Pass these IDs into the constructor. In the body of the constructor, load the bitmaps by constructing two TBitmap objects. The preceding form of the TBitmap constructor takes as parameters a handle to the program's instance and the bitmap's resource ID.

Now, you can write the ODADrawEntire() and ODASelect() functions. ODADrawEntire() displays the button in its normal state or checked state depending on the value returned from a call to the button's GetCheck() member function:

```
void TODRadioBut::ODADrawEntire
    (DRAWITEMSTRUCT far &drawInfo)
{
    UINT state = GetCheck();
    if (state & BF_CHECKED)
        DrawButton(drawInfo, bmchecked);
    else
        DrawButton(drawInfo, bmNormal);
}
```

This function's single parameter is a reference to a DRAWITEMSTRUCT structure that contains nine fields, each of which holds information about the item to be drawn. (You can find the full description of the DRAWITEMSTRUCT structure in your Borland manuals, Borland's on-line help, or most Windows programming manuals.)

If you compare this version of the ODADrawEntire() function with the one you previously used to handle regular owner-draw buttons, you'll see quite a difference. In the case of radio buttons, you cannot rely on the DRAWITEMSTRUCT to contain valid state information. If you try to handle the radio buttons as normal buttons, they will, of course, act like normal buttons. When you click the button, it remains selected until you release the mouse button, at which point it returns to its normal, unselected state—not the kind of behavior you want from a radio button. A selected radio button must remain selected.

The ODADrawEntire() function passes the DRAWITEMSTRUCT and a pointer to the appropriate bitmap to another function called DrawButton() that actually displays the button:

```
void TODRadioBut::DrawButton
    (DRAWITEMSTRUCT far &drawInfo, TBitmap *bm)
{
    TDC dc(drawInfo.hDC);
    TMemoryDC memDC(dc);
    memDC.SelectObject(*bm);
    int x = drawInfo.rcItem.left;
    int y = drawInfo.rcItem.top;
    int w = bm->Width();
    int h = bm->Height();
    dc.BitBlt(x, y, w, h, memDC, 0, 0);
}
```

The function uses the DRAWITEMSTRUCT member hDC to construct a TDC device-context object and uses the rcItem member to calculate the button's position.

Your ODASelect() function should look something like this:

```
void TODRadioBut::ODASelect(DRAWITEMSTRUCT far &drawInfo)
{
    UINT state = GetCheck();
    if (state & BF_CHECKED)
        DrawButton(drawInfo, bmchecked);
    else
        DrawButton(drawInfo, bmNormal);
}
```

Like ODADrawEntire(), ODASelect() for a radio button ignores the button state passed in the DRAWITEMSTRUCT's itemState member, and instead calls its own GetCheck() function to get its state.

To finish off your radio-button class, be sure to provide a destructor in which you delete the button bitmaps:

```
TODRadioBut::~TODRadioBut()
{
    delete bmNormal;
    delete bmchecked;
}
```

After writing your custom radio-button class, your next task is to write the class for the dialog box that'll contain the control:

```
class TDlg: public TDialog
{
protected:
    TODRadioBut *one;
    TODRadioBut *two;
    TODRadioBut *three;
```

```
public:
    TDlg(TWindow *parent, TResId resId);
};
```

This class contains as data members a pointer to each custom button.

The dialog-box class's constructor is responsible for constructing the custom button objects:

```
TDlg::TDlg(TWindow *parent, TResId resId) :
    TDialog(parent, resId)
{
    one = new TODRadioBut(this,
        IDC_NORMAL1, IDC_NORMAL1, IDC_CHECKED1);
    two = new TODRadioBut(this,
        IDC_NORMAL2, IDC_NORMAL2, IDC_CHECKED2);
    three = new TODRadioBut(this,
        IDC_NORMAL3, IDC_NORMAL3, IDC_CHECKED3);
}
```

Although these button objects are created on the heap, you don't need to delete them in the dialog-box class. OWL keeps track of every window's children and deletes them automatically when the window is destroyed.

◄ See "How Do I Create Owner-Draw Buttons?," p. 397

The Sample Program

When you run the ODRADIO program, select the **T**est menu's **T**est Dialog command, and you see the display shown in figure 9.17. The dialog box that appears contains three owner-draw radio buttons, with the first button in the set selected. Use your mouse or your keyboard's arrow keys to move the selection square from one radio button to another.

◄ See "How Do I Use GDI Objects in an OWL Program?," p. 339

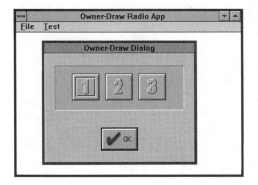

Fig. 9.17
The ODBUTTON application.

Listing 9.7   ODBUTTON.CPP—Shows How to Create Owner-Draw Buttons

```
///////////////////////////////////////////////////////////
// ODRADIO.CPP: Demonstrates owner-draw radio buttons.
///////////////////////////////////////////////////////////

#include <owl\applicat.h>
#include <owl\framewin.h>
#include <owl\dialog.h>
#include <owl\gdiobject.h>
#include <owl\radiobut.h>
#include "odradio.rc"

///////////////////////////////////
// The application class.
///////////////////////////////////
class TApp : public TApplication
{
public:
   TApp(): TApplication() {}
   void InitMainWindow();
};

///////////////////////////////////
// The main window class.
///////////////////////////////////
class TWndw : public TFrameWindow
{
public:
   TWndw(TWindow *parent, const char far *title);

protected:
   void CmTestDialog();

   DECLARE_RESPONSE_TABLE(TWndw);
};

DEFINE_RESPONSE_TABLE1(TWndw, TFrameWindow)
   EV_COMMAND(CM_TESTDIALOG, CmTestDialog),
END_RESPONSE_TABLE;

///////////////////////////////////
// The radio button class.
///////////////////////////////////
class TODRadioBut : public TRadioButton
{
protected:
   TBitmap *bmNormal;
   TBitmap *bmchecked;

public:
   TODRadioBut(TWindow *parent, int resourceId,
      TResId normal, TResId checked);
   ~TODRadioBut();
```

```
protected:
   virtual void ODADrawEntire(DRAWITEMSTRUCT far &drawInfo);
   virtual void ODASelect(DRAWITEMSTRUCT far &drawInfo);
   void DrawButton(DRAWITEMSTRUCT far &drawInfo,
      TBitmap *bm);
};

///////////////////////////////
// The dialog box class.
///////////////////////////////
class TDlg: public TDialog
{
protected:
   TODRadioBut *one;
   TODRadioBut *two;
   TODRadioBut *three;

public:
   TDlg(TWindow *parent, TResId resId);
};

/////////////////////////////////////////////////////////
// TWndw::TWndw()
/////////////////////////////////////////////////////////
TWndw::TWndw(TWindow *parent, const char far *title):
      TFrameWindow(parent, title)
{
   AssignMenu(MENU_1);
   Attr.X = 50;
   Attr.Y = 50;
   Attr.W = 400;
   Attr.H = 300;
}

/////////////////////////////////////////////////////////
// TWndw::CmTestDialog()
/////////////////////////////////////////////////////////
void TWndw::CmTestDialog()
{
   TDialog *dialog = new TDlg(this, DIALOG_1);
   dialog->Execute();
}

/////////////////////////////////////////////////////////
// TDlg::Tdlg()
/////////////////////////////////////////////////////////
TDlg::TDlg(TWindow *parent, TResId resId) :
   TDialog(parent, resId)
{
   // Construct custom button objects.
   one = new TODRadioBut(this,
      IDC_NORMAL1, IDC_NORMAL1, IDC_CHECKED1);
   two = new TODRadioBut(this,
      IDC_NORMAL2, IDC_NORMAL2, IDC_CHECKED2);
```

(continues)

Listing 9.7 Continued

```
    three = new TODRadioBut(this,
        IDC_NORMAL3, IDC_NORMAL3, IDC_CHECKED3);
}

/////////////////////////////////////////////////////////////
// TODRadioBut::TODRadioBut()
/////////////////////////////////////////////////////////////
TODRadioBut::TODRadioBut(TWindow *parent, int resourceId,
    TResId normal, TResId checked) :
    TRadioButton(parent, resourceId)
{
    // Load the button bitmaps.
    HINSTANCE hInstance = *GetApplication();
    bmNormal  = new TBitmap(hInstance, normal);
    bmchecked = new TBitmap(hInstance, checked);
}

/////////////////////////////////////////////////////////////
// TODRadioBut::~TODRadioBut()
/////////////////////////////////////////////////////////////
TODRadioBut::~TODRadioBut()
{
    // Delete the button bitmaps.
    delete bmNormal;
    delete bmchecked;
}

/////////////////////////////////////////////////////////////
// TODRadioBut::ODADrawEntire()
/////////////////////////////////////////////////////////////
void TODRadioBut::ODADrawEntire
    (DRAWITEMSTRUCT far &drawInfo)
{
    // Get the button's current state.
    UINT state = GetCheck();

    // Draw the button according to its state.
    if (state & BF_CHECKED)
        DrawButton(drawInfo, bmchecked);
    else
        DrawButton(drawInfo, bmNormal);
}

/////////////////////////////////////////////////////////////
// TODRadioBut::ODASelect()
/////////////////////////////////////////////////////////////
void TODRadioBut::ODASelect(DRAWITEMSTRUCT far &drawInfo)
{
    // Get the button's current state.
    UINT state = GetCheck();

    // Draw button according to its state.
    if (state & BF_CHECKED)
        DrawButton(drawInfo, bmchecked);
```

```
        else
            DrawButton(drawInfo, bmNormal);
    }


    ///////////////////////////////////////////////////////////
    // TODRadioBut::DrawButton()
    ///////////////////////////////////////////////////////////
    void TODRadioBut::DrawButton
        (DRAWITEMSTRUCT far &drawInfo, TBitmap *bm)
    {
        // Get device contexts for the button and the bitmap.
        TDC dc(drawInfo.hDC);
        TMemoryDC memDC(dc);

        // Select the bitmap into the memory DC.
        memDC.SelectObject(*bm);

        // Calculate the button's size.
        int x = drawInfo.rcItem.left;
        int y = drawInfo.rcItem.top;
        int w = bm->Width();
        int h = bm->Height();

        // Draw the button.
        dc.BitBlt(x, y, w, h, memDC, 0, 0);
    }


    ///////////////////////////////////////////////////////////
    // TApp::InitMainWindow()
    ///////////////////////////////////////////////////////////
    void TApp::InitMainWindow()
    {
        TFrameWindow *wndw =
            new TWndw(0, "Owner-Draw Radio App");

        SetMainWindow(wndw);
        EnableBWCC();
    }


    ///////////////////////////////////////////////////////////
    // OwlMain()
    ///////////////////////////////////////////////////////////
    int OwlMain(int, char*[])
    {
        return TApp().Run();
    }
```

How Do I Create a List Box with Multiple Columns?

List boxes can be used to display all kinds of information, even bitmaps, icons, and other graphical objects, as you see later in this book. Although the typical list box displays a list of single-word items from which the user can choose, sometimes you may want to display items with more than one field. For example, a list box created from the data stored in an address book may show people's names and phone numbers. Although a name and a number are two pieces of information, they are related and should be displayed together in columns. When the user highlights a name in the list, the associated phone number should also be highlighted. You can perform this bit of Windows magic by using tab stops in your list box.

The Solution

When you assemble your dialog box in Resource Workshop, give the list box the LBS_USETABSTOPS style. To do this, double-click the list box to display the List Box Style dialog box. In the dialog box's List Box group, check the Tab **S**tops option, as shown in figure 9.18. (Don't confuse this check box with the similarly named one in the Attributes group.)

Fig. 9.18
The List Box Style dialog box.

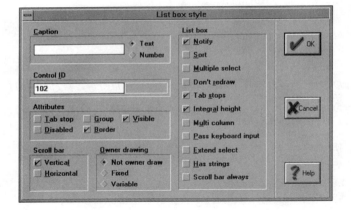

In your dialog-box class's constructor, construct a new list-box object:

```
TDlg::TDlg(TWindow *parent, TResId resId) :
   TDialog(parent, resId)
{
   listBox = new TListBox(this, IDC_LISTBOX);
}
```

Then, in the dialog-box class's SetupWindow() function, set up an array of integers containing the tab positions you want to use in the list box:

```
int tabs[] = {43, 86};
```

You set the tab stops by sending the list box an LB_SETTABSTOPS message, which OWL does for you when you call the object's SetTabStops() function:

```
listBox->SetTabStops(2, tabs);
```

The arguments in this function call are the number of tab stops to set and the address of the array containing the tab positions.

To add items to the list box, construct strings that contain not only the text you want to display, but also the tab characters that separate the columns of data:

```
wsprintf(s, "%s\t%s\t%s",
    "Data 1", "Data 2", "Data3");
```

Then call the list box's `AddString()` function to add the completed string to the text box:

```
listBox->AddString(s);
```

Note

For the sake of clarity in the preceding example, the tab positions were *hard coded* into the `tabs[]` array. However, because tab locations are based on the size of the dialog box's font, it's probably safer to obtain the size of a string and then use it to calculate the tab positions, rather than just assume that the standard dialog box font is being used. You can get the size of a string by calling `GetTextExtent()`, which returns the width and height of a text string in a `TSize` object. Also, note that tab positions are based on pixels rather than characters.

◀ See "How Do I Create a Modal Dialog Box?," p. 91

◀ See "How Do I Create a Modal Dialog Box?," p. 91

◀ See "How Do I Create Owner-Draw List Boxes?," p. 408

The Sample Program

When you run the LISTTABS program, you see the window shown in figure 9.19. The program has a **F**ile menu with an E**x**it command and a **T**est menu with a **T**est Dialog command. Select the **T**est Dialog command, and you'll see the dialog box shown in figure 9.20. The dialog box contains a list box that uses tab stops to organize data into three columns.

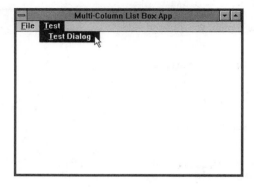

Fig. 9.19
The LISTTABS application.

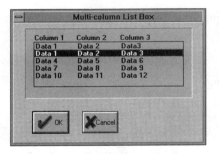

Listing 9.8   LISTTABS.CPP—Displays a Multiple-Column List Box

```
/////////////////////////////////////////////////////////
// LISTTABS.CPP: Shows how to create a multi-column list
//               box.
/////////////////////////////////////////////////////////

#include <owl\applicat.h>
#include <owl\framewin.h>
#include <owl\dialog.h>
#include <owl\static.h>
#include <owl\listbox.h>
#include <stdio.h>
#include "listtabs.rc"

////////////////////////////////
// The application class.
////////////////////////////////
class TApp : public TApplication
{
public:
   TApp(): TApplication() {}
   void InitMainWindow();
};

////////////////////////////////
// The main window class.
////////////////////////////////
class TWndw : public TFrameWindow
{
public:
   TWndw(TWindow *parent, const char far *title);

protected:
   void CmTestDialog();

   DECLARE_RESPONSE_TABLE(TWndw);
};

DEFINE_RESPONSE_TABLE1(TWndw, TFrameWindow)
   EV_COMMAND(CM_TESTDIALOG, CmTestDialog),
END_RESPONSE_TABLE;
```

```
//////////////////////////////
// The dialog box class.
//////////////////////////////
class TDlg: public TDialog
{
protected:
   TListBox *listBox;

public:
   TDlg(TWindow *parent, TResId resId);
   void SetupWindow();
};

///////////////////////////////////////////////////////
// TWndw::TWndw()
///////////////////////////////////////////////////////
TWndw::TWndw(TWindow *parent, const char far *title) :
   TFrameWindow(parent, title)
{
   AssignMenu(MENU_1);
   Attr.X = 50;
   Attr.Y = 50;
   Attr.W = 400;
   Attr.H = 300;
}

///////////////////////////////////////////////////////
// TWndw::CmTestDialog()
///////////////////////////////////////////////////////
void TWndw::CmTestDialog()
{
   TDialog *dialog = new TDlg(this, DIALOG_1);
   dialog->Execute();
}

///////////////////////////////////////////////////////
// TDlg::TDlg()
///////////////////////////////////////////////////////
TDlg::TDlg(TWindow *parent, TResId resId) :
   TDialog(parent, resId)
{
   // Construct the list box.
   listBox = new TListBox(this, IDC_LISTBOX);
}

///////////////////////////////////////////////////////
// TDlg::SetupWindow()
///////////////////////////////////////////////////////
void TDlg::SetupWindow()
{
   char s[255];

   // Initialize the values for the tabs.
   int tabs[] = {43, 86};
```

(continues)

Listing 9.8 Continued

```
    TDialog::SetupWindow();

    // Set the tab stops.
    listBox->SetTabStops(2, tabs);

    // Add tabbed items to the list box.
    wsprintf(s, "%s\t%s\t%s",
        "Data 1", "Data 2", "Data3");
    listBox->AddString(s);
    wsprintf(s, "%s\t%s\t%s",
        "Data 1", "Data 2", "Data 3");
    listBox->AddString(s);
    wsprintf(s, "%s\t%s\t%s",
        "Data 4", "Data 5", "Data 6");
    listBox->AddString(s);
    wsprintf(s, "%s\t%s\t%s",
        "Data 7", "Data 8", "Data 9");
    listBox->AddString(s);
    wsprintf(s, "%s\t%s\t%s",
        "Data 10", "Data 11", "Data 12");
    listBox->AddString(s);
}

//////////////////////////////////////////////////////////
// TApp::InitMainWindow()
//////////////////////////////////////////////////////////
void TApp::InitMainWindow()
{
    TFrameWindow *wndw =
        new TWndw(0, "Multi-Column List Box App");

    SetMainWindow(wndw);
}

//////////////////////////////////////////////////////////
// OwlMain()
//////////////////////////////////////////////////////////
int OwlMain(int, char*[])
{
    return TApp().Run();
}
```

How Do I Display Borland-Style Controls in a Main Window?

You've probably used Borland's attractive 3-D custom controls in many of your dialog boxes. Adding those controls to a dialog box is just a matter of selecting the control from Resource Workshop's menu or tool palette and dropping it on your dialog box. However, because you don't create your main window using Resource Workshop, you may have thought that you couldn't use Borland-style controls in your main window. The truth is that you can, with only a few lines of code, add Borland-style controls to any window.

The Solution

First, write a window class for your program's main window. This class should have message-response functions for the Borland-style controls you'll add to the window:

```
class TWndw : public TFrameWindow
{
public:
    TWndw(TWindow *parent, const char far *title);

protected:
    void IdOk();
    void IdCancel();
    void IdHelp();

    DECLARE_RESPONSE_TABLE(TWndw);
};

DEFINE_RESPONSE_TABLE1(TWndw, TFrameWindow)
    EV_COMMAND(IDOK, IdOk),
    EV_COMMAND(IDCANCEL, IdCancel),
    EV_COMMAND(IDHELP, IdHelp),
END_RESPONSE_TABLE;
```

In the window class's constructor, call EnableKBHandler() so that the user can tab between the controls. Also, construct control objects for the Borland-style controls you plan to display:

```
TWndw::TWndw(TWindow *parent, const char far *title) :
    TFrameWindow(parent, title)
{
    EnableKBHandler();

    new TButton(this, IDOK, "", 36, 30, 0, 0);
    new TButton(this, IDCANCEL, "", 111, 30, 0, 0);
    new TButton(this, IDHELP, "", 186, 30, 0, 0);
}
```

When constructing Borland-style buttons with the predefined button bitmaps, you must use the correct resource IDs. For example, IDOK equals 1, IDCANCEL equals 2, and IDHELP equals 998. Notice that TButton's third argument is a text string for the button's face. If you're creating a Borland-style bitmapped button, this argument should be an empty string. (If you include a string there, the button ignores it.)

However, if you're creating a Borland-style button other than those with predefined bitmapped faces, you must provide the text string, or the button will have a blank face. Notice also that the buttons' widths and heights (the last two arguments in the TButton constructor) are all set to 0. This is because Borland-style buttons are all the same size. The TButton constructor's size arguments are ignored.

◀ See "How Do I Place Controls in a Window?," p. 241

Finally, to load Borland's 3-D control library, place a call to EnableBWCC() in your InitMainWindow() function:

◀ See "How Do I Create Owner-Draw Buttons?," p. 397

```
void TApp::InitMainWindow()
{
    TFrameWindow *wndw =
        new TWndw(0, "Borland Controls App");
    SetMainWindow(wndw);

    // Enable Borland-style controls.
    EnableBWCC();
}
```

◀ See "How Do I Create Owner-Draw Radio Buttons?," p. 427

The Sample Program

◀ See "How Do I Create Owner-Draw List Boxes?," p. 408

When you run the BORLDWIN program, the main window, which contains a File popup menu and three Borland-style buttons, appears (see fig. 9.21). Click the OK or Help button, and a message box appears (which also uses Borland's 3-D control library), letting you know that the program received the message (see fig. 9.22). Click the Cancel button, or select the File menu's Exit command, to end the program.

Fig. 9.21
The BORLDWIN application.

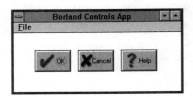

Fig. 9.22
A Borland-style message box.

Listing 9.9 BORLDWIN.CPP—Shows How to Display Borland-Style Controls in a Window

```cpp
//////////////////////////////////////////////////////////
// BORLDWIN.CPP: Displays Borland-style controls in a
//               regular window.
//////////////////////////////////////////////////////////

#include <owl\applicat.h>
#include <owl\framewin.h>
#include <owl\button.h>
#include "borldwin.rc"

////////////////////////////////////
// The application class.
////////////////////////////////////
class TApp : public TApplication
{
public:
    TApp() : TApplication() {}
    void InitMainWindow();
};

////////////////////////////////////
// The main window class.
////////////////////////////////////
class TWndw : public TFrameWindow
{
public:
    TWndw(TWindow *parent, const char far *title);

protected:
    void IdOk();
    void IdCancel();
    void IdHelp();

    DECLARE_RESPONSE_TABLE(TWndw);
};

DEFINE_RESPONSE_TABLE1(TWndw, TFrameWindow)
    EV_COMMAND(IDOK, IdOk),
    EV_COMMAND(IDCANCEL, IdCancel),
    EV_COMMAND(IDHELP, IdHelp),
END_RESPONSE_TABLE;

//////////////////////////////////////////////////////////
// TWndw::TWndw()
//////////////////////////////////////////////////////////
TWndw::TWndw(TWindow *parent, const char far *title) :
    TFrameWindow(parent, title)
{
    AssignMenu(MENU_1);
    Attr.X = 20;
```

(continues)

Listing 9.9   Continued

```
   Attr.Y = 20;
   Attr.W = 300;
   Attr.H = 152;

   // Allow tabbing between controls.
   EnableKBHandler();

   // Construct the window's controls.
   new TButton(this, IDOK, "", 36, 30, 0, 0);
   new TButton(this, IDCANCEL, "", 111, 30, 0, 0);
   new TButton(this, IDHELP, "", 186, 30, 0, 0);
}

//////////////////////////////////////////////////////////
// TWndw::IdOk()
//////////////////////////////////////////////////////////
void TWndw::IdOk()
{
   MessageBox("IDOK received", "OK");
}

//////////////////////////////////////////////////////////
// TWndw::IdOk()
//////////////////////////////////////////////////////////
void TWndw::IdCancel()
{
   CloseWindow();
}

//////////////////////////////////////////////////////////
// TWndw::IdHelp()
//////////////////////////////////////////////////////////
void TWndw::IdHelp()
{
   MessageBox("IDHELP received", "Help");
}

//////////////////////////////////////////////////////////
// TApp::InitMainWindow()
//////////////////////////////////////////////////////////
void TApp::InitMainWindow()
{
   TFrameWindow *wndw =
      new TWndw(0, "Borland Controls App");
   SetMainWindow(wndw);

   // Enable Borland-style controls.
   EnableBWCC();
}

//////////////////////////////////////////////////////////
// OwlMain()
//////////////////////////////////////////////////////////
```

```
int OwlMain(int, char*[])
{
  return TApp().Run();
}
```

How Do I Use Regular Controls in a Window when Borland's Custom 3-D Controls Are Enabled?

Borland's custom controls can make a drab dialog box look downright zippy. All those fancy 3-D bitmapped buttons, check boxes, static text controls, group boxes, and radio-button controls make your application look truly professional. A side effect of enabling the BWCC library, however, is that every control in your application suddenly takes on that distinctive Borland look. Although you may want to use standard Windows controls elsewhere in your application, BWCC has its own ideas of how things should work. But don't fret. You can have your cake and click it too, just by creating simple custom classes for those controls you want to appear without the Borland look.

The Solution

The first step is to create a custom control class, derived from the type of control you want to "de-Borlandize." For example, for buttons, derive a class from TButton:

```
class TRegButton : public TButton
{
public:
   TRegButton(TWindow *parent, int id,
      const char far *text, int x, int y, int w, int h):
      TButton(parent, id, text, x, y, w, h) {};

protected:
   char far *GetClassName();
};
```

As you can see, besides including a constructor, this class overrides TButton's GetClassName() function. It's in GetClassName() that the control sneaks past Borland's control styles, by returning the normal button-class name, "BUTTON":

```
char far *TRegButton::GetClassName()
{
   return "BUTTON";
}
```

Now, instead of constructing regular TButton controls in your window, construct controls of your new button class:

```
new TRegButton(this, IDOK, "OK", 36, 30, 60, 40);
new TRegButton(this, IDCANCEL, "Cancel",
    111, 30, 60, 40);
new TRegButton(this, IDHELP, "Help", 186, 30, 60, 40);
```

◄ See "How Do I
Place Controls
in a Window?,"
p. 241

◄ See "How Do
I Display
Borland-Style
Controls in a
Main Win-
dow?," p. 440

Note

Avoiding BWCC for any other type of control works almost exactly the same, except that you derive the new class from the appropriate base class. For example, a radio button class must be derived from TRadioButton, a static text control class must be derived from TStatic, and so on. All the custom control classes must override GetClassName() in order to return the text string "BUTTON" as the class name. The exception is a TStatic control, which must return the class name "STATIC".

The Sample Program

When you run the NOBORLD program, you see the window shown in figure 9.23. The window contains three normal button controls. Select the **T**est menu's **T**est Dialog command to see that Borland-style controls are indeed enabled in the application (see fig. 9.24), in spite of the fact that the window is able to display regular Windows controls. Now, as an experiment, return to Borland's IDE and change the first button created in the TWndw constructor to a regular TButton, like this:

```
new TButton(this, IDOK, "OK", 36, 30, 60, 40);
```

Now, recompile and run the program. You see the window shown in figure 9.25. The window contains one Borland-style button (the TButton) along with two regular Windows buttons (of the custom TRegButton class).

Fig. 9.23
The NOBORLD
application.

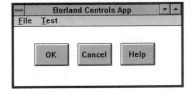

Fig. 9.24
A Borland-style
dialog box.

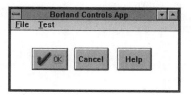

Fig. 9.25
A Borland TButton
along with two
regular Windows
buttons.

Listing 9.10   NOBORLD.CPP—Displays Regular Buttons Even Though Borland's Custom Controls Are Enabled

```cpp
//////////////////////////////////////////////////////////
// NOBORLD.CPP: Shows how to use regular controls when the
//              Borland-style controls are active.
//////////////////////////////////////////////////////////

#include <owl\applicat.h>
#include <owl\framewin.h>
#include <owl\button.h>
#include "noborld.rc"

////////////////////////////////
// The application class.
////////////////////////////////
class TApp : public TApplication
{
public:
   TApp() : TApplication() {}
   void InitMainWindow();
};

////////////////////////////////
// The main window class.
////////////////////////////////
class TWndw : public TFrameWindow
{
public:
   TWndw(TWindow *parent, const char far *title);
```

(continues)

Listing 9.10 Continued

```
protected:
   void IdOk();
   void IdCancel();
   void IdHelp();

   DECLARE_RESPONSE_TABLE(TWndw);
};

DEFINE_RESPONSE_TABLE1(TWndw, TFrameWindow)
   EV_COMMAND(IDOK, IdOk),
   EV_COMMAND(IDCANCEL, IdCancel),
   EV_COMMAND(IDHELP, IdHelp),
END_RESPONSE_TABLE;

////////////////////////////////////
// The button class.
////////////////////////////////////
class TRegButton : public TButton
{
public:
   TRegButton(TWindow *parent, int id,
      const char far *text, int x, int y, int w, int h):
      TButton(parent, id, text, x, y, w, h) {};

protected:
   char far *GetClassName();
};

//////////////////////////////////////////////////////////
// TWndw::TWndw()
//////////////////////////////////////////////////////////
TWndw::TWndw(TWindow *parent, const char far *title) :
   TFrameWindow(parent, title)
{
   AssignMenu(MENU_1);
   Attr.X = 20;
   Attr.Y = 20;
   Attr.W = 300;
   Attr.H = 152;

   // Allow tabbing between controls.
   EnableKBHandler();

   // Construct the window's controls.
   new TRegButton(this, IDOK, "OK", 36, 30, 60, 40);
   new TRegButton(this, IDCANCEL, "Cancel",
      111, 30, 60, 40);
   new TRegButton(this, IDHELP, "Help", 186, 30, 60, 40);
}

//////////////////////////////////////////////////////////
// TWndw::IdOk()
//////////////////////////////////////////////////////////
void TWndw::IdOk()
```

```
{
    MessageBox("IDOK received", "OK");
}


/////////////////////////////////////////////////////////
// TWndw::IdOk()
/////////////////////////////////////////////////////////
void TWndw::IdCancel()
{
    CloseWindow();
}


/////////////////////////////////////////////////////////
// TWndw::IdHelp()
/////////////////////////////////////////////////////////
void TWndw::IdHelp()
{
    MessageBox("IDHELP received", "Help");
}


/////////////////////////////////////////////////////////
// TRegButton::GetClassName()
/////////////////////////////////////////////////////////
char far *TRegButton::GetClassName()
{
    // Return the regular button class name.
    return "BUTTON";
}


/////////////////////////////////////////////////////////
// TApp::InitMainWindow()
/////////////////////////////////////////////////////////
void TApp::InitMainWindow()
{
    TFrameWindow *wndw =
        new TWndw(0, "Borland Controls App");
    SetMainWindow(wndw);

    // Enable Borland-style controls.
    EnableBWCC();
}


/////////////////////////////////////////////////////////
// OwlMain()
/////////////////////////////////////////////////////////
int OwlMain(int, char*[])
{
  return TApp().Run();
}
```

Chapter 10

Streams

How Do I Create and Use Streamable Objects?

The words "streamable object" may sound like something from an advanced computer science class, but a streamable object is really nothing more complicated than an object that knows how to save and restore its state. Because Borland C++ enables you to create complex classes, it makes sense that there's also a way to save a class's data members and other attributes. That's where streamable objects come into play.

For example, suppose you had a shape class with the data members `color` and `coordinate` and that several objects of the class make up the application's window display. When the user wants to save the display he has created, your program can simply save the states of the objects that make up the display. Then, when the program restarts, it can read in the saved object states and recreate the image. One way to accomplish this task is to make the objects into streamable objects.

The Solution

In order to use streamable classes, you must first include the OBJSTRM.H file in your program:

```
#include <classlib\objstrm.h>
```

With this class library's header file included, you can then write the class for your streamable object:

```
class TStreamObj : public TStreamableBase
{
private:
    int x, y;
```

```
public:
    TStreamObj(int xx, int yy) { x = xx; y = yy; };

    DECLARE_STREAMABLE( , TStreamObj, 1);
};
```

As you can see, you derive the new class publicly from the OWL class, TStreamableBase, which supplies the basic functionality of a streamable object. Your streamable class is no different than any other class. It will contain a constructor, as well as any number of other member functions and data members. The only difference between your streamable class and some other plain-vanilla class is that it's derived from TStreamableBase and it contains the DECLARE_STREAMABLE macro. This macro creates some essential code for your streamable class, including inserters and extractors for the class. As with any I/O object, inserters and extractors are represented by the << and >> symbols.

The DECLARE_STREAMABLE macro takes three arguments. The first is another macro that is used only when the streamable class is part of a DLL. You'll usually leave this argument blank, by including a comma as a placeholder. (For more information on using streamable objects in a DLL, consult your *Borland C++ Programmer's Reference.*) The second argument is your class's name, and the third argument is a class version number, which can almost always be 1.

Outside of the class, you must provide another macro, called IMPLEMENT_STREAMABLE, which constructs other needed code, including a nested Streamer class. That class provides two virtual functions, Read() and Write(), that you must override so as to tell the class how to write and read objects of your new class. The IMPLEMENT_STREAMABLE macro looks like this:

```
IMPLEMENT_STREAMABLE(TStreamObj);
```

In its simplest form, the macro takes only a single argument, the name of the streamable class that you're defining. (In streamable classes relying on multiple base classes or virtual classes, however, the IMPLEMENT_STREAMABLE macro requires different arguments. Please consult your *Borland C++ Programmer's Reference* for more information.)

Your new streamable class is now fully declared. To make it functional, supply appropriate Write() and Read() functions, overloading the Write() and Read() functions found in your class's nested Streamer class. The Write() function provides the code needed to write all important class data to an output stream:

```
void TStreamObj::Streamer::Write(opstream &os) const
```

```
{
    os << GetObject()->x;
    os << GetObject()->y;
}
```

Notice that the function's single parameter is a reference to an opstream object, the class for which is defined in the OBJSTRM.H header file. Also, the function is defined as const, prohibiting it from changing class data members. In the body of the function, you simply direct whatever data you need to save to the output stream. However, because the Streamer class is nested within your streamable class, you must, before you can access the class's members, call GetObject() to get a pointer to the class.

The Read() function is similar to Write():

```
void *TStreamObj::Streamer::Read(ipstream &is, uint32) const
{
    is >> GetObject()->x;
    is >> GetObject()->y;
    return GetObject();
}
```

Write() returns a void pointer to the streamable object. The function's two parameters are a reference to an ipstream object (this class is also declared in the OBJSTRM.H header file) and a 32-bit unsigned integer. In the body of the function, read your object's data from the supplied input stream and then return a pointer to the streamable object. The uint32 value passed to the function is the class's version number. You can ignore it if you like.

Your streamable class is now fully defined. To use the class, create an instance of the class in your program:

```
streamObj = new TStreamObj(5, 10);
```

When you want to save the object, first create an output stream:

```
ofpstream os("OBJECT.DAT");
```

The preceding single argument is the name of the file to which you want the object saved. With the file created, save the object to the stream:

```
os << *streamObj;
```

Notice that, because streamObj is a pointer, it must be dereferenced in the preceding line of code.

To read an object back in, first create an input stream:

```
ifpstream is("OBJECT.DAT");
```

Tip
Streamable objects are often called persistent objects because they exist outside the bounds of the program that created them and can be recalled even long after they were originally created.

▶ See "How Do
I Create a
Streamable
Base Class?,"
p. 458

Then, read the object back from the input stream:

```
is >> *streamObj;
```

The Sample Program

When you run the STREAMOB program, you see the window shown in figure 10.1. The streamable object in the program contains two data members, x and y. The values of these data members are displayed in the application's main window. To change the value of these data members, select the **T**est menu's **S**et Object command. The program then sets the x and y data members to a random number from 0 to 99. To save the object's state to the file OBJECT.DAT, select the **T**est menu's **S**ave Object command. To prove that the object is being saved properly, restore it by selecting the **T**est menu's **L**oad Object command. (Before loading the object, you might first want to set the object to new values, so that you can see that the old values really do get restored.)

Fig. 10.1
The STREAMOB application.

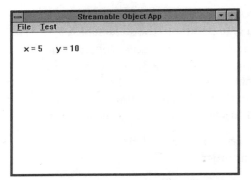

Listing 10.1   STREAMOB.CPP—Demonstrates Streamable Objects

```
//////////////////////////////////////////////////////////
// STREAMOB.CPP: Demonstrates creating and using a
//                 streamable object.
//////////////////////////////////////////////////////////

#include <owl\applicat.h>
#include <owl\framewin.h>
#include <owl\dc.h>
#include <classlib\objstrm.h>
#include <stdlib.h>
#include "streamob.rc"

///////////////////////////////////
// The streamable class.
///////////////////////////////////
```

```
class TStreamObj : public TStreamableBase
{
private:
   int x, y;

public:
   TStreamObj(int xx, int yy) { x = xx; y = yy; };
   void SetXY(int xx, int yy) { x = xx; y = yy; };
   void GetXY(int &xx, int &yy) { xx = x; yy = y; };

   DECLARE_STREAMABLE( , TStreamObj, 1);
};

IMPLEMENT_STREAMABLE(TStreamObj);

////////////////////////////////////
// The application class.
////////////////////////////////////
class TApp : public TApplication
{
public:
   TApp(): TApplication() {}
   void InitMainWindow();
};

////////////////////////////////////
// The main window class.
////////////////////////////////////
class TWndw : public TFrameWindow
{
private:
   TStreamObj *streamObj;

public:
   TWndw(TWindow *parent, const char far *title);

protected:
   void SetupWindow();
   void CleanupWindow();
   void Paint(TDC &paintDC, BOOL, TRect&);
   void CmSetObject();
   void CmSaveObject();
   void CmLoadObject();

   DECLARE_RESPONSE_TABLE(TWndw);
};

DEFINE_RESPONSE_TABLE1(TWndw, TFrameWindow)
   EV_COMMAND(CM_SETOBJECT, CmSetObject),
   EV_COMMAND(CM_SAVEOBJECT, CmSaveObject),
   EV_COMMAND(CM_LOADOBJECT, CmLoadObject),
END_RESPONSE_TABLE;
```

(continues)

Listing 10.1 Continued

```
//////////////////////////////////////////////////////////
// TWndw::TWndw()
//////////////////////////////////////////////////////////
TWndw::TWndw(TWindow *parent, const char far *title):
      TFrameWindow(parent, title)
{
   AssignMenu(MENU_1);
   Attr.X = 50;
   Attr.Y = 50;
   Attr.W = 400;
   Attr.H = 300;
}

//////////////////////////////////////////////////////////
// TWndw::SetupWindow()
//////////////////////////////////////////////////////////
void TWndw::SetupWindow()
{
   randomize();
   TFrameWindow::SetupWindow();

   // Construct a new streamable object.
   streamObj = new TStreamObj(5, 10);
}

//////////////////////////////////////////////////////////
// TWndw::CleanupWindow()
//////////////////////////////////////////////////////////
void TWndw::CleanupWindow()
{
   delete streamObj;
}

//////////////////////////////////////////////////////////
// TWndw::Paint()
//////////////////////////////////////////////////////////
void TWndw::Paint(TDC &paintDC, BOOL, TRect&)
{
   char s[30];
   int x, y;

   // Get the values of the object's data members.
   streamObj->GetXY(x, y);

   // Display the object's data members.
   wsprintf(s, "x = %d      y = %d", x, y);
   paintDC.TextOut(20, 20, s);
}

//////////////////////////////////////////////////////////
// TWndw::CmSetObject()
//////////////////////////////////////////////////////////
void TWndw::CmSetObject()
```

```
{
    // Get random values for the object.
    int x = random(100);
    int y = random(100);

    // Set the object's new data values.
    streamObj->SetXY(x, y);

    // Force the window to repaint.
    Invalidate();
}

//////////////////////////////////////////////////////////
// TWndw::CmSaveObject()
//////////////////////////////////////////////////////////
void TWndw::CmSaveObject()
{
    // Construct an output stream.
    ofpstream os("OBJECT.DAT");

    // Write the object to the stream.
    os << *streamObj;
}

//////////////////////////////////////////////////////////
// TWndw::CmLoadObject()
//////////////////////////////////////////////////////////
void TWndw::CmLoadObject()
{
    // Construct an input stream object.
    ifpstream is("OBJECT.DAT");

    // Read the object from the stream.
    is >> *streamObj;

    // Force the window to repaint.
    Invalidate();
}

//////////////////////////////////////////////////////////
// TStreamObj::Streamer::Write()
//////////////////////////////////////////////////////////
void TStreamObj::Streamer::Write(opstream &os) const
{
    // Write the object's data to the output stream.
    os << GetObject()->x;
    os << GetObject()->y;
}

//////////////////////////////////////////////////////////
// TStreamObj::Streamer::Read()
//////////////////////////////////////////////////////////
void *TStreamObj::Streamer::Read(ipstream &is, uint32) const
```

(continues)

Listing 10.1 Continued

```
{
    // Read the object's data from the input stream.
    is >> GetObject()->x;
    is >> GetObject()->y;
    return GetObject();
}


/////////////////////////////////////////////////////////////
// TApp::InitMainWindow()
/////////////////////////////////////////////////////////////
void TApp::InitMainWindow()
{
    TFrameWindow *wndw =
        new TWndw(0, "Streamable Object App");
    SetMainWindow(wndw);
}


/////////////////////////////////////////////////////////////
// OwlMain()
/////////////////////////////////////////////////////////////
int OwlMain(int, char*[])
{
    return TApp().Run();
}
```

How Do I Create a Streamable Base Class?

In the previous section, you learned to create streamable objects—objects that know how to save and restore themselves. However, object-oriented programming enables you to create general base classes from which you can derive more specific classes with a minimum of effort. Obviously, the ability to derive new classes from streamable base classes is critical to many applications. Streamable base classes, however, must be handled slightly differently from regular streamable classes.

The Solution

First, write the base class from which you'll derive your other streamable classes:

```
class TStreamBase : public virtual TStreamableBase
{
protected:
    int x;
```

```
public:
   TStreamBase(int xx) { x = xx; };

   DECLARE_STREAMABLE( , TStreamBase, 1);
};
```

This streamable base class should be derived publicly and (usually) virtually from the TStreamableBase class. Except for the addition of the virtual keyword to the class's declaration, you create this class just as you would any other streamable class, providing the member functions and data members needed by the class, as well as including the DECLARE_STREAMABLE macro.

Also, as with any other streamable class, you must include the IMPLEMENT_STREAMABLE macro outside of the class:

```
IMPLEMENT_STREAMABLE(TStreamBase);
```

After declaring the streamable base class, write its Write() and Read() member functions:

```
void TStreamBase::Streamer::Write(opstream &os) const
{
   os << GetObject()->x;
}

void *TStreamBase::Streamer::Read(ipstream &is, uint32) const
{
   is >> GetObject()->x;
   return GetObject();
}
```

When you have the base class written, you can derive new streamable classes from it:

```
class TStreamObj : public TStreamBase
{
private:
   int z;

public:
   TStreamObj(int xx, int zz) : TStreamBase(xx) { z = zz; };

   DECLARE_STREAMABLE( , TStreamObj, 1);
};
```

The derived class's declaration follows the same rules as any other streamable class, except that it is derived from your streamable base class—in this case, TStreamBase. One other difference is the way you write the IMPLEMENT_STREAMABLE macro, which must be included in your program outside of the class you're defining:

```
IMPLEMENT_STREAMABLE1(TStreamObj, TStreamBase);
```

Immediately following the macro name is the number of streamable base classes from which this class is derived (not including TStreamableBase). Within the parentheses is the name of the class currently being defined, followed by the names of the base classes, all separated by commas.

Next, write the derived class's Write() and Read() functions:

```
void TStreamObj::Streamer::Write(opstream &os) const
{
   TStreamBase *obj = (TStreamBase*)GetObject();
   WriteBaseObject(obj, os);
   os << GetObject()->z;
}

void *TStreamObj::Streamer::Read(ipstream &is, uint32) const
{
   TStreamBase *obj = (TStreamBase*)GetObject();
   ReadBaseObject(obj, is);
   is >> GetObject()->z;
   return GetObject();
}
```

In the body of these functions, obtain a pointer to the object and cast that pointer to the base object. Then call WriteBaseObject() or ReadBaseObject() to write or read the base object. These functions' two arguments are the pointer you obtained and the stream the data should be written to or read from. (You can read and write the base class directly, but the WriteBaseClass() and ReadBaseClass() functions ensure that object version numbers are correctly written to or read from the stream.)

◀ See "How Do I Create and Use Streamable Objects?," p. 451

> **Note**
>
> Sometimes your streamable base class will contain pure virtual functions that must be defined in derived classes. Pure virtual functions make the base class *abstract*. Because they require special handling, abstract streamable classes must use the DECLARE_ABSTRACT_STREAMABLE and IMPLEMENT_ABSTRACT_STREAMABLE macros in place of the DECLARE_STREAMABLE and IMPLEMENT_STREAMABLE macros.

The Sample Program

When you run the STRMBASE program, you see the window shown in figure 10.2. The streamable base class in the program (TStreamBase) contains the data member x, and the streamable object derived from this class contains the data member z. Because the base class declares x as protected, it is inherited by the derived class, TStreamObj. The values of these data members are displayed in the application's main window.

To change the values, select the **T**est menu's **S**et Object command. The program then sets the x and z data members to a random number from 0 to 99. To save the object's state to the file OBJECT.DAT, select the **T**est menu's S**a**ve Object command. To prove that the object is being saved properly, restore it by selecting the **T**est menu's **L**oad Object command. (Before loading the object, you might first want to set the object to new values, so that you can see that the old values really do get restored.)

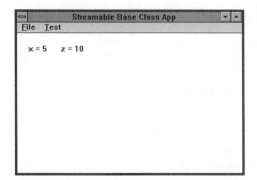

Fig. 10.2
The STRMBASE
application.

Listing 10.2 STRMBASE.CPP—Creates a Streamable Base Class

```
//////////////////////////////////////////////////////////
// STRMBASE.CPP: Demonstrates creating and deriving from a
//               streamable base class.
//////////////////////////////////////////////////////////

#include <owl\applicat.h>
#include <owl\framewin.h>
#include <owl\dc.h>
#include <classlib\objstrm.h>
#include <stdlib.h>
#include "strmbase.rc"

////////////////////////////////////
// The streamable base class.
////////////////////////////////////
class TStreamBase : public virtual TStreamableBase
{
protected:
    int x;

public:
    TStreamBase(int xx) { x = xx; };

    DECLARE_STREAMABLE( , TStreamBase, 1);
};
```

(continues)

Listing 10.2 Continued

```
IMPLEMENT_STREAMABLE(TStreamBase);

////////////////////////////////
// The streamable class.
////////////////////////////////
class TStreamObj : public TStreamBase
{
private:
   int z;

public:
   TStreamObj(int xx, int zz) : TStreamBase(xx) { z = zz; };
   void SetXZ(int xx, int zz) { x = xx; z = zz; };
   void GetXZ(int &xx, int &zz) { xx = x; zz = z; };

   DECLARE_STREAMABLE( , TStreamObj, 1);
};

IMPLEMENT_STREAMABLE1(TStreamObj, TStreamBase);

////////////////////////////////
// The application class.
////////////////////////////////
class TApp : public TApplication
{
public:
   TApp(): TApplication() {}
   void InitMainWindow();
};

////////////////////////////////
// The main window class.
////////////////////////////////
class TWndw : public TFrameWindow
{
private:
   TStreamObj *streamObj;

public:
   TWndw(TWindow *parent, const char far *title);

protected:
   void SetupWindow();
   void CleanupWindow();
   void Paint(TDC &paintDC, BOOL, TRect&);
   void CmSetObject();
   void CmSaveObject();
   void CmLoadObject();

   DECLARE_RESPONSE_TABLE(TWndw);
};

DEFINE_RESPONSE_TABLE1(TWndw, TFrameWindow)
```

```
      EV_COMMAND(CM_SETOBJECT, CmSetObject),
      EV_COMMAND(CM_SAVEOBJECT, CmSaveObject),
      EV_COMMAND(CM_LOADOBJECT, CmLoadObject),
END_RESPONSE_TABLE;

////////////////////////////////////////////////////////
// TWndw::TWndw()
////////////////////////////////////////////////////////
TWndw::TWndw(TWindow *parent, const char far *title):
      TFrameWindow(parent, title)
{
   AssignMenu(MENU_1);
   Attr.X = 50;
   Attr.Y = 50;
   Attr.W = 400;
   Attr.H = 300;
}

////////////////////////////////////////////////////////
// TWndw::SetupWindow()
////////////////////////////////////////////////////////
void TWndw::SetupWindow()
{
   randomize();
   TFrameWindow::SetupWindow();

   // Construct a new streamable object.
   streamObj = new TStreamObj(5, 10);
}

////////////////////////////////////////////////////////
// TWndw::CleanupWindow()
////////////////////////////////////////////////////////
void TWndw::CleanupWindow()
{
   delete streamObj;
}

////////////////////////////////////////////////////////
// TWndw::Paint()
////////////////////////////////////////////////////////
void TWndw::Paint(TDC &paintDC, BOOL, TRect&)
{
   char s[30];
   int x, z;

   // Get the values of the object's data members.
   streamObj->GetXZ(x, z);

   // Display the object's data members.
   wsprintf(s, "x = %d      z = %d", x, z);
   paintDC.TextOut(20, 20, s);
}
```

(continues)

Listing 10.2   Continued

```
/////////////////////////////////////////////////////////
// TWndw::CmSetObject()
/////////////////////////////////////////////////////////
void TWndw::CmSetObject()
{
   // Get random values for the object.
   int x = random(100);
   int z = random(100);

   // Set the object's new data values.
   streamObj->SetXZ(x, z);

   // Force the window to repaint.
   Invalidate();
}

/////////////////////////////////////////////////////////
// TWndw::CmSaveObject()
/////////////////////////////////////////////////////////
void TWndw::CmSaveObject()
{
   // Construct an output stream.
   ofpstream os("OBJECT.DAT");

   // Write the object to the stream.
   os << *streamObj;
}

/////////////////////////////////////////////////////////
// TWndw::CmLoadObject()
/////////////////////////////////////////////////////////
void TWndw::CmLoadObject()
{
   // Construct an input stream object.
   ifpstream is("OBJECT.DAT");

   // Read the object from the stream.
   is >> *streamObj;

   // Force the window to repaint.
   Invalidate();
}

/////////////////////////////////////////////////////////
// TStreamBase::Streamer::Write()
/////////////////////////////////////////////////////////
void TStreamBase::Streamer::Write(opstream &os) const
{
   // Write the object's data to the output stream.
   os << GetObject()->x;
}

/////////////////////////////////////////////////////////
// TStreamBase::Streamer::Read()
/////////////////////////////////////////////////////////
```

```
void *TStreamBase::Streamer::Read(ipstream &is, uint32) const
{
    // Read the object's data from the input stream.
    is >> GetObject()->x;
    return GetObject();
}


///////////////////////////////////////////////////////////
// TStreamObj::Streamer::Write()
///////////////////////////////////////////////////////////
void TStreamObj::Streamer::Write(opstream &os) const
{
    // Get a pointer to the object.
    TStreamBase *obj = (TStreamBase*)GetObject();

    // Write the base object to the output stream.
    WriteBaseObject(obj, os);

    // Write the object's data to the output stream.
    os << GetObject()->z;
}


///////////////////////////////////////////////////////////
// TStreamObj::Streamer::Read()
///////////////////////////////////////////////////////////
void *TStreamObj::Streamer::Read(ipstream &is, uint32) const
{
    // Get a pointer to the object.
    TStreamBase *obj = (TStreamBase*)GetObject();

    // Read the base object from the input stream.
    ReadBaseObject(obj, is);

    // Read the object's data from the input stream.
    is >> GetObject()->z;
    return GetObject();
}


///////////////////////////////////////////////////////////
// TApp::InitMainWindow()
///////////////////////////////////////////////////////////
void TApp::InitMainWindow()
{
    TFrameWindow *wndw =
        new TWndw(0, "Streamable Base Class App");
    SetMainWindow(wndw);
}


///////////////////////////////////////////////////////////
// OwlMain()
///////////////////////////////////////////////////////////
int OwlMain(int, char*[])
{
    return TApp().Run();
}
```

Chapter 11

Miscellaneous

How Do I Play Digitized Sound?

Nothing, outside of graphics, adds as much pizzazz to a program as the judicial use of sound. Not only can sound add pleasing effects to your software, but it can also alert the user to situations that need immediate attention. Perhaps the most popular source of sound for Windows programs is a waveform file, which stores sampled sounds that Windows can play back. These sound files, which are identified by their WAV file name extension, are responsible for most of the sounds you hear when running a Windows session with a multimedia-capable sound card installed.

You might think that playing digitized sounds in Windows is a headache and a half. If so, you are wrong. By simply calling the MCI `sndPlaySound()` function, you can play any waveform file that fits in memory. Give the function the name of the file you want to play, add the sound-play options, and presto: you have digitized sound!

Note

The Media Control Interface, which is part of the Multimedia Extensions to Windows, controls multimedia devices. This high-level interface gives you control over such devices as CD players, VCRs, videodisc players, MIDI synthesizers, and more. Unfortunately, if you scan through the printed Windows documentation that came with your Borland C++ compiler, you'll find nary a mention of the MCI. In fact, if you check most Windows programming books, you'll find this important information missing there, too. You're not out of luck, though. In your Borland C++ main window, you will find on-disk documentation for the MCI.

The Solution

To play a WAV file at any time in your program, simply call the sndPlaySound() function:

```
::sndPlaySound(soundName, flags)
```

This function requires two parameters. The first is the name of the file you want to play. The function first searches the [sounds] section of the WIN.INI file for the sound. The sound names found there are not the names of waveform files, but rather names assigned to specific Windows events. A typical WIN.INI [sounds] section looks like this:

```
[sounds]
SystemAsterisk=chord.wav,Asterisk
SystemHand=chord.wav,Critical Stop
SystemDefault=C:\WINDOWS\DING.WAV,Default Beep
SystemExclamation=chord.wav,Exclamation
SystemQuestion=chord.wav,Question
SystemExit=chimes.wav,Windows Exit
SystemStart=tada.wav,Windows Start
```

To play the SystemAsterisk sound, you provide sndPlaySound() with the string "SystemAsterisk" as its first parameter. If sndPlaySound() can't find the sound represented by the string in WIN.INI, the function assumes that the sound string is the name of a waveform file. sndPlaySound() then searches for the file in the current directory, the main Windows directory, the Windows system directory, or directories included in the user's PATH environment variable. If the function can't find the file, it tries to play the SystemDefault sound, as defined in WIN.INI. Finally, if it can't find this sound, it returns an error.

The second parameter for sndPlaySound() is the sound-play option, which can be one or more of the following:

- SND_SYNC—The sound is played synchronously and the function returns only when the sound ends.

- SND_ASYNC—The sound is played asynchronously and the function returns immediately after the sound begins. You must call sndPlaySound() with a first parameter of NULL to end the sound.

- SND_NODEFAULT—If the sound specified in the first parameter can't be found, the function returns without playing the default sound.

- SND_MEMORY—Indicates that the first parameter in the sndPlaySound() call points to a waveform sound in memory.

- SND_LOOP—The sound plays repeatedly. To stop the loop, you must call sndPlaySound() with a first parameter of NULL. (You must also include the SND_ASYNC flag along with SND_LOOP.)

■ SND_NOSTOP—The function does not play the requested sound if a sound is already playing. In this case, sndPlaySound() returns FALSE.

> **Note**
>
> The constants used with the multimedia functions, as well as the functions themselves, are defined in MMSYSTEM.H. You must include MMSYSTEM.H in files that use these constants and functions.

> **Note**
>
> To receive the best results from Windows sound programs, you should have a multimedia-capable sound board, such as Sound Blaster, installed in your system.

► See "How Do I Stop, Pause, and Resume Multimedia Sounds?," p. 471

The Sample Program

When you run the SNDAPP1 program, you see the window shown in figure 11.1. This window contains a single button that, when clicked, produces a *boing* sound. This sound is stored in the file BOING.WAV, which is loaded and played by the sndPlaySound() function whenever you select the window's Press Me button.

Fig. 11.1
The SNDAPP1 application.

Listing 11.1   SNDAPP1.CPP—Shows How to Play Digitized Sounds

```cpp
/////////////////////////////////////////////////////////////
// SNDAPP1.CPP: Demonstrates using multimedia sound.
/////////////////////////////////////////////////////////////

#include <owl\applicat.h>
#include <owl\framewin.h>
#include <owl\button.h>
#include <mmsystem.h>
#include "sndapp1.rc"

////////////////////////////////////
// The application class.
////////////////////////////////////
```

(continues)

Listing 11.1 Continued

```
class TApp : public TApplication
{
public:
   TApp(): TApplication() {}
   void InitMainWindow();
};

///////////////////////////////////
// The main window class.
///////////////////////////////////
class TWndw : public TFrameWindow
{
public:
   TWndw(TWindow *parent, const char far *title);

protected:
   void IdcPressMe();

   DECLARE_RESPONSE_TABLE(TWndw);
};

DEFINE_RESPONSE_TABLE1(TWndw, TFrameWindow)
   EV_COMMAND(IDC_PRESSME, IdcPressMe),
END_RESPONSE_TABLE;

////////////////////////////////////////////////////////////
// TWndw::TWndw()
////////////////////////////////////////////////////////////
TWndw::TWndw(TWindow *parent, const char far *title) :
   TFrameWindow(parent, title)
{
   AssignMenu(MENU_1);
   Attr.X = 100;
   Attr.Y = 100;
   Attr.H = 125;
   Attr.W = 205;
   new TButton(this, IDC_PRESSME, "Press Me",
         16, 10, 165, 55, FALSE);
}

////////////////////////////////////////////////////////////
// TWndw::IdcPressMe()
////////////////////////////////////////////////////////////
void TWndw::IdcPressMe()
{
  if (!::sndPlaySound("BOING.WAV",
                SND_SYNC | SND_NODEFAULT))
    MessageBox("Couldn't find WAV file.",
                "SOUND", MB_OK | MB_ICONEXCLAMATION);
}

////////////////////////////////////////////////////////////
// TApp::InitMainWindow()
```

```
/////////////////////////////////////////////////////////
void TApp::InitMainWindow()
{
    TFrameWindow *wndw = new TWndw(0, "Sound App 1");
    SetMainWindow(wndw);
}


/////////////////////////////////////////////////////////
// OwlMain()
/////////////////////////////////////////////////////////
int OwlMain(int, char*[])
{
    return TApp().Run();
}
```

How Do I Stop, Pause, and Resume Multimedia Sounds?

The function `sndPlaySound()` is the highest-level function available for playing waveform files in Windows 3.1. As such, it allows only a few options and always plays a sound from beginning to end. What if you want more control over the sounds in your programs? You must step down one level and use the `mciSendCommand()` function to send specific commands to your sound device.

Although using `mciSendCommand()` requires learning a new list of Windows messages specially designed for multimedia applications, it is still a straightforward process. In this process, devices are treated much like tape recorders with features such as play, stop, pause, and resume. By using these different functions, you can stop a waveform file from playing at any point or pause the waveform file and resume playing exactly where it paused. You can even give the user control of the sounds, as you'll soon see.

The Solution

The first step in giving your program control over multimedia sounds is to define the window class that will hold the sound-control functions:

```
class TWndw : public TFrameWindow
{
protected:
    int deviceID;

public:
    TWndw(TWindow *parent, const char far *title);

protected:
    void Play();
    void Stop();
```

```
                    void Pause();
                    void Resume();
                    LRESULT MMMCINotify(WPARAM wParam, LPARAM);

                    DECLARE_RESPONSE_TABLE(TWndw);
                };

                DEFINE_RESPONSE_TABLE1(TWndw, TFrameWindow)
                    EV_MESSAGE(MM_MCINOTIFY, MMMCINotify),
                END_RESPONSE_TABLE;
```

In this window class, the data member `deviceID` holds the ID for the currently open sound device. Because the ID is needed by most MCI functions, it is accessible to all member functions in the class. Following this single data member are the member functions for the class, including the constructor and four functions—`Play()`, `Stop()`, `Pause()`, and `Resume()`—for controlling sound. You must also write the message-response function `MMMCINotify()`, which responds to `MM_MCINOTIFY` messages. Use the `EV_MESSAGE` macro in your response table to match this function up with the `MM_MCINOTIFY` message.

When you need to play a sound, call your `Play()` function. At the top of the function, define the `MCI_OPEN_PARMS` and `MCI_PLAY_PARMS` structures:

```
        MCI_OPEN_PARMS mciOpen;
        MCI_PLAY_PARMS mciPlay;
```

These structures hold many of the parameters needed to open and play a sound device. To play a sound from the beginning using the default sound device, first fill in the `MCI_OPEN_PARMS` structure `mciOpen` as shown in the following lines:

```
        mciOpen.dwCallback = 0L;
        mciOpen.wDeviceID = 0;
        mciOpen.wReserved0 = 0;
        mciOpen.lpstrDeviceType = NULL;
        mciOpen.lpstrElementName = elementName;
        mciOpen.lpstrAlias = NULL;
```

The `lpstrElementName` element is the complete path string to the sound you want to play.

After setting up the `MCI_OPEN_PARMS` structure, call `mciSendCommand()` to open the sound device:

```
        DWORD error = mciSendCommand(0, MCI_OPEN,
            MCI_WAIT ¦ MCI_OPEN_ELEMENT,
            (DWORD) (LPMCI_OPEN_PARMS) &mciOpen);
```

The first parameter is the ID of the device to open. By using a zero, the first available device is chosen. The second parameter is the command message to be sent, in this case, MCI_OPEN. The third parameter includes the command flags for the options to be set. There are many of these flags, depending on the device being opened. (Refer to Borland's on-disk MCI documentation for a list of all the flags.)

In the preceding function call, two flags are used: MCI_WAIT and MCI_OPEN_ELEMENT. The first instructs the MCI to complete the open function before returning control to the program. The second tells the MCI that elementName is a file name for the sound to open. Because the file has a WAV extension, the MCI opens a waveform device. Finally, the fourth parameter is the address of the MCI_OPEN_PARMS structure. After calling mciSendCommand() with these parameters, the device ID—if the device was successfully opened— is in the wDeviceID field of the structure.

If mciSendCommand() manages to do its job, it returns a value of zero. If, however, there's an error, mciSendCommand() returns an error code. To display an error message, call mciGetErrorString():

```
mciGetErrorString(error, str, sizeof(str));
```

This function call fills str with an appropriate error message. (This is a terrifically handy function, don't you think? If only all error messages could be so easily constructed.) The parameters for this function call are the error code received from mciSendMessage(), the address of the character array into which the error message should be stored, and the length of the character array. To display the message, call up a message box:

```
MessageBox(str, "SOUND", MB_OK ¦ MB_ICONEXCLAMATION);
```

To play the sound after the device is opened, first fill the MCI_PLAY_PARMS structure, mciPlay, with appropriate values:

```
mciPlay.dwCallback = (DWORD) HWindow;
mciPlay.dwFrom = 0;
mciPlay.dwTo = 0;
```

The dwFrom and dwTo elements of this structure indicate where in the file to start the playing and where to end. To play the entire sound, set these values to zero. The dwCallback element must contain the handle of the window to which MM_MCINOTIFY messages should be sent, which is, of course, the main window. The MM_MCINOTIFY message, as you soon see, informs the program when the sound is finished playing, among other things.

When the MCI_PLAY_PARMS structure is initialized, call mciSendCommand() with a command value of MCI_PLAY to play the sound:

```
mciSendCommand(deviceID, MCI_PLAY, MCI_NOTIFY,
    (DWORD) (LPMCI_PLAY_PARMS) &mciPlay);
```

This time, the call's parameters include the device ID; the MCI_NOTIFY flag, which instructs the MCI to send MM_MCINOTIFY messages to the window with a handle stored in the dwCallback field of the MCI_PLAY_PARMS structure; and the address of the MCI_PLAY_PARMS structure.

If the user allows the entire sound to play, a MM_MCINOTIFY message is sent to the main window. Handle this message in your MMMCINotify() message-response function:

```
LRESULT TWndw::MMMCINotify(WPARAM wParam, LPARAM)
{
    MCI_GENERIC_PARMS mciGeneric;

    if (wParam == MCI_NOTIFY_SUCCESSFUL)
    {
        mciGeneric.dwCallback = 0L;

        mciSendCommand(deviceID, MCI_STOP, MCI_WAIT,
            (DWORD) (LPMCI_GENERIC_PARMS) &mciGeneric);

        mciSendCommand(deviceID, MCI_CLOSE, MCI_WAIT,
            (DWORD) (LPMCI_GENERIC_PARMS) &mciGeneric);
    }
    return TRUE;
}
```

When the MM_MCINOTIFY message's WPARAM is set to MCI_NOTIFY_SUCCESSFUL, the sound has played to the end. In this case, the sound must be stopped and the device closed. To do this, first initialize an MCI_GENERIC_PARMS structure by setting the dwCallback field to zero, which is the only field in the structure. (Your program no longer has to intercept MM_MCINOTIFY messages.) Then call mciSendMessage() to close the device.

All this work is basically equivalent to the single sndPlaySound() function used in the previous section's program. Sure, it seems like a lot of work. But keep in mind that, by using mciSendMessage(), the program has greater control over sound. For example, the following function pauses a sound:

```
void TWndw::Pause()
{
    MCI_GENERIC_PARMS mciGeneric;

    mciGeneric.dwCallback = 0L;

    mciSendCommand (deviceID, MCI_PAUSE, MCI_WAIT,
        (DWORD)(LPMCI_GENERIC_PARMS) &mciGeneric);

    SetButtons(FALSE, TRUE, FALSE, TRUE);
}
```

This function calls `mciSendMessage()` with a command value of `MCI_PAUSE`. This causes the current sound to stop playing, yet retain its current position.

The function to resume play follows the same form as `Pause()`, except it sends the `MCI_RESUME` command:

```
void TWndw::Resume()
{
    MCI_GENERIC_PARMS mciGeneric;

    mciGeneric.dwCallback = 0L;

    mciSendCommand (deviceID, MCI_RESUME, MCI_WAIT,
        (DWORD)(LPMCI_GENERIC_PARMS) &mciGeneric);
}
```

◀ See "How Do I Play Digitized Sound?," p. 467

◀ See "How Do I Place Controls in a Window?," p. 241

◀ See "How Do I Send My Own Windows Messages?," p. 47

The Sample Program

When you run the SNDAPP2 program, you see the window shown in figure 11.2. The window's controls enable you to manipulate sound much like a tape player. Click the Play button to start the sound. When you do, not only do you hear the sound, but the Pause and Stop buttons become enabled. If you click Pause, the sound pauses and all buttons are disabled except the Resume and Stop buttons. Click Resume to continue the sound from where it paused, or click Stop to stop the sound and reset it to the beginning.

Caution

Make sure that the BEAMUP.WAV file is in the same directory as the program. Otherwise, SNDAPP2 will be unable to find it.

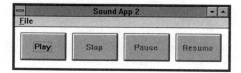

Fig. 11.2
The SNDAPP2 application.

Listing 11.2 SNDAPP2.CPP—Shows How to Control Digitized Sounds

```cpp
////////////////////////////////////////////////////////
// SNDAPP2.CPP: Demonstrates using multimedia sound with
//              finer control.
////////////////////////////////////////////////////////

#include <owl\applicat.h>
#include <owl\framewin.h>
#include <owl\button.h>
#include <mmsystem.h>
#include "sndapp2.rc"

///////////////////////////////////
// The application class.
///////////////////////////////////
class TApp : public TApplication
{
public:
    TApp(): TApplication() {}
    void InitMainWindow();
};

///////////////////////////////////
// The main window class.
///////////////////////////////////
class TWndw : public TFrameWindow
{
protected:
    int deviceID;
    TButton *playButton, *pauseButton;
    TButton *stopButton, *resumeButton;

public:
    TWndw(TWindow *parent, const char far *title);

protected:
    void SetupWindow();
    void IdcPlay();
    void IdcStop();
    void IdcPause();
    void IdcResume();
    LRESULT MMMCINotify(WPARAM wParam, LPARAM);

private:
    void SetButtons(BOOL b1, BOOL b2, BOOL b3, BOOL b4);
    void StopSound();

    DECLARE_RESPONSE_TABLE(TWndw);
};

DEFINE_RESPONSE_TABLE1(TWndw, TFrameWindow)
    EV_MESSAGE(MM_MCINOTIFY, MMMCINotify),
    EV_COMMAND(IDC_PLAY, IdcPlay),
```

```
      EV_COMMAND(IDC_STOP, IdcStop),
      EV_COMMAND(IDC_PAUSE, IdcPause),
      EV_COMMAND(IDC_RESUME, IdcResume),
END_RESPONSE_TABLE;

//////////////////////////////////////////////////////////
// TWndw::TWndw()
//////////////////////////////////////////////////////////
TWndw::TWndw(TWindow *parent, const char far *title) :
   TFrameWindow(parent, title)
{
   AssignMenu(MENU_1);
   Attr.X = 100;
   Attr.Y = 100;
   Attr.H = 120;
   Attr.W = 380;

   playButton = new TButton(this, IDC_PLAY, "Play",
      10, 10, 80, 50, FALSE);
   stopButton = new TButton(this, IDC_STOP, "Stop",
      100, 10, 80, 50, FALSE);
   pauseButton = new TButton(this, IDC_PAUSE, "Pause",
      190, 10, 80, 50, FALSE);
   resumeButton = new TButton(this, IDC_RESUME, "Resume",
      280, 10, 80, 50, FALSE);
}

/////////////////////////////////////////////////////////
// TWndw::SetupWindow()
/////////////////////////////////////////////////////////
void TWndw::SetupWindow()
{
   TFrameWindow::SetupWindow();

   // Enable and disable buttons.
   SetButtons(TRUE, FALSE, FALSE, FALSE);
}

/////////////////////////////////////////////////////////
// TWndw::IdcPlay()
/////////////////////////////////////////////////////////
void TWndw::IdcPlay()
{
   char str[161];
   char elementName[81] = "BEAMUP.WAV";

   MCI_OPEN_PARMS mciOpen;
   MCI_PLAY_PARMS mciPlay;

   // Setup the MCI open parameters.
   mciOpen.dwCallback = 0L;
   mciOpen.wDeviceID = 0;
   mciOpen.wReserved0 = 0;
   mciOpen.lpstrDeviceType = NULL;
```

(continues)

Listing 11.2   Continued

```
      mciOpen.lpstrElementName = elementName;
      mciOpen.lpstrAlias = NULL;

      // Open the waveform audio device.
      DWORD error = mciSendCommand(0, MCI_OPEN,
         MCI_WAIT | MCI_OPEN_ELEMENT,
         (DWORD) (LPMCI_OPEN_PARMS) &mciOpen);

      // Report an error, if one occurred.
      if (error != 0L)
      {
         // Get the error string.
         mciGetErrorString(error, str, sizeof(str));

         // Use the error string in a message box.
         MessageBox(str, "SOUND", MB_OK | MB_ICONEXCLAMATION);
      }
      else
      {
         // Save the audio device's ID.
         deviceID = mciOpen.wDeviceID;

         // Update the buttons.
         SetButtons(FALSE, TRUE, TRUE, FALSE);

         // Set up the MCI play parameters.
         mciPlay.dwCallback = (DWORD) HWindow;
         mciPlay.dwFrom = 0;
         mciPlay.dwTo = 0;

         // Play the sound.
         mciSendCommand(deviceID, MCI_PLAY, MCI_NOTIFY,
            (DWORD) (LPMCI_PLAY_PARMS) &mciPlay);
      }
   }


   //////////////////////////////////////////////////////
   // TWndw::IdcStop()
   //////////////////////////////////////////////////////
   void TWndw::IdcStop()
   {
      StopSound();
   }


   //////////////////////////////////////////////////////
   // TWndw::IdcPause()
   //////////////////////////////////////////////////////
   void TWndw::IdcPause()
   {
      MCI_GENERIC_PARMS mciGeneric;

      // Set up the MCI pause parameters.
      mciGeneric.dwCallback = 0L;
```

```
      // Pause the sound.
   mciSendCommand (deviceID, MCI_PAUSE, MCI_WAIT,
      (DWORD)(LPMCI_GENERIC_PARMS) &mciGeneric);

      // Update the buttons.
   SetButtons(FALSE, TRUE, FALSE, TRUE);
}


/////////////////////////////////////////////////////////
// TWndw::IdcResume()
/////////////////////////////////////////////////////////
void TWndw::IdcResume()
{
   MCI_GENERIC_PARMS mciGeneric;

      // Set up the MCI resume parameters.
   mciGeneric.dwCallback = 0L;

      // Resume the sound.
   mciSendCommand (deviceID, MCI_RESUME, MCI_WAIT,
      (DWORD)(LPMCI_GENERIC_PARMS) &mciGeneric);

      // Update the buttons.
   SetButtons(FALSE, TRUE, TRUE, FALSE);
}


/////////////////////////////////////////////////////////
// TWndw::MMMCINotify()
/////////////////////////////////////////////////////////
LRESULT TWndw::MMMCINotify(WPARAM wParam, LPARAM)
{
      // If the sound is done playing, close the device.
   if (wParam == MCI_NOTIFY_SUCCESSFUL)
   {
      StopSound();
   }
   return TRUE;
}


/////////////////////////////////////////////////////////
// TWndw::SetButtons()
/////////////////////////////////////////////////////////
void TWndw::SetButtons(BOOL b1, BOOL b2, BOOL b3, BOOL b4)
{
   playButton->EnableWindow(b1);
   stopButton->EnableWindow(b2);
   pauseButton->EnableWindow(b3);
   resumeButton->EnableWindow(b4);
}


/////////////////////////////////////////////////////////
// TWndw::StopSound()
/////////////////////////////////////////////////////////
void TWndw::StopSound()
```

(continues)

Listing 11.2 Continued

```
{
    MCI_GENERIC_PARMS mciGeneric;

    // Set up the MCI stop and close parameters.
    mciGeneric.dwCallback = 0L;

    // Stop the device from playing.
    mciSendCommand(deviceID, MCI_STOP, MCI_WAIT,
        (DWORD) (LPMCI_GENERIC_PARMS) &mciGeneric);

    // Close the device.
    mciSendCommand(deviceID, MCI_CLOSE, MCI_WAIT,
        (DWORD) (LPMCI_GENERIC_PARMS) &mciGeneric);

    // Update the buttons.
    SetButtons(TRUE, FALSE, FALSE, FALSE);
}

/////////////////////////////////////////////////////////////
// TApp::InitMainWindow()
/////////////////////////////////////////////////////////////
void TApp::InitMainWindow()
{
    TFrameWindow *wndw = new TWndw(0, "Sound App 2");
    SetMainWindow(wndw);
}

/////////////////////////////////////////////////////////////
// OwlMain()
/////////////////////////////////////////////////////////////
int OwlMain(int, char*[])
{
    return TApp().Run();
}
```

How Do I Use the Clipboard with Text?

The Clipboard can hold many types of data. Because of this flexibility, programs can easily transfer text, graphics, spreadsheet data, and more, all the while retaining the data's original formatting information. All told, the Clipboard supports nine data formats, with other private, user-defined formats available. The supported Clipboard formats are listed in table 11.1.

The simplest Clipboard data is CF_TEXT, which is plain, vanilla ANSI text. The only special characters recognized by this format are carriage returns, linefeeds, and NULLs. Carriage returns and linefeeds mark the end of lines, of course, whereas a NULL marks the end of the text. This type of data is usually transferred to the Clipboard when a user cuts or copies text from a text editor of some type. The Borland IDE editor, for example, transfers text in this format.

Table 11.1 Clipboard Data Formats	
Format	**Description**
CF_TEXT	NULL-terminated ANSI text, including carriage returns and linefeeds.
CF_BITMAP	Device-dependent bitmaps.
CF_METAFILEPICT	Metafile pictures.
CF_SYLK	Microsoft Symbolic Link data, used by Multiplan, Chart, and Excel.
CF_DIF	Data Interchange Format data used by VisiCalc.
CF_TIFF	Tagged Image File Format data for bitmaps.
CF_OEMTEXT	Text using the OEM (standard IBM) character set.
CF_DIB	Device-independent bitmaps.
CF_PALETTE	A color palette handle.

When an application transfers text to the Clipboard, the text no longer belongs to the application. For this reason, the application must create in global memory a copy of the item being transferred, then hand this copy over to the Clipboard. If the application needs the data again, it must extract the data from the Clipboard the same way any application does.

The Solution

In an application that handles text, you'll probably want to create a client-window class from OWL's TEditFile class:

```
class TCWndw: public TEditFile
{
protected:
    BOOL textInClip;

public:
    TCWndw();

protected:
    void EvSetFocus(HWND);
    void CmEditCopy();
    void CmEditPaste();

    void CmEnableEditPaste
        (TCommandEnabler &commandEnabler);

    DECLARE_RESPONSE_TABLE(TCWndw);
};
```

```
DEFINE_RESPONSE_TABLE1(TCWndw, TEditFile)
   EV_WM_SETFOCUS,
   EV_COMMAND(CM_EDITCOPY, CmEditCopy),
   EV_COMMAND(CM_EDITPASTE, CmEditPaste),
   EV_COMMAND_ENABLE(CM_EDITPASTE, CmEnableEditPaste),
END_RESPONSE_TABLE;
```

By using a window of the TEditFile class, you can type text, select text with the mouse, and copy and paste text (and more) without providing code for these functions in the program. The TCWndw window class provides message-response functions for the **C**opy and **P**aste menu items, as well as for the Windows message WM_SETFOCUS. It also provides a command enabler for the **E**dit menu's **P**aste command. This command enabler enables or disables the **P**aste command based on the value of the class's Boolean variable textInClip.

The client window, like any object, is created by its constructor:

```
TCWndw::TCWndw() : TEditFile()
{
   // Turn off some style flags.
   Attr.Style &= ~(WS_BORDER | WS_VSCROLL | WS_HSCROLL);
}
```

Here, after calling the base class constructor, TEditFile(), the program turns off the edit window's border and scroll bars. If the constructor did not turn off these attributes, the client window would appear with a dark border outlining the inside of the frame window. It would also have horizontal and vertical scroll bars, which this program doesn't need.

In this text-editing demonstration, the program enables the **P**aste command when the Clipboard contains CF_TEXT data and disables **P**aste when the Clipboard contains another type of data. This bit of magic is possible due to the WM_SETFOCUS message.

Windows sends the WM_SETFOCUS message to a window whenever the window is activated, either by switching to the window from another application or by running the program that creates the window. By responding to this message, a program can immediately check the contents of the Clipboard and update the **P**aste command appropriately. This is all done before the user has a chance to reach for the keyboard, let alone select the **E**dit menu.

The client window responds to a WM_SETFOCUS message with the function EvSetFocus():

```
void TCWndw::EvSetFocus(HWND)
{
   if (IsClipboardFormatAvailable(CF_TEXT))
      textInClip = TRUE;
   else textInClip = FALSE;
```

```
        DefaultProcessing();
    }
```

In this function, the program first calls the Windows API function
IsClipboardFormatAvailable() with a parameter of CF_TEXT. This function
returns TRUE if the requested data type is in the Clipboard and FALSE other-
wise. (To check for other types of data, you need only replace CF_TEXT with a
format from table 11.1.) In this case, if IsClipboardFormatAvailable() returns
TRUE, the Clipboard contains text, so the program sets the textInClip flag to
TRUE. Thanks to the program's command enabler, changing textInClip to
TRUE enables the **P**aste command. If the Clipboard contains no text, the
program sets textInClip to FALSE.

The last thing EvSetFocus() does is call DefaultProcessing() to return the
WM_SETFOCUS message to Windows so that it can process the message as
appropriate.

If the program receives a CM_EDITCOPY message (defined in the program's re-
source file), the user has selected the **E**dit menu's **C**opy command and wants
to copy data from the main window to the Clipboard. This message is
handled by the message-response function CmEditCopy():

```
    void TCWndw::CmEditCopy()
    {
        UINT startPos, endPos;

        GetSelection(startPos, endPos);
        HANDLE hMem = GlobalAlloc(GHND, endPos-startPos+1);
        LPSTR s = (LPSTR) GlobalLock(hMem);
        GetSubText(s, startPos, endPos);
        GlobalUnlock(hMem);

        TClipboard &clipboard = OpenClipboard();
        clipboard.EmptyClipboard();
        clipboard.SetClipboardData(CF_TEXT, hMem);
        clipboard.CloseClipboard();

        textInClip = TRUE;
    }
```

Normally, a TEditFile-derived object handles all the cut, copy, and paste
functions automatically, transferring data to and from the Clipboard as
needed. However, to demonstrate how the Clipboard works, the sample class
takes over some of these functions. First, it retrieves the starting and ending
character positions of the selected text by calling the client window's
GetSelection() function, which is inherited from the TEdit class. The text
indicated by startPos and endPos is the text that must be copied to the
Clipboard.

The program next calls the Windows API function GlobalAlloc(), requesting enough memory to hold the text. (This function's GHND parameter requests a moveable memory block that's initialized to zeros. The function's second parameter is the size of the block.) When the block is allocated, the program receives a handle to the memory block, rather than an address. A NULL handle means memory cannot be allocated. Although the program doesn't check for a NULL handle, you should do so in your own programs.

Before copying the selected text into the allocated memory block, your program must inform Windows not to move the block until it's through with it. Do this by calling the Windows API function GlobalLock() with the block's handle. GlobalLock() freezes the object in memory and returns a pointer to it.

After this call, you can safely call the client window's GetSubText() function (inherited from TEdit) to copy the selected text into the memory block. Then, a call to GlobalUnlock() informs Windows that the program is finished with the block. After unlocking the block, the pointer s is no longer valid. Your program must now refer to the memory block only by its handle.

Now that the selected text has been copied into memory, the program can give the text to the Clipboard. First, the program creates an OWL clipboard object and opens Windows' Clipboard, by calling the client window's OpenClipboard() function, inherited from TWindow. (Don't confuse this function with the TClipboard class's function of the same name.) Opening the Clipboard prevents other applications from accessing the Clipboard while your program is using it. When the program has the Clipboard, its first task is to empty the Clipboard by calling the clipboard object's EmptyClipboard() function.

This function actually does more than empty the Clipboard. It also makes the calling program the Clipboard's *owner* and releases from memory whatever data the Clipboard contained. The Clipboard's owner is the last application to place data into the Clipboard.

> **Note**
>
> Being the Clipboard's owner doesn't actually mean a program owns the Clipboard, but rather that the "owner" application is the source of the data presently in the Clipboard.

After emptying the Clipboard, CLIPBRD1 calls the clipboard object's SetClipboardData() function, which gives the text to the Clipboard. This function's first parameter is the type of data being placed into the

Clipboard (from table 11.1). The second parameter is an unlocked handle to the data.

Normally, after copying the text into the Clipboard, the program would call the Windows API function CloseClipboard() to release the Clipboard so that other applications can access it. OWL's TClipboard class has its own version of this function, which you call to release the Clipboard. In the preceding example function, the program calls the clipboard object's CloseClipboard() function, which clipboard inherited from TClipboard.

Note

When a program empties the Clipboard, it becomes the Clipboard's owner and remains the owner even after the program closes the Clipboard. A program loses ownership when another application empties the Clipboard.

The last thing CmEditCopy() does is set the textInClip flag to TRUE. This enables the **P**aste command of the **E**dit menu, so the user can paste the text he just copied. In this case, the program has no need to check the data format of the Clipboard, because it placed the data there itself.

Copying data into the Clipboard is only half the battle. An application that supports the Clipboard also has to retrieve data. In a text-editing program, the signal to perform this operation is sent when the user selects the **E**dit menu's **P**aste command. In the TCWndw class, this generates a CM_EDITPASTE message (defined in the resource file), which is handled by the function CmEditPaste():

```
void TCWndw::CmEditPaste()
{
    TClipboard &clipboard = OpenClipboard();
    if (clipboard.IsClipboardFormatAvailable(CF_TEXT))
    {
        HANDLE hMem = clipboard.GetClipboardData(CF_TEXT);
        if (hMem)
        {
            LPSTR s = (LPSTR) GlobalLock(hMem);
            Insert(s);
            GlobalUnlock(hMem);
        }
    }
    clipboard.CloseClipboard();
}
```

Here, the program first constructs an OWL clipboard object, which also opens Windows' Clipboard. Before copying the contents of the Clipboard to its window, however, the program must ensure that the data is in the correct format. This is done, as before, with a call to `IsClipboardFormatAvailable()`. This time, however, the function called is the version inherited from OWL's `TClipboard` class, rather than the Windows API version. If this function returns FALSE, `CmEditPaste()` does nothing.

▶ See "How Do I Use the Clipboard with Bitmaps?," p. 491

After validating the data format, the program obtains a handle to the Clipboard's data by calling the `clipboard` object's `GetClipboardData()` function. This function's parameter is the data format the program needs. If this type of data is not in the Clipboard, the function returns a NULL handle.

◀ See "How Do I Enable, Disable, Change, or Check Menu Items in an OWL Program?," p. 279

After the program has a handle to the Clipboard's contents, it has to determine the data's address. It does this by calling `GlobalLock()`, which not only returns a pointer to the data, but also locks the data in memory so that Windows can't move it. Next, the program displays the Clipboard's text by calling the client window's `Insert()` function (inherited from `TEdit`). Lastly, the function unlocks the memory block and closes the Clipboard.

> ### Note
>
> To use RAM as efficiently as possible, Windows does a lot of memory shuffling. This means that a program must never assume that an object will stay at one address. If you must be sure that an object stays put in memory, you must call the Windows API function `GlobalLock()` to lock the object in place. To unlock a block of memory, call the Windows API function `GlobalUnlock()`.

The Sample Program

When you run the CLIPBRD1 program, the window shown in figure 11.3 appears. You can type text in the window, as well as copy and paste text. To copy text to the Clipboard, highlight the text by dragging the mouse pointer over it, then select the **C**opy entry of the **E**dit menu. To paste the text back to the Window, select the **E**dit menu's **P**aste entry.

The program's **E**dit menu is smart enough to know when the Clipboard contains the correct type of data—that is, if the data in the Clipboard is not of format CF_TEXT, the **P**aste entry is disabled. To check this out, run Windows Paintbrush and copy a bitmap to the Clipboard (simply use the scissors tool to copy part of the Paintbrush window). Then switch back to the text editor and look at the **E**dit menu. The **P**aste option should be disabled. Now, switch to another text-editing program and copy some text to the Clipboard. Return to CLIPBRD1 and note that the **P**aste entry is again enabled.

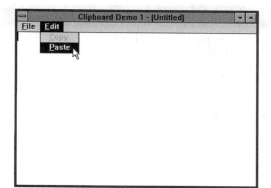

Fig. 11.3
The CLIPBRD1
application.

Note

When programming with a TEditFile window, OWL handles the **E**dit menu commands automatically, as long as you use the correct IDs for the commands. Because of this, much of the code in listing 11.3 is redundant, providing functions that are already handled by OWL. However, by providing this redundant code, the program shows you exactly how the Clipboard works, which is, of course, the point of the program.

Listing 11.3   CLIPBRD1.CPP—Demonstrates Handling Text with the Clipboard

```
//////////////////////////////////////////////////////
// CLIPBRD1.CPP: Demonstrates basic Clipboard usage.
//////////////////////////////////////////////////////

#include <owl\applicat.h>
#include <owl\framewin.h>
#include <owl\editfile.h>
#include "clipbrd1.rc"

////////////////////////////////
// The application class.
////////////////////////////////
class TApp : public TApplication
{
public:
   TApp(): TApplication() {}
   void InitMainWindow();
};
```

(continues)

Listing 11.3   Continued

```
////////////////////////////////
// The client window class.
////////////////////////////////
class TCWndw: public TEditFile
{
protected:
   BOOL textInClip;

public:
   TCWndw();

protected:
   void EvSetFocus(HWND);
   void CmEditCopy();
   void CmEditPaste();

   void CmEnableEditPaste
      (TCommandEnabler &commandEnabler);

   DECLARE_RESPONSE_TABLE(TCWndw);
};

DEFINE_RESPONSE_TABLE1(TCWndw, TEditFile)
   EV_WM_SETFOCUS,
   EV_COMMAND(CM_EDITCOPY, CmEditCopy),
   EV_COMMAND(CM_EDITPASTE, CmEditPaste),
   EV_COMMAND_ENABLE(CM_EDITPASTE, CmEnableEditPaste),
END_RESPONSE_TABLE;

////////////////////////////////////////////////////////
// TCWndw::TCWndw
////////////////////////////////////////////////////////
TCWndw::TCWndw() : TEditFile()
{
   // Turn off some style flags.
   Attr.Style &= ~(WS_BORDER | WS_VSCROLL | WS_HSCROLL);
}

////////////////////////////////////////////////////////
// TCWndw::EvSetFocus()
////////////////////////////////////////////////////////
void TCWndw::EvSetFocus(HWND)
{
   // Check for text in Clipboard.
   if (IsClipboardFormatAvailable(CF_TEXT))
      textInClip = TRUE;
   else textInClip = FALSE;

   // Perform normal WM_SETFOCUS processing.
   DefaultProcessing();
}
```

```
//////////////////////////////////////////////////////
// TCWndw::CmEditCopy()
//////////////////////////////////////////////////////
void TCWndw::CmEditCopy()
{
   UINT startPos, endPos;

   // Get starting and ending positions of the
   // selected text.
   GetSelection(startPos, endPos);

   // Get a handle to a block of memory big enough
   // to hold the selected text.
   HANDLE hMem = GlobalAlloc(GHND, endPos-startPos+1);

   // Get a pointer to the block and lock the
   // block in memory.
   LPSTR s = (LPSTR) GlobalLock(hMem);

   // Copy the selected text and unlock the memory block.
   GetSubText(s, startPos, endPos);
   GlobalUnlock(hMem);

   // Open and clear the Clipboard.
   TClipboard &clipboard = OpenClipboard();
   clipboard.EmptyClipboard();

   // Give the selected text to the Clipboard.
   clipboard.SetClipboardData(CF_TEXT, hMem);

   // Close the Clipboard.
   clipboard.CloseClipboard();

   // Turn on the Paste menu item.
   textInClip = TRUE;
}

//////////////////////////////////////////////////////
// TCWndw::CmEditPaste()
//////////////////////////////////////////////////////
void TCWndw::CmEditPaste()
{
   // Open the Clipboard.
   TClipboard &clipboard = OpenClipboard();

   // Check that there is text in the Clipboard.
   if (clipboard.IsClipboardFormatAvailable(CF_TEXT))
   {
      // Get a handle to the Clipboard's text.
      HANDLE hMem = clipboard.GetClipboardData(CF_TEXT);

      // Check for valid handle.
      if (hMem)
      {
         // Get a pointer to the text.
         LPSTR s = (LPSTR) GlobalLock(hMem);
```

(continues)

Listing 11.3 Continued

```
                    // Add text to the edit window.
                    Insert(s);

                    // Unlock the memory block holding the text.
                    GlobalUnlock(hMem);
            }
        }
        // Close the Clipboard.
        clipboard.CloseClipboard();
}

/////////////////////////////////////////////////////////
// TCWndw::CmEnableEditPaste()
/////////////////////////////////////////////////////////
void TCWndw::CmEnableEditPaste
    (TCommandEnabler &commandEnabler)
{
    commandEnabler.Enable(textInClip);
}

/////////////////////////////////////////////////////////
// TApp::InitMainWindow()
/////////////////////////////////////////////////////////
void TApp::InitMainWindow()
{
    // Construct the client window.
    TEditFile *client = new TCWndw;

    // Construct the frame window.
    TFrameWindow *wndw =
        new TFrameWindow(0, "Clipboard Demo 1", client);

    // Add the menu to the window.
    wndw->AssignMenu(MENU_1);

    // Set the size and position of the window.
    wndw->Attr.X = 40;
    wndw->Attr.Y = 40;
    wndw->Attr.H = GetSystemMetrics(SM_CYSCREEN) / 1.5;
    wndw->Attr.W = GetSystemMetrics(SM_CXSCREEN) / 1.5;

    // Set the MainWindow pointer.
    SetMainWindow(wndw);
}

/////////////////////////////////////////////////////////
// OwlMain()
/////////////////////////////////////////////////////////
int OwlMain(int, char*[])
{
    return TApp().Run();
}
```

How Do I Use the Clipboard with Bitmaps?

Although most data transferred to and from the Clipboard is in CF_TEXT format, bitmaps, which are data format CF_BITMAP, are also handy objects to cut and paste. And, believe it or not, handling bitmaps with the Clipboard is not much more difficult than handling text, especially when you're using OWL. The basics are the same. You simply have to understand how to manipulate bitmaps in memory. That is, whereas text needs only to be copied into memory, a bitmap requires obtaining device contexts, creating device-compatible bitmaps in memory, and *blitting* a bitmap from one device context to another. (Blitting is the process of quickly transferring data between sections of memory, usually from RAM to screen memory.)

The Solution

To copy a bitmap from the screen to the Clipboard, you must first construct a device context for the window's client area:

```
TClientDC clientDC(HWindow);
```

Next, create a memory device context that's compatible with the window's device context:

```
TMemoryDC memoryDC(clientDC);
```

Create a bitmap object using the client window's DC and the width and height of the bitmap in a call to TBitmap's constructor:

```
TBitmap bitmap(clientDC, width, height, FALSE);
```

The fourth argument in the call to the constructor is a Boolean value indicating whether the bitmap should be created by Windows' CreateCompatibleBitmap() function (FALSE) or Windows' CreateDiscardableBitmap() function (TRUE).

After constructing the bitmap object, select it into the memory DC by calling the DC object's SelectObject() function:

```
memoryDC.SelectObject(bitmap);
```

Then, call BitBlt() to copy the screen area into the bitmap:

```
memoryDC.BitBlt(0, 0, width, height,
    clientDC, rect.left, rect.top, SRCCOPY);
```

At this point, there is a copy of the selected bitmap in memory. You can now pass the bitmap to the Clipboard by first opening and emptying the Clipboard:

```
TClipboard &clipboard = OpenClipboard();
clipboard.EmptyClipboard();
```

and then calling the bitmap object's `ToClipboard()` function, which transfers the bitmap to the Clipboard:

```
bitmap.ToClipboard(clipboard);
```

This function takes as its single argument a reference to a `TClipboard` object. `ToClipboard()` gives the bitmap to the Clipboard by calling the `clipboard` object's `SetClipboardData()` function, which in turn calls the Windows API function `SetClipboardData()`.

Finally, close the Clipboard:

```
clipboard.CloseClipboard();
```

At this point, the bitmap belongs to the Clipboard, where it can be accessed by any program that supports the `CF_BITMAP` format.

◄ See "How Do I Use the Clipboard with Text?," p. 480

To paste a bitmap from the Clipboard to the screen, construct a DC for the client window:

```
TClientDC clientDC(HWindow);
```

Then, open the Clipboard and construct a `clipboard` object:

◄ See "How Do I Enable, Disable, Change, or Check Menu Items in an OWL Program?," p. 279

```
TClipboard &clipboard = OpenClipboard();
```

Now, you can create a bitmap object from the contents of the Clipboard (assuming, of course, that the Clipboard contains the correct data format, `CF_BITMAP`) and then close the Clipboard:

◄ See "How Do I Create a Toolbox?," p. 219

```
TBitmap bitmap(clipboard);
clipboard.CloseClipboard();
```

Finally, construct a compatible memory DC, select the bitmap into the memory DC, and call the client window DC's `BitBlt()` function to display the bitmap in the window:

◄ See "How Do I Display a Bitmap in a Window?," p. 344

```
TMemoryDC memoryDC(clientDC);
memoryDC.SelectObject(bitmap);

int width = bitmap.Width();
int height = bitmap.Height();

clientDC.BitBlt(point.x, point.y, width,
    height, memoryDC, 0, 0, SRCCOPY);
```

The Sample Program

When you run CLIPBRD2, you see the window shown in figure 11.4. To use the program, first place your mouse pointer in the window's client area, hold down the left button, and draw a shape. Then, place the mouse cursor on the top left corner of the shape you want to capture, hold down the right mouse button, and drag the mouse pointer to the bottom right corner of the shape. A dotted rectangle follows the mouse pointer, outlining the shape you're selecting, as shown in figure 11.5. To copy the contents of the rectangle, release the right mouse button. A message box appears, informing you that the shape has been captured.

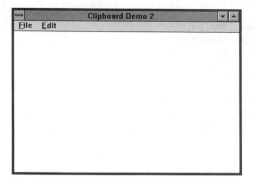

Fig. 11.4
The CLIPBRD2 application.

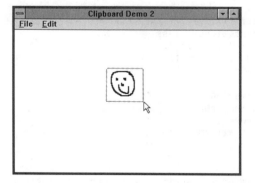

Fig. 11.5
Capturing a bitmap.

To paste the captured image, select the **P**aste entry of the **E**dit menu. The mouse cursor changes to a cross. Place the cross where you want to paste the shape (the cross marks the top left corner) and press the left mouse button. Finally, to prove that the Clipboard is functioning properly, run Windows Paintbrush and select its **P**aste menu item. The shape you selected appears on

Paintbrush's client area. (You can also view the bitmap using Windows' Clipboard Viewer.) If you like, you can draw a shape in Paintbrush's window, copy it to the Clipboard (using Paintbrush's Copy command, which is found in the Edit menu), and then paste the bitmap into CLIPBRD2's window.

Listing 11.4   CLIPBRD2.CPP—Demonstrates Handling Bitmaps with the Clipboard

```
///////////////////////////////////////////////////////////
// CLIPBRD2.CPP: Demonstrates copying bitmaps to and from
//                 the Clipboard.
///////////////////////////////////////////////////////////

#include <owl\applicat.h>
#include <owl\framewin.h>
#include <owl\editfile.h>
#include <owl\dc.h>
#include "clipbrd2.rc"

///////////////////////////////////
// The application class.
///////////////////////////////////
class TApp : public TApplication
{
public:
   TApp(): TApplication() {}
   void InitMainWindow();
};

///////////////////////////////////
// The client window class.
///////////////////////////////////
class TCWndw : public TWindow
{
protected:
   BOOL bitmapInClip;
   int lButton, rButton, paste;
   TPen *newPen;
   TClientDC *lineDC, *rectDC;
   TRect rect;

public:
   TCWndw(TWindow *parent, const char far *title);

protected:
   void EvSetFocus(HWND);
   void EvLButtonDown(UINT, TPoint &point);
   void EvLButtonUp(UINT, TPoint&);
   void EvMouseMove(UINT, TPoint &point);
   void EvRButtonDown(UINT, TPoint &point);
   void EvRButtonUp(UINT, TPoint&);
   void CmEditPaste();
```

```
private:
  void PasteBitmap(TPoint point);

  void CmEnableEditPaste
     (TCommandEnabler &commandEnabler);

  DECLARE_RESPONSE_TABLE(TCWndw);
};

DEFINE_RESPONSE_TABLE1(TCWndw, TWindow)
  EV_WM_SETFOCUS,
  EV_WM_LBUTTONDOWN,
  EV_WM_LBUTTONUP,
  EV_WM_RBUTTONDOWN,
  EV_WM_RBUTTONUP,
  EV_WM_MOUSEMOVE,
  EV_COMMAND(CM_EDITPASTE, CmEditPaste),
  EV_COMMAND_ENABLE(CM_EDITPASTE, CmEnableEditPaste),
END_RESPONSE_TABLE;

///////////////////////////////////////////////////
// TCWndw::TCWndw()
///////////////////////////////////////////////////
TCWndw::TCWndw(TWindow *parent, const char far *title) :
  TWindow(parent, title)
{
  lButton = FALSE;
  rButton = FALSE;
  paste = FALSE;
  rect.SetEmpty();
}


///////////////////////////////////////////////////
// TCWndw::EvSetFocus()
///////////////////////////////////////////////////
void TCWndw::EvSetFocus(HWND)
{
  // Check for a bitmap in the Clipboard.
  if (IsClipboardFormatAvailable(CF_BITMAP))
  {
     // If there's a bitmap in the Clipboard,
     // turn on the Paste menu item.
     bitmapInClip = TRUE;
  }
  else
     // If there is not a bitmap available, turn
     // off the Paste menu item.
     bitmapInClip = FALSE;

  // Perform normal WM_SETFOCUS processing.
  DefaultProcessing();
}
```

(continues)

Listing 11.4 Continued

```
/////////////////////////////////////////////////////
// TCWndw::EvLButtonDown()
/////////////////////////////////////////////////////
void TCWndw::EvLButtonDown(UINT, TPoint &point)
{
    // If the program is in paste mode...
    if (paste)
        PasteBitmap(point);

    // If this is a new left button press...
    else if (!lButton)
    {
        // Get a device context and a pen.
        lineDC = new TClientDC(HWindow);
        newPen = new TPen(TColor::Black, 2, PS_SOLID);
        lineDC->SelectObject(*newPen);

        // Direct all mouse input to this window.
        SetCapture();

        // Set the line start to the mouse coordinates.
        lineDC->MoveTo(point);

        // Set the mouse-button flag.
        lButton = TRUE;
    }
}

/////////////////////////////////////////////////////
// TCWndw::EvLButtonUp()
/////////////////////////////////////////////////////
void TCWndw::EvLButtonUp(UINT, TPoint&)
{
    if (lButton)
    {
        // Release the device context.
        delete lineDC;

        // Delete the custom pen object.
        delete newPen;

        // Turn off the button flag.
        lButton = FALSE;

        // Release mouse capture.
        ReleaseCapture();
    }
}

/////////////////////////////////////////////////////
// TCWndw::EvMouseMove()
/////////////////////////////////////////////////////
void TCWndw::EvMouseMove(UINT, TPoint &point)
```

```
{
    // If the left button is down, draw a line.
    if (lButton)
        lineDC->LineTo(point);

    // If the right button is down...
    else if (rButton)
    {
        // Set the drawing mode to XOR.
        rectDC->SetROP2(R2_XORPEN);

        // Erase the old rectangle.
        rectDC->DrawFocusRect(rect);

        // Set the new rectangle to new coordinates.
        rect.Set(rect.left, rect.top, point.x, point.y);

        // Draw the new rectangle.
        rectDC->DrawFocusRect(rect);
    }
}


/////////////////////////////////////////////////////
// TCWndw::EvRButtonDown()
/////////////////////////////////////////////////////
void TCWndw::EvRButtonDown(UINT, TPoint &point)
{
    if (!rButton)
    {
        // Set the right-button flag.
        rButton = TRUE;

        // Get a device context and set the rectangle's
        // starting point to the mouse's coordinates.
        rectDC = new TClientDC(HWindow);
        rect.Set(point.x, point.y, point.x, point.y);

        // Direct all mouse input to this window.
        SetCapture();
    }
}


/////////////////////////////////////////////////////
// TCWndw::EvRButtonUp()
/////////////////////////////////////////////////////
void TCWndw::EvRButtonUp(UINT, TPoint&)
{
    // Turn off the right-button flag.
    rButton = FALSE;

    // Erase the outline rectangle.
    rectDC->SetROP2(R2_XORPEN);
    rectDC->DrawFocusRect(rect);
```

(continues)

Listing 11.4 Continued

```
        // Release the DC and mouse capture.
        delete rectDC;
        ReleaseCapture();

        // Calculate the width and height
        // of the selected block.
        int width = rect.right - rect.left;
        int height = rect.bottom - rect.top;

        // If the bitmap is not empty...
        if ((width > 0) && (height > 0))
        {
            // Get a window and memory DC.
            TClientDC clientDC(HWindow);
            TMemoryDC memoryDC(clientDC);

            // Create the bitmap.
            TBitmap bitmap(clientDC, width, height, FALSE);

            // Select the bitmap into the memory DC.
            memoryDC.SelectObject(bitmap);

            // Copy the bitmap into the memory DC.
            memoryDC.BitBlt(0, 0, width, height,
                clientDC, rect.left, rect.top, SRCCOPY);

            // Open and empty the Clipboard.
            TClipboard &clipboard = OpenClipboard();
            clipboard.EmptyClipboard();

            // Give the bitmap to the Clipboard.
            bitmap.ToClipboard(clipboard);

            // Close the Clipboard.
            clipboard.CloseClipboard();

            // Notify the user that all went well.
            MessageBox("Bitmap captured", "Copy", MB_OK);

            // Turn on the Paste menu item.
            bitmapInClip = TRUE;
        }
}

/////////////////////////////////////////////////////////
// TCWndw::CmEditPaste()
/////////////////////////////////////////////////////////
void TCWndw::CmEditPaste()
{
    // Set the paste mode and change the cursor.
    paste = TRUE;
    HCURSOR hCursor = LoadCursor(NULL, IDC_CROSS);
    SetClassWord(GCW_HCURSOR, (WORD) hCursor);
}
```

```
/////////////////////////////////////////////////////////
// TCWndw::PasteBitmap()
/////////////////////////////////////////////////////////
void TCWndw::PasteBitmap(TPoint point)
{
    // Get a window DC.
    TClientDC clientDC(HWindow);

    // Open the Clipboard.
    TClipboard &clipboard = OpenClipboard();

    // Construct a bitmap from the Clipboard.
    TBitmap bitmap(clipboard);

    // Close the Clipboard.
    clipboard.CloseClipboard();

    // Create a memory DC and select the bitmap into it.
    TMemoryDC memoryDC(clientDC);
    memoryDC.SelectObject(bitmap);

    // Find the bitmap's width and height.
    int width = bitmap.Width();
    int height = bitmap.Height();

    // Copy the bitmap to the screen.
    clientDC.BitBlt(point.x, point.y, width,
        height, memoryDC, 0, 0, SRCCOPY);

    // Turn off the paste flag.
    paste = FALSE;

    // Restore the cursor to the arrow.
    HCURSOR hCursor = LoadCursor(NULL, IDC_ARROW);
    SetClassWord(GCW_HCURSOR, (WORD) hCursor);
}


/////////////////////////////////////////////////////////
// TCWndw::CmEnableEditPaste()
/////////////////////////////////////////////////////////
void TCWndw::CmEnableEditPaste
    (TCommandEnabler &commandEnabler)
{
    commandEnabler.Enable(bitmapInClip);
}


/////////////////////////////////////////////////////////
// TApp::InitMainWindow()
/////////////////////////////////////////////////////////
void TApp::InitMainWindow()
{
    TWindow *client = new TCWndw(0, 0);
```

(continues)

Listing 11.4 Continued

```
        TFrameWindow *wndw =
            new TFrameWindow(0, "Clipboard Demo 2", client);

        wndw->AssignMenu(MENU_1);
        wndw->Attr.X = 40;
        wndw->Attr.Y = 40;
        wndw->Attr.H = 300;
        wndw->Attr.W = 400;

        SetMainWindow(wndw);
    }

    ////////////////////////////////////////////////////////
    // OwlMain()
    ////////////////////////////////////////////////////////
    int OwlMain(int, char*[])
    {
        return TApp().Run();
    }
```

Why Do I Get an Error Message When I Try to Load Resource Workshop?

Resource Workshop's refusing to load correctly is one of the most common and mysterious problems reported by Borland C++ users. To add to the mystery, users report that Resource Workshop formerly loaded and ran fine on their system, but then, for no apparent reason, it suddenly refused to do so. Instead, the error message box shown in figure 11.6 appeared.

Fig. 11.6
Resource
Workshop's
mysterious error.

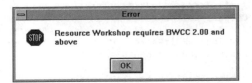

Fiddling with Borland C++'s many options has no effect. Even reinstalling Borland C++ from scratch leaves you with an ornery Resource Workshop. It's almost as if the Resource Workshop decided to quit its job, never to return to work again. As you have undoubtedly guessed, however, the problem is nowhere near as wild as lazy Windows applications. It has to do with how Windows loads Dynamic Link Libraries (DLLs).

The Solution

To run properly, Resource Workshop requires a DLL called BWCC.DLL, which Borland's installation program correctly installs in your Windows SYSTEM directory. When you run Resource Workshop, it requests that Windows load BWCC.DLL. Windows, always glad to oblige, searches for the library in your main WINDOWS directory. When it doesn't find it there, Windows continues its search in the SYSTEM directory where the DLL is hiding. When Windows loads the DLL, Resource Workshop continues happily on its way.

Because many applications developed using Borland C++ also need the BWCC.DLL file to run correctly, those applications usually install the DLL on your system when you install the application. Unfortunately, such an application's installation program may install BWCC.DLL in the WINDOWS directory rather than in the SYSTEM directory. When you next run Resource Workshop, Windows looks in the WINDOWS directory for BWCC.DLL, where it finds the file and loads it.

Resource Workshop will ordinarily still run fine; it doesn't care where the DLL gets loaded from, as long as it gets loaded. But (drum roll, please), Resource Workshop absolutely *does* care if the BWCC.DLL file is an older version. If the DLL that the offending application placed in your WINDOWS directory is from an older version of Borland C++, your new version of Resource Workshop will not run, and will instead produce an error message.

If you're having this problem with Resource Workshop, look in your main WINDOWS directory for a BWCC.DLL file. If you find one, check its date (see fig. 11.7). If it is older than the version you have in your Windows SYSTEM directory, you've probably found your problem. Delete, move, or rename the file, so that Windows will load the DLL from the SYSTEM directory instead.

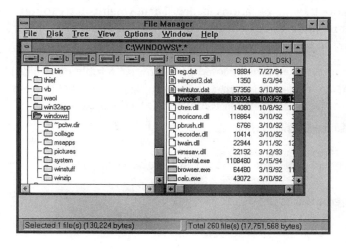

Fig. 11.7
The offending DLL.

Note that the same Resource Workshop problems result when an application places an older version of BWCC.DLL in the SYSTEM directory. If you can't find an old BWCC.DLL in your WINDOWS directory, look through the SYSTEM directory as well. In fact, you may want to use File Manager to search your hard drive for all occurrences of BWCC.DLL.

Why Does My Program Run Okay from the IDE, but Crash When I Try to Run it from Windows?

Depending on what libraries you've used in your code, your Borland Windows application requires that certain DLLs be loaded at runtime in order to run correctly. If you're using OWL, for example, your application must have access to OWL200.DLL. If that DLL is not available when you try to run your OWL program, the program crashes (unless, of course, you've statically linked OWL into your application). Fortunately, as long as the DLLs are available on your system, you need do nothing special in your code to load them.

The same is not true, however, of Borland's custom-control library. If you use Borland custom controls anywhere in your program, you must explicitly load the control library—unless some other application has already loaded it.

The Solution

When you run Borland's IDE or Resource Workshop, the custom control library is loaded right along with it. Therefore, any program that uses the custom controls runs fine as long as the Borland applications remain loaded. When you terminate the Borland applications, however, Windows unloads any libraries those applications loaded. Then, when you try to run an application that requires the custom-control library, but doesn't load it explicitly in the program, your program crashes.

◀ See "How Do I Display Borland-Style Controls in a Main Window?," p. 440

◀ See "Why Do I Get an Error Message When I Try to Load Resource Workshop?," p. 500

The solution to the problem couldn't be simpler. Simply place a call to `EnableBWCC()` in your `InitMainWindow()` function. `EnableBWCC()` loads the custom-control library so that it is available to the program:

```
void TApp::InitMainWindow()
{
    TFrameWindow *wndw =
        new TWndw(0, "Borland-Style Dialog App");
    SetMainWindow(wndw);

    EnableBWCC();
}
```

The Sample Program

Run the BORLDDLG program, and select the **D**ialog menu's **T**est Dialog command. You see the dialog box shown in figure 11.8. Now, remove the call to `EnableBWCC()` from the `IntiMainWindow()` function and recompile the program. Close all Borland applications, and run the BORLDDLG.EXE file from Windows. When you try to open the dialog box, you'll see a screen something like figure 11.9. Reload the Borland C++ IDE, and then try running BORLDDLG.EXE again. Because the Borland application loaded the custom-control library, BORLDDLG.EXE now runs fine.

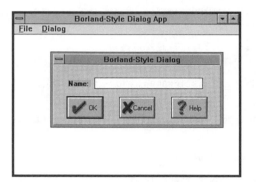

Fig. 11.8
The BORLDDLG application and dialog box.

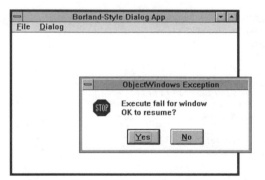

Fig. 11.9
The BORLDDLG application crashing when it tries to display its dialog box.

Listing 11.5 BORLDWIN.CPP—Displays a Borland-Style Dialog Box

```
//////////////////////////////////////////////////////////
// BORLDDLG.CPP: Creates a Borland-style dialog box.
//////////////////////////////////////////////////////////

#include <owl\applicat.h>
```

(continues)

Listing 11.5 Continued

```
#include <owl\framewin.h>
#include <owl\dialog.h>
#include "borlddlg.rc"

////////////////////////////////
// The application class.
////////////////////////////////
class TApp : public TApplication
{
public:
   TApp(): TApplication() {}
   void InitMainWindow();
};

////////////////////////////////
// The main window class.
////////////////////////////////
class TWndw : public TFrameWindow
{
public:
   TWndw(TWindow *parent, const char far *title);

protected:
   void CmTestDialog();

   DECLARE_RESPONSE_TABLE(TWndw);
};

DEFINE_RESPONSE_TABLE1(TWndw, TFrameWindow)
   EV_COMMAND(CM_TESTDIALOG, CmTestDialog),
END_RESPONSE_TABLE;

/////////////////////////////////////////////////////////
// TWndw::TWndw()
/////////////////////////////////////////////////////////
TWndw::TWndw(TWindow *parent, const char far *title):
      TFrameWindow(parent, title)
{
   AssignMenu(MENU_1);
   Attr.X = 50;
   Attr.Y = 50;
   Attr.W = 400;
   Attr.H = 300;
}

/////////////////////////////////////////////////////////
// TWndw::CmTestDialog()
/////////////////////////////////////////////////////////
void TWndw::CmTestDialog()
{
   TDialog *dialog = new TDialog(this, TESTDLG);
   dialog->Execute();
}
```

```
///////////////////////////////////////////////////////
// TApp::InitMainWindow()
///////////////////////////////////////////////////////
void TApp::InitMainWindow()
{
    TFrameWindow *wndw =
        new TWndw(0, "Borland-Style Dialog App");
    SetMainWindow(wndw);

    // Load the Borland 3-D control library.
    EnableBWCC();
}


///////////////////////////////////////////////////////
// OwlMain()
///////////////////////////////////////////////////////
int OwlMain(int, char*[])
{
    return TApp().Run();
}
```

How Do I Step into OWL Source Code when Debugging My Application?

One thing is for sure: Learning to debug an OWL program is darn near an art form. Because you can't ordinarily step through the OWL source code when stepping through your own code, you can get only a vague idea of what your program is really doing. Just figuring out where to set breakpoints so that you can examine your program's workings takes knowledge of how OWL works, as well as hours of experimentation.

The good news is that, although Borland C++ doesn't ship with the ability to step through the OWL source code in a debugging session, you can add that ability on your own. However, forget about trying to create the so-called diagnostic versions of the libraries and using them in debugging sessions. That route is fraught with disappointment and disaster. Few people (including me) have ever been successful at it. Instead, try the method in the following section, which, although it may not give you full access to all of OWL in a single debugging session, is a good compromise. You'll be amazed at how much clearer OWL becomes when you can actually watch it work.

The Solution
First, load your project into the Borland IDE, and then bring up Borland's TargetExpert by right-clicking on the EXE file in your project window. Select the **T**argetExpert command from the menu that pops up. When TargetExpert

appears, select the **S**tatic linking option found in the bottom right portion of the dialog box (see fig. 11.10).

Fig. 11.10
Changing to static
linking with
TargetExpert.

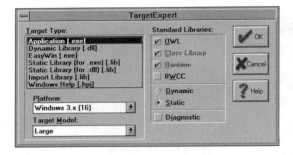

Now, copy the OWL source code files that you'd like to trace from the BC4\SOURCE\OWL directory to your project's directory. (Making copies ensures that you won't accidentally change the original files.) Typical files to copy would be APPLICAT.CPP, FRAMEWIN.CPP, WINDOW.CPP, and DIALOG.CPP. When you've copied the OWL source code files into your project's directory, add them to your project window (see fig. 11.11).

Fig. 11.11
A project with
OWL source code.

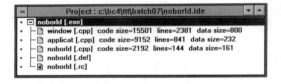

Finally, completely rebuild your application by selecting the **P**roject menu's **B**uild All command. When the project is finished compiling and linking, you're ready to start stepping through your application. Press F7 a few times, and you'll soon be watching your program step through the APPLICAT.CPP OWL module, which is the first OWL module that gets called (see fig. 11.12).

> **Caution**
>
> When copying OWL source code files into your project's directory, be sure that you copy the files instead of moving them. File Manager will move the files unless you hold down the Ctrl key when you drag the files between directories. Also, be absolutely sure you do nothing to accidentally modify the original OWL source code in the BC4\SOURCE\OWL directory. If you think you may have changed an original source code file, your best bet is to reinstall the files from the original program disks or CD. Although the source code files are normally only for reference purposes, you don't want to get confused by changing code you may need to reference later—or add to your project for debugging purposes.

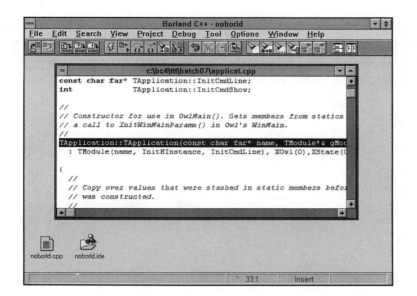

Fig. 11.12
Stepping
through OWL's
APPLICAT.CPP
module.

Appendix A

An Object-Oriented Programming Refresher

Programming languages, like spoken languages, evolve over time. They are constantly refined and focused to meet the ever-changing needs of their users. The C++ language that you use today—possibly the most powerful high-level language in existence—is an amalgamation of all the techniques developed over the years. Therefore, let's start exploring C++ object-oriented programming by briefly looking at the history of programming languages.

From Switches to Objects

Way back in the dark ages of computing, technicians programmed computers by flipping banks of switches, with each switch representing a single bit of information. In those days, even the creation of simple programs required agonizing patience and precision. As the need for more sophisticated programs grew, however, so did the need for better ways to write these programs. The need to make computer programming quicker and simpler spurred the invention of assembly language and—shortly thereafter—high-level languages like FORTRAN.

With the advent of high-level languages, programming became accessible to more people; writing code was no longer the domain of highly trained scientists. As a result, computing was used in increasingly complex roles. It was soon clear, however, that a more efficient way of programming was needed, one that would eliminate the obscure and complex "spaghetti code" that the early languages produced.

Programmers needed a new way of using high-level languages, one that enabled them to partition their programs into logical sections that represented the general tasks to be completed. Thus, the structured-programming paradigm was born. Structured programming encourages a top-down approach to programming, in which the programmer focuses on the general functions that a program must accomplish rather than the details of how those functions are implemented. When programmers think and program in top-down fashion, they can more easily handle large projects without producing the tangled code that results from GOTO-ridden programs. Moreover, programmers can write black box routines, which are general functions that can be reused in many programs.

Today, the need for efficient programming is more important than ever. The size of the average computer program has grown dramatically, and now consists of hundreds of thousands of code lines. With these huge programs, reusability is even more critical. Again, a better way of programming is needed—and that better way is *object-oriented programming*.

An Obvious, Yet Brilliant, Solution

The world consists of many objects, most of which manipulate other objects or data. For example, a car is an object that manipulates its speed and direction to transport people to a different location. This car object encapsulates all the functions and data that it needs to get its job done. A car has a switch to turn it on, a wheel to control its direction, and brakes to slow it down. These functions directly manipulate the car's data, including direction, position, and speed.

When you travel in a car, however, you don't have to know the details of how these operations work. To stop a car, for example, you simply step on the brake pedal. You don't have to know how the pedal stops the car. You simply know that it works.

All these functions and data work together to define the object called a car. You're not likely to confuse a car with a dishwasher, a tree, or a playground. A car is a complete unit—an object with unique properties.

You can also think of a computer program as consisting of objects. Instead of thinking of a piece of code that, for example, draws a rectangle on-screen, another piece of code that fills the rectangle with text, and still another piece of code that enables you to move the rectangle around the screen, you can think of a single object: a window. This window object contains all the code that it needs to operate. Moreover, it also contains all the data that it needs. This is the philosophy behind object-oriented programming.

Object-Oriented Programming

Object-oriented programming enables you to think of program elements as objects. In the case of a window object, you don't need to know the details of how it works, nor do you need to know about the window's private data. You need to know only how to call the various functions that make the window operate. Consider the car object discussed in the previous section. To drive a car, you don't have to know the details of how a car works. You need to know only how to drive it. What's going on under the hood is none of your business. (And, if you casually try to make it your business, plan to face an amused mechanic who will have to straighten out your mess!)

If this were all there is to object-oriented programming, you wouldn't have gained much over structured-programming techniques. After all, with structured programming, you can create black-box routines, which you can then use without knowing how they worked. Obviously, there must be much more to object-oriented programming than just hiding the details of a process.

Encapsulation

One major difference between conventional procedural programming and object-oriented programming is a handy thing called *encapsulation*. Encapsulation enables you to hide inside the object both the data and the functions that act on that data. After you do this, you can control access to the data, forcing programs to retrieve or modify data only through the object's interface. In strict object-oriented design, an object's data is always private to the object. Other parts of a program should never have direct access to that data.

How does this data-hiding differ from a structured-programming approach? After all, you can always hide data inside functions, just by making that data local to the function. A problem arises, however, when you want to make the data of one function available to other functions. The way to do this in a structured program is to make the data global to the program, which gives any function access to it. It seems that you could use another level of scope—one that would make your data global to the functions that need it—but still prevent other functions from gaining access. Encapsulation does just that.

The best way to understand object-oriented programming is to compare a structured program to an object-oriented program. Let's extend the car-object metaphor by writing a program that simulates a car trip. The first version of the program, shown in listing A.1, uses a typical structured design.

> **Note**
>
> The programs in this appendix are DOS programs. To create a Borland C++ 4.0 project for a DOS program, set up your New Target dialog box to look like figure A.1. Of course, you enter your own path name in the **P**roject Path and Name edit control. In addition, you should change the **T**arget Name edit control to the name of the current project, which is usually the name of the main .CPP file, without the CPP extension.

Fig. A.1
The New Target dialog box.

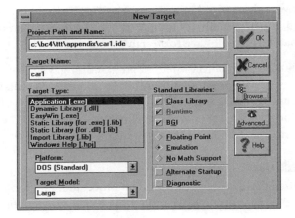

> **Note**
>
> To compile the CAR1 program, set up your project window to look like figure A.2.

Fig. A.2
The project window for Car1.

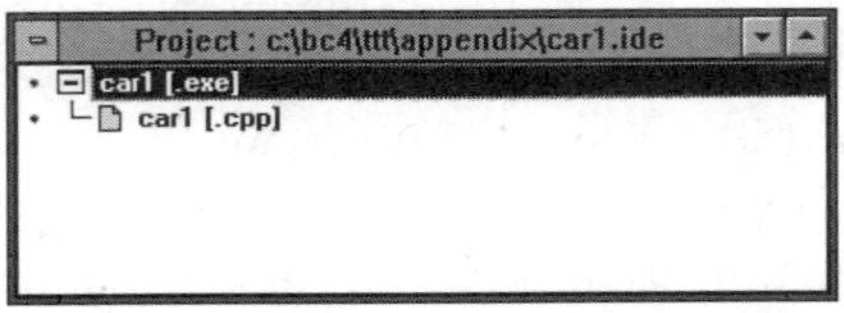

Listing A.1   CAR1.CPP—A Program that Simulates a Car Trip

```cpp
#include <iostream.h>
#include <stdlib.h>
#include <conio.h>
#include <time.h>

#define HOME 10

void StartCar(void)
{
  cout << "Car started.\n";
  getch();
}

int SteerCar(int destination, int &position)
{
  cout << "Driving...\n";
  getch();
  if (++position == destination) return 1;
  return 0;
}

void BrakeCar(void)
{
  cout << "Braking.\n";
  getch();
}

void ReverseCar(int &forward, int &position)
{
  if (forward)
  {
    cout << "Backing up.\n";
    getch();
    --position;
    forward = 0;
  }
  else forward = 1;
}

void TurnOffCar(void)
{
  cout << "Turning off car.\n";
  getch();
}

int FindObstacle(void)
{
  int r = random(4);
  if (r) return 0;
  return 1;
}
```

(continues)

Listing A.1   Continued

```
int position = 0, destination = HOME;
int at_destination = 0;
int obstacle, forward = 1;

void main()
{
  randomize();
  StartCar();
  while (!at_destination)
  {
    at_destination = SteerCar(destination, position);
    obstacle = FindObstacle();
    if (obstacle && !at_destination)
    {
      cout << "Look out! There's something in the road!\n";
      getch();
      BrakeCar();
      ReverseCar(forward, position);
      ReverseCar(forward, position);
    }
  }
  cout << "Ah, home at last.\n";
  TurnOffCar();
}
```

Examine this program, starting with main(). The call to Randomize() initializes the random-number generator, which is used to simulate obstacles in the road. Then the StartCar() function simply prints the message Car started, letting the user know that the trip is about to begin.

The program simulates the trip with a while loop that iterates until at_destination becomes true, returning a value of 1. In the loop, the car moves forward by calling the SteerCar() function. This function prints the message Driving... and moves the car one unit closer to the destination. When the integer position is equal to the destination, this function returns a 1, which indicates that the trip is over. Otherwise, it returns 0.

Of course, the car's driver must always watch for obstacles. The FindObstacle() function acts as the driver's eyes by looking for obstacles and reporting what it finds. In this function, each time the random-number generator comes up as 0, FindObstacle() informs the driver that something is blocking the route, by returning 1 rather than 0.

If the car reaches an obstacle, the BrakeCar() function puts on the brakes and the ReverseCar() function backs up the car. Both functions print an appropriate message; however, ReverseCar() also sets the car's position back one unit—unless it was already moving backward, in which case it just reverses the direction again, setting the car back in the forward direction. (The `forward` variable keeps track of the car's current direction.) The second call to `ReverseCar()` gets the car moving forward again. Finally, when the car reaches its destination, the `TurnOffCar()` function ends the program. Here is the output from a typical run of the program:

```
Car started.
Driving...
Driving...
Driving...
Driving...
Look out! There's something in the road!
Braking.
Backing up.
Driving...
Driving...
Driving...
Driving...
Driving...
Look out! There's something in the road!
Braking.
Backing up.
Driving...
Driving...
Driving...
Ah, home at last.
Turning off car.
```

Note that when the program is running, you must press a key after each message is printed to the screen.

Listing A.2 is the object-oriented version of the program. This version includes the same functions and data. However, now everything unique to a car is encapsulated as part of the `Car` class.

> **Note**
>
> To compile the CAR2 program, set up your project window to look like figure A.3.

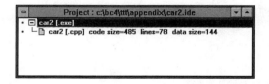

Fig. A.3
The project
window for Car2.

Listing A.2 CAR2.CPP—The Object-Oriented Version of the Car-Driving Program

```cpp
#include <iostream.h>
#include <stdlib.h>
#include <conio.h>
#include <time.h>

#define HOME 10

class Car
{
  int test, position, forward;

public:
  Car(int destination);
  void StartCar(void) { cout<<"Car started.\n"; getch(); }
  int SteerCar(void);
  void BrakeCar(void) { cout<<"Braking.\n"; getch(); }
  void ReverseCar(void);
  void TurnOffCar(void) { cout<<"Turning off car.\n"; getch(); }
};

Car::Car(int destination)
{
  randomize();
  test = destination;
  forward = 1;
  position = 0;
}

int Car::SteerCar(void)
{
  cout << "Driving...\n";
  getch();
  if (++position == test) return 1;
  return 0;
}

void Car::ReverseCar(void)
{
  if (forward)
  {
    cout << "Backing up.\n";
    getch();
    --position;
    forward = 0;
  }
  else forward = 1;
}

int FindObstacle(void)
{
  int r = random(4);
  if (r) return 0;
```

```
    return 1;
}

int obstacle, at_destination = 0;
Car car(HOME);

void main()
{
  randomize();
  car.StartCar();
  while (!at_destination)
  {
    at_destination = car.SteerCar();
    obstacle = FindObstacle();
    if (obstacle && !at_destination)
    {
      cout << "Look out! There's something in the road!\n";
      getch();
      car.BrakeCar();
      car.ReverseCar();
      car.ReverseCar();
    }
  }
  cout << "Ah, home at last.\n";
  car.TurnOffCar();
}
```

Instead of using global variables as in the first version, this version encapsulates much of the data into the class Car. Because of this encapsulation, this version passes fewer variables to the functions that make up the car. This points out a subtle stylistic difference between structured programming and object-oriented programming. The first version of the program passes variables into functions—even though those variables are global—so the programmer has a clear idea of what data the function uses. This is a form of self-documentation; the style of the code says something about what the code does.

In an object, the encapsulated data members are global to the object's function members, yet they are local to the object. They are not global variables. Because objects represent smaller portions of an entire program, you need not pass data members into member functions to help document a function's purpose. Objects are usually concise enough that this type of self-documentation is unnecessary. In listing A.2, no variables are passed into functions (except into the class's constructor).

Another advantage of the object-oriented approach used in listing A.2 is that the car object is clearly defined. All the data and functions required for a car (at least, all that are needed for this simple computer car) are encapsulated into the class. That means that the main program is less cluttered. It also means that the code is more logically organized. In listing A.1, you have no clear idea of what makes up a car. The functions and data needed for the entire program are defined on the same level. For example, although starting a car is clearly a function of a car, finding an obstacle is not. (If you don't agree, go out to your car, climb in, and press the find-obstacle button.) Yet the scope of both the StartCar() and FindObstacle() functions is the same. This is also true of the data. Although the car's destination, position, and direction are all information that helps define a car, obstacles are not. You don't need an obstacle to drive a car; you do need a destination, a position, and a direction.

In listing A.2, every element that makes up a car is part of the class. To drive the car, the program doesn't need to deal with the car's data members because the class takes care of them. The only data that the program needs from Car is whether the car has arrived at its destination. The only function left in the main program is FindObstacle(), the one function in the program that has nothing to do with being a car. In all these ways, encapsulation makes the programming task more logical and organized.

Classes as Data Types

Classes are really nothing more than user-defined data types. As with any data type, you can have as many instances of the class as you want. For example, you can have more than one car in the car program, each with its own destination.

For example, one standard data type is an integer. It's absurd to think that a program can have only one integer. You can declare many integers, just about all you want. The same is true of classes. After you define a new class, you can create many instances of the class. Each instance (called an *object*) normally has full access to the class's member functions and gets its own copy of the data members. In the car simulation-program, you can create two cars, each with its own destination, as in the following example:

```
Car car1(10), car2(20);
```

Although these cars derive from the same class, they are completely separate objects. The object car2 has to go twice as far as car1 to reach its destination.

Header and Implementation Files

In listing A.2, all the program code is in a single file. This makes it easy to compare the first version with the second. When using object-oriented programming techniques, however, the standard practice is to place each class into two files of its own. The first, the *header file*, contains the class's definition. Usually, the header file contains all the information that you need to use the class. The traditional extension for a header file is .H. The actual implementation of a class's functions (the functions' program code) goes into the implementation file, which usually has the extension .CPP.

Listings A.3 and A.4 are the header and implementation files, respectively, for the Car class. Note that, by adding the keyword protected to the data member section, you modify the class definition slightly. This modification enables derived classes to inherit the data members. (The next section discusses inheritance.)

Listing A.3   CAR.H—The Header File for the *Car* Class

```
#ifndef _ _CAR_H
#define _ _CAR_H

#include <iostream.h>
#include <stdlib.h>
#include <conio.h>
#include <time.h>

class Car
{
protected:
  int test, position, forward;

public:
  Car(int destination);
  void StartCar(void)
    { cout<<"Car started.\n"; getch(); }
  int SteerCar(void);
  void BrakeCar(void)
    { cout<<"Braking.\n"; getch(); }
  void ReverseCar(void);
  void TurnOffCar(void)
    { cout<<"Turning off car.\n"; getch(); }
};

#endif
```

Listing A.4   CAR.CPP—The Implementation File for the *Car* Class

```
#include "car.h"

Car::Car(int destination)
{
```

(continues)

Listing A.4 Continued

```
    randomize();
    test = destination;
    forward = 1;
    position = 0;
}

int Car::SteerCar(void)
{
  cout << "Driving...\n";
  getch();
  if (++position == test) return 1;
  return 0;
}

void Car::ReverseCar(void)
{
  if (forward)
  {
    cout << "Backing up.\n";
    getch();
    --position;
    forward = 0;
  }
  else forward = 1;
}
```

Inheritance

Inheritance enables you to create a class that is similar to a previously defined class, but one that still has some of its own properties. Consider the car-simulation program. Suppose that you want to create a car that has a high-speed passing gear. In a traditional program, you have to modify the code extensively and would probably introduce bugs into a tested program. To avoid these hassles, use the object-oriented approach: create a new class by inheritance. This new class inherits all the data and function members from the base class. (You can control the level of inheritance with the public, private, and protected keywords.)

Listings A.5 and A.6 show the header and implementation files for a new class of car, PassingCar. This car inherits the member functions and data from its base class, Car, and adds two member functions of its own. The constructor, PassingCar(), does nothing but pass parameters to the base class's constructor. The member function pass(), however, is unique to PassingCar. This is the function that gives the new car its passing gear. (Ignore the keyword virtual for now. You'll learn about virtual functions in the section "Polymorphism" later in this appendix.)

Listing A.5   PASSCAR.H—The Header File for *PassingCar*

```
#ifndef __PASSCAR_H
#define __PASSCAR_H

#include "car.h"

class PassingCar: public Car
{
public:
  PassingCar::PassingCar(int destination): Car(destination) {}
  virtual int Pass(void);
};

#endif
```

Listing A.6   PASSCAR.CPP—The Implementation File for *PassingCar*

```
#include "passcar.h"

int PassingCar::Pass(void)
{
  cout << "Passing...\n";
  getch();
  position += 2;
  if (position >= test) return 1;
  return 0;
}
```

Notice in listing A.6 that Pass() is similar to Car's SteerCar() function. The functions differ only in that Pass() increments the car's position by two units rather than one, which results in the simulation of a faster speed. Remember that although PassingCar has a new passing gear (implemented in the Pass() function), it still has access to SteerCar().

Listing A.7, a new version of the simulation's main program, gives PassingCar a test drive. When you run the program, PassingCar reaches its destination a little faster because after it backs up, it makes up time by going into passing gear. By using inheritance, this program creates a new kind of car with only a few lines of code. The original class remains unchanged (except for the addition of the protected keyword). Impressed?

Note

To compile the CAR3 program, set up your project window to look like figure A.4.

Fig. A.4
The CAR3 project
window.

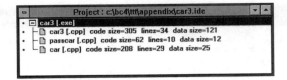

**Listing A.7   CAR3.CPP—A New Version of the Car-Driving Program
That Gives *PassingCar* a Test Drive**

```
#include "passcar.h"
#define HOME 10

int FindObstacle(void)
{
  int r = random(4);
  if (r) return 0;
  return 1;
}

int obstacle, at_destination = 0;
PassingCar car2(HOME);

void main()
{
  randomize();
  car2.StartCar();
  while (!at_destination)
  {
    at_destination = car2.SteerCar();
    obstacle = FindObstacle();
    if (obstacle && !at_destination)
    {
      cout << "Look out! There's something in the road!\n";
      getch();
      car2.BrakeCar();
      car2.ReverseCar();
      car2.ReverseCar();
      at_destination = car2.Pass();
    }
  }
  cout << "Ah, home at last.\n";
  car2.TurnOffCar();
}
```

Polymorphism

The last major feature of object-oriented programming is *polymorphism*. By
using polymorphism, you can create new objects that perform the same func-
tions as the base object but which perform one or more of these functions in
a different way. For example, when the previous program used inheritance, it

created a new car with a passing gear. This isn't an example of polymorphism because the original car doesn't have a passing gear. Adding the passing gear doesn't change the way that an inherited function works; it simply adds a new function. Suppose, however, that you want to create an even faster passing gear without having to change the existing classes? You can do that easily with polymorphism.

Listings A.8 and A.9 show the header and implementation files for a new class, called FastCar. A FastCar is exactly like a PassingCar, except that it uses its passing gear a little differently: a FastCar moves three units forward (rather than two) when passing. To do this, the program changes the way that an already existing member function works relative to the derived class. This is polymorphism. When you create a polymorphic function, you must preface its definition with the virtual keyword.

Listing A.8   FASTCAR.H—The Header File for *FastCar*

```
#ifndef __FASTCAR_H
#define __FASTCAR_H

#include "passcar.h"

class FastCar: public PassingCar
{
public:
  FastCar(int destination):
    PassingCar(destination) {}
  virtual int Pass(void);
};

#endif
```

Listing A.9   FASTCAR.CPP—The Implementation File for *FastCar*

```
#include "fastcar.h"

int FastCar::Pass(void)
{
  cout << "High-speed pass!\n";
  getch();
  position += 3;
  if (position >= test) return 1;
  return 0;
}
```

Now look at listing A.10, the new main program for the car simulation. To take full advantage of polymorphism, the program allocates the new FastCar dynamically—that is, it creates a pointer to the base class and then uses the new operator to create the object. Remember that you can use a pointer to a base class to access any derived classes. Note also that the immediate base class for FastCar is not Car but rather PassingCar because this is the first class that declares the virtual function Pass. If you try to use Car as a base class, the compiler complains, informing you that Pass is not a member of Car. One way around this is to give Car a virtual Pass function, too. This would make all the car classes consistent with the base class (which would probably be the best program design).

> **Note**
>
> To compile the CAR4 program, set up your project window to look like figure A.5.

Fig. A.5
The CAR4 project window.

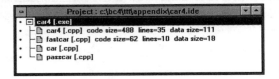

Listing A.10   CAR4.CPP—The New Main Program for the Car Simulation

```cpp
#include "fastcar.h"
#define HOME 10

int FindObstacle(void)
{
  int r = random(4);
  if (r) return 0;
  return 1;
}

int obstacle, at_destination = 0;
PassingCar *car3;

void main()
{
  randomize();
  car3 = new FastCar(10);
  car3->StartCar();
  while (!at_destination)
  {
    at_destination = car3->SteerCar();
    obstacle = FindObstacle();
```

```
      if (obstacle && !at_destination)
      {
        cout << "Look out! There's something in the road!\n";
        getch();
        car3->BrakeCar();
        car3->ReverseCar();
        car3->ReverseCar();
        at_destination = car3->Pass();
      }
    }
    cout << "Ah, home at last.\n";
    car3->TurnOffCar();
  }
```

It's often best to use pointers with polymorphism because the point of polymorphism is to enable you to access different types of objects through a common pointer to a base class. You might want to do this, for example, to iterate through an array of objects. To see polymorphism work, change the line

```
    car3 = new FastCar(10)
```

to

```
    car3 = new PassingCar(10)
```

When you run the new version, your car once again uses the slower passing gear, even though both cars use a pointer to the class PassingCar.

Object-Oriented and C++ Programming Usage and Style

Now that you've reviewed the basics of object-oriented programming and have discovered some of the ways that it makes programming easier, it's time to learn some usage and style considerations that are unique to the object-oriented paradigm and C++.

When to Use Virtual Functions

Using virtual functions, you can create classes that perform the same general functions as the base class but perform those functions differently for each derived class. However, virtual functions are often misused.

Before using a virtual function, consider how the classes in the hierarchy differ. Do they need to perform different actions? Or do the classes require only different values? For example, in the Shape class that is demonstrated in the next section, the program uses virtual functions so that each class can draw its shape properly. Every shape object must know how to draw itself; however, every object needs to do it differently. Because drawing a shape is an action, it's appropriate to use virtual functions to accomplish it. It's inappropriate, however, to use a virtual function to assign a color to an object. Although each shape object has its own color attribute, the color attribute is a value rather than an action and is best represented by a data member in the base class. Using polymorphism to set an object's color is like trying to kill a mosquito with a machine gun.

Make sure that when you use virtual functions, you are creating classes that differ in action rather than value.

Classes: From General to Specific

Getting started with object-oriented programming can be a daunting experience. It's unlike other programming methods and requires adherence to a new set of principles. The process of designing a class is rarely as easy as demonstrated in the car-simulation example because classes are often based on abstractions rather than physical objects like automobiles. This makes it difficult to determine which parts of a program belong in the object and which don't. Moreover, a complex program includes many classes, many of which are derived from classes that may have been derived from still other classes. And each class may have many data and function members. Obviously, designing classes requires some thought and the careful application of the object-oriented programming philosophy.

The first step in designing a class is to determine the most general form of an object in that class. For example, suppose that you're writing a graphics program and you need a class to organize the types of shapes that it can draw. (In this new class, you'll draw only points and rectangles, to keep things simple.) Determining the most general class means deducing what the objects in the class have in common. Two things that come to mind are color and position. These attributes become data members in the base class. Now, what functions must a shape perform? Each shape object needs a constructor and a way to draw itself on-screen. Because drawing a point is different from drawing a square, you'll need to put polymorphism to work and use a virtual function for the drawing task.

Listing A.11 is the header file for the Shape class. This class needs no implementation file because the class is fully implemented in the header file. The constructor is implemented inline, and the pure virtual function DrawShape() requires no implementation because it is only a placeholder for derived classes. (Pure virtual functions contain no actual code and must be implemented in the derived class. You can easily recognize a virtual function because of the = 0 following the function's declaration.)

Listing A.11   SHAPE.H—The Header File for the *Shape* Class

```
#ifndef _ _SHAPE_H
#define _ _SHAPE_H

class Shape
{
protected:
  int color, sx, sy;

public:
  Shape(int x, int y, int c)
    { sx=x; sy=y; color=c; }
  virtual void DrawShape(void) = 0;
};

#endif
```

As you can see in listing A.11, Shape does nothing but initialize the data members color, sx, and sy, which are the color and x,y coordinates of the object. To do anything meaningful with the class, you must derive a new class for each shape that you want to draw. Start with the point. Listings A.12 and A.13 are the header and implementation files for this new class.

Listing A.12   POINT.H—The Header File for the *Point* Class

```
#ifndef _ _POINT_H
#define _ _POINT_H

#include <graphics.h>
#include "shape.h"

class Point: public Shape
{
public:
  Point(int x, int y, int c): Shape(x, y, c) {};
  virtual void DrawShape(void);
};

#endif
```

Listing A.13   POINT.CPP—The Implementation File for the *Point* Class

```
#include "point.h"

void Point::DrawShape(void)
{
  putpixel(sx, sy, color);
}
```

The constructor for this class does nothing but pass parameters to the base class's constructor. Because it is so short, it is implemented inline. The DrawShape() function, however, must draw the shape—in this case, the function draws a dot on-screen, at the coordinates specified by the sx and sy data members and in the color specified by the color data member. This function is also short, so you could implement it inline as well. However, to keep the program construction parallel with the next example, the Point class has a separate implementation file.

Listing A.14 is the test program for the shape classes. Because polymorphism is used to create shape classes and each class derives from the Shape base class, the program can test a new shape class simply by changing the type of object created by the new statement. Run the program now. A dot should appear in the middle of your screen.

Note

To compile this version of the TSTSHAPE program, set up your project window to look like figure A.6.

Fig. A.6
The first
TSTSHAPE project
window.

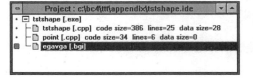

Listing A.14   TSTSHAPE.CPP—The Test Program for the Shape Classes

```
#include <graphics.h>
#include <iostream.h>
#include <conio.h>
#include "point.h"
```

```
// #include "rectngle.h"
// #include "barrec.h"

void main()
{
  int gdriver = VGA, gmode = VGAHI, errorcode;
  Shape *r;

  initgraph(&gdriver, &gmode, "");
  if ( (errorcode = graphresult()) != grOk)
    cout << "Graphics not initialized: " << errorcode << '\n';
  else {
    int maxx = getmaxx();
    int maxy = getmaxy();
    r = new Point(maxx/2, maxy/2, WHITE);
    r->DrawShape();
    getch();
  }
  delete r;
  closegraph();
}
```

To make things interesting, let's add a second shape, Rectngle, to the classes. Rectngle also derives from Shape. Listings A.15 and A.16 show the files for this new class.

Listing A.15   RECTNGLE.H—The Header File for the *Rectngle* Class

```
#ifndef __RECTNGLE_H
#define __RECTNGLE_H

#include <graphics.h>
#include "shape.h"

class Rectngle: public Shape
{
protected:
  int x2, y2;

public:
  Rectngle(int x1, int y1, int w, int h, int c);
  virtual void DrawShape(void);
};

#endif
```

Listing A.16 RECTNGLE.CPP—The Implementation File for the
Rectngle Class

```
#include "rectngle.h"

Rectngle::Rectngle(int x1, int y1, int w, int h, int c):
        Shape(x1, y1, c)
{
  x2 = sx + w;
  y2 = sy + h;
}

void Rectngle::DrawShape(void)
{
  setcolor(color);
  rectangle(sx, sy, x2, y2);
}
```

To test this new class, in the main program, change the line

```
r = new Point(maxx/2, maxy/2, WHITE);
```

to

```
r = new Rectngle(maxx/2, maxy/2, 100, 100, WHITE);
```

Thanks to polymorphism, this is the only change that you need in the main program to draw a rectangle. (You also need to uncomment the line that includes the RECTNGLE.H header file.)

Note

To compile this version of the TSTSHAPE program, set up your project window to look like figure A.7.

Fig. A.7
The second
TSTSHAPE project
window.

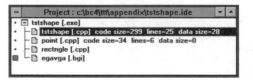

The class Rectngle is more complicated than the Point class. To draw a rectangle, the program needs the rectangle's width and height as well as its x,y coordinates. Therefore, Rectngle's constructor does more than send parameters to the base class. It also initializes two extra data members, x2 and y2. Rectngle's DrawShape() function, too, is more complicated than Point's because drawing a rectangle takes more work than drawing a dot.

You started with an abstract shape that does nothing but initialize a couple of data members but can now draw two simple shapes on-screen. Now you can move down another level, from the general shape of a rectangle to a more specific type: a rectangle with a colored bar at the top. This type of rectangle might, for example, be the starting point for a labeled window. Listings A.17 and A.18 are the source code for the BarRec class.

Listing A.17 BARREC.H—The Header File for the *BarRec* Object

```
#ifndef _ _BARREC_H
#define _ _BARREC_H

#include <graphics.h>
#include "rectngle.h"

class BarRec: public Rectngle
{
public:
  BarRec(int x1, int y1, int w, int h, int c):
        Rectngle(x1, y1, w, h, c) {}
  virtual void DrawShape(void);
};

#endif
```

Listing A.18 BARREC.CPP—The Implementation File for the *BarRec* Object

```
#include "barrec.h"

void BarRec::DrawShape(void)
{
  setcolor(color);
  rectangle(sx, sy, x2, y2);
  setfillstyle(SOLID_FILL, RED);
  bar(sx+2, sy+2, x2+-2, sy+15);
}
```

To test this new shape, change the new statement in the main program as follows:

```
r = new BarRec(maxx/2, maxy/2, 100, 100, WHITE);
```

Now, when you run the program, the new type of rectangle object appears on-screen.

Note

To compile this third version of the TSTSHAPE program, set up your project window to look like figure A.8.

Fig. A.8
The third
TSTSHAPE project
window.

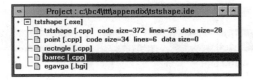

You could easily continue creating new types of rectangles. For example, if you want a rectangle with both a bar at the top and a double-line border, you can derive from BarRec a new type of rectangle, with the new type using its own shape-drawing function to override BarRec's virtual DrawShape() function. (This new function would probably need to call its base class's DrawShape() function to draw the bar at the top and then do the extra drawing required for the double border.)

By using the general-to-specific method of creating classes, you end up with extremely flexible code. When you need to derive a new class, you have many classes from which to choose. Moreover, the classes are less complex than they are if you try to cram a lot of extra functionality into them. Remember that the more general you make your classes, the more flexible they are.

Single-Instance Classes

Object-oriented programming means power. When programmers first experience this power, they often find it irresistible. They soon begin to use objects for everything in their programs, without considering whether each use is appropriate. Remember that C++ is both an object-oriented language and a procedural language. In other words, C++ programmers get the best of both worlds, so they can develop a strategy for a particular programming problem that best suits the current task. That strategy may or may not include an object-oriented approach.

Classes are most powerful when used as the basis for many instances. For example, an object-oriented string class can help overcome C++'s limited string-handling capabilities. After developing the class, you're likely to have many instances of strings in your programs, each inheriting all the functionality of its class.

Nothing comes free, however. There is always a price. For example, to call an object's member functions, you must use a more complicated syntax than you need for ordinary function calls: You must supply the object and function name. Moreover, creating classes is a lot of work. Why go through all the extra effort if the advantages don't overcome the disadvantages?

Although classes are most appropriate when used to define a set of objects, sometimes creating a single-instance class is a reasonable strategy. For example, although you'll never have more than one mouse operating simultaneously, writing mouse functions into a single-instance class enables the programmer to conveniently package and organize routines that they'll often need.

Generally, a single-instance class is appropriate for wrapping up a big idea, like a screen display, a mouse driver, or a graphics library. It may not, however, be appropriate for smaller uses that would suffer from the overhead inherent in using classes. Remember that although you're programming in C++, you can still use simpler data structures such as structures and arrays. When you need to create a new data type, don't automatically assume that the object-oriented approach is best. Often, it's not.

Summary

Mastering C++ programming—and object-oriented programming in particular—requires thought and practice. By following the guidelines presented in this appendix, you can design C++ programs that are easier to understand and maintain than programs written using traditional methods.

Index

Symbols

A

B

C

K–L

M

Installation Instructions for *Borland C++ 4.x Tips, Tricks, and Traps*

The following instructions assume that you will be placing the book's disk in drive A. To use drive B, just change the As in the following instructions to Bs.

1. Place the book disk in drive A.

2. Type A: and press Enter to switch to drive A.

3. Type INSTALL and press Enter.

4. The installation program installs the book's source code files onto your hard drive under the directory C:\TTT.

Manual Installation Instructions

If for some reason you cannot, or choose not to, use the automatic installation instructions, follow these alternative instructions:

1. Copy the file TTT.EXE from the book disk to the hard drive where you want to install the source code files. For example, to copy TTT.EXE to drive D, type

   ```
   COPY A:\TTT.EXE D:
   ```

2. Switch to the root directory of the drive to which you copied TTT.EXE. Continuing with the example started in step 1, type the commands

   ```
   D:
   CD\
   ```

3. To extract the source code files, type TTT and press Enter.

Licensing Agreement

By opening this package, you are agreeing to be bound by the following:

This software product is copyrighted, and all rights are reserved by the publisher and author. You are licensed to use this software on a single computer. You may copy and/or modify the software as needed to facilitate your use of it on a single computer. Making copies of the software for any other purpose is a violation of United States copyright laws.

This software is sold *as is* without warranty of any kind, either expressed or implied, including but not limited to the implied warranties of merchantability and fitness for a particular purpose. Neither the publisher nor its dealers or distributors assumes any liability for any alleged or actual damages arising from the use of this program. (Some states do not allow for the exclusion of implied warranties, so the exclusion may not apply to you.)